Vergessene Pfade
Dolomiten

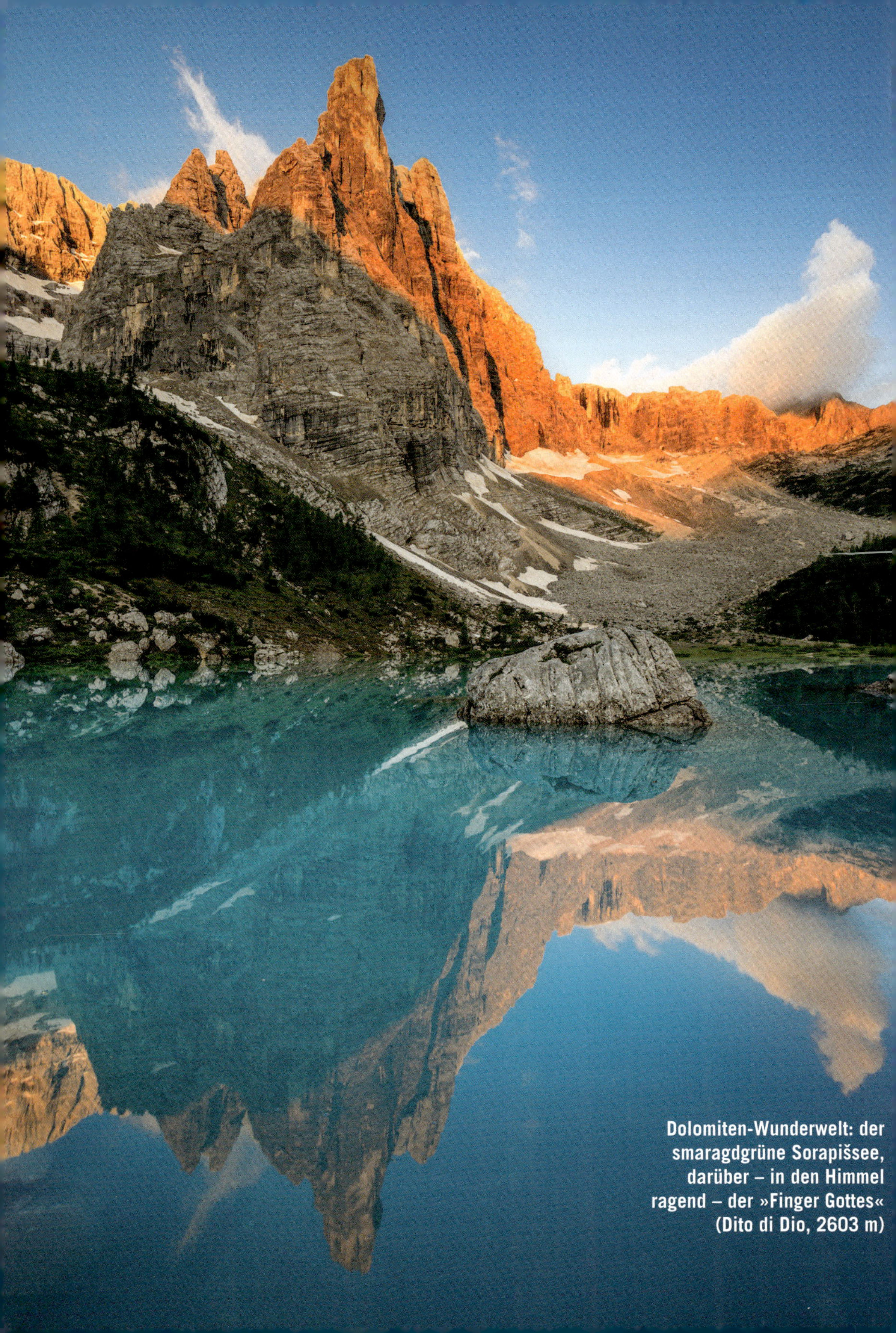

Dolomiten-Wunderwelt: der smaragdgrüne Sorapišsee, darüber – in den Himmel ragend – der »Finger Gottes« (Dito di Dio, 2603 m)

Eugen E. Hüsler

Vergessene Pfade

DOLOMITEN

30 außergewöhnliche Touren
abseits des Trubels

BRUCKMANN

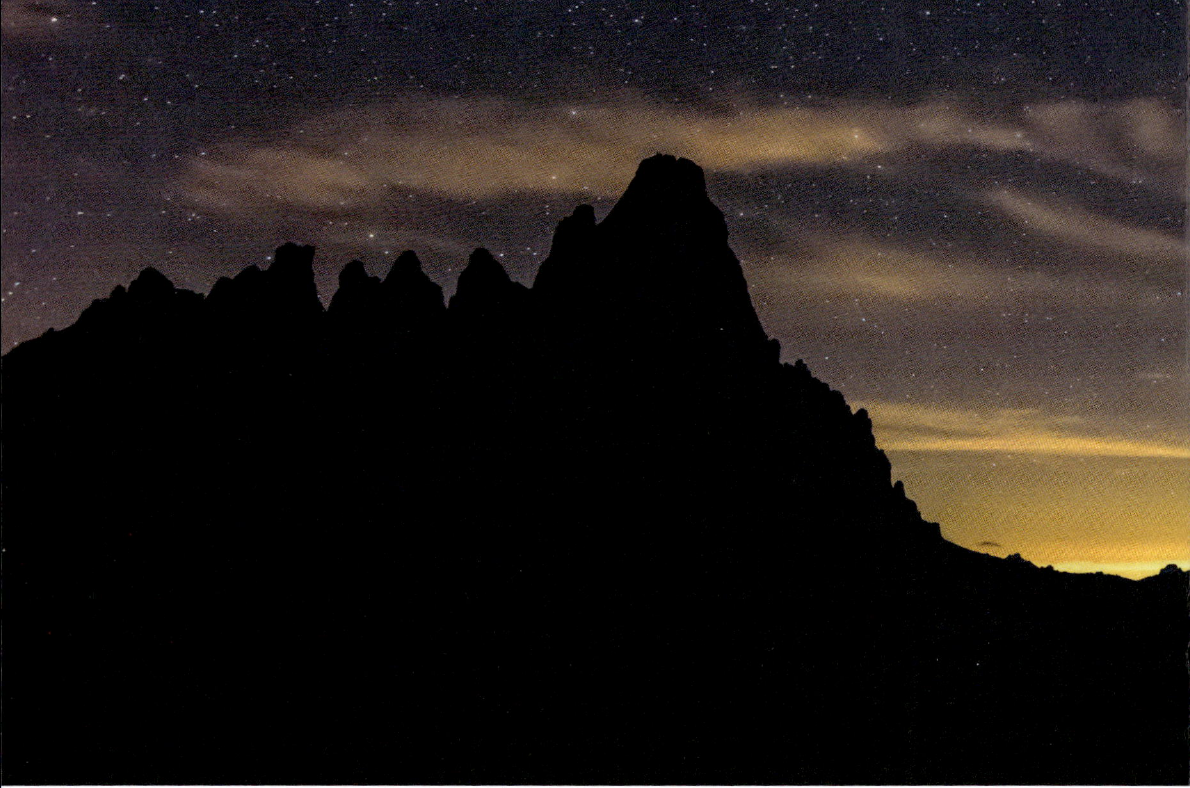

Inhalt

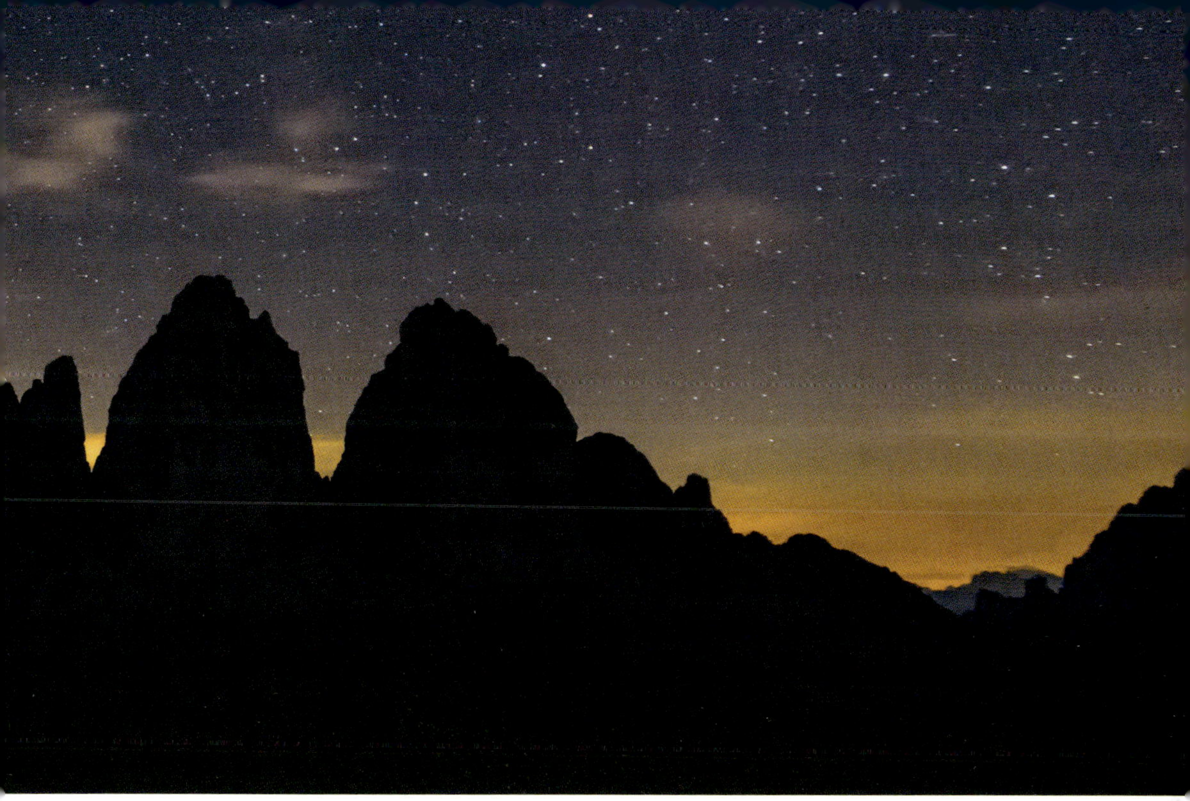

Nachtschwarze Silhouette: Paternkofel (links) und Drei Zinnen kurz vor Sonnenaufgang

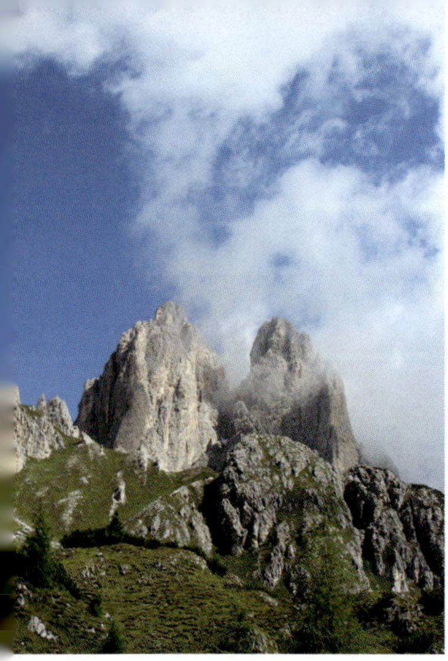

Ein Zackenwald: die Cadini di Misurina (TOUR 17)

Turmbauten im Cristallo-Massiv (TOUR 21)

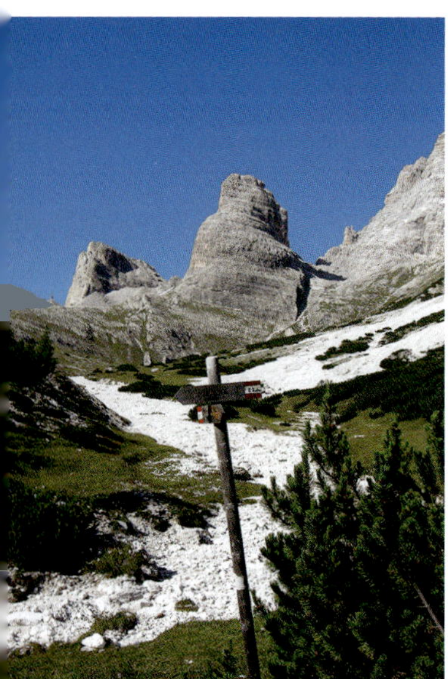

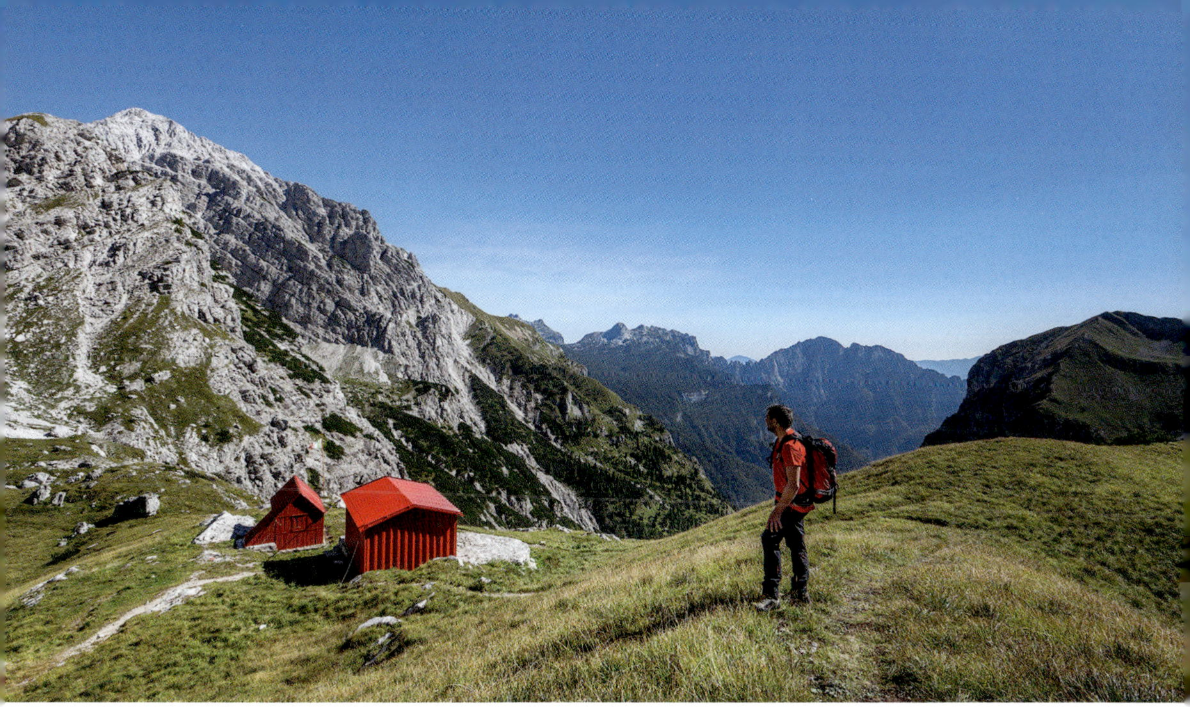

Nur für Selbstversorger: die Biwaks am Troi dei Caserin (TOUR 28)

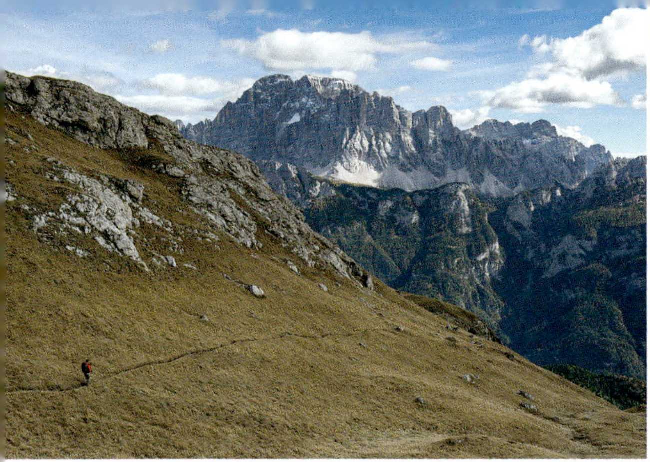
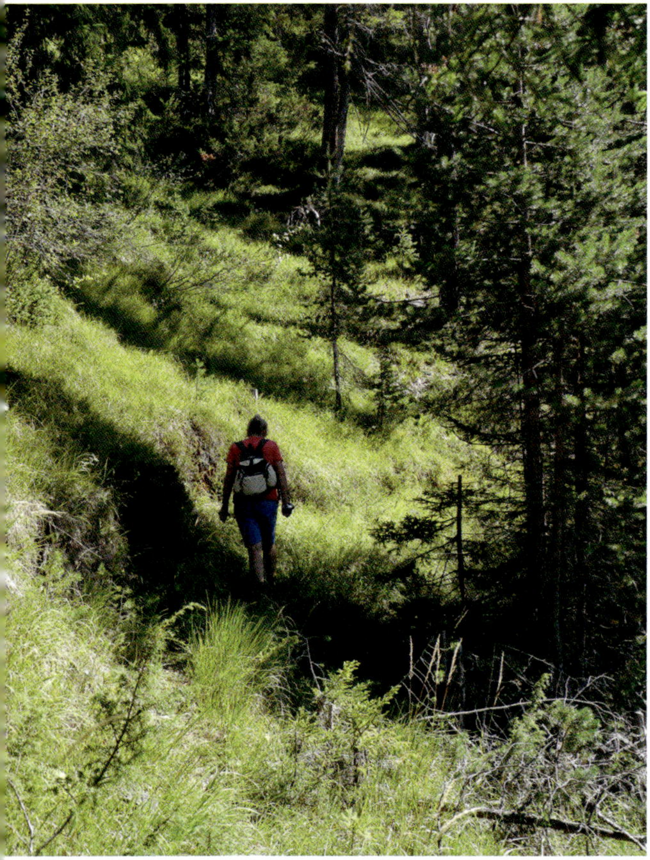
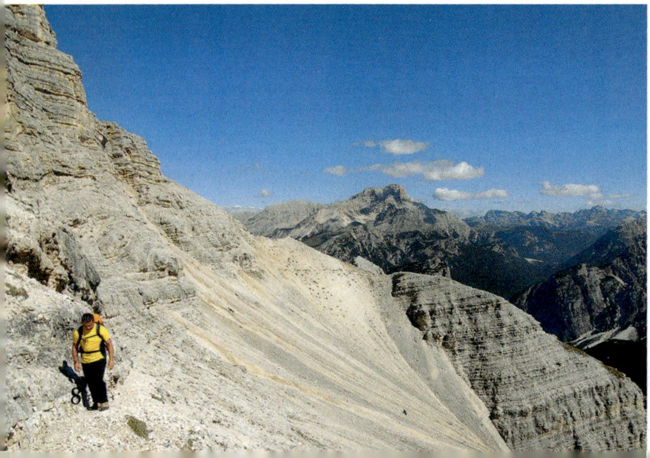
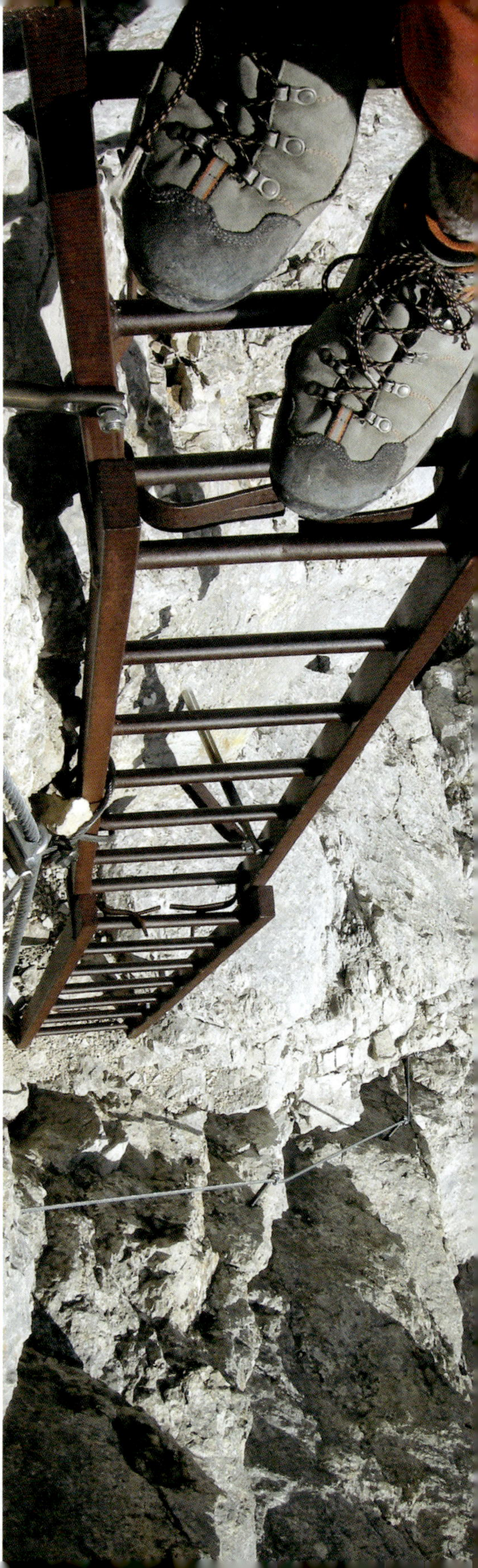

Wilde Wege …

Wandern ist in, Bergsteigen auch und Klettern sowieso. Millionen suchen alljährlich zwischen Großglockner und der Côte d'Azur, zwischen Tegernsee und Lago di Como Entspannung und sportliche Anspannung. Aus einem Zeitvertreib für wenige ist längst ein Massenphänomen geworden, Bewegung findet oft in Gruppen statt oder in Kolonnen. So mancher Wanderpfad ist längst zur Straße für (zu) viele mutiert, man steht sich im Weg, suchte Ruhe, findet Gesellschaft, auf der Hütte, am Gipfel, am Klettersteig und in der Wand.

Muss das sein, fragt sich der gestresste Naturfreund, der lieber putzigen Pelzträgern beim Herumtollen zuschaut als einem Homo ludens, zweibeinig, der sich möglicherweise noch mit seinem Smartphone unterhält. Da wächst bei manchem der Wunsch nach weniger (menschlicher) Nähe, mehr Ruhe. Abstand zur Straße, zur nächsten Almwirtschaft, zur Seilbahnstation. Stille. Die ist aus unserem Leben ganz leise verschwunden, fast so wie die Blumen auf einer totgedüngten Wiese. Man muss sie suchen, die Plätze, die Täler, Berge und jene Winkel, denen keine banalen Superlative angehängt werden, damit sie irgendwann niedergetrampelt sind.

Jetzt wird der Leser, der sich in den Bergen einigermaßen auskennt, zu Recht anmerken, dass die Dolomiten zu den meistbesuchten Regionen der Alpen zählen, ausgestattet mit einer hochentwickelten Infrastruktur. Einsamkeit? Vergessene Pfade gar? Ja, es gibt sie, erstaunlich genug. Denn auch zwischen Eisack und Piave gilt: Touristische Hotspots ziehen das reisende Volk an wie das Licht die Motten. Dazwischen findest du sie, die Wege, die vom Wellness-Resort direkt in die Einsamkeit vergessener Landstriche führen.

Aber Vorsicht! Die Dolomiten sind ein Hochgebirge, da fallen schon mal Steine aus der Wand, kann ein Fehltritt fatale Folgen haben und ist auch mit dem Wetter nicht zu spaßen. Wer also die viel beschworene »unberührte« Natur sucht, muss sich der Risiken seines Tuns bewusst sein. Manche der Wege, die in diesem Buch vorgestellt werden, eignen sich keinesfalls für Schwarzwaldwanderer. Man bewegt sich oft in Felsgelände, auch ohne Weg und Steg, ist auf seinen Orientierungssinn (und nicht aufs GPS) angewiesen. Eine gute Kondition und ein absolut sicherer Tritt sind da selbstverständlich. Der Lohn für die Mühe: große Bergerlebnisse abseits der ausgetretenen Pfade, traumhafte Stunden zwischen Tal und Gipfel. Und Erinnerungen, die so schnell nicht vergehen. Denn die Dolomiten sind da am schönsten, wo man ihre fantastische Felsarchitektur in aller Ruhe genießen darf.

Dietramszell, im Winter 2017/18
Eugen E. Hüsler

So sehen wilde Wege aus (links von oben): am Sasso Bianco (TOUR 8), an der Südflanke des Monte Aiarnola (TOUR 26), auf der Rückseite des Tofana-Massivs (TOUR 23). Ebenfalls nichts für »Schwarzwaldwanderer«: die Runde um den Sorapiš (rechts, TOUR 25)

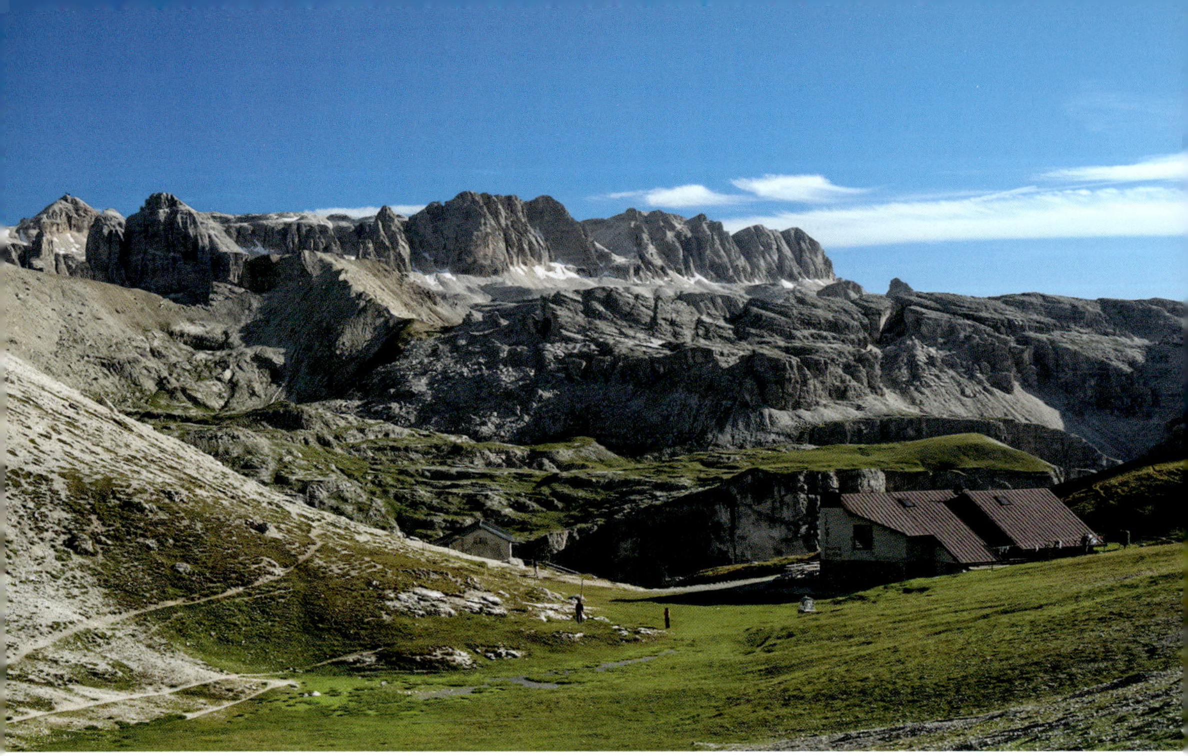

Die Puezhütte: kein weißer Fleck auf der Dolomitenkarte, aber Wendepunkt einer Gipfeltour abseits ausgetretener Pfade (TOUR 1)

Auf der Suche nach den weißen Flecken

Was muss das für eine Welt gewesen sein, in der das Reisen ein Privileg der Reichen war, es weder Telefon noch Eisenbahn gab und man im Kerzenschein zu Bett ging. Goethe reiste zu Fuß und mit der Postkutsche durch die Schweiz, zu einer Zeit, als noch kein einziger ihrer großen Alpengipfel bestiegen war. Friedrich Schillers »Wilhelm Tell« wurde 1804 uraufgeführt; im gleichen Jahr stand der erste Mensch auf dem »höchst Spitz in ganz Tyrol«, dem Ortler.

Und heute? Die Welt ist vermessen bis in ihre letzten Winkel, Satelliten kreisen über unseren Köpfen und helfen mit, dass wir auf dem Weg in den Urlaub die nächste Autobahnausfahrt nicht verpassen. Auf unserem schlauen Telefon (vulgo Smartphone) ist alles Wissenswerte über das Ziel unserer Reise gespeichert, GPS-Tracks inklusive, und online sind wir sowieso immer.

Das gefällt nicht allen. Manche fliegen deshalb ein paar tausend Meilen weit, um dem zu entkommen, was sie dort wiederfinden werden. Andere begeben sich für ein paar Wochen in klösterliche Abgeschiedenheit, um sich anschließend fit für den Alltag zu fühlen.

Was tun? Wandern im großen Verbund, auf perfekt ausgeschilderten und mit Farbklecksen geschmückten Wegen?

Rund 5000 Quadratkilometer groß sind die Dolomiten, und das markierte Wanderwegnetz ist an die 10 000 Kilometer lang. Ob es da noch weiße Flecken auf der Landkarte geben kann, Pfade, die »vergessen« wurden?

Wegebauer und -nutzer Ja, denn Wegebau war früher reiner Zweckbau. Eine Hochalm brauchte einen Zugang für Mensch und Tier, und im Ersten Weltkrieg wurden beiderseits der Front unzählige Nachschubwege angelegt. Die Almen sind mancherorts verlassen, der Krieg seit hundert Jahren vorbei, die Wege verfallen nach und nach, wo sie nicht für den Tourismus genutzt werden. Der ist mittlerweile zu einem derartigen Massenphänomen geworden, dass sich so mancher die Zeiten Goethes und Schillers zurückwünscht. Die Möblierung der Berge erfasst immer weitere Bereiche, wie eine tausendarmige Krake frisst sich die Freizeitindustrie in die Landschaft. In den Dolomiten versucht man diesem Trend durch die Ausweisung von Schutzzonen entgegenzuwirken; aktuell ist etwa ein Fünftel der gesamten Gebirgsfläche Naturschutzgebiet. Doch dieser Schutz (der ein relativer ist) hat auch Auswirkungen, die auf keinem Beipackzettel der Tourismusindustrie zu finden sind: Die Besucherzahlen in den Parks steigen kontinuierlich, Zigtausende erobern jedes Jahr zu Fuß, auf Ski, per Bike oder am Gleitschirm die geschützte Landschaft.

Vergessene Pfade im Zeitalter von Internet und GPS? Wo jeder Bergsteiger-Geheimtipp umgehend so öffentlich gemacht wird wie die Finanzlage eines berühmten Ex-Tennisstars oder die Rückverwandlung zivilisierter Menschen in Dschungelbewohner. Das Netz, heißt es, vergisst nicht. Trotzdem, es gibt sie, diese Abenteuerpfade, die zwar nicht gänzlich aus dem kollektiven Gedächtnis der Bergsteigergemeinde verschwunden sind, die aber wenig bis selten begangen werden, und dann meistens von Einheimischen.

Wenn sich die Rotsockler im Gartl gegenseitig auf die Füße treten und ihr Selfie mit den Vajolettürmen knipsen, genießt man im Larséch Einsamkeit und eine große Aussicht (TOUR 4).

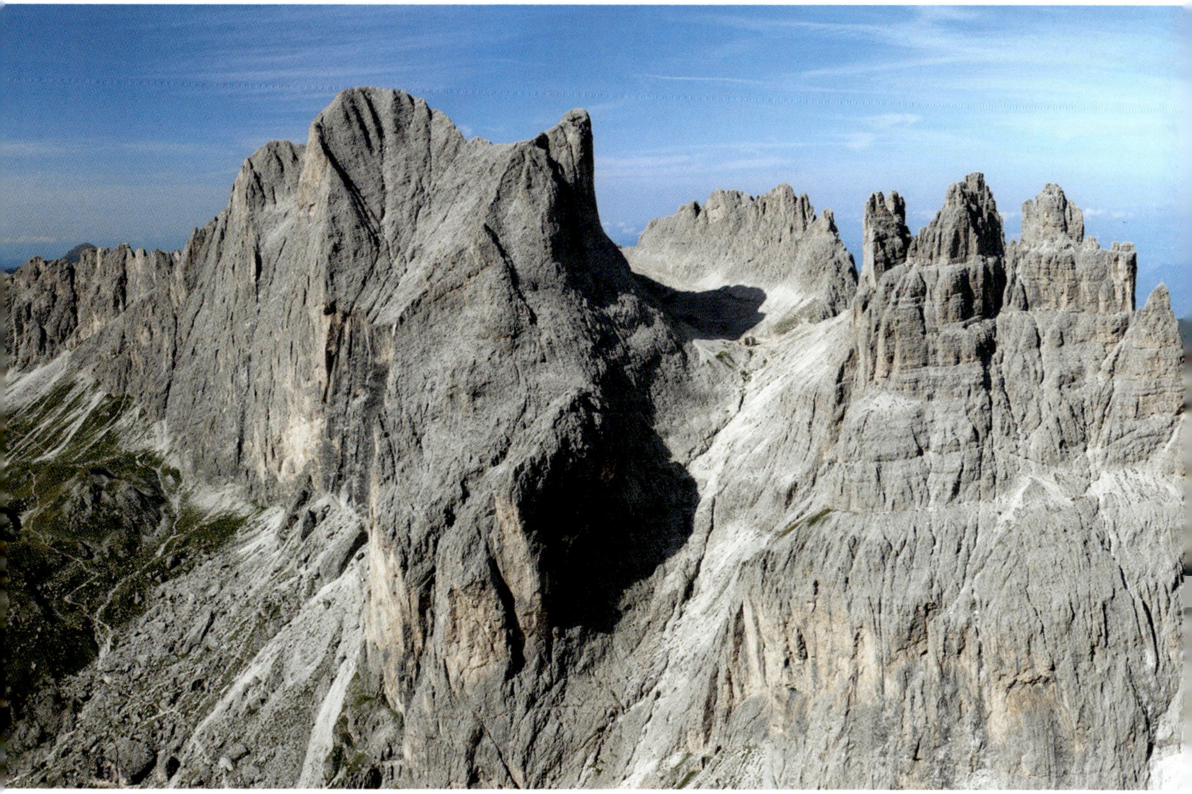

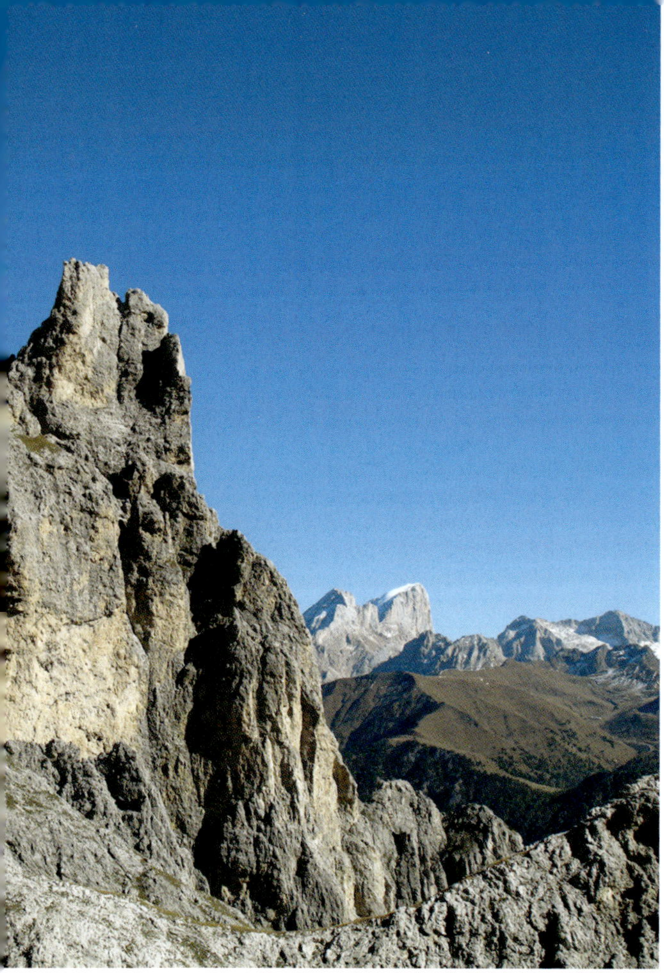

Was für ein Profil! Die Marmolada vom Scaletteweg aus gesehen (TOUR 4)

Wege in die Stille Es ist heiß, die Sonne hängt hoch am wolkenlosen Himmel. Mir läuft der Schweiß in die Augenwinkel und Durst hab ich auch. Ein umgestürzter Baum, in dessen Wurzelgeflecht ein paar große Steinbrocken hängen, versperrt den Weiterweg. Der ist nicht viel mehr als eine dünne Spur, ab und zu auch unterbrochen. Ich klettere über das quer liegende Holz, bleibe mit dem Rucksack an einem abgerissenen Ast hängen. Es raschelt im Unterholz – eine Schlange? Die nimmt ohnehin Reißaus, das weiß ich, ganz anders als die kleinen Mistviecher, die mich umschwirren und auf mein Blut aus sind. Ich wedle ein bisschen mit dem Arm, konzentriere mich dann wieder auf den Weg. Der läuft, da und dort gerade noch einen Fuß breit, über einen abschüssigen Hang. Zu meiner Linken steigen schroffe Felsen in den Himmel. Vorsichtig setze ich einen Fuß vor den anderen – stolpern wäre hier zumindest ungeschickt. Wenige Meter weiter gewinne ich festen Boden, jemand hat vor langer Zeit diesen Pfad sogar befestigt – Bauern, Jäger? Drei Stunden später bin ich oben am Gipfel, allein mit ein paar Alpendohlen, die genauso hungrig sind wie ich. Im Rucksack finden sich noch zwei Schokoriegel, die teilen wir uns. Der Aufstieg war lang, mühsam und nicht leicht zu finden, die Landschaft grandios, die Einsamkeit total. Wie das Glücksgefühl, das mir solche Touren vermitteln, die weit weg führen von den ausgetretenen Pfaden, hinaus in die Natur und hinein in die Stille.

Die vergessenen Pfade Ein wichtiges Kriterium der hier vorgestellten Routen ist ihr Anforderungsprofil. Es ist weit gespannt, reicht von der leichten Wanderung bis zu alpinistisch anspruchsvollen Touren, weglos, gelegentlich mit Kletterpassagen (maximal im Schwierigkeitsgrad II). Teilweise bewegt man sich auf gebahnten Wegen, mitunter sind sie sogar markiert, bei einigen wenigen Touren handelt es sich auch um Klettersteige. Auf der Hälfte dieser oft langen und anstrengenden Wege bin ich kaum einer Menschenseele begegnet. »Sentieri selvaggi« hat ein italienischer Autor vor ein paar Jahren ein Buch über seine Berge betitelt, und wild (selvaggio) sind auch einige meiner vergessenen Pfade.

Was man vorab wissen sollte Wer sich in Gefahr begibt … Diese Volksweisheit kennt wohl jede/r, und natürlich ist etwas Wahres daran. Nur muss man halt wissen, dass die eigentliche Gefahr fast immer vom Menschen ausgeht. Er ist es, der ungenügend vorbereitet auf Berge steigt, sich selbst überschätzt, weder das Gelände noch die Wetterentwicklung richtig zu beurteilen weiß. Wer also das Abenteuer – auch das kleine – sucht, muss auf jeden Fall die erforderliche Erfahrung mitbringen, dazu eine gute Verfassung. Viele der vorgestellten Touren sind lang, dadurch auch sehr anstrengend, sie führen in felsiges Gelände, konzentriertes Gehen wird da verlangt, eine stabile Psyche ist wichtig.

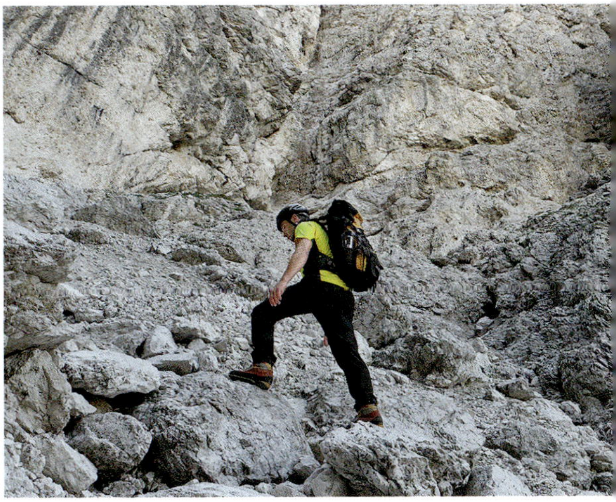

Gleichgewicht wahren! Manni unterwegs in leicht beweglichem Gelände

Die Wege in diesem Buch sind sehr unterschiedlich in ihrer Charakteristik. Da finden sich
- alte, unmarkierte Alm- und Jagdsteige, manche schon recht verwachsen
- wenig schwierige, markierte Höhenwege
- große (aber nicht extreme) Klettersteige in faszinierend schöner Kulisse
- lange Gratüberschreitungen mit leichten Kletterpassagen, maximal Schwierigkeitsgrad II

Leicht zu merken – zehn Tipps für unterwegs

- **Vor der Tour** Infos über Wetteraussichten einholen; bei einer angekündigten Wetterverschlechterung sehr früh starten oder (besser) die Tour verschieben.
- Wenn es sich irgendwie vermeiden lässt, **nicht allein gehen**. Bei einem Unfall ist die Möglichkeit sehr groß, dass niemand in der Nähe ist, der helfen kann. Und das Handy funktioniert auch nicht in jedem Karwinkel der Dolomiten …
- **Tourenplanung** dem eigenen Können bzw. dem des schwächsten Teilnehmers einer Gruppe anpassen (Kondition, technische Schwierigkeiten).
- **Rucksack** sorgfältig packen. Was brauche ich für die Tour, nichts vergessen?
- **Ausrüstung** nicht nur mitnehmen, sondern auch benützen. Der Helm im Rucksack nützt recht wenig …
- An einer **Via ferrata** nach Möglichkeit klettern, mit nur einer Hand am Drahtseil; dieses dient in erster Linie der Sicherung. Wo das nicht mehr geht, darauf achten, dass ein Seilabschnitt jeweils nur von einer Person benützt wird.
- Vorsichtig gehen, **Steinschlag vermeiden**. In Rinnen und Schluchten nach Möglichkeit erst einsteigen, wenn das Gelände über einem frei ist, also keine anderen Bergsteiger unterwegs sind.
- Stets auf das Wetter achten. Bei **Gewittern** weg von Graten! Klettersteige sind riesige Blitzableiter mit entsprechend hohem Gefahrenpotential.
- Bei einem **Wettersturz** umdrehen! Selbst nur mäßig schwierige Touren werden bei Regen oder Schneefall zu objektiv gefährlichen Unternehmungen. Ausgesprochen heikel können bei Nässe abschüssige Grasflanken sein.

- ehemalige Kriegssteige, manche im Verfall und nicht markiert, andere rekonstruiert und mit Sicherungen versehen
- weglose Routen, die kilometerlangen Fels- und Geröllbändern folgen und auch leichte Kletterpassagen aufweisen können.

Ein paar Ausrüstungs- und Verhaltenstipps Wichtig auf diesen sehr unterschiedlichen Wegen ist eine dem Anforderungsprofil der Tour angepasste **Ausrüstung**. Bei allen Touren gehört eine topografische Karte im Maßstab 1:25 000 in den Rucksack (Tabacco), auch ein Höhenmesser. Zusammen mit einem Kompass erleichtert beides die Orientierung in weglosem Gelände oder bei schlechter Sicht. Bei einigen der vorgestellten Touren sollte man sich (wegen ihrer Länge) auf die Möglichkeit einer Nacht im Freien einstellen (Isomatte, Schlafsack, ausreichend Verpflegung, Getränke). Gibt's eine Biwakschachtel am Weg, wird man auf jeden Fall ein Schlafsack-Inlet im Rucksack verstauen, besser noch gleich den Schlafsack.
Mehrere Touren weisen gesicherte Passagen auf, bei einigen wenigen handelt es sich um echte **Klettersteige**. Dafür braucht man eine Zusatzausrüstung, bestehend aus einem bequemen Sitzgurt, dem Klettersteigset (Y-Form) und einem Helm, dazu eventuell noch Klettersteig-Handschuhe. Das Klettersteigset weist zwei je etwa einen Meter lange, elastische Bandstücke auf, ist mit einer Sturzbremse und zwei Schnappkarabinern mit großer Öffnung und einer Verschlusssicherung versehen. Es wird über eine kleine Schleife per Ankerstich mit dem Klettergurt verbunden.
Klettersteige werden nach ihren Schwierigkeiten klassifiziert, die Hüsler-Skala

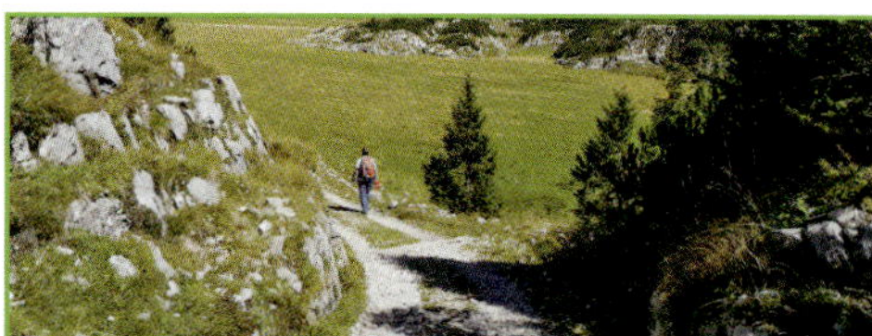
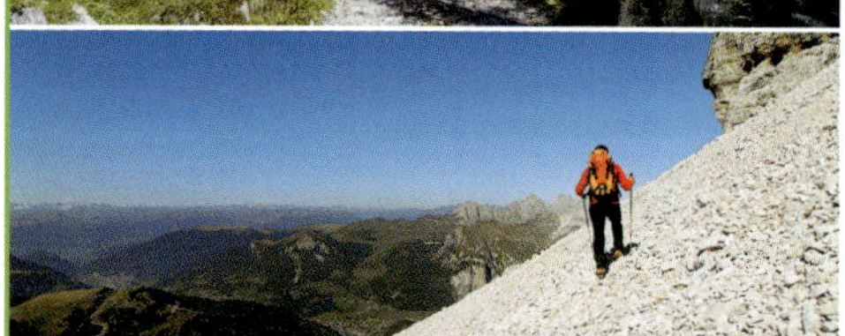
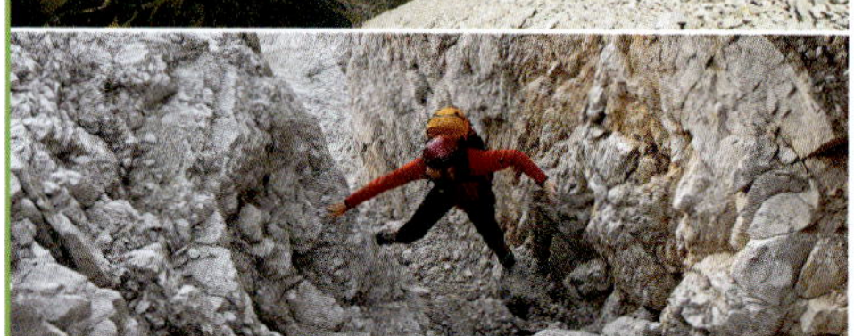
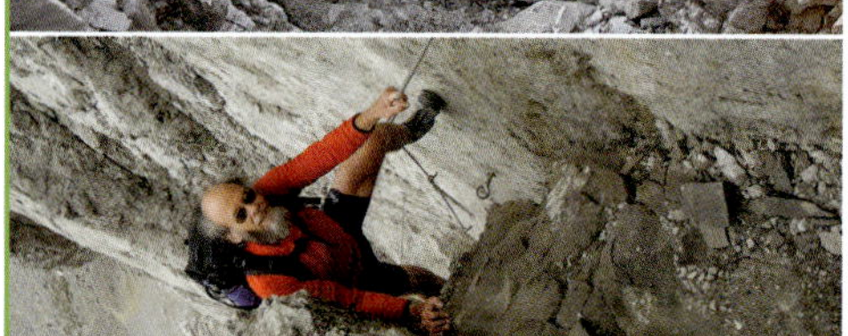

Die Schwierigkeitsbewertung

Blau – rot – schwarz: Die drei Farben entsprechen den Anforderungen der Tour. Die Kreissymbole finden sich in der Kopfzeile unter der Tourennummer, zusammen mit der Streckenlänge (km), der Gehzeit (Std.) und der gesamten Anstiegsleistung (m).

Leicht Technisch und konditionell leichte Wanderungen auf gut begehbaren Wegen.

Mittel Technisch und/oder konditionell eher anspruchsvolle Touren. Steile Pfade, auch weglose Passagen (Geröll) und leichte Felsen (gesichert, ungesichert).

Schwer Anspruchsvolle, ausgeprägt alpine Touren, auf längeren Strecken weglos und/oder felsig (Kletterstellen bis maximal II). Gutes Orientierungsvermögen und absolute Schwindelfreiheit unerlässlich!

Klettersteige sind zusätzlich mit einem Symbol und dem Schwierigkeitsgrad (K1 bis maximal K3–4) gekennzeichnet.

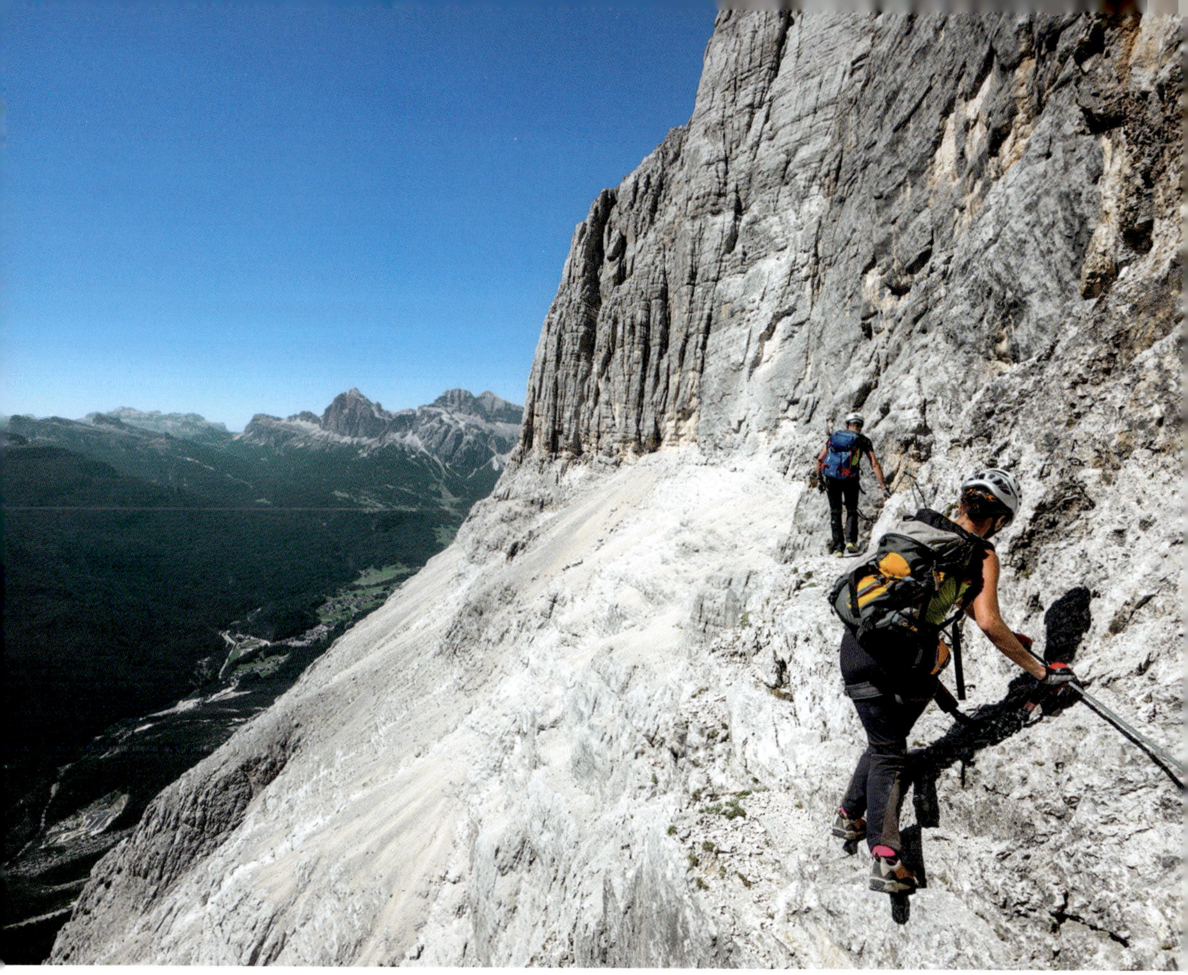

reicht von K1 (leicht) bis K7 (extrem schwierig). Gute Bergsteiger benötigen für Steige bis K2 nicht zwingend eine Klettersteig-Ausrüstung. Die anspruchsvollsten Klettersteige in diesem Buch werden mit dem Schwierigkeitsgrad K3–4 bewertet.

Unterwegs auf großer Tour, am Giro del Sorapiš. Blick ins Tal des Boite, am Horizont die Tofane (TOUR 25)

Ohne Gewähr Berge leben, jeder Bergsteiger weiß das; Bergstürze, Muren sind nichts Ungewöhnliches, Eis und Wasser haben die Alpen modelliert und sie prägen, verändern die Landschaft noch heute laufend. Das hat natürlich auch Auswirkungen auf Weg und Steg. Immer wieder mal muss ein Hüttenzugang gesperrt, ein Höhenweg repariert oder ein Klettersteig saniert werden. Auf unsere »vergessenen« Wege trifft das verstärkt zu, nur wird da in manchen Fällen gar nichts saniert. Wer diese Touren angeht, muss das berücksichtigen. Die Wege verlaufen vielfach in abschüssigem, der Erosion extrem ausgesetztem Gelände, was natürlich immer wieder dazu führt, dass die Trassen in Mitleidenschaft gezogen werden. Umgestürzte Bäume bleiben einfach liegen, Muren zwingen zu heiklen Umgehungsmanövern. Die Informationen in diesem Führer basieren auf aktuellen Begehungen bzw. Informationen, trotzdem heißt es: ohne Gewähr! Ein im Herbst noch gut begehbares Weglein kann nach dem Winter von einer Lawine weggerissen sein, Sicherungen sind möglicherweise durch Steinschlag zerstört. Doch eine Prise Spannung hat ja noch keinem Abenteuer geschadet …

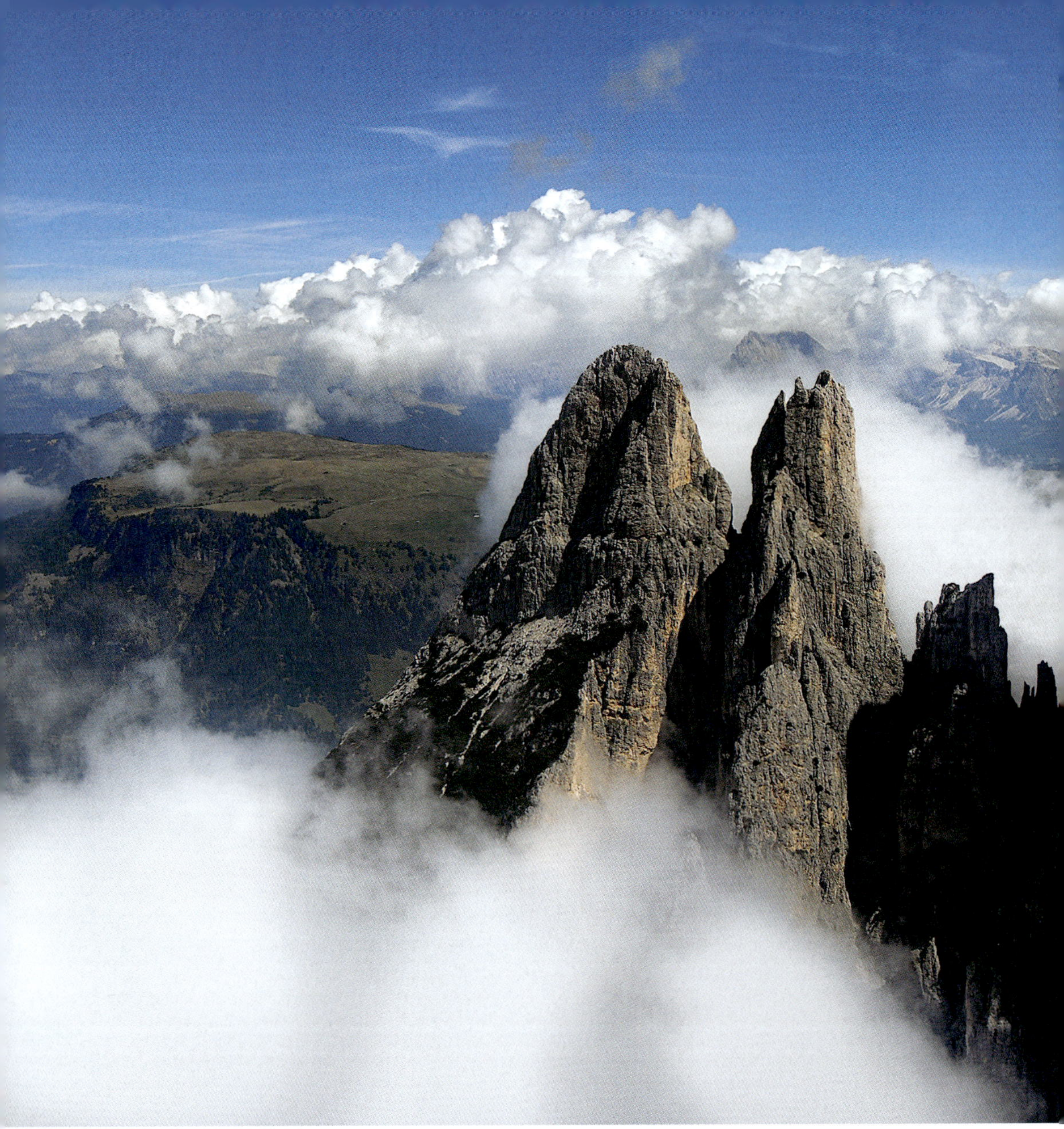

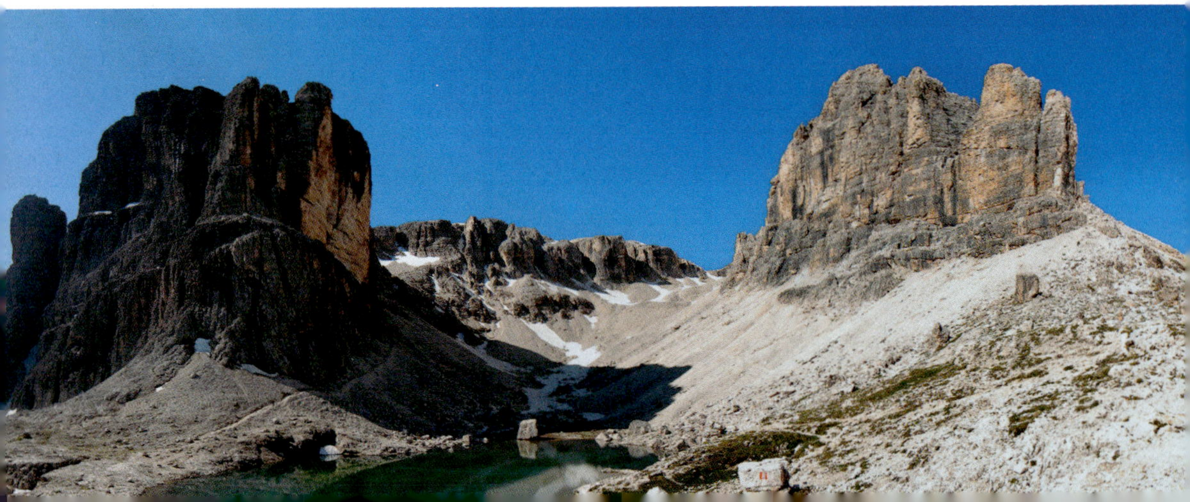

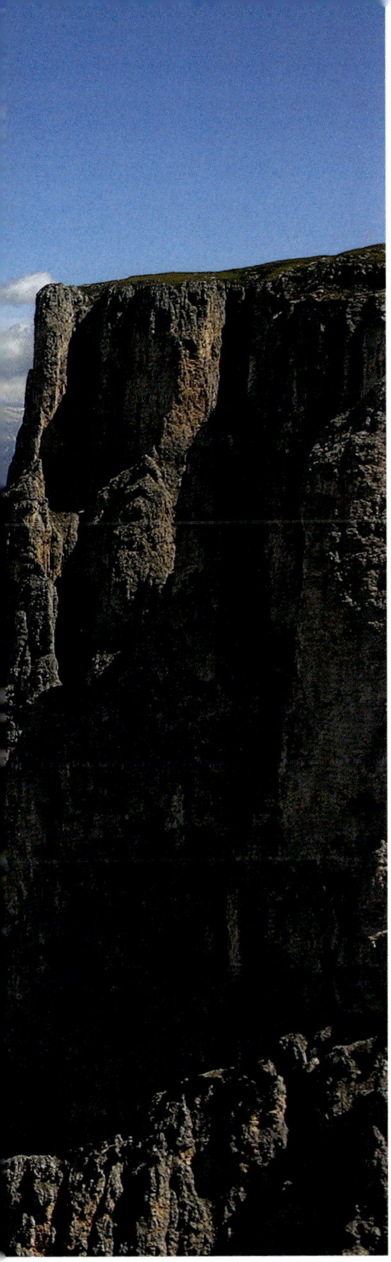

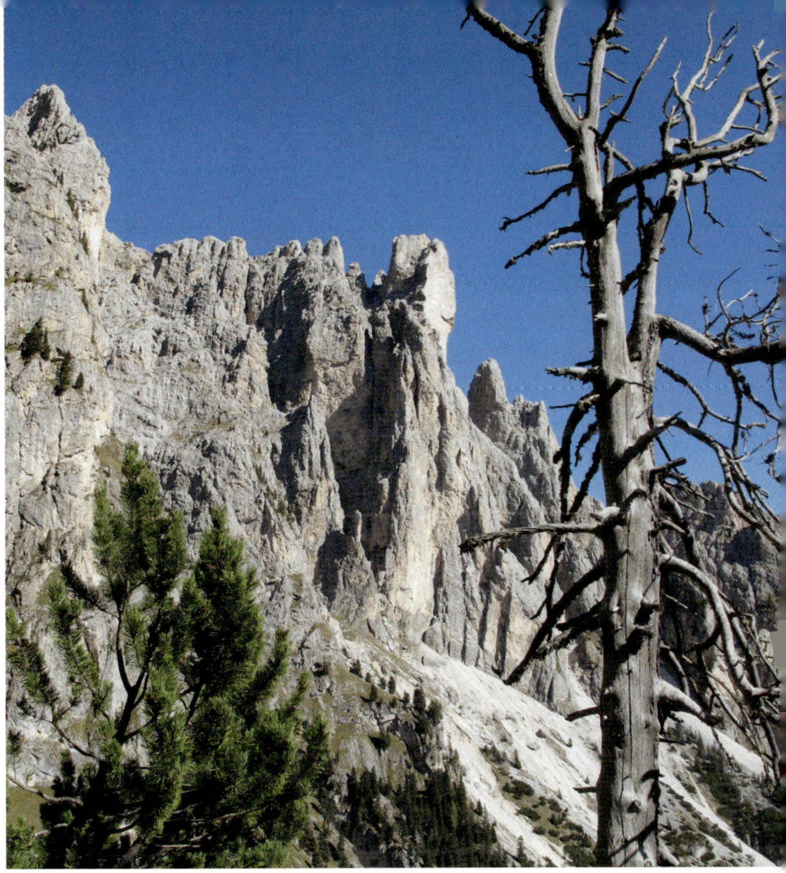

Geisler-Puez, Schlern, Sella und Rosengarten

Charakteristisch für die nordwestlichen Dolomiten ist der Wechsel zwischen steinigen Karrenplateaus, weiten Hochalmen und isolierten Felsmassiven wie dem sagenumwobenen Schlern (mit Santner- und Euringerspitze, li. o.), der Sella (Pisciadùsee (li. u.), dem Rosengarten (Larséch, re. o.) und Geisler-Puez (re. u.)

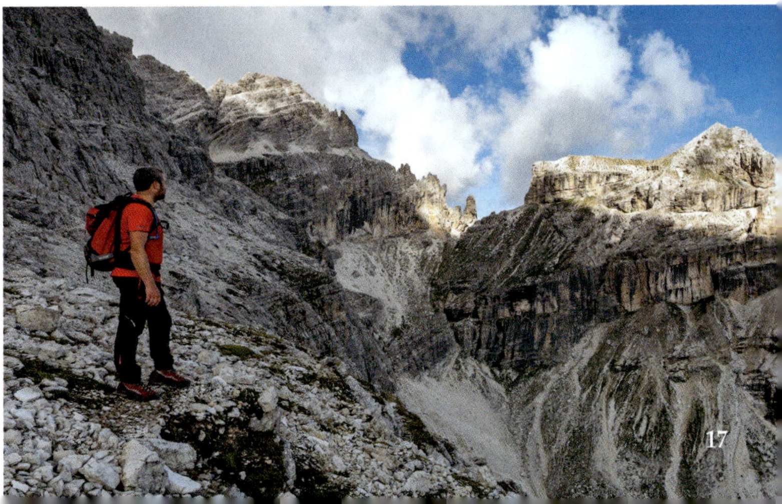

1

Piz Somplunt

Einsame Berge ganz hinten im Campilltal

schwer 13,5 km 1230 m 8.00 Std.

Tourencharakter
Recht anspruchsvolle Rundtour, Trittsicherheit unerlässlich; teilweise weglos mit leichten Kletterstellen (I). Nur bei stabilem Schönwetter gehen, nicht zu früh im Jahr (Altschnee). Bei Nebel ist die Orientierung sehr problematisch. Vorsicht: am Somplunt-Grat senkrechte Nordabstürze!

Ausgangs-/Endpunkt
Parkplatz (ca. 1580 m) an der Schotterstraße von Campill/Lungiarü zur Forcela Juel (1729 m)

Höchster Punkt
Piz Somplunt (Kapuzinerspitze, 2738 m)

Verkehrsanbindung
Von Bruneck/St. Lorenzen via St. Martin in Thurn nach Campill/Lungiarü (1408 m). Linienbus

Gehzeiten
Gesamt 8 Std.; Aufstieg Piz Somplunt 4 Std., Weiterweg zur Puezhütte 2 Std., Abstieg 2 Std.

Markierung
Zustieg und Rückweg/Abstieg gut markiert, am Weg über den Piz Somplunt zur Puezhütte vereinzelt Steinmännchen und verblasste rote bzw. orangefarbene Markierungen

Karte
Tabacco-Wanderkarte 1:25 000, Blatt 07

Hütten/Einkehr
Puezhütte (2475 m)

Das Campilltal gilt gemeinhin als Oase der Ruhe in der immer hektischer auftretenden Urlaubsdestination Dolomiten. Ganz hinten, rund um die steinigen Almböden von Antersasc, ist es besonders still, sagen sich Gämse und Murmeltier guten Tag. Das stört den Wanderer überhaupt nicht, der sich aufmacht, diesen einsamen Winkel der Dolomiten zu erkunden.

Im Schatten des Peitlerkofels Am Gipfel des Peitlerkofels herrscht an sommerlichen Schönwettertagen mitunter ein ordentliches Gedränge, und am markierten Weg hinauf zur großen Aussicht bilden sich schon mal Wanderkolonnen. Das kann einem am Piz Somplunt nicht passieren; Gämsen und Murmeltiere sind eindeutig in der Überzahl, der Homo ludens ist hier eine seltene Spezies. Vor ein paar Jahren scheiterte der Versuch, eine Zufahrt zur Alm von Antersasc durchzusetzen. Die liegt nämlich innerhalb des Naturparks Puez-Geisler, und dessen Schutzbestimmungen verbieten solche Erschließungen. Gut so!

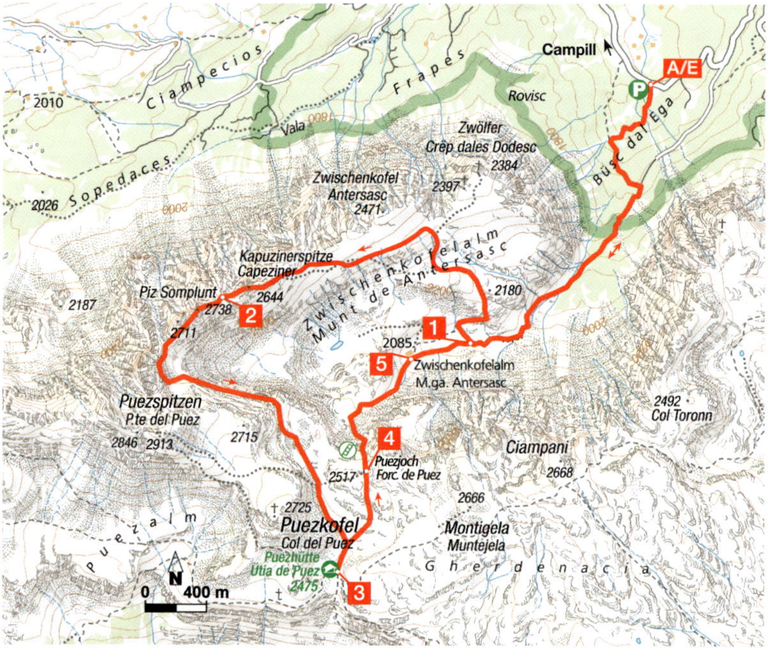

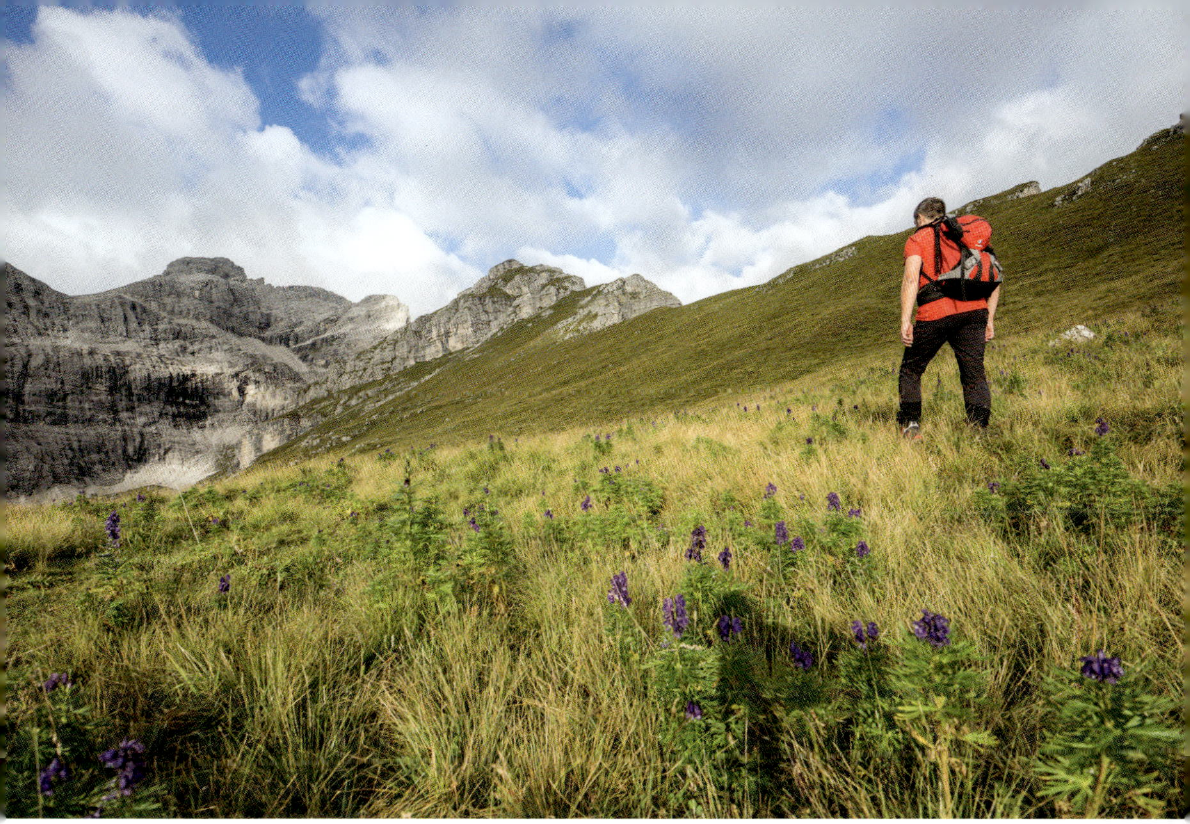

Der Aufstieg zum Piz Somplunt verläuft über die offenen Almwiesen von Antersasc, links im Bild die Östliche Puezspitze (2913 m).

Die Tour über den Piz Somplunt führt in felsiges Gelände, setzt also einen absolut sicheren Tritt voraus. Der Weg war früher markiert, geriet dann aber mehr und mehr in Vergessenheit. Nicht einmal die digitalen Alleswisser-Portale kennen ihn, selbst die Webseite trekking suedtirol weiß nichts von der Route. Da hilft also kein GPS; man ist auf ganz altmodische Tugenden angewiesen: Orientierungsvermögen, Kartenlesen, Geländebeurteilung. So führt die schöne Tour nicht nur hinauf auf den Berg, sondern auch zurück in jene Zeit, als man noch nicht am digitalen Gängelband in den Bergen unterwegs war …

Aufstieg Über die Straße zum Jueljoch lässt sich der Aufstieg von Campill um gut eine Stunde verkürzen. So schnürt man seine Bergschuhe nicht bereits im Dorf, son-

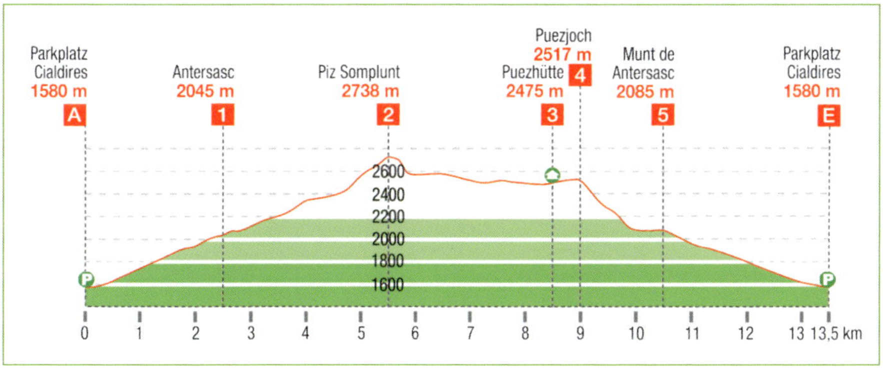

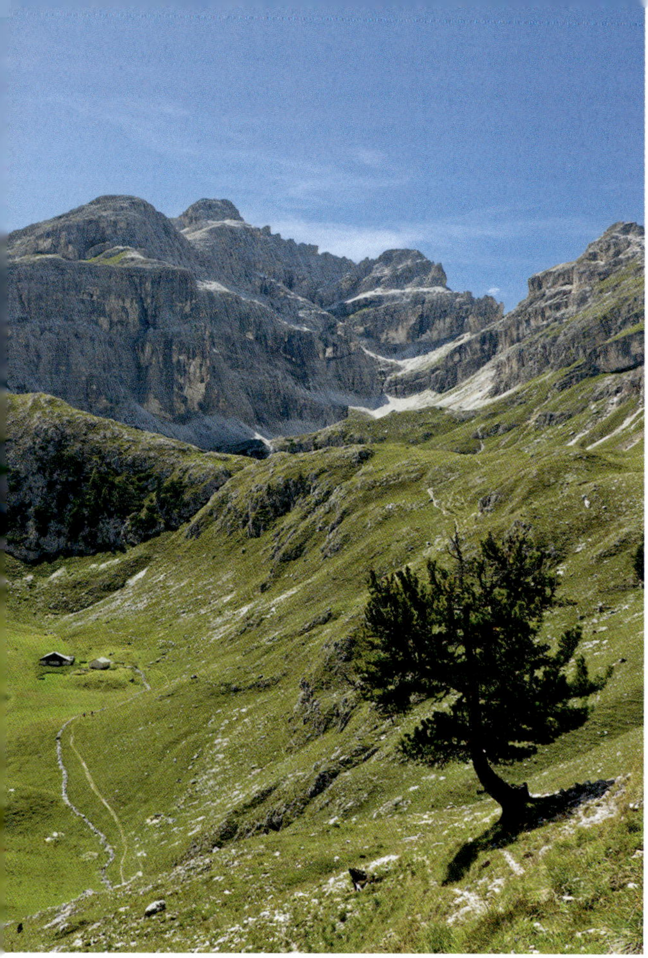

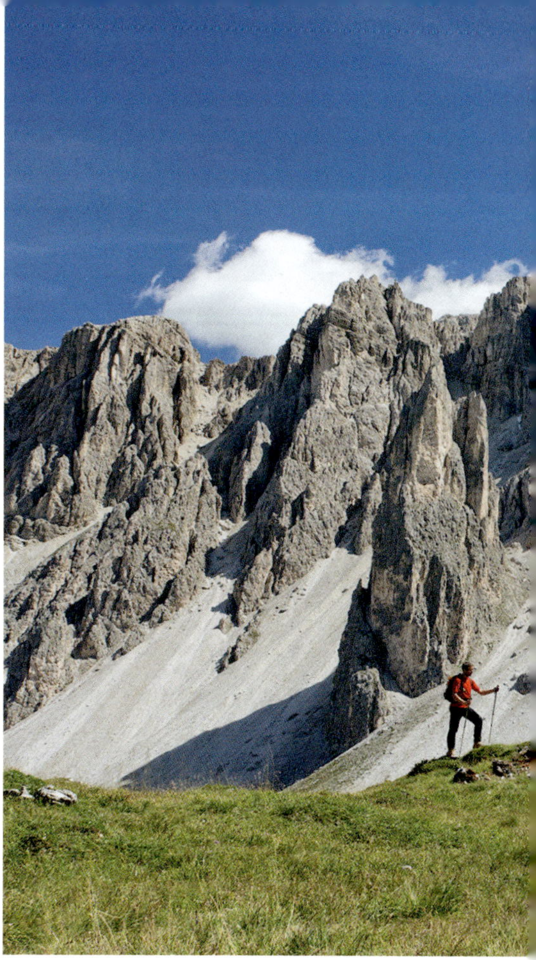

Oben: Einsamkeit pur. Im innersten Talwinkel von Antersasc ist man fast immer allein. Mitte: Das Gherdenacia-Hochplateau fällt nordseitig über zerklüftete Felsen ins Almrevier von Antersasc ab.

dern erst am Ⓐ **Parkplatz** (ca. 1580 m) bei der Örtlichkeit Cialdires. Mit der Markierung 6 geht's bergan und taleinwärts, ein Stück weit auf einer Sandpiste. Nach gut einer Stunde ist das idyllische Almrevier von ❶ **Antersasc** erreicht. Hier zweigt rechts (Schild) der Weg zum Zwölfer (Crep dales Dodesc, 2384 m) ab. Man folgt ihm über die steinigen Wiesenhänge bis zu einer Steilrinne (ca. 2320 m). Hier geht links eine dünne Pfadspur ab, die fast ohne Höhengewinn die Grashänge unter dem Antersasc (2466 m) westwärts quert. Man verlässt sie hinter dem Gipfel und steigt auf zum Verbindungsgrat zwischen Antersasc und Piz Somplunt. Steinmännchen, verblasste Markierungen und eine dünne Spur leiten am Kamm bergan, Felsen südseitig ausweichend, in eine Gratscharte (ca. 2620 m). Zuletzt in brüchigem Fels und über Geröll zum Gipfel des ❷ **Piz Somplunt** (2738 m).
Der Gipfel bietet ein fantastisches Panorama, das lediglich gegen Südwesten durch die Puezspitzen etwas eingeschränkt ist. Dafür reicht der Blick nach Nordosten bis zum Großglockner, und am östlichen Horizont stehen schön aufgereiht die Gipfel der Ampezzaner und Zoldaner Dolomiten – lauter Unikate mit markantem Profil.

Zur Puezhütte Interessant ist auch der Blick auf den Weiterweg, der in einem Rechtsbogen vom Felsfuß des Piz Somplunt zu einem Horizontalband hinüberläuft, auf dem man die Nordabstürze der östlichen Puezspitze quert. Dabei ist Orientierungs-

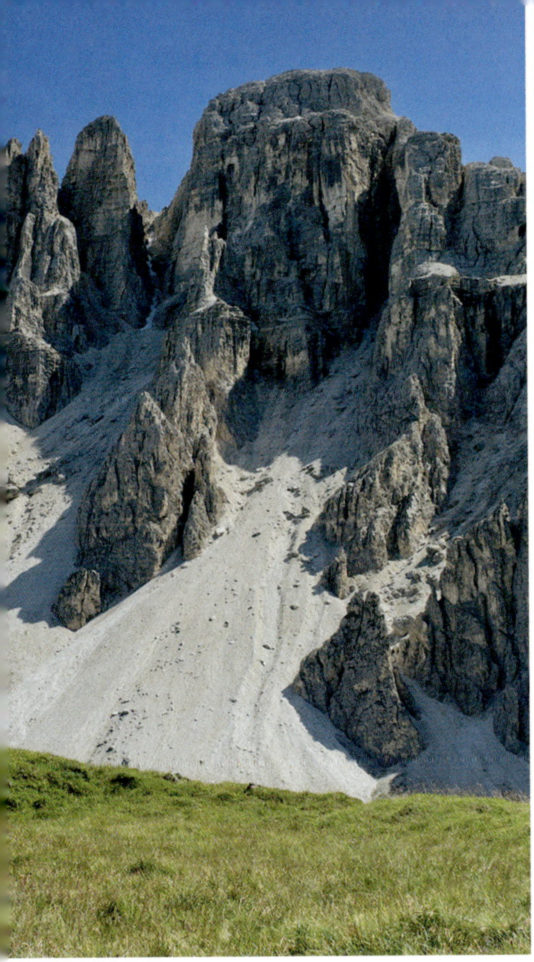

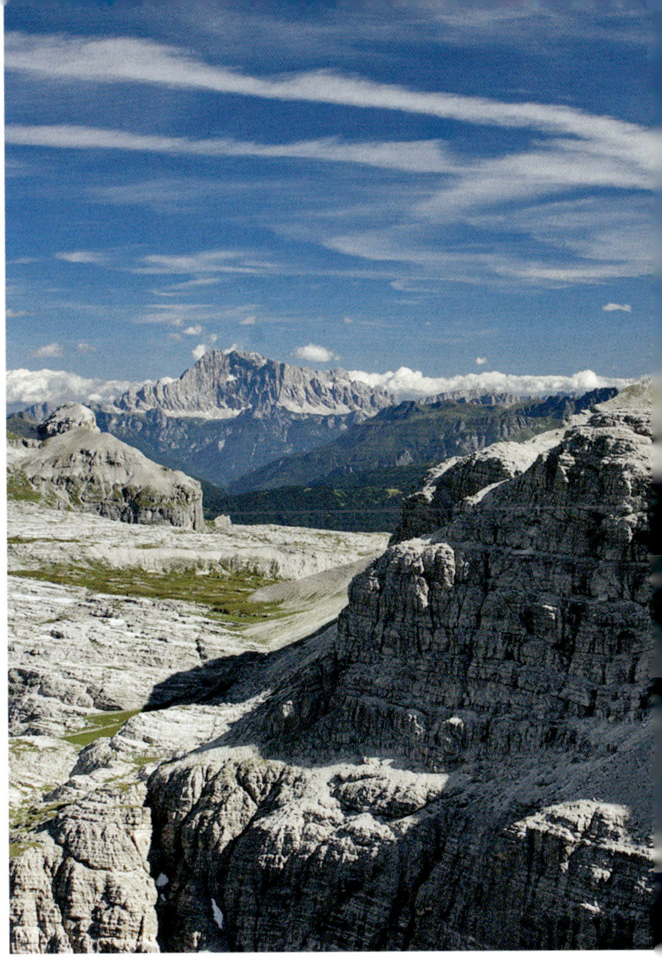

vermögen gefragt, trotz alter Markierungspunkte und Steinmännchen. Vom Gipfel steigt man zunächst etwa 40 Meter auf der gut erkennbaren Spur ab, biegt dann nach links ab. Über leichte Felsen weiter abwärts (nicht dem komfortablen Band nach rechts folgen!) zu einem Grasband, das an einer namenlosen Scharte (ca. 2580 m) endet. Dahinter kurz aufwärts, dann unter senkrechten Felsen hinüber zu einer breiten Geröllrinne. Dahinter beginnt das Band, das bei leichtem Höhenverlust um die Puezspitze herum in das wellige Karstgelände um das Puezjoch leitet. Hier verliert sich die Spur. Man steigt weglos etwa 50 Höhenmeter ab und wandert südwärts über das Plateau. Bei der ❸ **Puezhütte** (2475 m), dem Wendepunkt der Runde, ist dann Schluss mit der Bergesruh'.

Überraschender Fernblick zum Sass Songher und zur Civetta; über die markante Geröllterrasse rechts verläuft der Zugang zur Puezhütte.

Zurück ins Tal Der Abstieg, rot-weiß markiert und mit der Nummer 6 versehen, beginnt mit dem leichten Gegenanstieg ins ❹ **Puezjoch** (2517 m). Dahinter über Geröll und steinige Wiesen steil hinunter zum ❺ **Munt de Antersasc** (2085 m) und auf dem Hinweg zurück zum Ⓔ **Parkplatz**.

Das Mühlental

Im Campilltal hat sich noch recht viel alte Bausubstanz bewahrt. Zeugnisse der traditionellen Siedlungsweise sind die sogenannten »viles«, kleine, nur aus ein paar Höfen bestehende Weiler über dem Talgrund. Eine echte Sehenswürdigkeit bilden die insgesamt acht restaurierten »Morins« (wasserbetriebene Mühlen) im Mühlental. Der Besuch lässt sich gut mit einem Abstecher zu den Weilern Seres und Misci verbinden (markierte Wege).

2

Die Seiser Klamm

Was für ein Schlund!

schwer 14,5 km 1450 m 7.30 Std.

Tourencharakter
Anspruchsvoller Aufstieg, in der Klamm weitgehend weglos mit Kletterstellen (II, I). Nur für gute Bergsteiger mit stabiler Psyche, im oberen Teil der Schlucht erhebliche Steinschlaggefahr (Helm!). Teleskopstöcke vorteilhaft, die Schlucht sollte auf jeden Fall schneefrei sein. Abstieg markiert, am Gamssteig viel Geröll und leichte Felsstufen

Ausgangs-/Endpunkt
Parkplatz am Frötschbach (1110 m)

Höchster Punkt
Petz (Schlern, 2563 m)

Verkehrsanbindung
Seis (994 m) erreicht man aus dem Eisacktal über gut ausgebaute Straßen. Im Ort, der Signalisation »Bad Ratzes« folgend, bis zur Brücke über den Frötschbach. Gleich dahinter kleiner Parkplatz, Hinweisschild »Ruine Hauenstein«

Gehzeiten
Gesamt 7.30 Std.; Parkplatz Frötschbach – Seiser Klamm – Schlernhaus 4.15 Std., Abstecher Petz 30 Min., Schlernhaus – Gamssteig – Parkplatz 2.45 Std.

Markierung
In der Seiser Klamm einige Steinmännchen, Gipfelweg und Abstieg markiert

Karte
Tabacco-Wanderkarte 1:25 000, Blatt 05

Hütten/Einkehr
Schlernhaus, Schlernbödelehütte

Um eineinhalb Kilometer überragt der Schlern das Dorf Seis – und das sieht man auch. Hoch ragt das Massiv in den Himmel, wie eine mit Türmen bewehrte Burg. Wer ihm aufs Haupt steigen will, kommt in aller Regel von Osten oder Süden. Aber von Norden, durch die wilde Seiser Klamm?

Ein Berg mit vielen Gesichtern Von der Seiser Alm aus zeigt der Schlern sein unverwechselbares Profil, das die Formenvielfalt der Dolomiten vorwegnimmt: schroffe Wände, ein riesiges Karrenplateau, davor frei stehend die beiden Türme, nach ihren Erstbesteigern Johann Santner (1880) und Gustav Euringer (1884) benannt. Oben am Petz (2563 m), dem höchsten Punkt des Massivs, waren Menschen schon lange vor Beginn unserer Zeitrechnung, was den Berg zu einem mystischen Platz macht, um den sich allerlei Legenden ranken. Wie das Märchen von den Schlernhexen, die in den Flanken des riesigen Bergstocks stehen und mit ihren rosa Blüten im Wind nicken: Armeriae alpinae, Alpen-Grasnelken. Dass sie verzauberte »Salige« sind, weiß drunten in Kastelruth oder Seis jedes Kind.

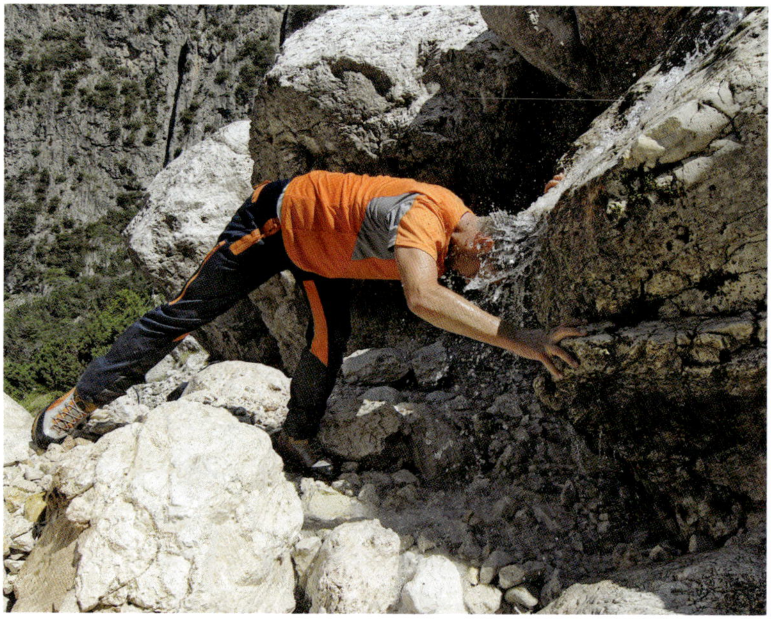

Das tut gut! Manni verschafft sich Kühlung im Seiser Canyon.

Kunst und Geschichte Ein Blumenwunder ist der Schlern allemal, dazu Namensgeber in Geologie (Schlerndolomit) und Kultur (Zeitschrift »Schlern«) – ein berühmter Kletterberg allerdings nicht. Bestiegen wird er meistens von der Seiser Alm aus, das geht am bequemsten. Erheblich länger ist der Weg von Völs herauf; eine Herausforderung der besonderen Art bildet der Anstieg durch die Seiser Klamm. Da tut man gut daran, sich erst einmal einen Überblick zu verschaffen, am besten vom Kirchlein St. Valentin aus, das oberhalb von Seis in den Wiesen steht. Kunstfreunde besuchen es wegen der sehenswerten spätgotischen Fresken, bestaunen den wuchtigen, von einer Zwiebelhaube gekrönten Turm, gucken dann hinüber in den bewaldeten Hang am Fuß des Schlerns, wo die ausgebleichten Mauerreste der Burg Hauenstein zwischen den grünen Wipfeln aufragen: der Alterssitz des Oswald von Wolkenstein (um 1375 bis 1445) – weit gereister Renaissancemensch, Tiroler Rittersmann und Dichter. Verbittert schrieb er: »Was mir an Ehrung ward zuteil durch Fürsten, manche Königin und was ich so an Schönem sah, das büß' ich ab in diesem Bau. Mein Unheil hier – es zieht sich lange hin!« Vor allem die Winter müssen auf Hauenstein einsam und kalt gewesen sein: kaum Sonne, und die »snestangen« (Schneestangen), die den Weg von der Burg ins Tal wiesen, versanken manchmal fast in der weißen Pracht.

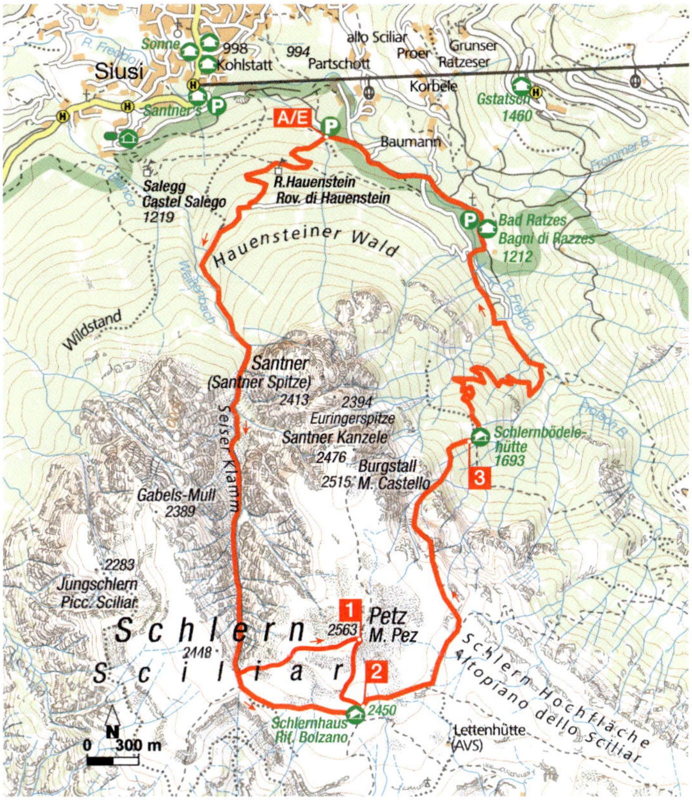

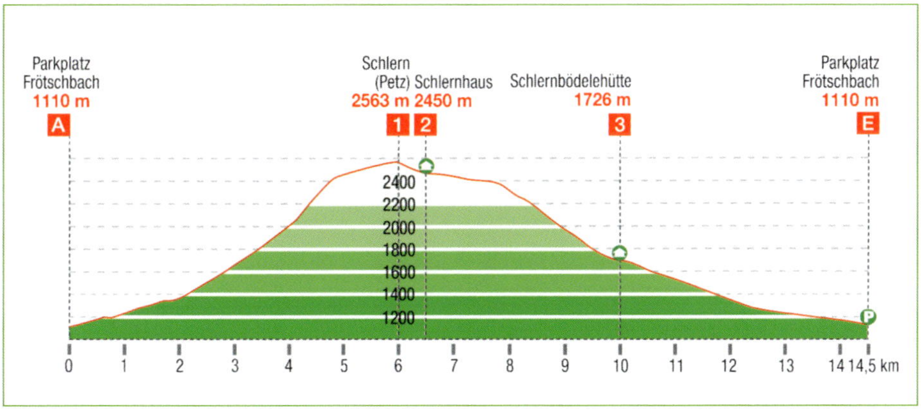

Es ist Sommer, die Sonne scheint, und uns interessieren ganz andere, viel größere Steine: jene am Schlern. Genauer die Seiser Klamm, diese titanenhafte Schlucht, die den Bergstock buchstäblich spaltet: Links ragt die Santnerspitze (2413 m) wie eine versteinerte Flamme in den Himmel, rechts stehen breitmassig der Gabels Mull (2389 m) und dahinter der Jungschlern (2283 m). Am Fuß des Massivs ist die Seiser Klamm ein bewaldeter Graben, dann weitet sie sich zu einem Kar – Geröll und Latschen –, bevor die Felsen links wie rechts immer näher rücken, bis aus der Klamm eine schmale Rinne wird, in der sich mächtige Klemmblöcke verkeilt haben.

Hinein in den Schlund! Der Aufstieg beginnt beim Ⓐ **Parkplatz** am Frötschbach auf einer Forstpiste, führt zunächst bergan zur Ruine Hauenstein (1225 m). Man folgt ihr weiter über ein paar Schleifen bis zu ihrem Ende (ca. 1380 m). Eine Spur leitet rechts in den Wald, wo man nach wenigen Metern auf ein aus dem Graben des Weißenbachs heraufkommendes Weglein stößt. Es führt weiter bergan, quert dann flach nach rechts. Bei einem mächtigen Felsblock, der westseitig umgangen wird, betritt man die ummauerte Seiser Klamm: himmelhoch aufragende Felsen links wie rechts. Nun möglichst im Schluchtgrund bergan. Ein sperrender Felsklotz lässt sich rechts über eine deutliche Spur umgehen; dann nimmt die Steigung vorübergehend ab. Vergleichsweise gemütlich geht's weiter hinein in die Schlucht, die sich unter dem

Was für ein Graben! Fast 1000 Meter tief ist die Seiser Klamm.

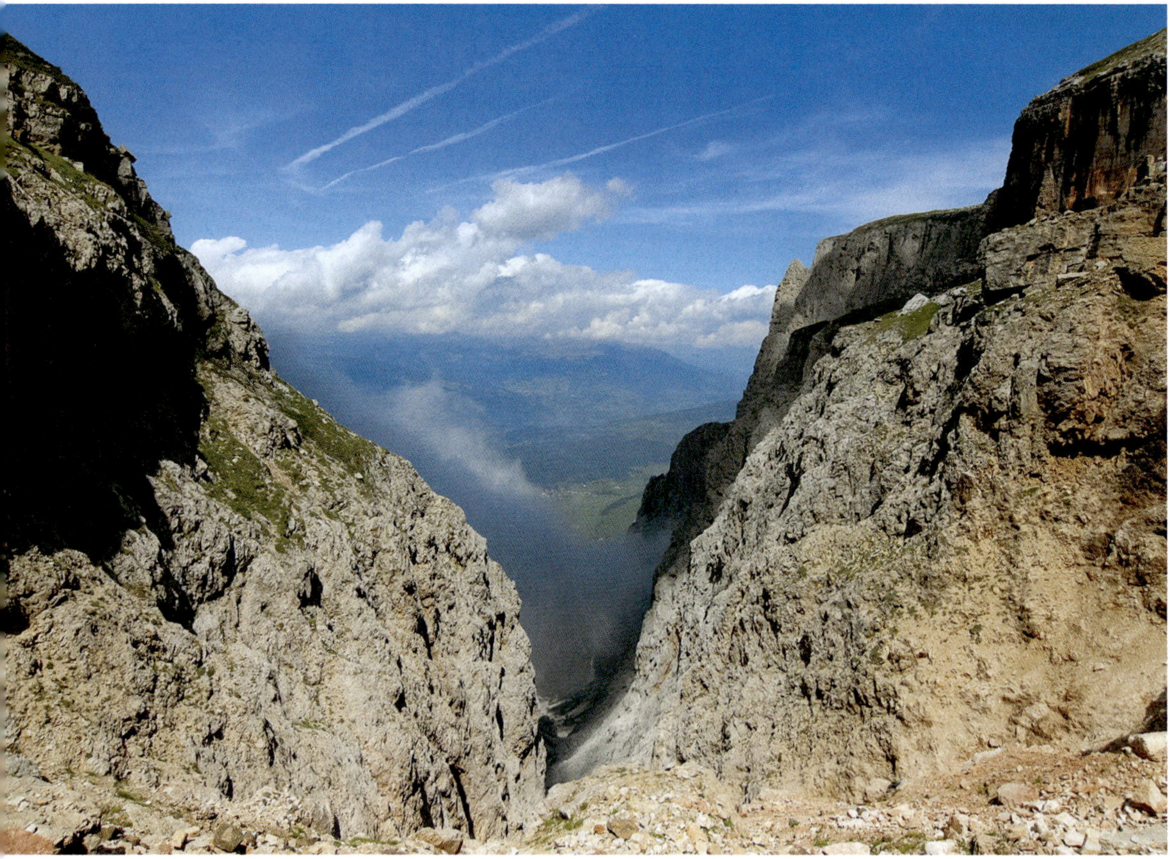

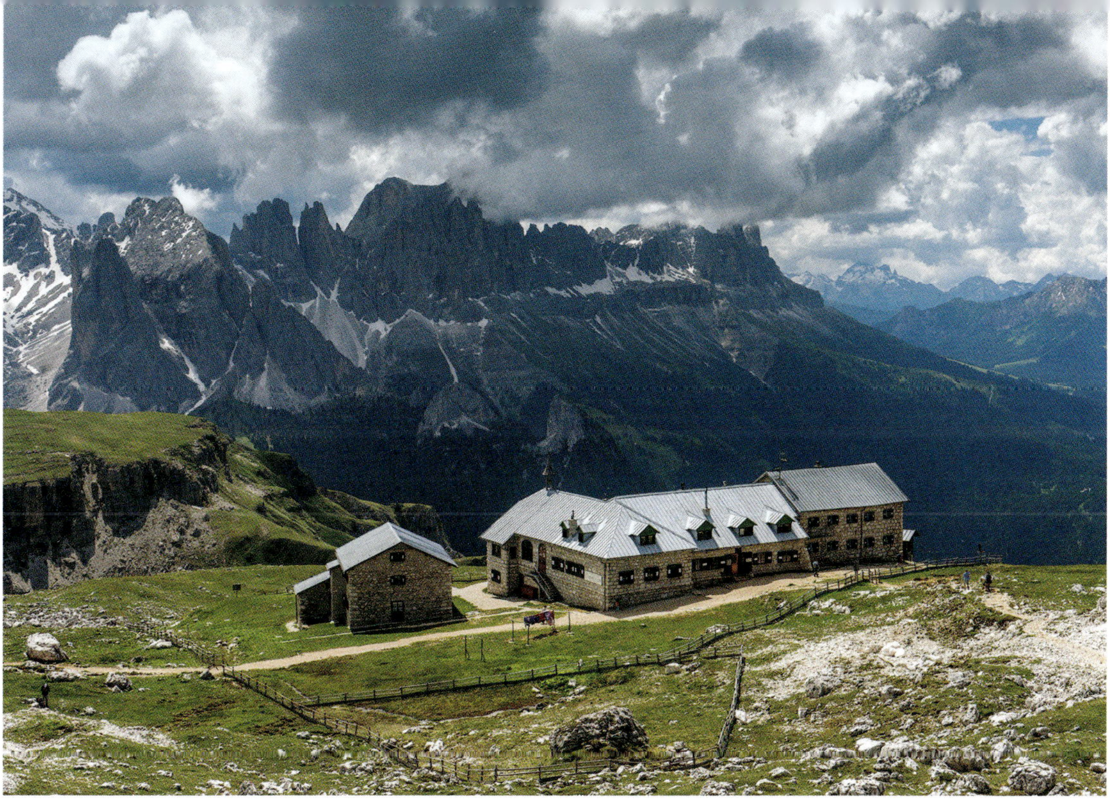

Seit mehr als hundert Jahren der Stützpunkt oben am Berg: das Schlernhaus

Gabels Mull gabelt. Die Kulisse ist von apokalyptischer Wildheit; die innerste Klamm erscheint aus der Froschperspektive wie zugemauert. Sie wird nach oben hin immer enger, ist zudem durch Klemmblöcke verrammelt: die Schlüsselstelle. Man steigt deshalb vor dieser unüberwindlichen Barriere aus der Schlucht rechts über eine steile Grasflanke auf zu einer rund zehn Meter hohen Felsstufe (II). Sie wird überklettert, dann kommt man in leichteres Gelände (I) und quert etwas höher ganz vorsichtig in dem heiklen Terrain nach links (Steinmännchen, Spur). Nach kurzem Abstieg in den Klammgrund geht's steil aufwärts.

Vorsicht: Steinschlaggefahr! Zwei weitere Hindernisse in Form mächtiger Klemmblöcke lassen sich von rechts nach links ohne größere Schwierigkeiten übersteigen. Der Untergrund wird nun zunehmend rutschiger. Man arbeitet sich mühsam weiter bergan, quert eine grasige Terrasse. Die Felsflanken rücken immer näher; die Schlucht ist stellenweise bloß noch einen Meter breit. An der 2400-Meter-Höhenkote entsteigt man ziemlich geschafft dem Schlund. Noch knapp 50 Höhenmeter über Gras und Schrofen, dann ist die Höhe des Schlern-Plateaus gewonnen: befreiende Weite statt beklemmende Enge, Aussicht zum Rosengarten und zum Latemar, nach Westen bis zum Ortler. Und anderthalb Kilometer tiefer, vor der Mündung der Klamm, eingebettet ins Wiesengrün, liegt das Dorf Seis.

Ein paar Meter südlich unterhalb der Gratkante läuft der Schäufelesteig hinüber zu dem bereits sichtbaren Schlernhaus. Alternativ kann man – Steigspuren folgend – über den Westgrat des Petz direkt zum höchsten Punkt des ❶ Schlern (2563 m) aufsteigen. Die Aussicht verdient locker drei Sterne und ist bei schönem Wetter vielfarbig: grün (die Täler), weiß (die Gipfel und Gletscher von Adamello, Ortler, Ötztaler,

Rechte Seite: Ein Berg mit Profil, unverwechselbar – der Schlern; dem Gipfelplateau vorgebaut sind die beiden schlanken Felszähne der Santner- und der Euringerspitze, benannt nach ihren Erstbesteigern.

Stubaier und Zillertaler Alpen), braun (die Sarntaler Alpen), grau (die Dolomiten, vom Peitlerkofel über Geislerspitzen, Langkofel, Marmolada, Rosengarten bis zum Latemar).

Abstieg über den Gamssteig Vom ❷ **Schlernhaus** (2450 m) führt der Touristensteig über das Hochplateau sanft bergab zum nordostseitigen Abbruch des Bergstocks. Hier zweigt links (Tafel) der Gamssteig ab. Er verläuft teilweise über Bänder, ist mit viel Geröll garniert und verlangt deshalb – wie der Name suggeriert – einen sicheren Tritt. Über eine kleine Felsstufe hilft ein solides Drahtseil. Unter dem Burgstall kommt man aus den Felsen heraus; der Gamssteig taucht in den Wald ein und führt steil hinunter zur malerisch gelegenen ❸ **Schlernbödelehütte** (1726 m) mit Prachtblick auf die beiden Schlerntürme. Angenehm schattig geht's weiter bergab; am Frötschbach stößt man auf den Proßlinersteig (Abstiegsvariante, etwas weiter, aber bequemer). Er läuft hinaus zum Hotelkomplex von Bad Ratzes (1212 m), wo man sich früher von allerlei Zipperlein gesundbadete. Einen Kilometer weiter talabwärts schließt sich bei dem kleinen Ⓔ **Parkplatz** (1110 m) die Runde: durch einen Höllenschlund bis an den Saum des Himmels. Das hätte dem (jungen) Wolkensteiner – ein richtiger Draufgänger – bestimmt gefallen …

Rückblick durch die Seiser Klamm auf die grüne Terrasse von Seis, am Horizont in den Wolken die Sarntaler Alpen

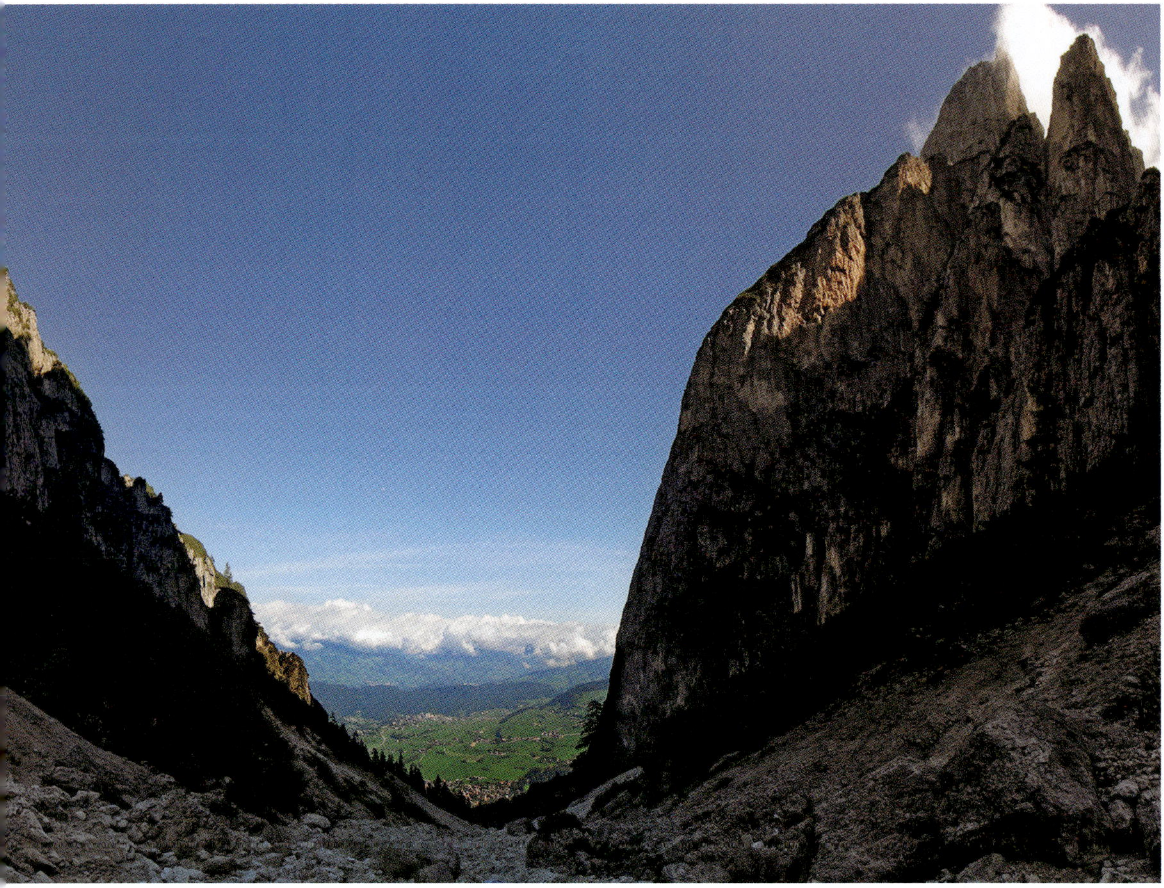

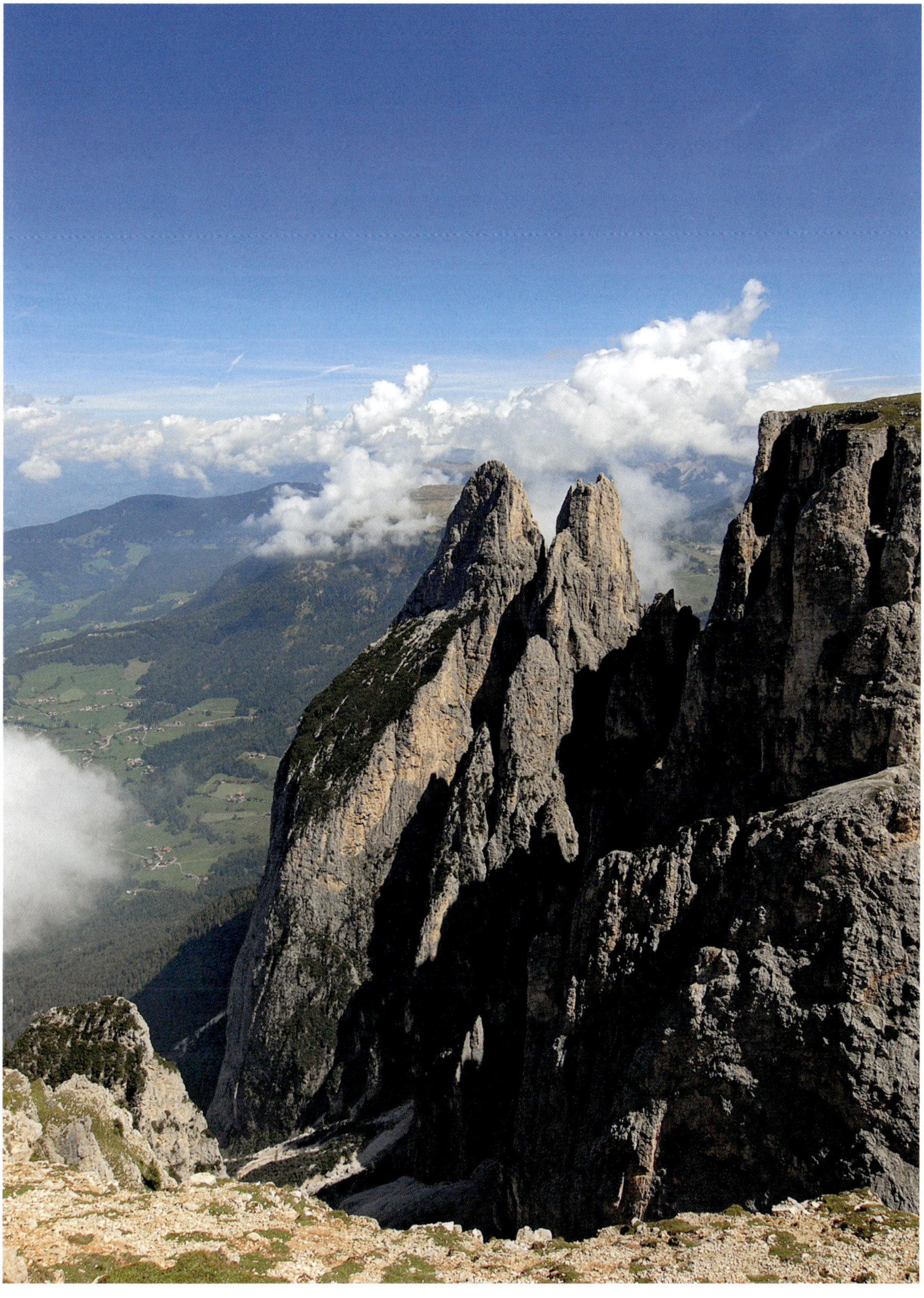

3

Das große Sellaband

Panoramawandern an der »Gralsburg der Ladiner«

mittel | 14 km | 1000 m | 9.00 Std. | K2–3

Tourencharakter
Hochalpine, sehr anstrengende Runde, viel Geröll, am Ringband bloß schwache Spur. Landschaftlich einmalig, aber nur bei sicherem Wetter gehen, auf keinen Fall bei Nebel oder Schnee! Auf dem Ringband fühlt man sich mit Helm sicherer, für den oberen Abschnitt des »Pößneckers« ist ein Klettersteigset empfehlenswert. Als alternative Ausgangspunkte kommen der Parkplatz (1956 m) an der Ostrampe der Grödner-Joch-Straße und eventuell das Sellajoch (Zustieg über den Pößnecker Klettersteig, K5) in Frage.

Ausgangs-/Endpunkt
Grödner Joch (2121 m)

Höchster Punkt
Piz Gralba (2972 m)

Verkehrsanbindung
Das Grödner Joch verbindet die großen Dolomitentäler von Gröden und Hochabtei. Gut ausgebaute Passstraße, Buslinie

Gehzeiten
Gesamt 9 Std.; Grödner Joch – Abzweigung Ringband 1.30 Std., Ringband 3 Std., Pößnecker Klettersteig – Piz Selva 45 Min., Piz Selva – Sela de Pisciadù 1.45 Std., Abstieg 2 Std.

Markierung
Zustieg, Pößnecker Klettersteig und Abstieg rot-weiß markiert; am Ringband keine Markierungen, nur mehr oder weniger deutliche Spur

Karte
Tabacco 1:25 000, Blatt 05

Hütten/Einkehr
Pisciadù-Hütte

Manchmal ist es die Natur, welche die schönsten Wege baut. Wie in der Sella, deren doppelstöckiger Bau – unten Schlern-, oben Hauptdolomit – zur Ausbildung eines markanten »Brustrings« führte. Der ist manchmal eine mächtige Terrasse, dann wieder beängstigend schmal, da und dort auch unterbrochen.

Das Ringband Auf der Südostseite der Sella folgt ein markierter Weg diesem Absatz, vom Geröllkar unterhalb der Forcella Pordoi bis zur Franz-Kostner-Hütte (2537 m) – eine Aussichtspromenade ersten Ranges. Das trifft auch auf das nordwestseitige Sellaband zu, doch hier existieren weder ein gebahnter Weg noch Markierungen. Lediglich eine dünne Spur (die manchmal auch fehlt) gibt die Richtung vor, bei guten Sichtverhältnissen (aber nur dann!) bieten sich allerdings kaum Orientierungsschwierigkeiten. Das Band ist überwiegend komfortabel breit, lediglich zwei Engstellen im ersten Wegdrittel verlangen erhöhte Vorsicht. Der (große) Rest ist Aussichtswandern unter den mächtigen Gipfelwänden der Sella, mit fantastischer Aussicht zum Langkofel und auf das Grödner Tal, fern im Osten bis zum Ortler. Unter dem Piz Selva stößt man auf den bekannten Pößnecker Klettersteig, der vom Sellajoch heraufkommt. Er

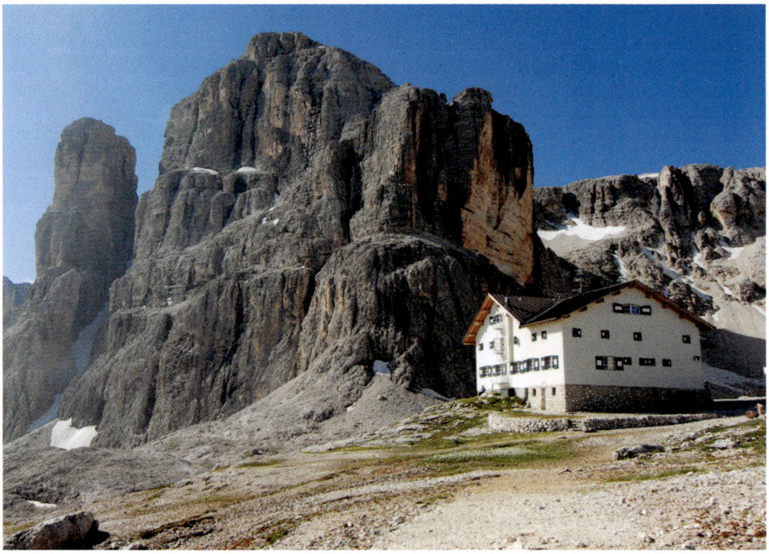

Frequentierter Stützpunkt am Nordrand der Sella: die Pisciadù-Hütte

vermittelt den Zugang zur Gipfeletage des Massivs: fünf Fast-Dreitausender über der Geröll- und Karrenwüste des Altipiano delle Mesules. Nach der Terrassen- also noch eine Parade-Kammwanderung: hundert Dolomitengipfel im weiten Rund und am Horizont neben vielen Firngipfeln markant Österreichs Höchster, der Großglockner (3798 m). Noch mehr fasziniert aber der Kontrast zwischen dem ins Wiesen- und Waldgrün eingebetteten Grödner Tal und der Mondlandschaft der Sella: hier Leben, dort lebensfeindliche Ödnis. Und wenn gar ein Gewitter droht, mächtige Wolkentürme sich über dem benachbarten Langkofel aufbauen, der Wind um die Grate orgelt und Nebelschwaden aus dem Canyon des Lasties heranziehen, gewinnt die Szenerie einen beinahe apokalyptischen Anstrich. Dann allerdings ist es besser, wenn man schon im Abstieg ist, nicht mehr weit vom schützenden Dach der Pisciadù-Hütte…

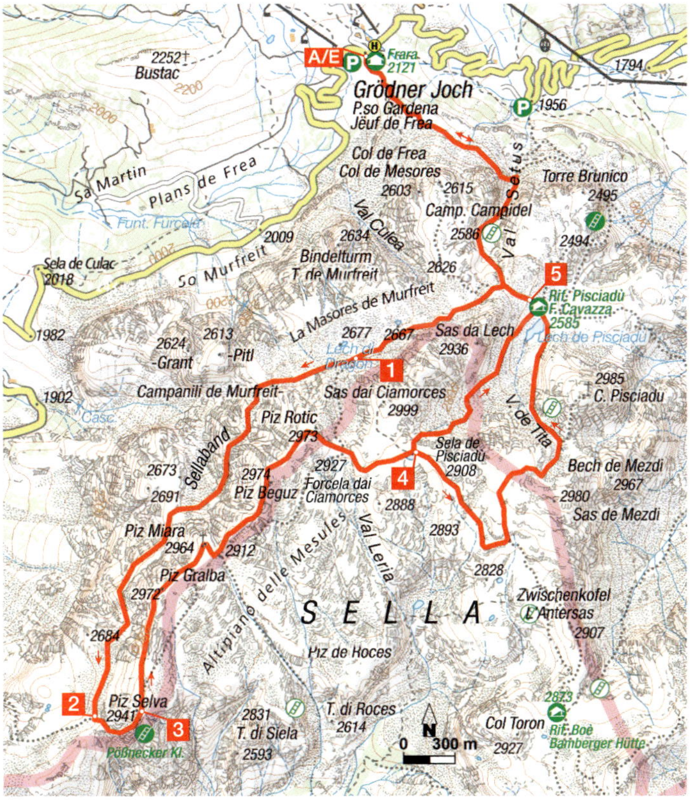

Hinauf zur Terrasse Die Tour startet am Ⓐ **Grödner Joch** (2121 m), dem Übergang vom Hochabtei ins Grödner Tal. Der gut markierte Hüttenweg gewinnt rasch an Höhe, quert dann flach hinüber zur Mündung des Val Setùs. In dem von senkrechten Felsen flankierten Graben (im Frühsommer Schneereste) geht's steil bergan, zuletzt mit Drahtseilhilfe über leichte Felsstufen. Nach dem Ausstieg ins Flache (ca. 2610 m) hält man sich rechts (links kurz absteigend zur Ütia Pisciadù). Deutliche Markierungen leiten zunächst im Geröll bergan gegen die Nordwand des Sas da Lech, dann quert das Weglein in leichtem Auf und Ab die Schuttterrasse nach Wes-

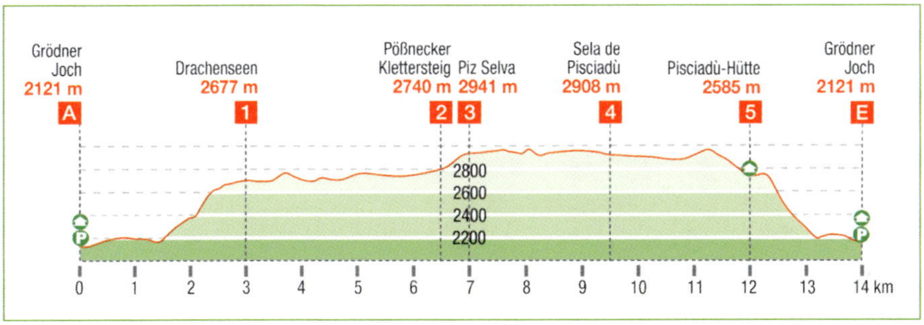

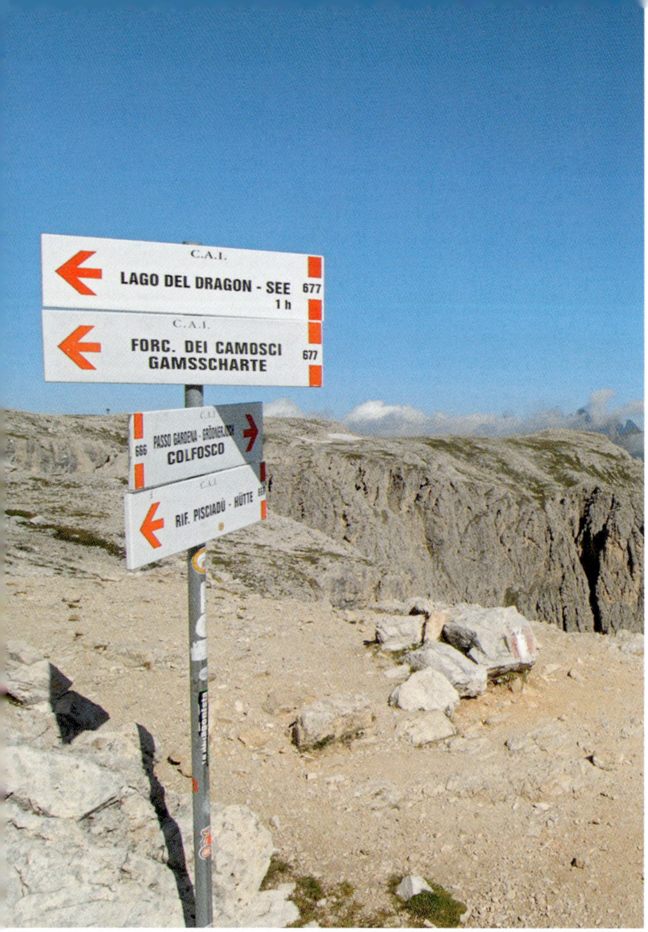

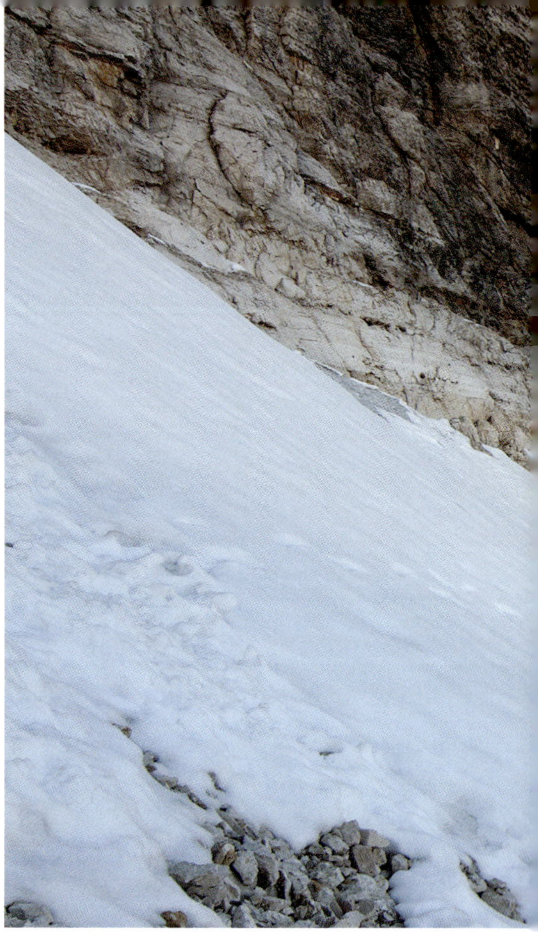

Oben: Orientierungshilfe in der Sella. Hinter den Drachenseen ist allerdings Schluss mit Wegweisern und Markierungen. Mitte: Herbstschnee auf dem westseitigen Sellaband

ten. Dabei kommt man an den beiden ❶ **Drachenseen** vorbei, von denen der erste bloß eine größere Pfütze zwischen den Steinen ist.

Aussichtswandern Wenig oberhalb der zweiten Lacke (Lech dl Dragon, 2677 m) knickt die Spur nach links ab in das steile Val Ciadin (Aufstieg zur Forcela dai Ciamorces mit kurzer gesicherter Steilpassage). Hier geht man – zuerst leicht absteigend – geradeaus über die Geröllterrasse der Masores de Murfreit. Als Orientierungspunkt in dem weglosen Gelände dient der Felsrücken, der wie ein (harmloser) Riegel zwischen dem Ansatzpunkt des Piz Rotic und den Murfreittürmen liegt. Er erweist sich als prächtiger Rastplatz (ca. 2710 m) in großer Felskulisse mit Fernblick zum Großglockner. Gut einzusehen ist auch der Weiterweg bis zu dem flachen Rücken unter der Gipfelwand des Piz Miara. Die (hier recht deutliche) Spur verläuft in unmittelbarer Nähe des Felsfußes, hält dabei in etwa die Höhe. Es folgen zwei Engstellen, von denen die zweite zu erhöhter Vorsicht zwingt. Dann wird die Geröllterrasse wieder breiter; die Spur entfernt sich von der Mauer, steigt zuletzt an gegen den bereits erwähnten Rücken (ca. 2755 m). Faszinierender Blick auf die Murfreittürme (2634 m), dahinter die Cirspitzen.

Unter der Sella-Felsmauer geht's mit Prachtblick zum Langkofel ohne nennenswerte Höhenunterschiede weiter zum Ansatzpunkt des Piz-Gralba-Westgrats. Dahinter quert man unter mächtigen Felsdächern in dem recht beweglichen Gelände

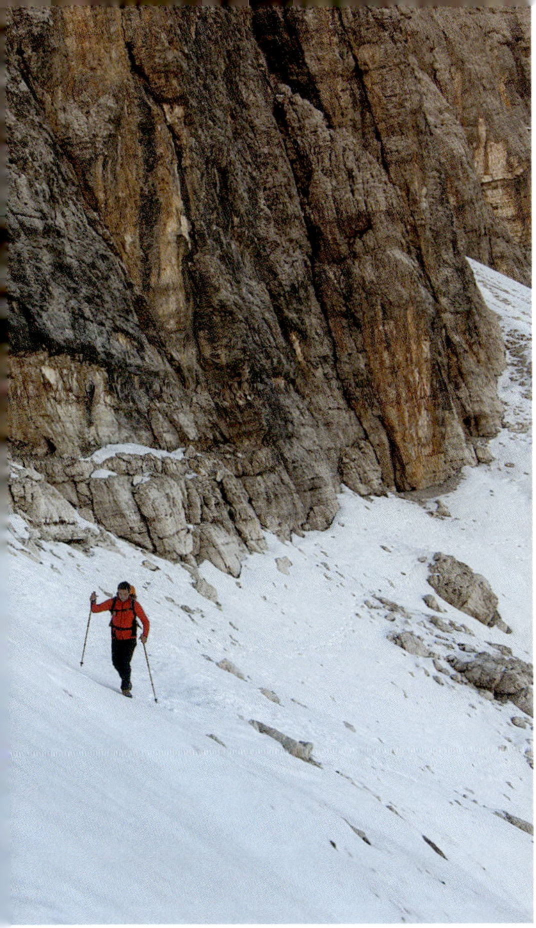
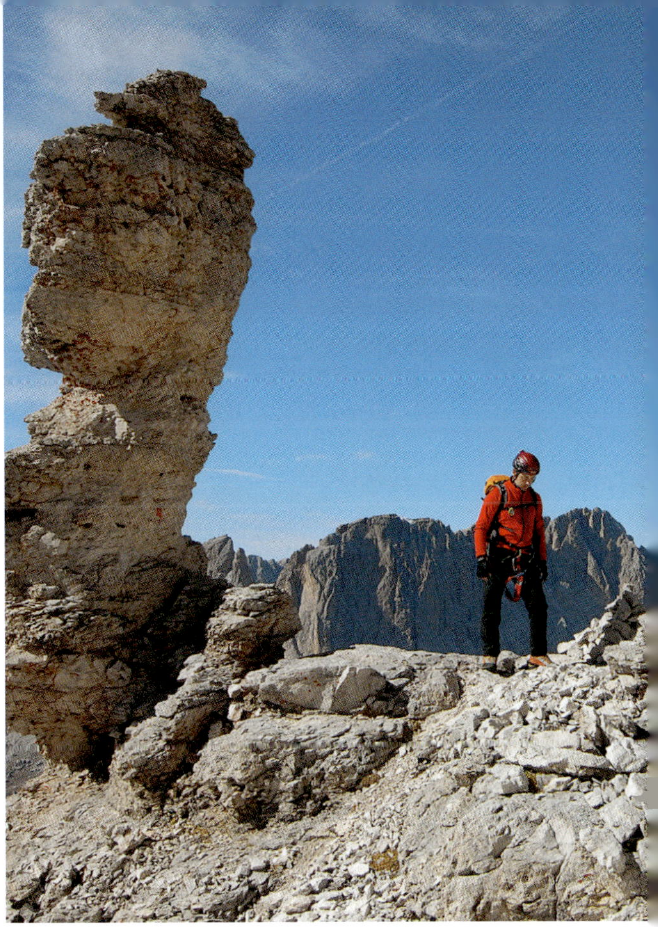

Bizarre Felsskulptur am Aufstieg zum Piz Selva; am Horizont der Langkofel

hinüber zu einer deutlichen Geröllspur, die gegen den Gratsattel zwischen Piz Selva und Piz Ciavazes ansteigt: der obere Teil des ❷ Pößnecker Klettersteigs.

Ein echter Oldie: der Pößnecker Er quert, zunächst noch ohne Sicherungen, links über Schrofen zu einer seichten, aber recht steilen Rinne. Hier helfen Drahtseile weiter. Dann folgen leichte Kletterstellen (I) im Wechsel mit gesicherten Passagen, alles mäßig ausgesetzt. Bei einem großen Steinmann enden die Schwierigkeiten; über Schrofen gewinnt man den Gipfel des ❸ Piz Selva (2941 m). Die schönste Rundschau bietet dann der noch etwas höhere Piz Gralba (2972 m). Von besonderem Reiz sind die Tiefblicke auf das große Sella-Ringband und zur Sellastraße. Im Südosten zeigt sich rechts vom Piz Boè (3152 m) die Marmolada (3343 m) mit ihrem glänzenden Firnschild.

Mit viel Geröll garniert – der Abstieg Bis in die Gamsscharte (Forcela dai Ciamorces, 2927 m) geht's noch kaum bergab; Panoramawandern ist angesagt, und mit kleinen Abstechern sind drei weitere Randerhebungen des Meisules-Hochplateaus leicht erreich-

Vertikal – horizontal

Ein ganz besonders intensives Bergerlebnis ergibt sich aus der Kombination von Pößnecker Klettersteig und Sellaband: spektakulär der (gesicherte) Aufstieg durch senkrechten Fels, faszinierend die Wanderung übers große Band bis zum Ansatzpunkt des Val Setùs bzw. zur Pisciadù-Hütte. Gehzeit vom Sellajoch bis zum Grödner Joch etwa 7 Std.; Pößnecker Klettersteig K5 bis zum Sellaband.

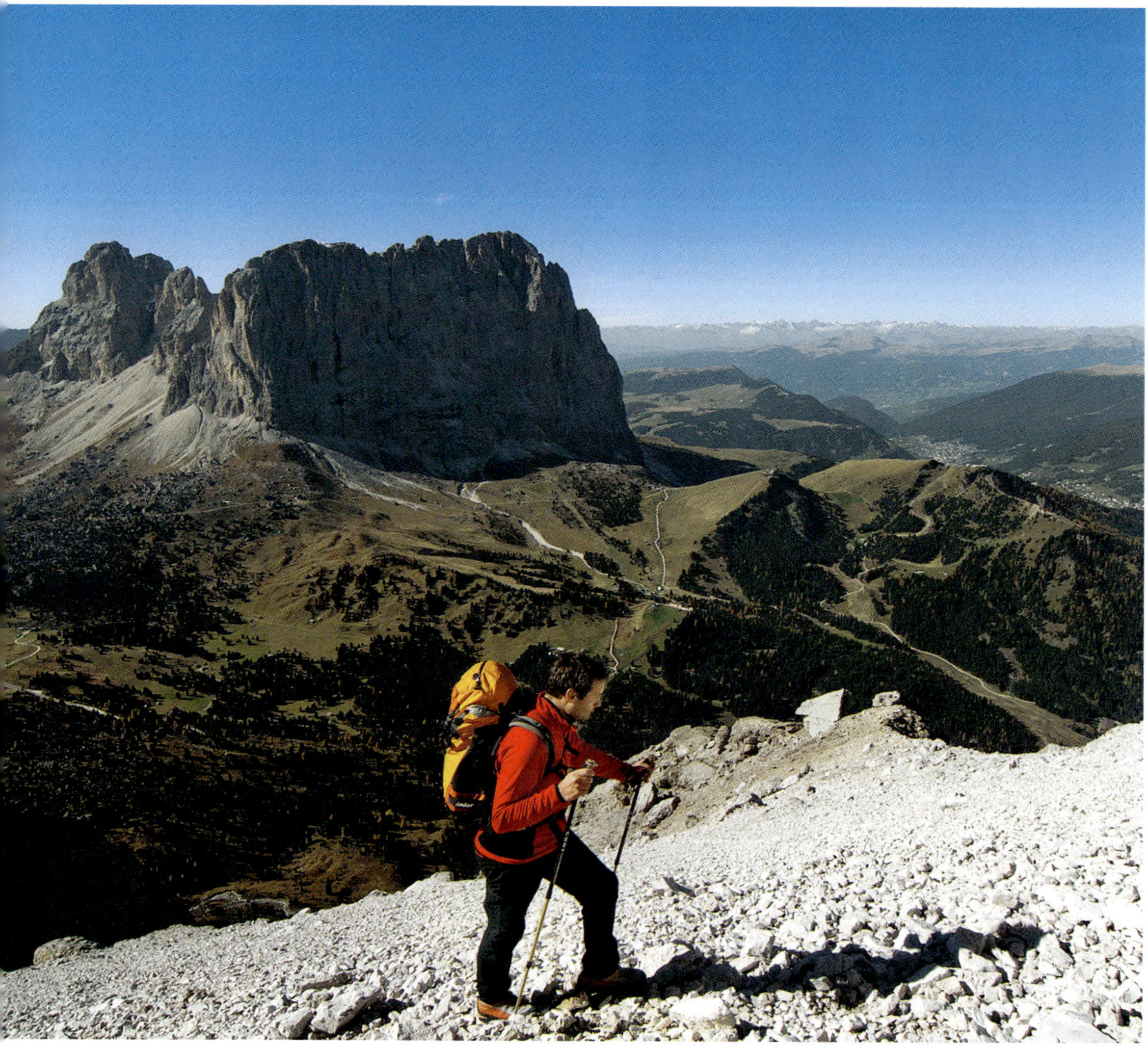

Grauer Fels über grünen Almwiesen: der Langkofel mit seiner Nordostwand, links flankiert von Fünffingerspitze und Grohmannspitze

bar: Piz Miara (2964 m), Piz Beguz (2974 m) und Piz Rotic (2973 m). An der ❹ **Sela de Pisciadù** (2908 m) steht man am Ansatzpunkt eines mächtigen Geröllgrabens, beginnt der eigentliche Abstieg mit einer etwas heiklen, gesicherten Felspassage (ca. 10 m) und einer längeren Rutschpartie. Gut auf die spärlich gesetzten Markierungen achten! Wer all das nicht so recht mag, nimmt den komfortableren, weiter östlich verlaufenden Weg durch das Val de Tita. Einige leichte Felsstufen gibt's da zwar auch, dazu eine kurze gesicherte Stelle am Westfuß des Piz Pisciadù. Eine Etage tiefer, in der ❺ **Pisciadù-Hütte** (2585 m), ist dann auf jeden Fall eine Pause fällig, und man darf auf die faszinierende Runde anstoßen. Über den Anstiegsweg geht's schließlich zurück zum Ⓔ **Grödner Joch** (2121 m). Die Sonne steht da bestimmt schon ganz tief über der Mündung des Grödner Tals, und vielleicht verfärben sich die nordwestseitigen Felsmauern der Sella gerade im letzten Abendlicht: enrosadüra.

Rechte Seite: Hoffentlich hält es! Mächtiges Felsdach am Ende des großen Sellabandes

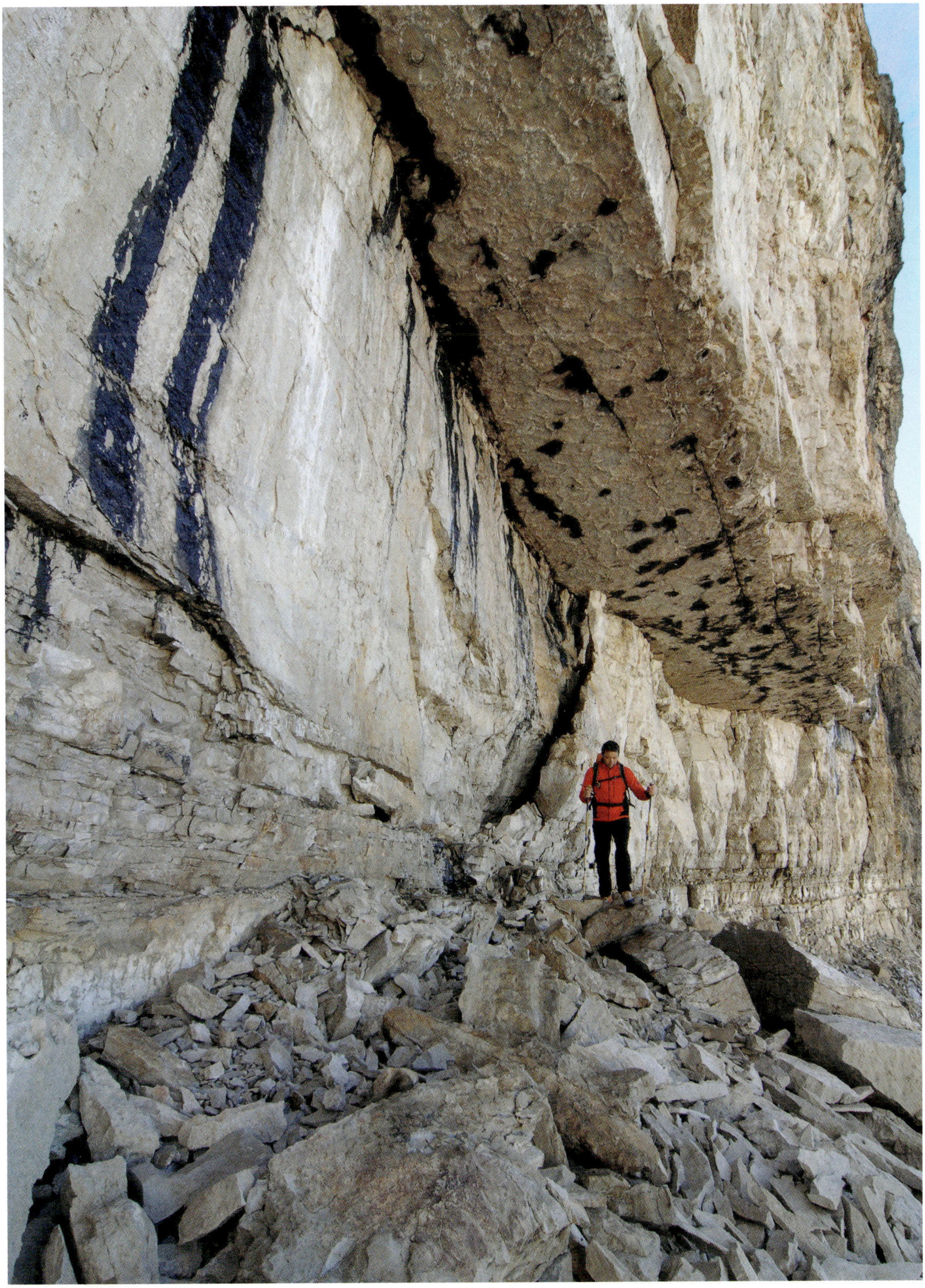

4

Sentiero Bepo de Medìl

Ein Weg in die Einsamkeit

schwer | 7,5 km | 850 m | 5.00 Std. | K3

Tourencharakter
Leicht abenteuerliche Gipfeltour, für die ein sicherer Tritt, etwas Kletterfertigkeit und eine stabile Psyche wichtig sind. Über den aktuellen Zustand von Weg und Sicherungen kann man sich im Rifugio Gardeccia informieren. Im Frühsommer im Canalone harter Altschnee (Steigeisen, Pickel), Klettersteigset nicht erforderlich. Reichlich Geröll und mitunter auch fliegende Steine (Helm!). Für die Schinderei entschädigt die monumentale Kulisse. Hoher Einsamkeitsfaktor, auch mitten im Sommer

Ausgangs-/Endpunkt
Gardecia (1950 m) im Vajolettal. Zufahrt nur mit Shuttlebus von Pera di Fassa bis zum Rifugio Gardeccia. Alternativ Sessellift bzw. Luftseilbahn vom Fassatal, von den Bergstationen je etwa 40 Min. bis Gardecia

Höchster Punkt
Pala de Mesdì (2756 m)

Verkehrsanbindung
Pera di Fassa (1326 m) liegt an der Großen Dolomitenstraße, Anfahrt von Bozen via Karerpass.

Gehzeiten
Gesamt 5 Std.; Aufstieg 2.30 Std., Abstieg 2.30 Std.

Markierung
Fallweise verblasste rote Punkte, einige Steinmännchen. Orientierung trotz Wegspur nicht leicht

Karte
Tabacco 1:25 000, Blatt 029

Hütten/Einkehr
Unterwegs keine, bei Zu- und/oder Abstieg via Vajolettal Einkehrmöglichkeit in der Vajolet- und der Preußhütte

Der Rosengarten gilt ja nicht unbedingt als Ruhepol in den westlichen Dolomiten und wer an einem schönen Sommertag im Vajolettal unterwegs ist, fragt sich möglicherweise, ob es eine moderne Entsprechung zur berühmten Laurinsage gibt, in der aus einem wunderschönen Rosengarten (Gartl) eine öde Steinwüste wird…

Nicht nur die Wander-Trampelpfade, auch die Klettersteige im Rosengarten erfreuen sich beim bergaffinen Publikum großer Beliebtheit. Mit einer Ausnahme: dem Sentiero attrezzato Bepo de Medìl. Der ist ein richtiger Oldie, in den 1930er-Jahren vom damaligen Wirt der Gardeccia-Hütte, dem Bergführer Giuseppe Desilvestro, vulgo Bepo de Medìl, entdeckt und gesichert. Er vermittelt den Zugang zum Inneren des Larséch-Massivs, jenem Anhängsel des Rosengartens, das auch heute noch ein absolutes Mauerblümchendasein fristet, einem wie ein Gegenentwurf zum Auftrieb um Vajolettürme & Co. erscheint.

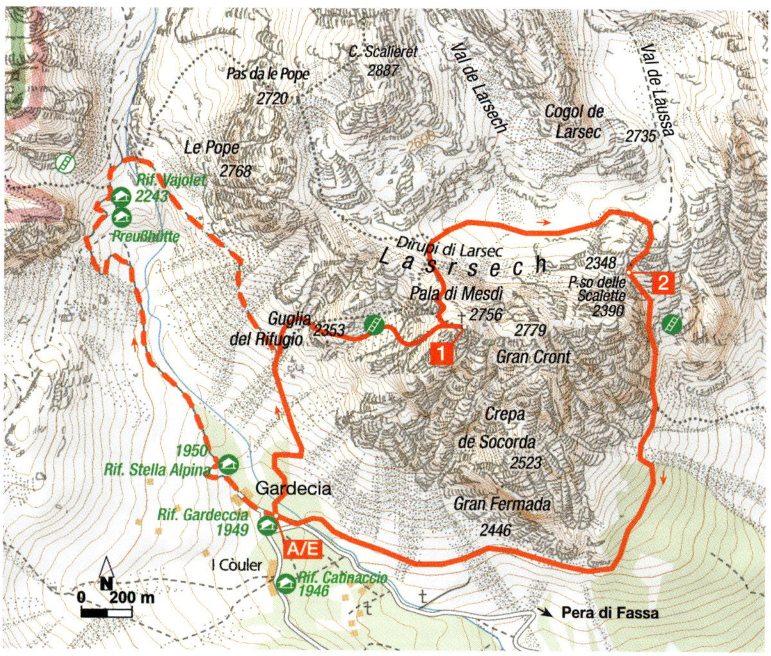

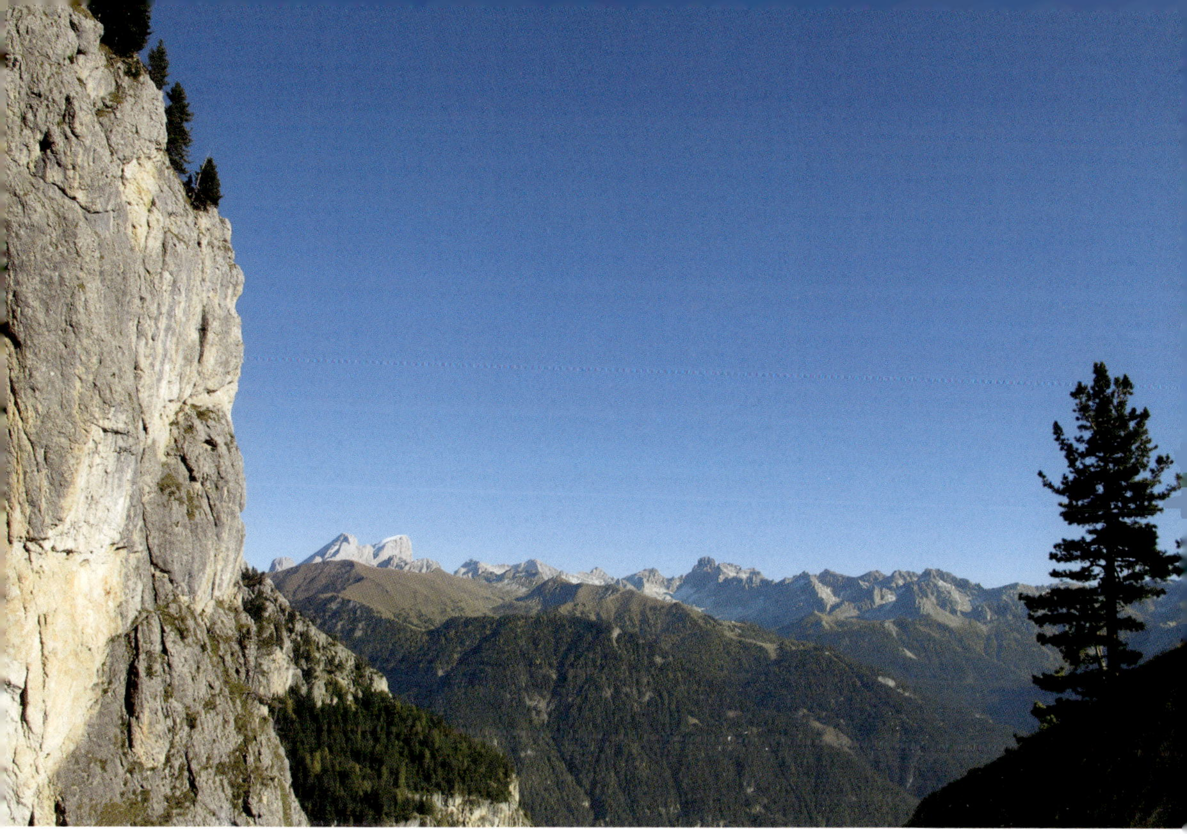

Bepos Steig geriet weitgehend in Vergessenheit. Versuche, die durch Steinschlag und Muren immer wieder beschädigte Route zu sanieren, erwiesen sich als wenig erfolgreich – Sisyphus lässt grüßen … So ist der Sentiero bis heute ein Geheimtipp ohne Begehbarkeitsgarantie, ein Abenteuerpfad für gute Bergsteiger, die ausgetretene Wege lieber meiden.

Berühmte Nachbarschaft des (unbekannten) Larséch-Massivs: die Marmolada mit ihrem markanten Profil

Ein knackig-steiler Aufstieg Die spannende Tour startet beim Ⓐ Rifugio Gardeccia (1950 m). Man quert das (meist trockene) Bett des Soal-Bachs und folgt der dünnen Spur, die zwischen Latschen über den steilen Hang ansteigt. Sie quert zwei breite Geröllrinnen und peilt dann einen markanten Felszahn am Fuß der Larséch-Westabstürze an, wo links der Zustieg von der Vajolethütte (2243 m) einmündet – etwa eine halbe Stunde länger, aber bequemer.

Im Rücken des Zackens quert man nach rechts zu einem Geröllkessel. Er verengt sich nach oben zu einer Schlucht (Steinschlag!), die man bis zu einer Gabelung durchsteigt. Hier beginnt der gesicherte Abschnitt: Geröll, leichte Kletterstellen (I), im Frühsommer auch Hartschnee. Schlüsselstelle ist ein Fünf-Meter-Aufschwung, den man mit einem Spreizschritt überwindet. Wenig höher tangiert die Route den linken Rand des »Anfiteatro«, eines mächtigen Geröllkessels, über dem sich die Pale de Mesdì erheben. Über Schrofen und Geröll geht's weiter aufwärts, man pas-

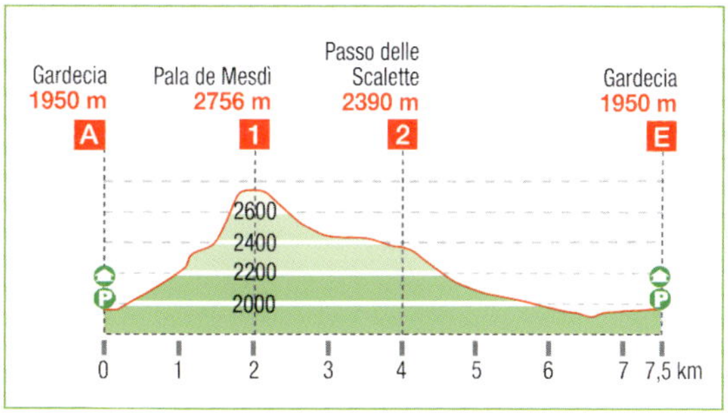

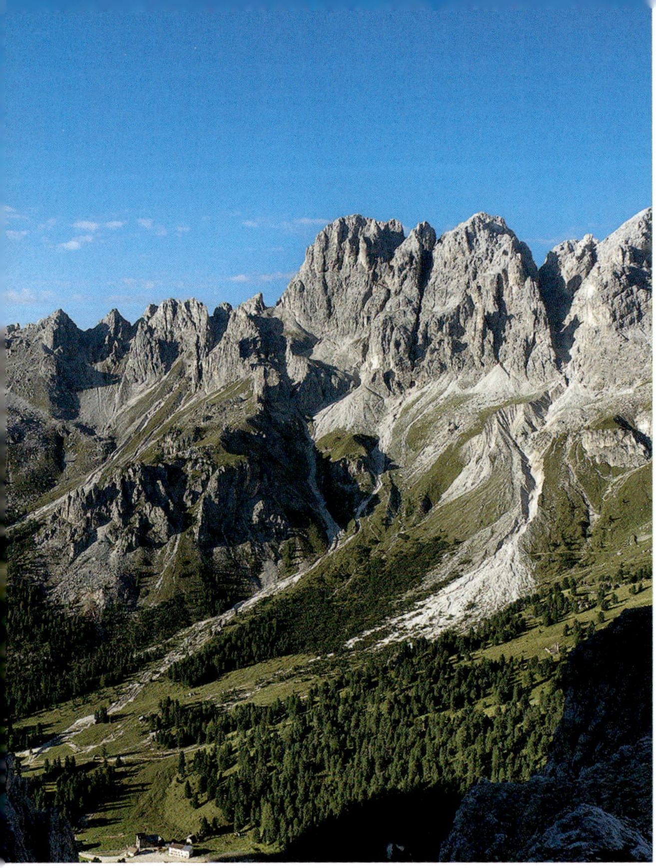

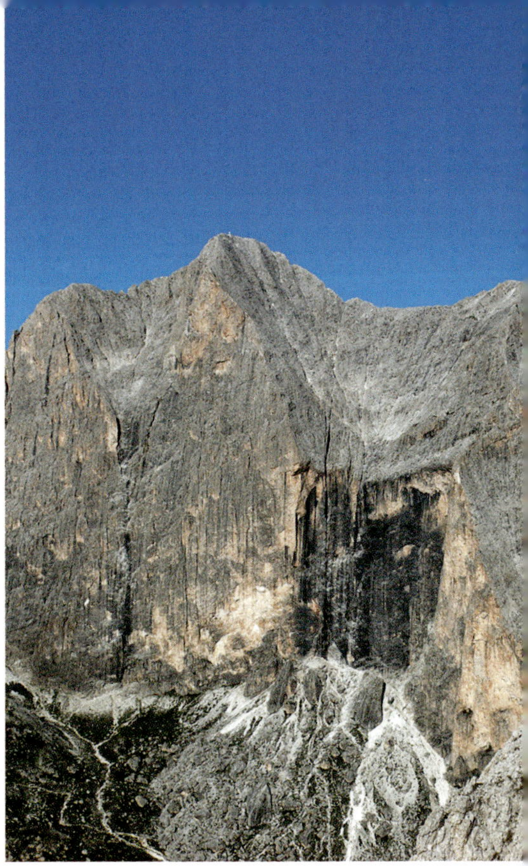

Oben: Hinauf, hinauf! Tiefblick auf den Talkessel von Gardecia. Mitte: Feinste Felsarchitektur im Rosengarten: links das Felsenzelt der Rosengartenspitze, rechts die Vajoletttürme

siert eine Zone brüchigen Vulkangesteins und erreicht dann die Kammhöhe bei einer kleinen Scharte. Nun rechts mehr oder weniger am Grat entlang, einen Zacken rechts umgehend, zum Gipfel der ❶ **Pala de Mesdì** (2756 m). Das Panorama verdient locker drei Sterne; absoluter Blickfang sind natürlich die filigranen Felsbauten der Vajolettürme, neben denen sich massig die Rosengartenspitze (2981 m) erhebt. Rundum viel Dolomiten-Prominenz, vom Langkofel über die Marmolada bis zum Antelao. Erstaunlich ist die Weite des äußeren Berghorizonts, der im Norden bis zum Alpenhauptkamm (Ötztaler und Stubaier Alpen) reicht. Im Westen zeigen sich

Cima Scalieret

Die Besteigung der Pala de Mesdì lässt sich leicht mit einer Überschreitung der Cima Scalieret (2887 m) verbinden. Der Aufstieg vom Pas da le Pope (2720 m) ist zwar etwas mühsam (Geröll), aber unschwierig (Wegspur). Vom Gipfel, der ein weites, nur durch den Kesselkogel etwas eingeschränktes Panorama bietet, leitet ein gut angelegter Steig über den Nordgrat in den Pas de Scalieret (2789 m) und weiter über Geröll zum Pas de Antermoia (2770 m). Der Abstieg führt zunächst in den Grasleitenpass (2599 m) mit der gleichnamigen Hütte und dann durch das Vajolettal via Vajolethütte hinab und zurück nach Gardecia (gesamt etwa 7 Std.).

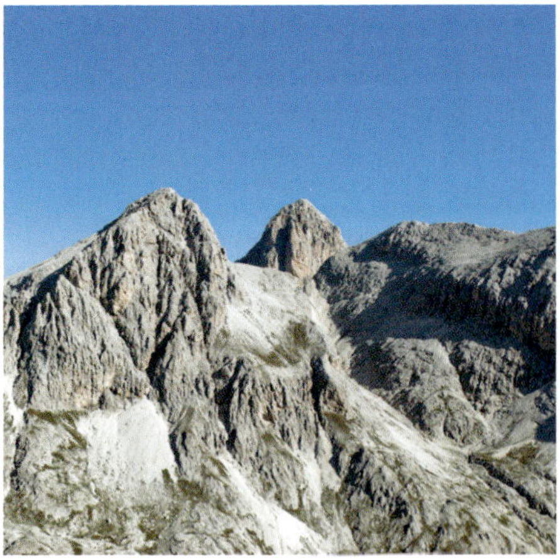

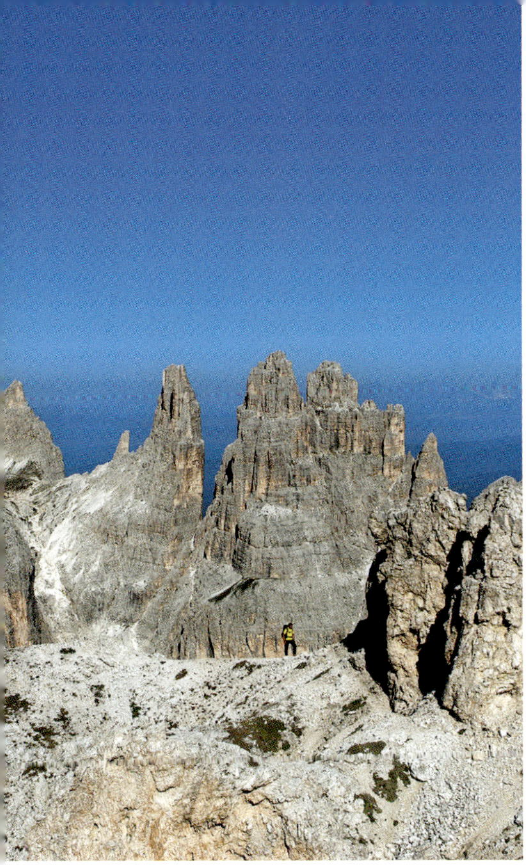

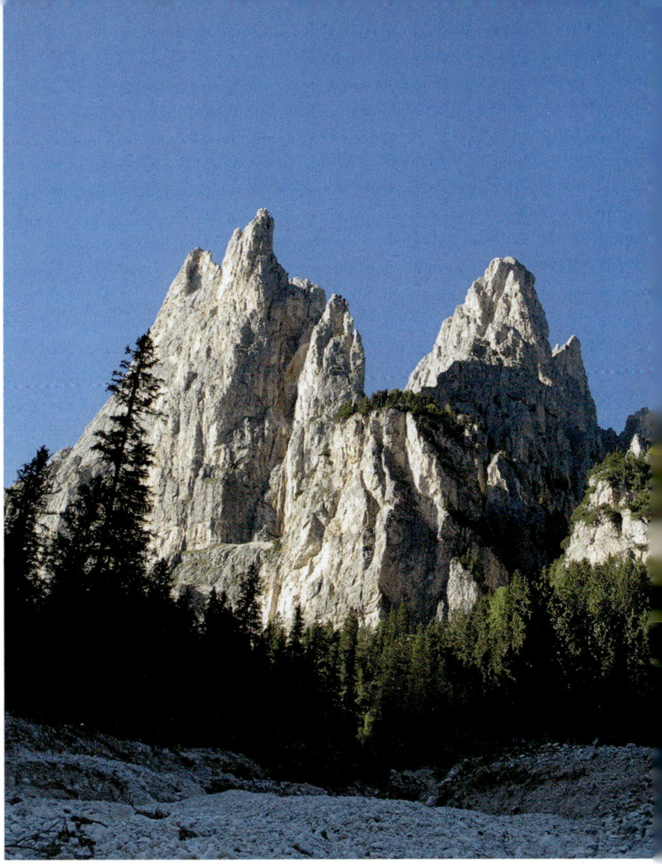

die Gipfelgrate von Adamello-Presanella und Brenta. Und dann schaut man ins Innere des Larséch, hinein in dieses Murmeltier- und Gämsenparadies. Es hat seinen Namen von dem (im Spätsommer meistens ausgetrockneten) Lac Sech (secco = trocken). Ein einziger markierter Weg verläuft durch diese Oase der Stille, von der Pforte am Passo delle Scalette bis zum Ausgang am Pas de Laussa (2700 m).

Über dem unteren Vajolettal wachsen die Felszähne des Larséch in den Himmel.
Unten: Gesicherte Passage im Abstieg vom Passo delle Scalette

Abstieg ins Vajolettal Zum »Leiterchenpass« (Scalette) führt auch der Abstieg vom Gipfel: auf dem Hinweg zurück in die Gratscharte, dann in steilen Kehren hinunter in das Kar und über karge Wiesenböden hinaus zum ❷ **Passo delle Scalette** (2390 m). Über gestufte Felsen (Drahtseile) geht's südseitig steil bergab, rund 300 Meter tiefer verlässt man das Kraxelgelände über eine neu gesicherte Passage nach rechts. In lichtem Wald wandert man zurück zum Startpunkt der Runde beim Ⓔ **Rifugio Gardeccia**.

Eine alternative Abstiegsmöglichkeit führt aus dem innersten Larséch-Kar über den Pas da le Pope (2720 m) zur Vajolethütte (Spur, teilweise alte Markierungen).

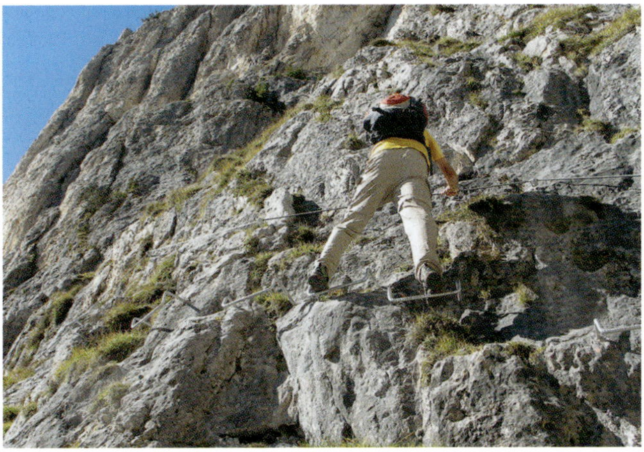

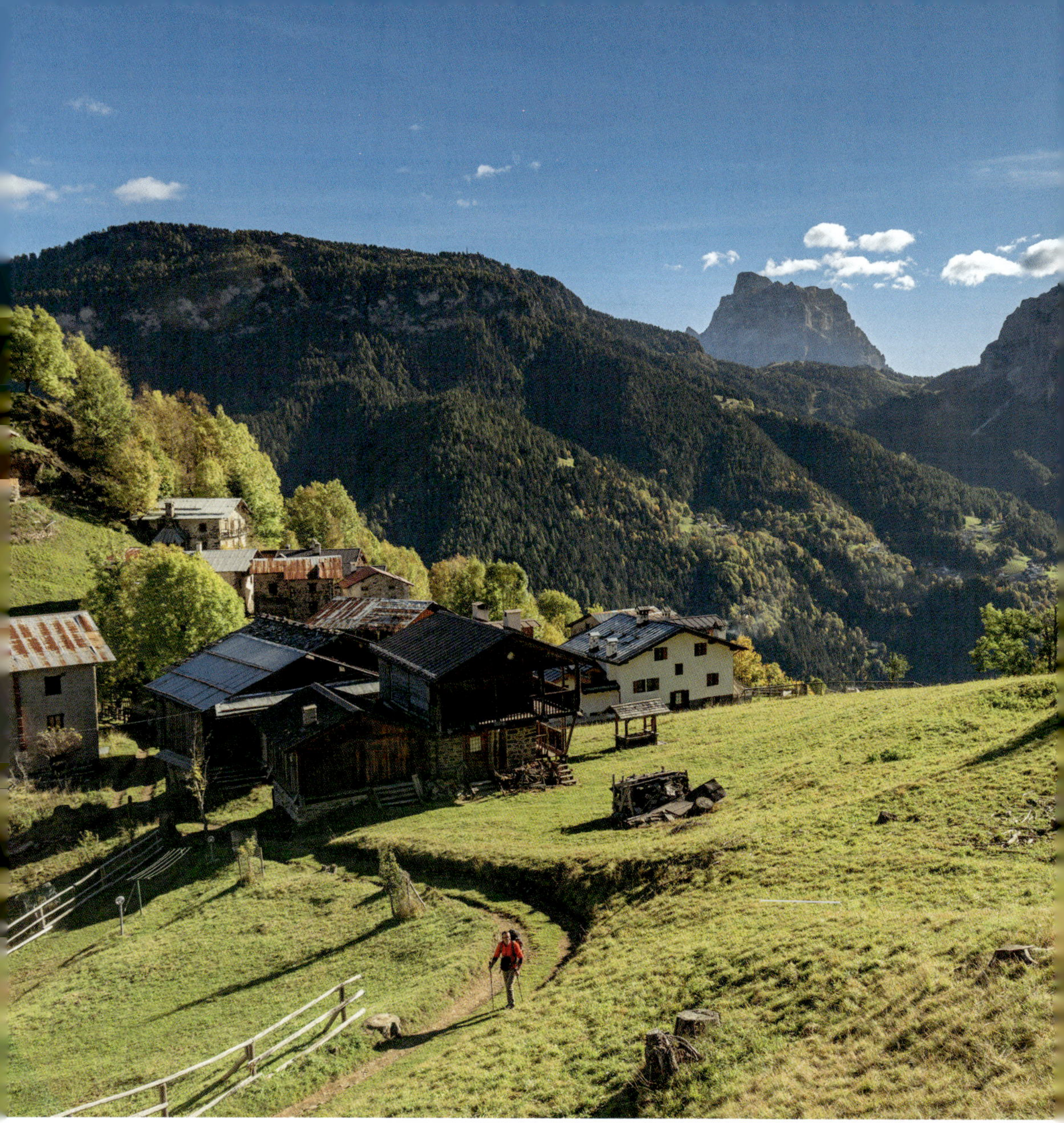

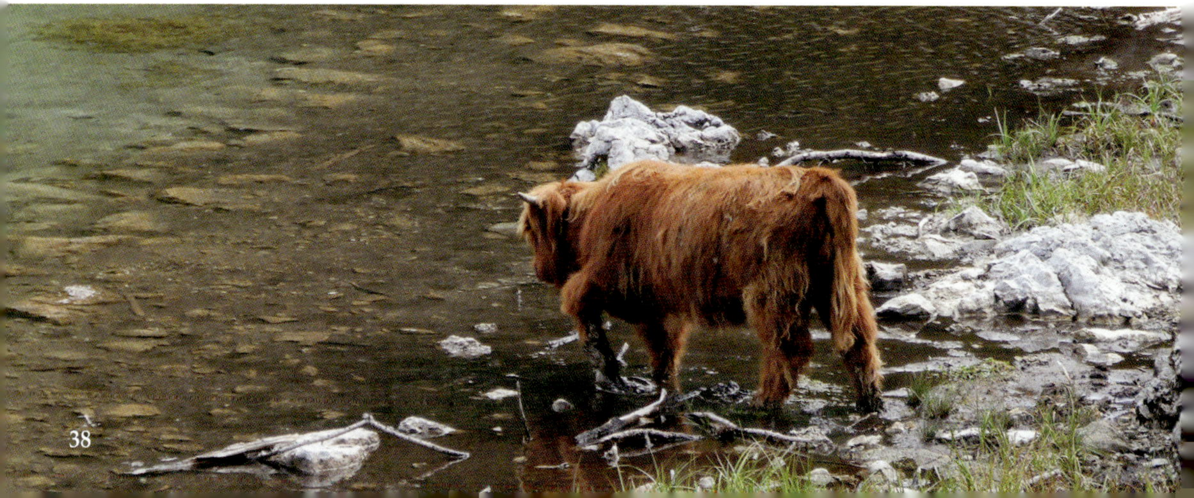

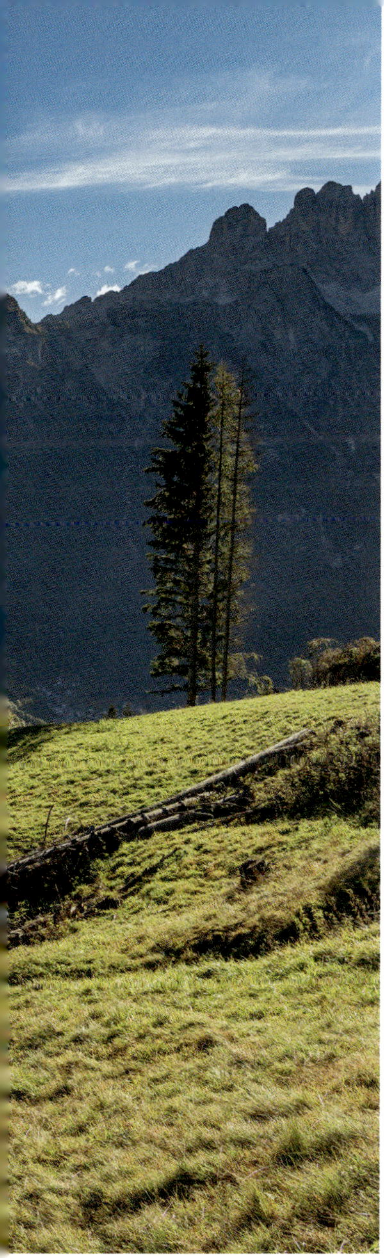

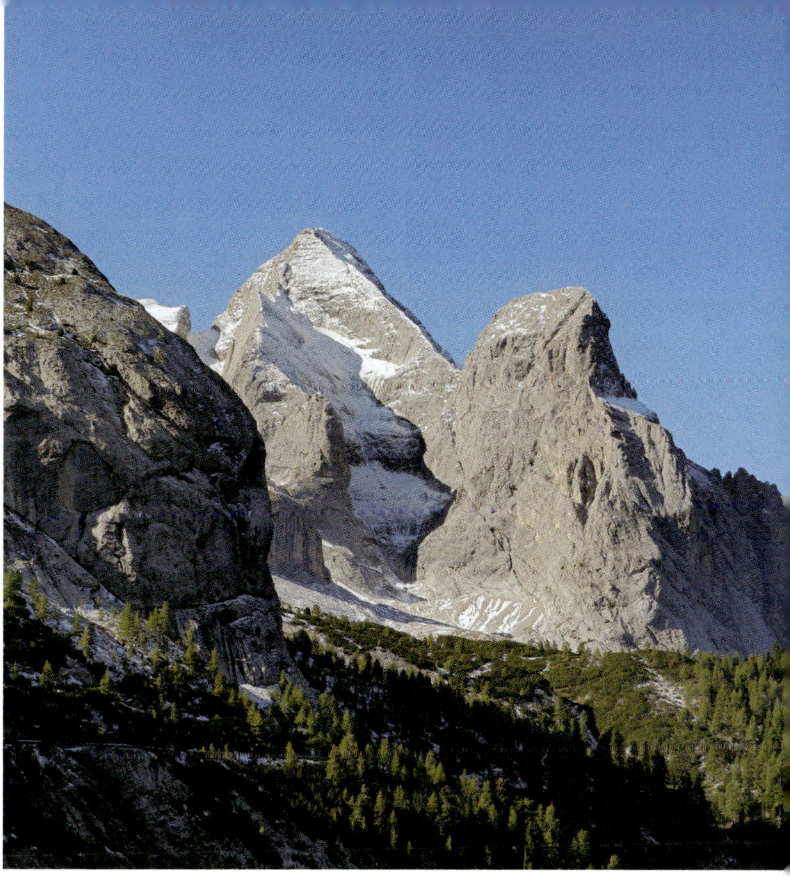

Marmolada und Pala

Große Berge, wie die Marmolada, das »Dach« der Dolomiten, werfen lange Schatten. Gut so, denn darin verbirgt sich so manche (vergessene) Trouvaille wie der Sasso Bianco (Bramezza, li. o.), der idyllische Lagusel (li. u.) oder die Gräben unter dem Gran Vernel (re.).

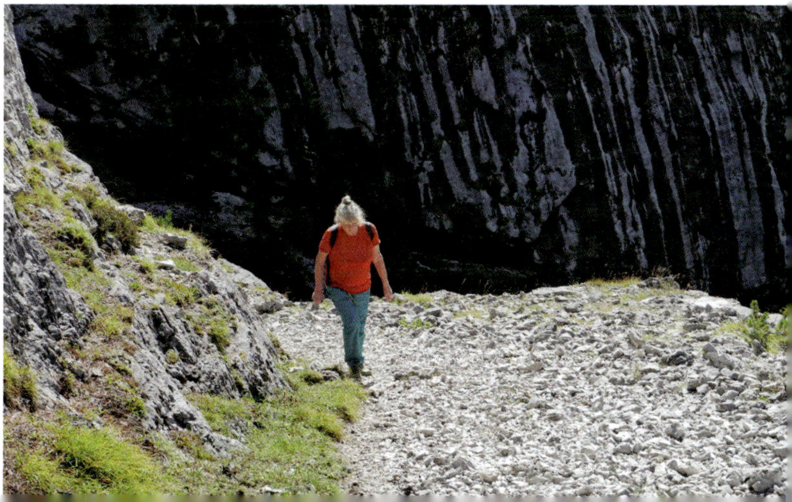

5 Über den Gran Poz

Im Schatten von Marmolada und Gran Vernel

leicht | 8,5 km | 620 m | 3.45 Std.

Tourencharakter
Abwechslungsreiche Wanderrunde im Sockelbereich der Marmolada mit überraschenden Ein- und Ausblicken. Bis zum Fedaia-Stausee hoher Einsamkeitsfaktor

Ausgangs-/Endpunkt
Rifugio Villetta Maria (1681 m), wenig oberhalb des Pian Trevisan, kurze Zufahrt von der Fedaia-Passstraße

Höchster Punkt
Gran Poz (ca. 2250 m)

Verkehrsanbindung
Von Canazei auf der Fedaia-Passstraße zum Pian Trevisan, dann rechts zum Rifugio Villetta Maria. Großer Parkplatz

Gehzeiten
Gesamt 3.45 Std.; Aufstieg 2 Std., Abstieg zum Fedaiasee 45 Min., zurück zum Rifugio Villetta Maria 1 Std.

Markierung
SAT-Markierungen 619, 618 und 605

Karte
Tabacco-Wanderkarte 1:25 000, Blatt 06

Hütten/Einkehr
Mehrere Einkehrmöglichkeiten am Fedaiasee

Die Marmolada ist ein Berg für alle – vom gehfaulen Ausflügler bis zum Extremkletterer, der sein Können am »Weg durch den Fisch« testet. Klettersteigler steuern über die älteste Ferrata der Dolomiten den Gipfel an; Rotsockler pilgern über den Bindelweg, immer den Gletscher im Blick, historisch Interessierte folgen den Spuren des Gebirgskrieges 1915–17.

Viel Betrieb rund um den höchsten Berg der Dolomiten also. Dazu trägt auch die Passstraße über den Fedaiapass bei, gleichermaßen beliebt bei sportlichen Bikern und solchen, die es vor allem auf eine Beschallung der Landschaft abgesehen haben. Wer dem Berg noch etwas näher kommen möchte, ohne sich anzustrengen, nimmt den Korblift zum Pian dei Fiacconi (2621 m). Da ist dann für alle »Schwächlinge« (fiacconi) Schluss; der Aufstieg zum Gipfel führt über den Gletscher oder über den Klettersteig am Westgrat.

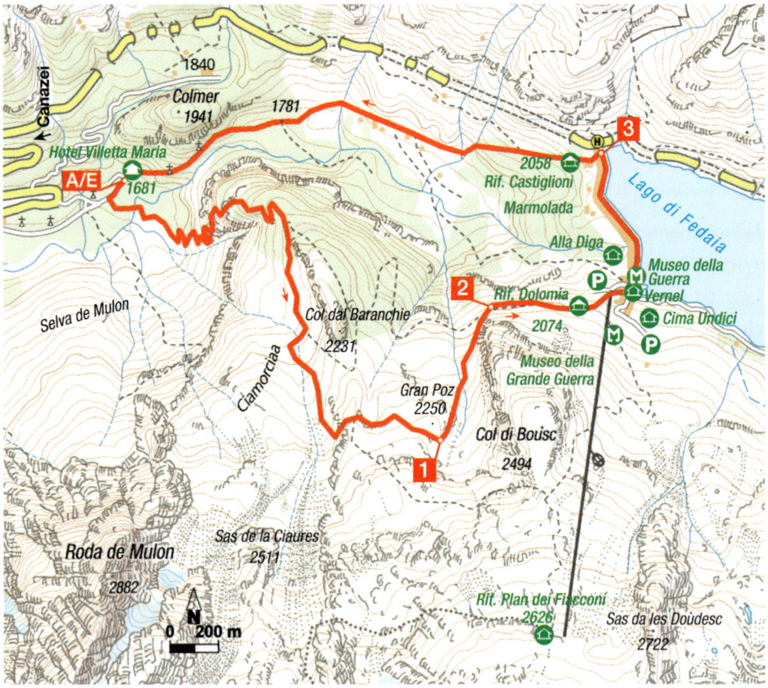

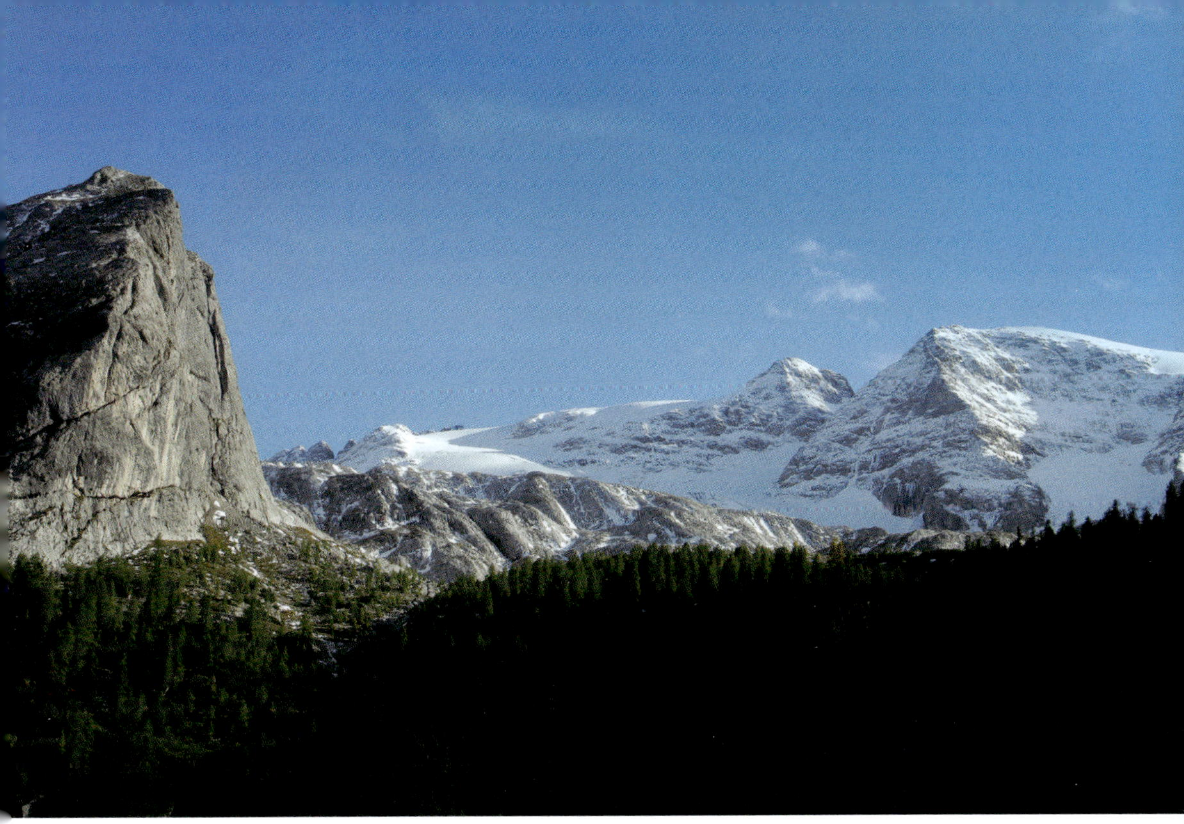

Die Marmolada aus einer etwas ungewohnten Perspektive mit der Punta di Rocca (3309 m, links) und der Punta di Penia (3343 m, rechts)

Froschperspektive Wir sind mindestens zwei Etagen tiefer unterwegs – und ganz allein. Denn (fast) alle gucken hier nach oben, auf Grate, Gipfel und Gletscher. Dabei bietet die Wanderrunde zwischen dem Pian Trevisan und dem Fedaiasee eine Vielzahl von packenden, auch überraschenden Eindrücken. Als elegante Pyramide zeigt sich aus unserer Froschperspektive der Gran Vernel (3210 m), als abweisend-wilder Riesenzahn mit plattig-steilen Flanken sein Vorbau, die Roda de Mulon (2882 m). Erstbestiegen wurde sie 1914 von einer der damals besten Seilschaften: Angelo Dibona, Luigi Rizzi und den Wiener Brüdern Mayer (Normalweg im IV. Grad). Sehr viel früher, im Jahr 1879, erhielt der Gran Vernel erstmals Besuch, auch von einer prominenten Alpinistengruppe: Cesare Tomè, der sich in der Marmolada auskannte wie kaum ein anderer, führte mit Giorgio und Battista Bernard den Münchner Gottfried Merzbacher auf den Gipfel. Merzbacher, u. a. Erstbesteiger der Cima dell'Uomo und der Schiara, verschlug es später in noch viel fernere Weltgegenden, in den Kaukasus und nach Zentralasien.

Mittlerweile ist es still geworden um diese schönen Gipfel. Und um die Wege in ihrem Vorgelände. Alle Aufmerksamkeit gilt halt ihr, der Marmolada (3343 m). Dass sie vor hundert Jahren Frontgebiet war, dass Kanonendonner von den Felsen widerhallte, wissen wohl nicht mehr allzu viele von denen, die in Freizeitklamotten über den Staudamm von Fedaia flanieren, mal kurz

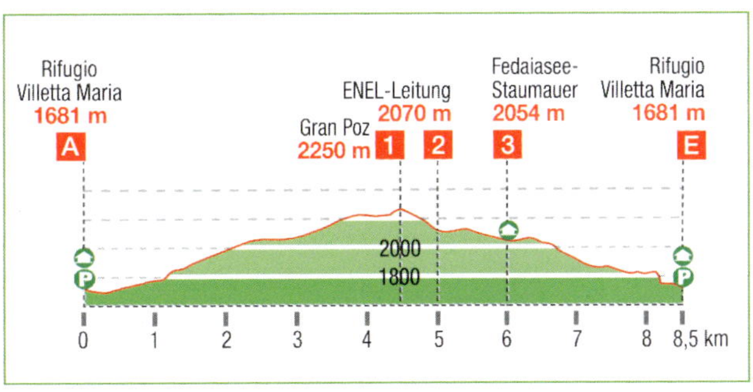

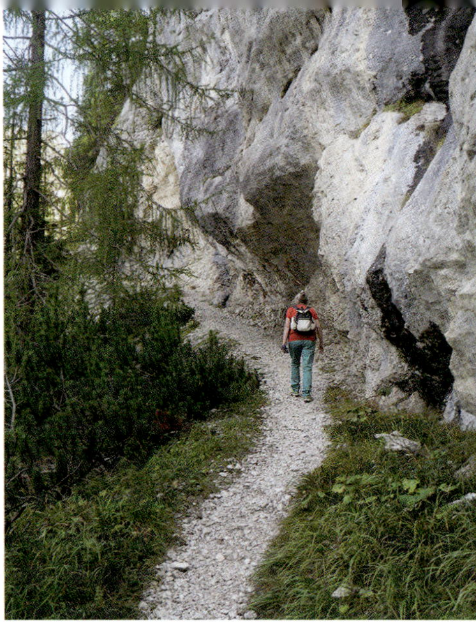

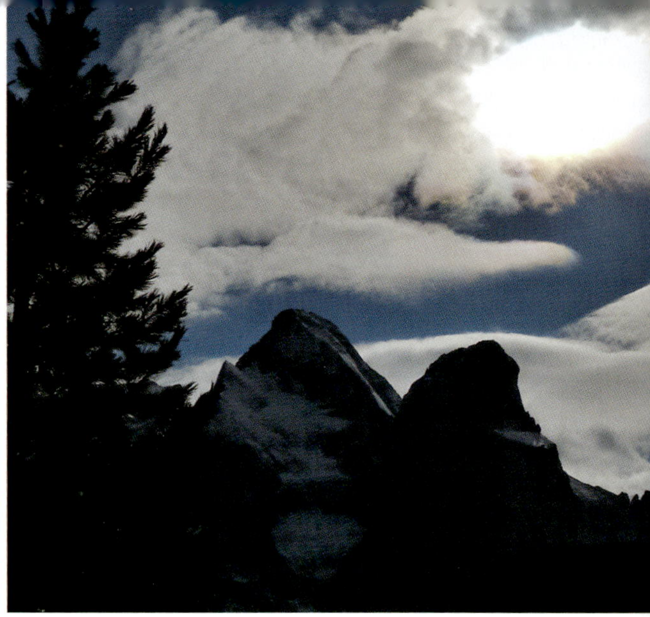

Oben: Ein alter Kriegspfad erleichtert den Aufstieg zur Almidylle von Ciamorciaa. Mitte: Licht- und Wolkenspiel über dem Gran Vernel

innehalten für ein Selfie mit Gletschereis im Hintergrund. Der Weg, über den wir ins Vorfeld des Ghiacciaio aufsteigen, wurde im Krieg erbaut, er diente als Versorgungsweg und war für so manchen jungen Tiroler ein Weg in den Tod.

Ausgangspunkt der Runde ist der Parkplatz beim Ⓐ **Rifugio Villetta Maria** (1681 m). Im Wald geht's zunächst leicht abwärts zum Avisio. Auf solider Holzbrücke quert man das (Gletscher-)Wasser und folgt der deutlichen Spur, die über ein paar Kehren gegen einen senkrechten Felsriegel ansteigt. Hier hilft ein komfortables Band weiter; im Zickzack gewinnt der Weg dann die Verzweigung am Pian de Scalet (2032 m). Weiter mit der Markierung 619 flach in den idyllischen Boden von Ciamorciaa. Links erhebt sich der latschenbewachsene Rücken des Col dal Baranchie; den Zugang zum Kar unter der Marmolada-Scharte bewacht der freistehende Felsklotz des Sas de la Ciaures (2511 m), Blickfang im Westen sind der Gran Vernel und die Roda di Mulon. Nicht ganz in diese Kulisse passt ein Betonbauwerk, zu dem man zwischen Latschen-

Museo della Grande Guerra

Bei den Italienern gilt er als großer vaterländischer Krieg, als Grande Guerra (1915–18), wozu nicht unerheblich die Propaganda der Faschisten unter Mussolini in den 1930er-Jahren beitrug. Das Kämpfen und Sterben an der Grenze zu Österreich-Ungarn war weniger heroisch, groß dafür die Verluste auf beiden Seiten der Hochgebirgsfront. Stellungen an der Nordflanke der Marmolada, die damals Frontgebiet war, sind jüngst rekonstruiert worden und können besichtigt werden (markierte Wege); das Museo della Grande Guerra am Fedaia-Stausee präsentiert Gegenstände aus dem Kriegsalltag, die der Marmolada-Gletscher im Lauf der Jahrzehnte freigegeben hat. Im Sommer täglich (außer Dienstag) von 10–12.30 und 14–17.30 Uhr geöffnet.

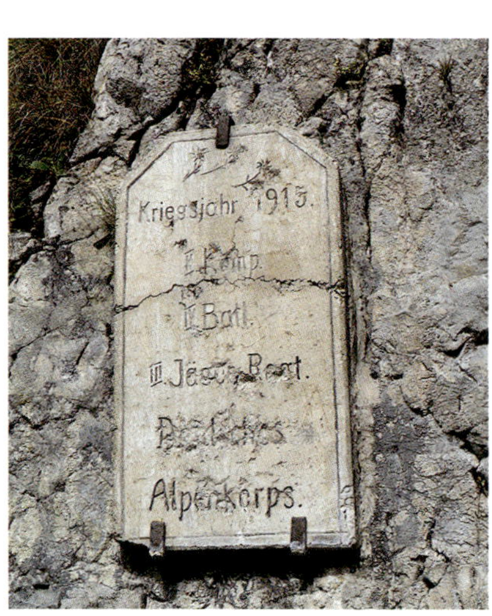

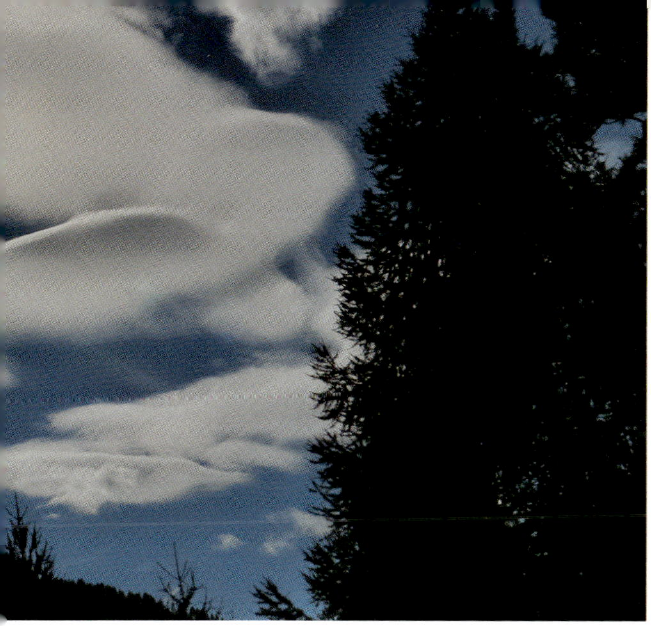

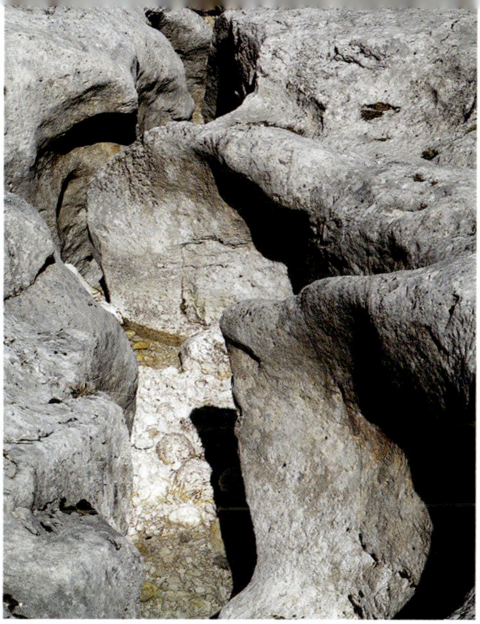

Wasserarbeit: Kalkfels, vom »ewigen Tropfen« ausgehöhlt und modelliert

dickicht aufsteigt. Hier wird Gletscherwasser gefasst und über einen anderthalb Kilometer langen, gemauerten Waal dem Fedaiasee zugeleitet. An diesem Spätsommertag tröpfelt es allerdings nur ganz schwach. Doch »stet'ger Tropfen höhlt den Stein« – das beweist der Mini-Canyon oberhalb der Wasserfassung, den das Bächlein in Jahrtausenden aus dem Marmoladakalk gewaschen hat.

Unter dem Gran Vernel Den etwas verwaschenen Markierungen folgend, steigt man in dem offenen Geröllkar weiter an. Bei einem mächtigen Felsblock knickt der Weg nach links ab und leitet, teilweise auf natürlichen Bändern, flach zu einer Weggabelung (2205 m). Hier nicht rechts (Pian dei Fiacconi), sondern geradeaus – erst flach, dann in dem steinigen Gelände nochmals ansteigend – zum ❶ **Gran Poz** (ca. 2250 m), einem prächtigen Aussichtspunkt. Weniger schön sind die Erinnerungen, die sich mit diesem Platz verbinden. Hier ereignete sich im Dezember 1916 das größte Lawinenunglück der Alpenfront. Eine gewaltige Schneemasse ging am Gletscher ab und fegte in Sekunden ein großes Barackenlager der Österreicher hinweg. Einige der Hütten wurden bis zu einem halben Kilometer weit durch die Luft geschleudert, 300 Soldaten fanden den Tod. Makabres Detail: Der Kommandant von Gran Poz hatte zuvor mehrmals bei seiner vorgesetzten Dienststelle um die Erlaubnis zur Räumung des Lagers gebeten, was ihm schließlich die Androhung eines Kriegsgerichtsverfahrens eintrug …

Abstieg Der Weiterweg leitet durch den Graben steil und zuletzt steinig hinunter zu der gemauerten ❷ **ENEL-Leitung** (ca. 2070 m). Man folgt ihr nur kurz, biegt dann auf den schmalen Weg ein, der mit einigem Auf und Ab zur Talstation des Marmolada-Korblifts führt: zurück im Alpen-Tourismusland. Die Begegnung ist von kurzer Dauer; am nördlichen Ende der ❸ **Fedaiasee-Staumauer** (2054 m) weist ein Schild nach links zum Weg 605: zurück in die Stille. Auf dem alten Passweg wandert man, zuletzt begleitet von den Stationen eines Kreuzweges, zurück zum Parkplatz beim Ⓔ **Rifugio Villetta Maria**.

6

Sela de la Palacia und Lagusel

Idylle unter dem Costabela-Kamm

leicht | 9 km | 530 m | 3.30 Std.

Tourencharakter
Abwechslungsreiche Wanderrunde über dem Val de Sèn Nicolò, im Auf- und Abstieg sehr steile Passagen, nach Regen rutschig. Teleskopstöcke deshalb angenehm. Im Frühsommer herrliche Blumenwiesen; idyllisch der Bergsee Lagusel, eingebettet in eine licht bewaldete Mulde

Ausgangs-/Endpunkt
Parkplatz Sauch (1738 m) im Val de Sèn Nicolò, im Sommer gebührenpflichtig

Höchster Punkt
Sela de la Palacia (2259 m)

Verkehrsanbindung
Von Pozza di Fassa auf asphaltierter Straße ins Val de Sèn Nicolò, bis zum Parkplatz Sauch etwa 6 km

Gehzeiten
Gesamt 3.30 Std.; Talweg 40 Min., Aufstieg zur Sela de la Palacia 1.20 Std., Sela de la Palacia – Lagusel 30 Min., Abstieg ins Tal 45 Min., Rückweg zum Parkplatz 15 Min.

Markierung
Rot-weiße SAT-Markierung

Karte
Tabacco-Wanderkarte 1:25 000, Blatt 06

Hütten/Einkehr
Keine

So manches Landschaftsjuwel versteckt sich – auch in den Dolomiten – in einem vergessenen Talwinkel oder hinter einer Geländeschwelle, unbeachtet vom Gros der Touristen. Wie der Lagusel, ein kleiner Bergsee im Val de Sèn Nicolò. Er liegt, umrahmt von Lärchen und Zirben, in einer Senke unter den schroffen Felsen von Ort.

Idylle über dem Val de Sèn Nicolò Die schattseitige, steile Flanke des Nikolaustals ist weit hinauf bewaldet, verstellt teilweise den Blick auf die Gipfel darüber. Die gehören zum Costabela-Kamm, und der zählt auch zu den ziemlich vergessenen Bergwinkeln südlich der Marmolada. Das ist allerdings ein anderes Kapitel – nämlich das siebte in diesem Buch (siehe Seite 48).

Wer den Lagusel ansteuert, kann ebenfalls Gipfelfreuden genießen, am Pecol (2302 m). Der abgeflachte Wiesenbuckel erhebt sich nördlich der Sela de la Palacia – ein ganz kleiner Abstecher nur zum perfekten Pano-

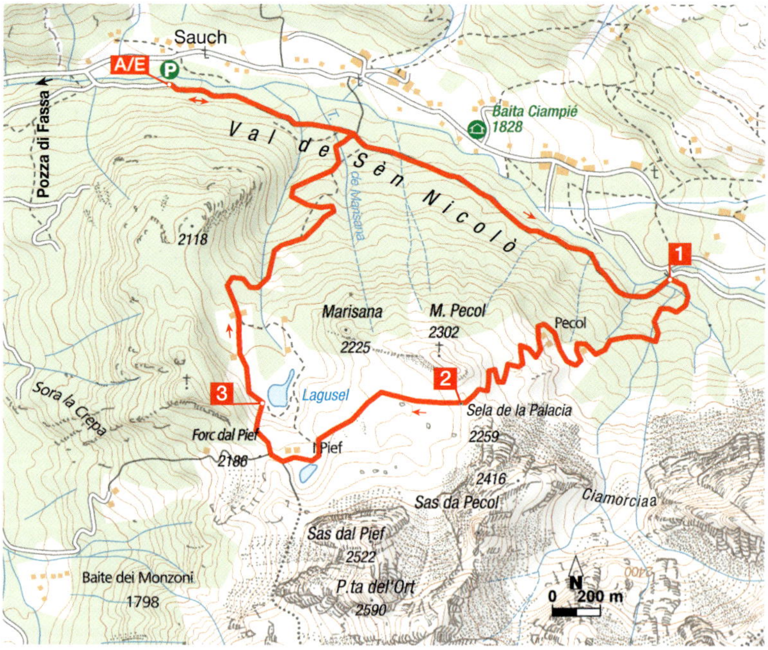

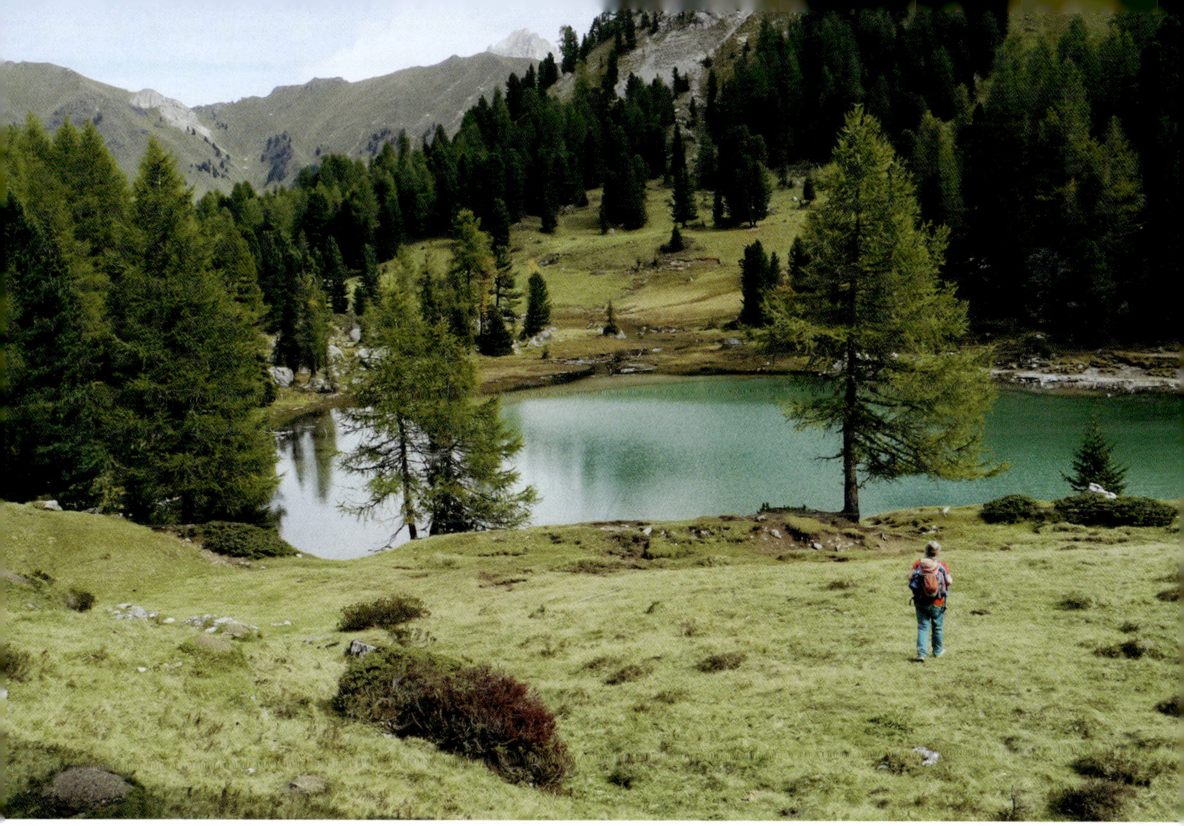

Idylle über dem Nikolaustal: der See von Lagusel; an seinem Ufer weiden schottische Hochlandrinder.

rama. Und im Frühsommer blüht es hier so üppig, dass man aufpassen muss, bei der Gipfelrast keinen Flurschaden anzurichten, so dicht an dicht stehen die bunten Sehenswürdigkeiten.

Die gedeihen prima auf dem Untergrund, der aus Gesteinen vulkanischen Ursprungs besteht, das Wasser zurückhält und sich so dem lieben Vieh als reich gedeckter Tisch präsentiert. Offensichtlich fühlen sich auch alpenfremde Vierbeiner hier sehr wohl; rund ein Dutzend Hochlandrinder mit zotteligem Fell, spitzen Hörnern und sanftem Gemüt äsen am Lagusel (auch Lauscèl oder Làgujel).

Weniger begeistert sind dagegen die nicht so standfesten Zweibeiner, die aus dem Tal heraufwandern, um heile Bergwelt zu genießen. Nach Regenfällen verwandeln sich die schmalen Wege nämlich in üble Rutschparcours, und da ist schon manche/r ungewollt auf dem Allerwertesten gelandet. Es empfiehlt sich also, ein paar trockene und sonnige Tage abzuwarten, bevor man sich aufmacht in das kleine Paradies unter dem Costabela-Kamm.

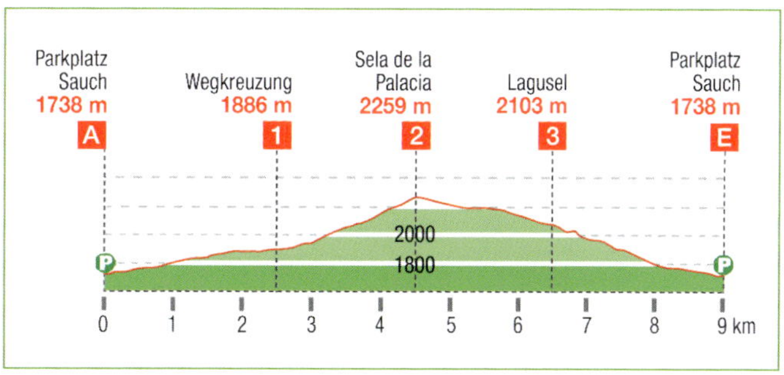

Aufstieg Die Runde startet am Ⓐ **Parkplatz Sauch** (1738 m). Man überquert den Nikolausbach und folgt der Strada dei Rusci taleinwärts. Ihr Name erinnert daran, dass sie vor hundert Jahren von russischen Kriegsgefangenen erbaut wurde. Nach etwa einer Viertelstunde zweigt rechts der direkte Zustieg zum

Lagusel ab (Mark. 640). Geradeaus geht's angenehm schattig weiter zur nächsten ❶ Wegkreuzung (1886 m). Hier biegt man ein in den breiten Forstweg, der über mehrere ruppige Rampen ansteigt, den Puls nach oben und den Schweiß nach außen treibt. Bei einer Alphütte geht die Fahrspur in einen schmalen Pfad über (links am Gebäude vorbei, dann nach rechts), der über eine weit ausholende Schleife in den Graben unterhalb der ❷ Sela de la Palacia (2259 m) führt. Wenn's geregnet hat, ist der Weg extrem rutschig – Wanderstöcke sind dann hilfreich. Oben an dem Joch hat man freie Sicht nach zwei Seiten, zum Marmolada-Massiv, das sich wuchtig über dem Contrintal aufbaut, und zum Rosengarten. Das totale Panorama bietet – wie schon erwähnt – der abgeflachte Grasrücken des Pecol (2302 m, 10 Min., Spur).

Hinab zum Lagusel Der Weiterweg führt aus der Scharte westwärts über Almwiesen sanft abwärts zur Wegkreuzung von Piéf (2183 m). Hier mündet ein markierter Zustieg aus dem Valle dei Monzoni. Die Berge über dem Talschluss von Monzoni (Munciogn) sind berühmt für ihren Mineralienreichtum. Alexander von Humboldt, der deutsche Naturforscher, bezeichnete sie als »Schauplatz der größten geologischen Revolution«; Ludwig von Buch, der sie für die Wissenschaft entdeckte, als

Schmaler Pfad zur großen Aussicht: unterwegs zur Sela de la Palacia

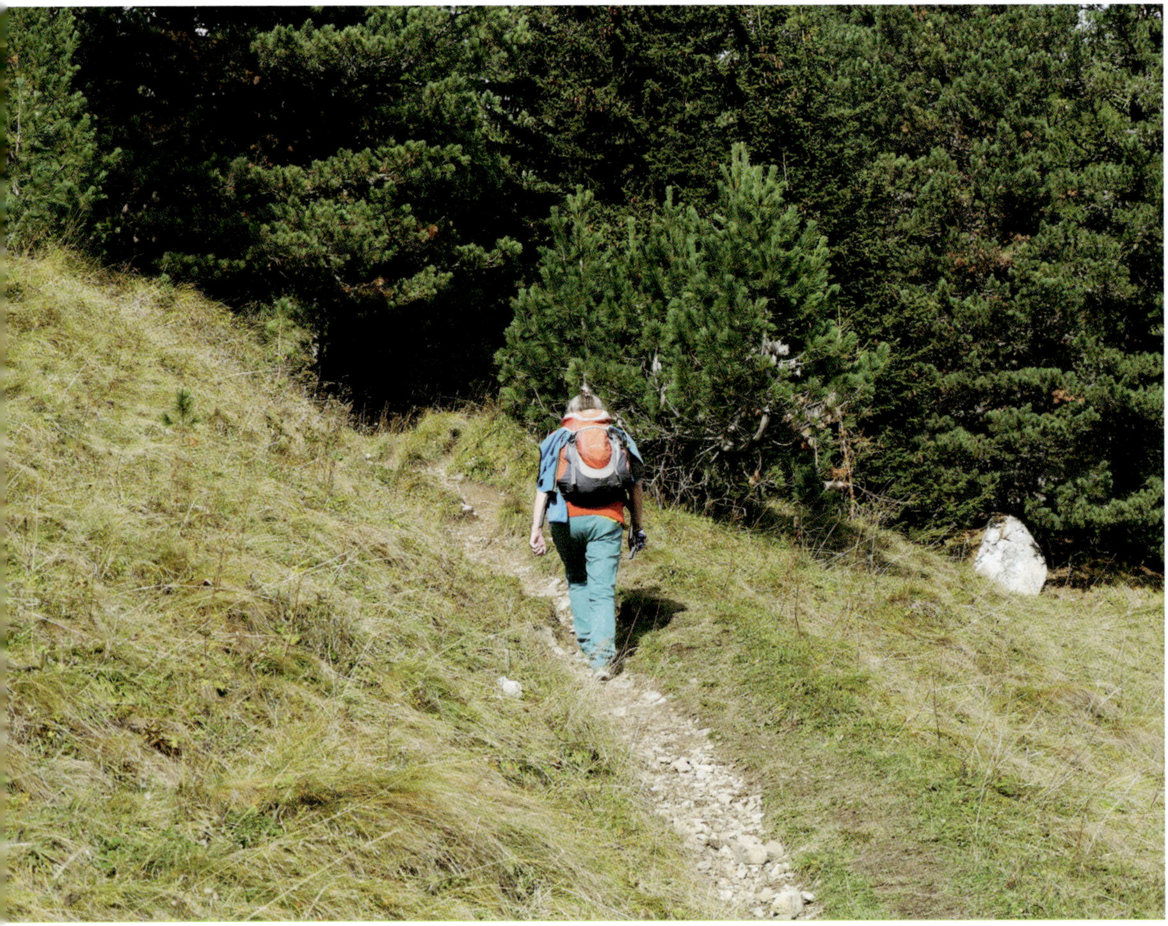

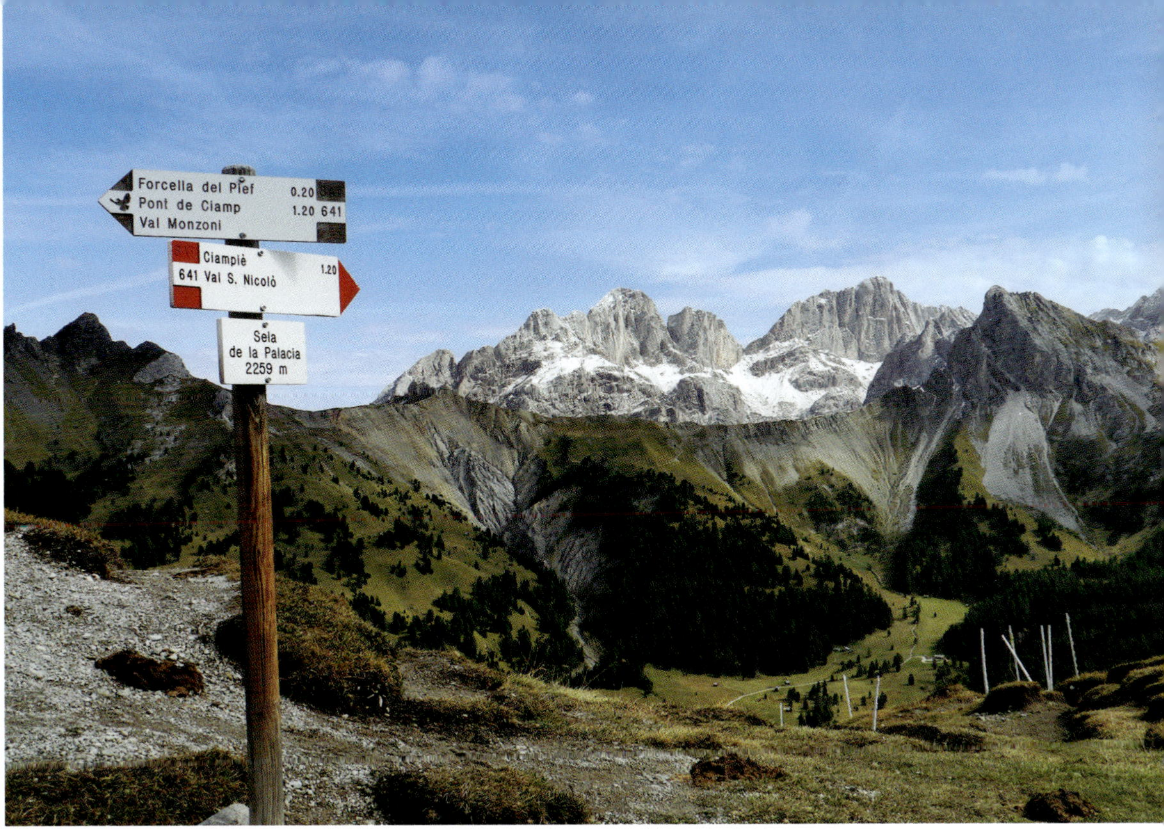

Oben am Pass zeigen sich Gran Vernel und Marmolada, rechts der Col Ombert.

»Schlüssel zur Geologie«. Beide waren Teilnehmer eines ersten Geologenkongresses, der 1822 in Predazzo stattfand.
Von Piéf steigt man über den nach Regen unangenehm matschigen Hang ab zur Idylle von ❸ **Lagusel** (2103 m). Der kleine See liegt in einer grünen Mulde, umrahmt von Lärchen und Zirben. In seinen Wassern spiegeln sich die grauen Nordabstürze des Sas dal Piéf (2522 m).

Der Abstieg ins Nikolaustal folgt einem Fahrweg. Er ist abschnittweise sehr steil und geht ordentlich auf die Knie. Drunten am Ruf de Sèn Nicolò stößt man wieder auf die Russenstraße. Mit ihr talauswärts zurück zum Ⓔ **Parkplatz Sauch**.

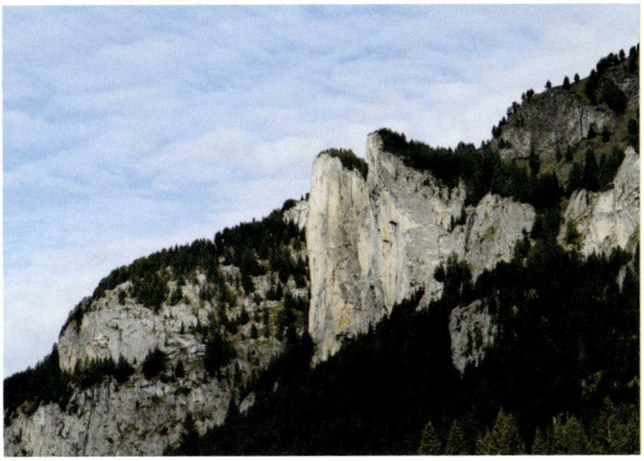

I Maerins

Die beiden mächtigen Felspfeiler am Eingang zum Val de Sèn Nicolò, an der nordseitigen Talflanke aufragend, sind nicht zu übersehen. Der kompakte, hellgraue Fels der Maerins (2170 m) signalisiert gute Klettermöglichkeiten für Könner. Seit ein paar Jahren gibt es hier auch eine Via ferrata. Sie ist extrem schwierig (K6–7) und vier Bergführern gewidmet (»I magnifici Quattro«), die bei einem Rettungseinsatz im Dezember 2009 in der Sella ums Leben kamen.

7

Alta via Bepi Zac

Die unbekannten Dolomiten

schwer | 18 km | 1320 m | 9.45 Std. | K3–4

Tourencharakter
Sehr lange, anstrengende Kammüberschreitung, auf der ersten Weghälfte leicht (K1–2), hinter der Bassa del Ciadin allmählich zunehmende Schwierigkeiten. Im Überstieg zur Forcella di Laghet knackige Klettersteigpassage (K3–4). Eine Tour für erfahrene Bergsteiger, die Konditionsprobleme nur vom Hörensagen kennen.

Ausgangs-/Endpunkt
Passo di San Pellegrino (1919 m). Alternativer Ausgangspunkt ist die Bergstation des Costabella-Sessellifts (2273 m)

Höchster Punkt
Cima de Costabela (2762 m)

Verkehrsanbindung
Von Moena bzw. Falcade kommt man über die gut ausgebaute Straße zum Passo di San Pellegrino, 12 bzw. 8 km. Buslinie

Gehzeiten
Gesamt 9.45 Std.; Passo di San Pellegrino – Pas da le Sele 1.45 Std., Alta via Bepi Zac 5.30 Std., Forcella di Laghet – Passo di San Pellegrino 2.30 Std. Nimmt man den Costabella-Lift, verkürzt sich die Gehzeit um etwa 1 Std.

Markierung
Gut bezeichnete Route, lediglich im Geröllhang über dem Val de la Tasca fehlen Farbmarkierungen. Hinweisschilder an allen Verzweigungen

Karte
Tabacco-Wanderkarte 1:25 000, Blatt 06

Hütten/Einkehr
Rifugio Passo le Selle, Rifugio Fuciade

Große Berge werfen lange Schatten und in ihnen verbirgt sich so manches interessante Tourenziel – unbeachtet, weitgehend vergessen. Wie beispielsweise jene vielgipflige Bergkette, die sich zwischen den nach zwei Heiligen benannten Tälern – dem Sèn Nicolò und dem San Pellegrino – erhebt.

Sie gehören nicht zu den berühmten Schaustücken der Dolomiten, die Berge über dem San-Pellegrino-Pass, obwohl in dem lang gestreckten Kamm einige fantastische Türme stehen und mit der Cima dell'Uomo (Ponta de l'Om, 3010 m) sogar ein Dreitausender. Der hat einen recht berühmten Erstbesteiger (1879): Gottfried Merzbacher, geboren im bayerischen Baiersdorf bei Erlangen. Er unternahm mehrere Forschungsreisen in asiatische Gebirge, u.a. zum Elbrus und ins Tian Shan, wo ein periodisch ausbrechender Gletschersee seinen Namen trägt.

Die Alta via Nach einem anderen Bergsteiger ist die große Höhenroute am Costabela-Uomo-Kamm benannt, nach Bepi (Zac) Pellegrin. Er war

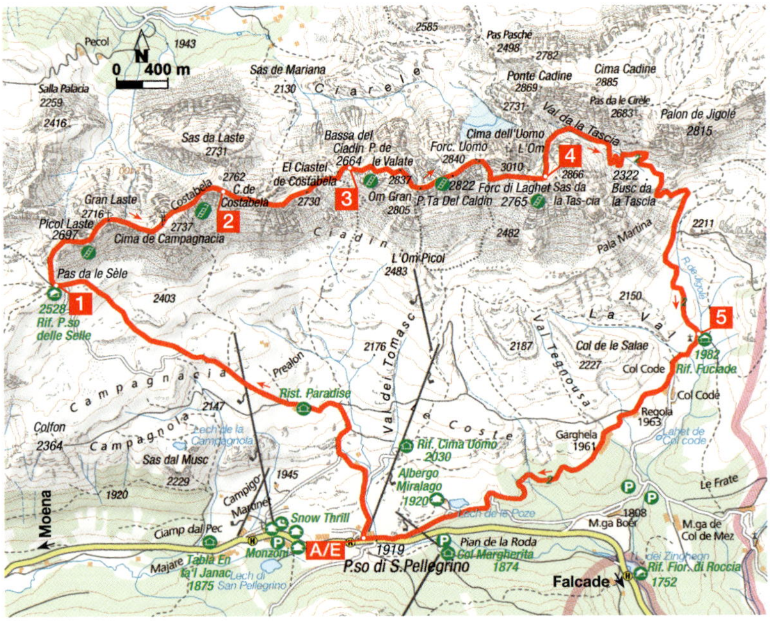

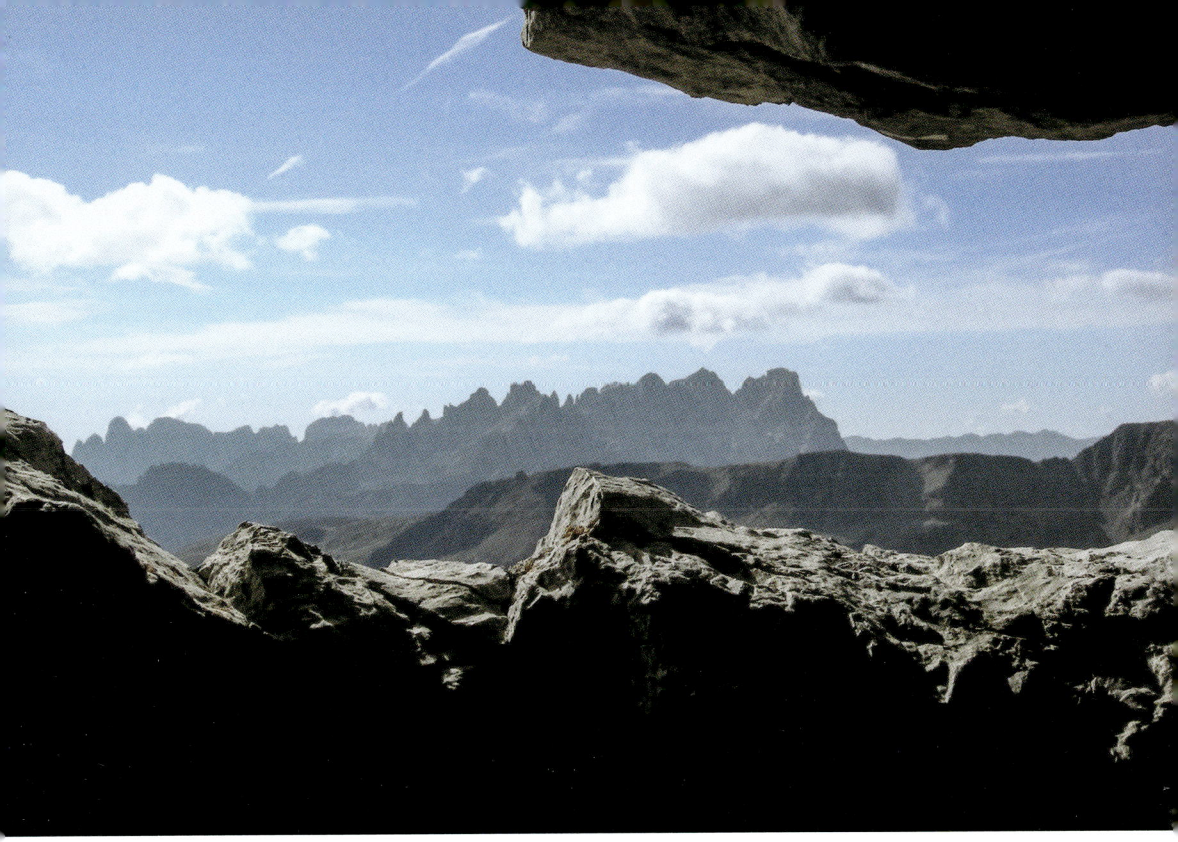

viele Jahre Wirt auf der »Bergvagabundenhütte« am Pas da le Selle und initiierte den Bau des Gratweges, wirkte dabei auch mit. Heute wird das neu errichtete, einladende Haus von seinem Sohn Floriano Pellegrin geführt, zusammen mit seiner Frau Elisabetta.

Unmittelbar am Pass startet die Alta via Bepi Zac, die, 1981 angelegt, ein recht wechselvolles Schicksal hinter sich hat. Ursprünglich bis zur Cima dell'Uomo führend (wie man an der Gedenktafel ablesen kann), musste die Gipfelferrata nach Unfällen auf behördliche Anordnung hin wieder abgebaut werden. Nach und nach zerfiel der östliche Abschnitt der großartigen Höhenroute mitsamt einem Direktzustieg vom Passo di San Pellegrino. Schließlich entschloss man sich zur Sanierung der Alta via, die nun nach abenteuerlich-aufregendem Verlauf an der Forcella di Laghet endet und den Dreitausender dabei auslässt. Das macht überhaupt nichts, bietet sie doch eine Überfülle an Eindrücken, Aussicht en masse auf viele berühmte Dolomitengip-

Vom Costabela-Kamm genießt man freie Sicht auf die Pala, links der Agner, rechts der Cimòn della Pala.

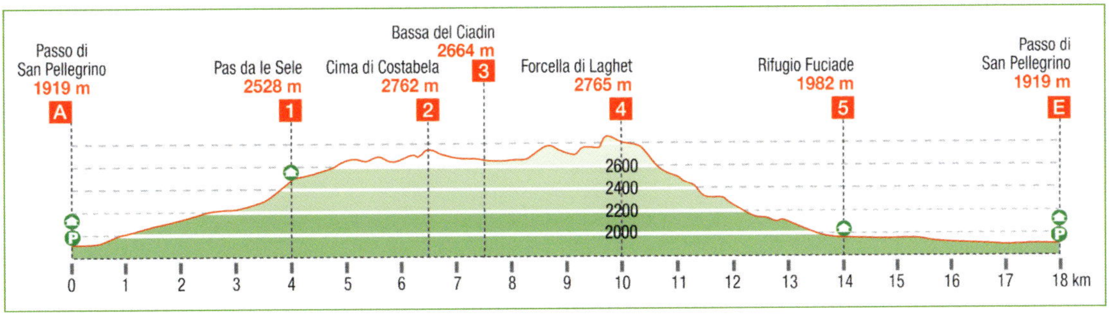

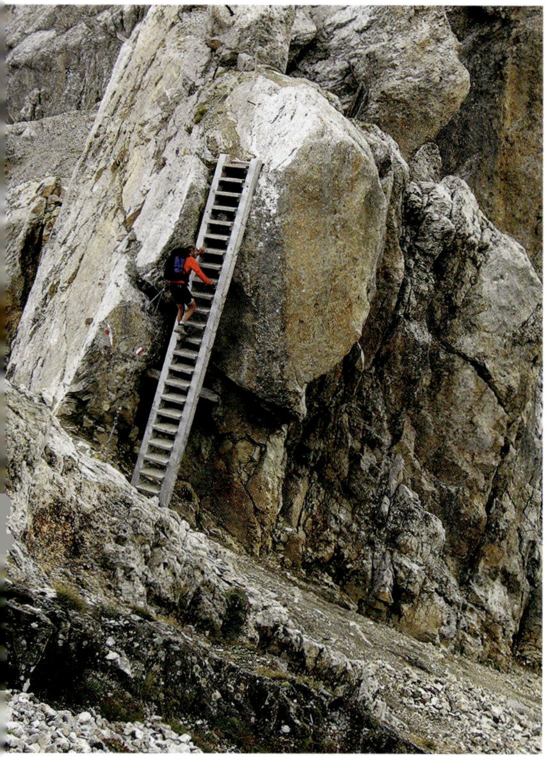

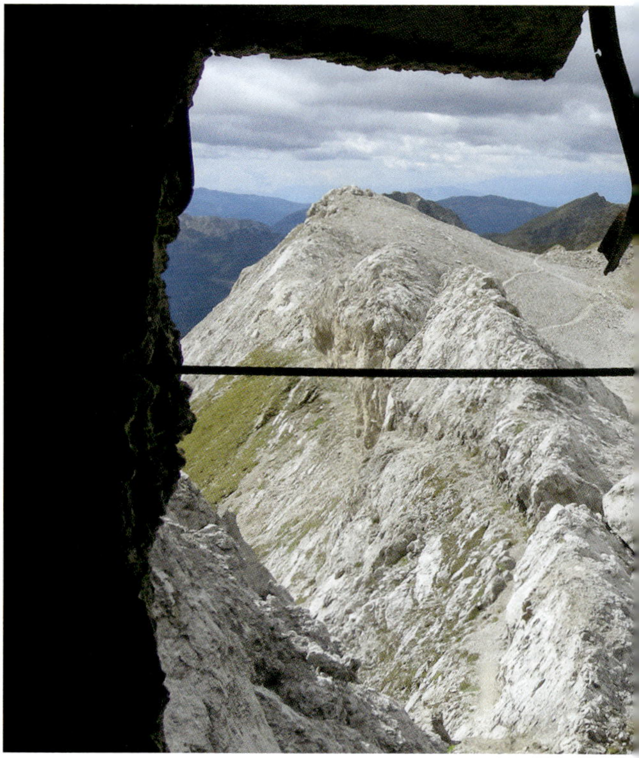

Auf dem ersten Abschnitt der Alta via Bepi Zac stößt man immer wieder auf Relikte aus dem Ersten Weltkrieg: rekonstruierte Leiter am Grat (oben), Stellungsloch am Ciastel de Costabela (Mitte).

fel – und mehr als nur einen Blick zurück auf ein düsteres Kapitel der europäischen Geschichte. Im Ersten Weltkrieg verlief die Dolomitenfront quer über den Costabela-Kamm. So folgt der westliche Abschnitt der »Bepi Zac« weitgehend alten Frontsteigen, und mehr als einmal verschwindet sie in einem düsteren Stollenloch. Im Ciastel de Costabela (2730 m), einem markanten, von den Italienern zur Festung ausgebauten Felsturm westlich der Bassa del Ciadin, ist sogar ein kleines Museum eingerichtet. Es zeigt erfreulicherweise keine Glorifizierung des Grande Guerra, sondern ein schonungslos erschütterndes Abbild vom Grauen des Krieges.

Hinauf zum Rifugio Passo le Selle In weniger als zwei Stunden steigt man von der Hotel- bzw. Wintersportsiedlung am A **Passo di San Pellegrino** (1919 m) mit der rot-weißen Markierung 604 hinauf zum 1 **Pas da le Sele** (2528 m); Startpunkt ist beim großen Parkplatz an der Talstation des Costabella-Liftes oder direkt auf der Scheitelhöhe.

Die Überschreitung beginnt mit dem Anstieg zum Picol Laste (2697 m). Die deutliche Spur zieht im Zickzack bergan, Drahtseile erleichtern den Weiterweg in die Gipfelregion. Die Markierungen leiten in einen ausgeräumten Stollen und führen dann am Kamm entlang hinüber gegen den Gran Laste (2716 m). Unter dem Grat entdeckt man eine Mannschaftsunterkunft, gemäß Inschrift noch im Originalzustand von 1915. Kurz danach folgt eine Kletterstelle (Haken); Seile und ein paar Holzstege sichern den Weiterweg, der schließlich zurück zur schmalen Gratschneide leitet. Drahtseile entschärfen diese luftige Passage; dann geht's hinauf zur Cima de Cam-

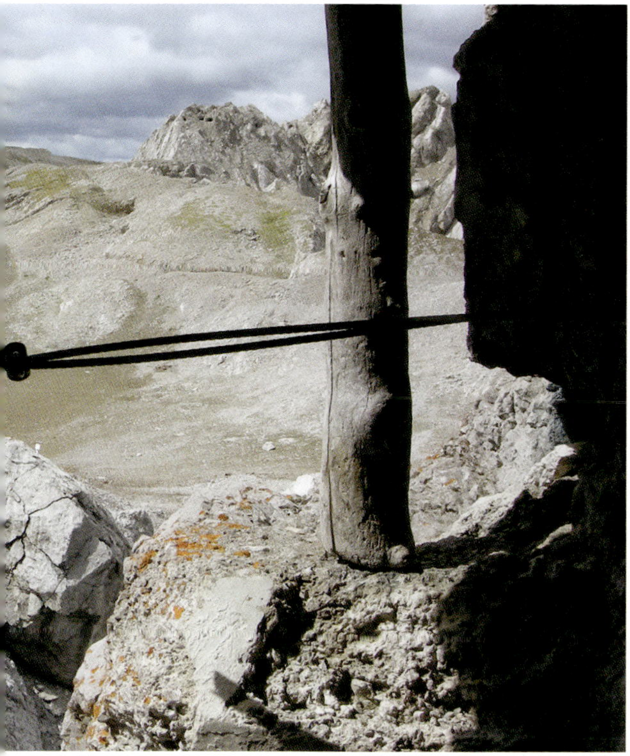

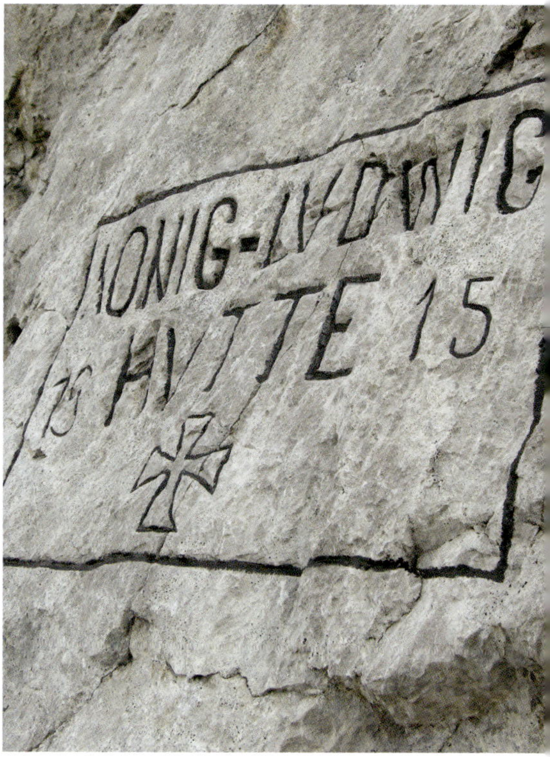

Im Sommer 1915 unterstützten deutsche Gebirgstruppen die Kaiserjäger an der Dolomitenfront.

pagnacia (2737 m), wo wenig unterhalb des Gipfels eine Inschrift im Fels daran erinnert, dass hier im Ersten Weltkrieg auch deutsche Truppen kämpften (»König Ludwig Hütte – 1915«). Jenseits des Gipfels läuft der Weg kurz hinab zum Banch de Campagnacia (ca. 2690 m; markierter Zwischenabstieg). Am Gegenanstieg zur ❷ **Cima de Costabela** (2762 m) folgt eine originelle Wegpassage: eine acht Meter hohe Holzleiter. Der Weiterweg führt von dem stark befestigten Gipfel steil hinunter in eine weite Geröllmulde; hier mündet ein markierter Zustieg aus dem Nikolaustal (Val de Sèn Nicolò).

Im Vorblick hat man den eigenartig geformten Turm des Ciastel de Costabela (Sasso di Costabella, 2730 m), im Krieg die vorderste Stellung der Alpini in diesem Frontabschnitt. Drahtseile und ein Holzsteg leiten hinauf in die Felsfestung; im Krieg war sie über eine kühne Treppenkonstruktion zugänglich, die erst vor kurzem rekonstruiert wurde. Man benützt sie für den Abstieg und stößt so wenig oberhalb der ❸ **Bassa del Ciadin** (2664 m) wieder auf den Originalweg. An der Scharte endet der erste Abschnitt der Alta via Bepi Zac; ein markierter Abstieg führt hinunter zum Passo di San Pellegrino.

Felswildnis um die Cima dell'Uomo Die Fortsetzung des Höhenweges quert, teilweise gesichert, bis unter die Felsen der Ponta de le Valate (2837 m), wendet sich dann in eine steile Geröllrinne. Straff gespannte Drahtseile erleichtern den Aufstieg in eine winzige Scharte an der Ostflanke des Berges; Steigspuren und Markierungen leiten anschließend über seinen geröllbedeckten Nordrücken zum abgeflachten

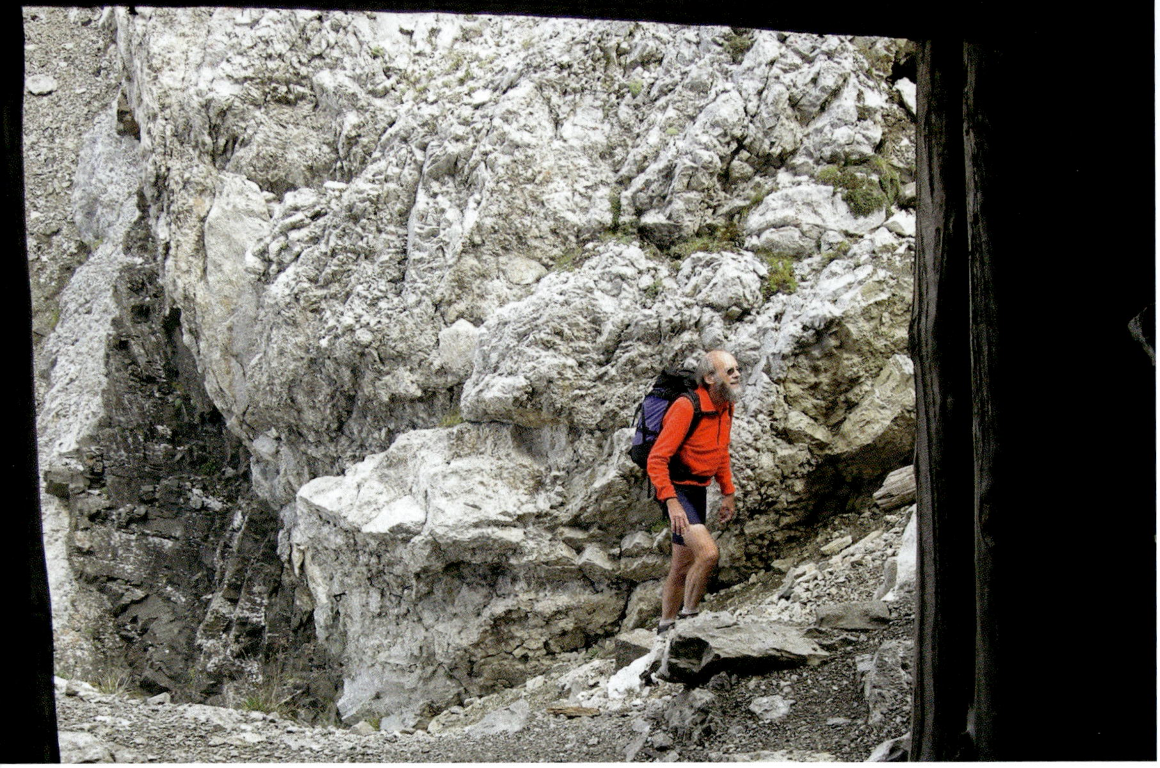

Die Alta via Bepi Zac folgt dem Costabela-Uomo-Kamm auf einer Länge von über fünf Kilometern.

Gipfel. Der Weg verbleibt bis zum Om Gran (2805 m) am Kamm, umgeht dann die Ponta del Ciadin südseitig und führt mit einigem Auf und Ab hinüber in die Forcella dell'Uomo (2840 m). Dabei kommt man am Fuß des Torre California vorbei, einem rund 60 Meter hohen, unglaublich schlanken Obelisken. Seinen Namen soll der Turm übrigens der Liebe des Erstbesteigers zu einem Mädchen aus den USA verdanken…

Aus der Uomo-Scharte steigt die Alta via Bepi Zac im Geröll schräg abwärts. Man kreuzt den Normalweg zum Dreitausender (Tafel, hier Notabstieg möglich), passiert ein recht luftiges Eck (Drahtseil, Holzsteg) und biegt ein in ein weiteres Schuttkar. Der Höhenweg quert es und führt dann hinauf zu einer steilen Rinne. Drahtseile leiten in einen düsteren Felswinkel (Klemmblock), dem man mit kräftigem Armzug (Haken, kleine Tritte) entsteigt (Schlüsselstelle). Am Drahtseil über den Klemmblock und auf Eisenstiften quer über eine kleine, aber senkrechte Wand. Die Route steigt noch kurz an bis zu einer winzigen Scharte (ca. 2790 m) und senkt sich dann über Felsen (Drahtseil) und Geröll in die ❹ **Forcella di Laghet** (2765 m; Wegzeiger).

Hinab und hinaus Der Abstieg führt nicht nach Süden (wilde Schlucht!), sondern nördlich durch eine steinige Karmulde, dann über einen sehr beweglichen Geröllhang hinunter in das Val da la Tascia, wo man nach der strapaziösen Gleichgewichtsübung auf einen Weg stößt. Auf ihm wandert man durch den Busc da la Tascia (Steinbockrevier) hinab und hinaus zum ❺ **Rifugio Fuciade** (1982 m), wo eine verdiente Rast fällig ist. Den Abschluss der großen und grandiosen Runde bildet dann der Spaziergang zurück zum Ⓔ **Passo di San Pellegrino**: keine Steigung, bequeme Unterlage…

Rechte Seite: Berühmte Dolomitengipfel, vom Bepi-Zac-Steig gesehen – Langkofel, Geislerspitzen und Sella

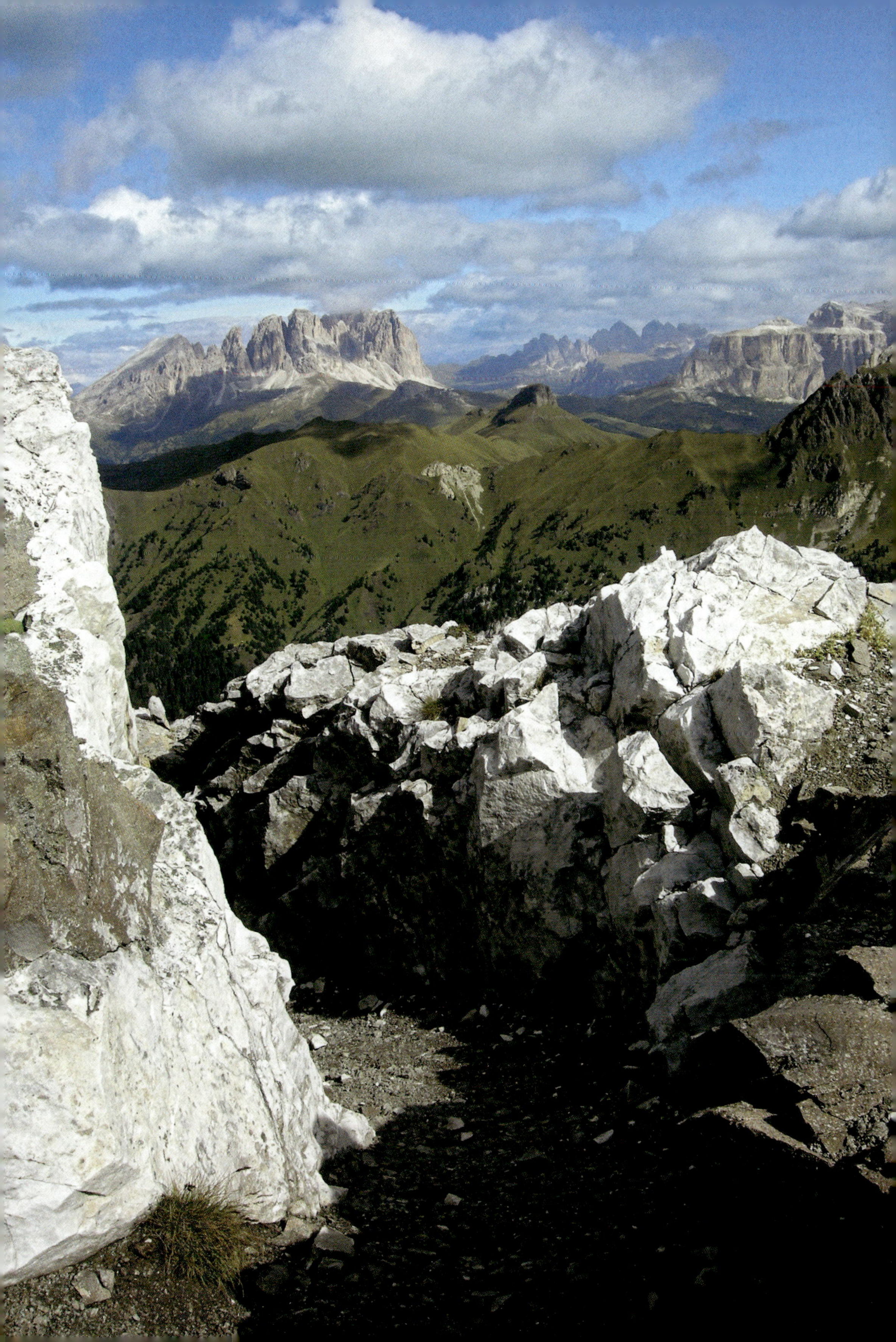

8 Sasso Bianco

Ausguck über dem Val Pettorina

mittel 13 km 1150 m 6.00 Std.

Tourencharakter
Lohnende Gipfeltour auf teilweise sehr steilen Wegen, großes Panorama. Im Frühsommer üppige Flora, interessante Geologie

Ausgangs-/Endpunkt
Caracoi Agoin (1256 m)

Höchster Punkt
Sasso Bianco (2407 m)

Verkehrsanbindung
Von Caprile oder Álleghe zum Wallfahrtsort Le Grazie (978 m, große Kirche), dann auf asphaltierter Straße bergan nach Caracoi Agoin. Kleiner Parkplatz am Ortseingang

Gehzeiten
Gesamt 6 Std.; Caracoi Agoin – Rastplatz Bergsturzabbruch 1.30 Std., Rastplatz – Gipfel 2 Std., Abstieg auf dem gleichen Weg 2.30 Std.

Markierung
Ordentlich markierte Wege, zum Gipfel hin einzelne Steinmännchen und rote Punkte

Karte
Tabacco-Wanderkarte 1:25 000, Blatt 015

Hütten/Einkehr
Rifugio Sasso Bianco (1840 m), 15 Min. vom Anstiegsweg

Im Winkel zwischen dem oberen Cordévoletal und dem Val Pettorina erhebt sich der »Weiße Stein« (Sasso Bianco), ein erstklassiger, aber nur wenig besuchter Aussichtspunkt. Das liegt möglicherweise auch daran, dass der Aufstieg recht lang und steil ist.

Jeder kennt das Sprichwort von dem Wald, den man vor lauter Bäumen nicht sieht. Genau umgekehrt verhält es sich manchmal in den Bergen, wo man vor vielen schönen Bäumen – pardon: Gipfeln – den einen Berg übersieht. So einer ist der Sasso Bianco, felsig zwar, wie sein Name schon verrät, auch keineswegs winzig, aber halt im großen steinernen Orchester der Dolomiten leicht zu übersehen. Dabei bietet die Tour auf den »Weißen Stein« vielfältige Eindrücke und ein großes Panorama. Und dazu einen Blick zurück in die Vergangenheit, 250 Jahre weit etwa, ins Jahr 1771, als am Monte Forca nach schweren Regenfällen zwei verheerende Bergstürze abgingen, die mehrere Weiler um Álleghe zerstörten und viele Menschenleben forderten. Die Felstrümmer stauten den Cordé-

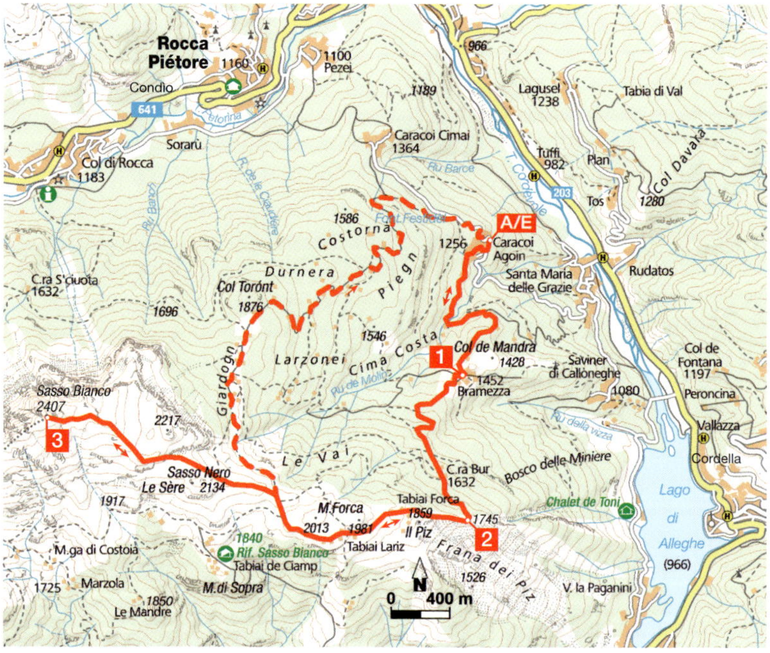

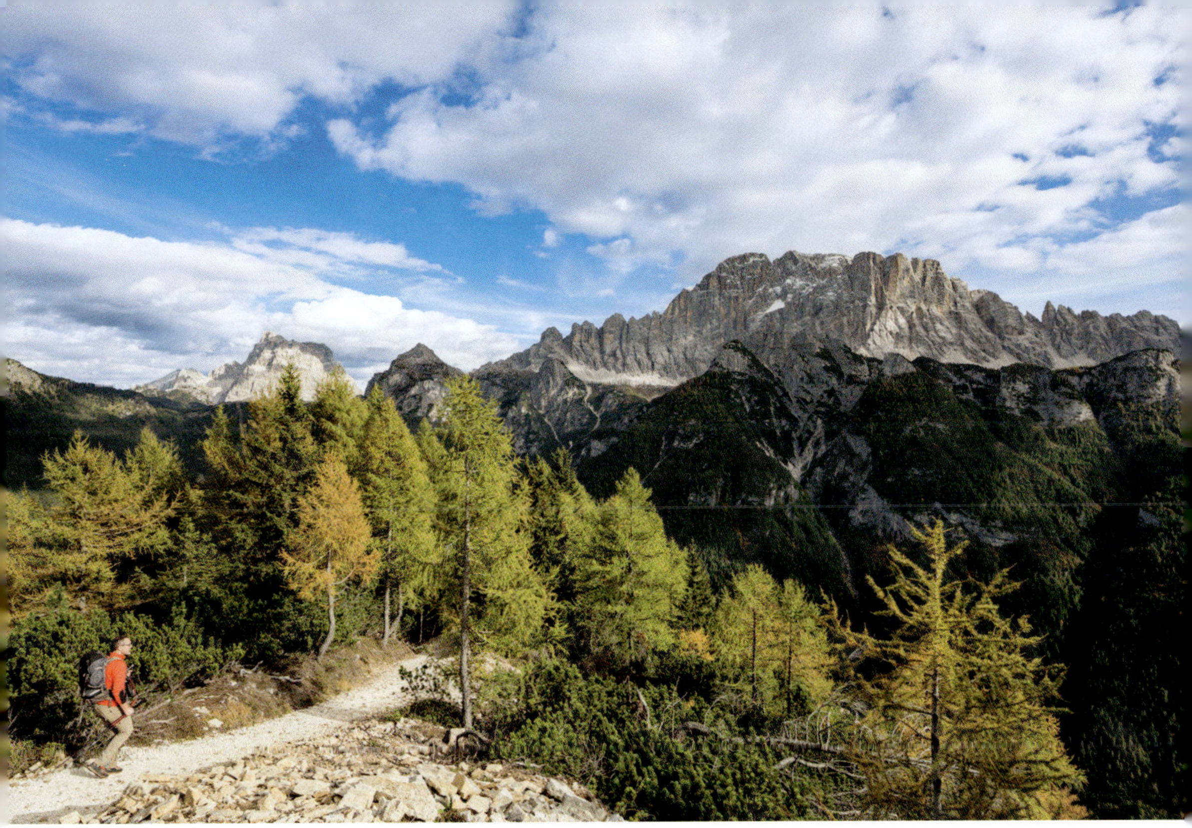

vole zum Lago d'Álleghe (966 m). Der bildet zusammen mit der Civetta-Nordwestwand ein besonders schönes Dolomitenmotiv, das schon Paul Grohmann bezauberte: »Eine Idylle in den Dolomiten, wie man sie in dieser Verbindung von Lieblichkeit und Großartigkeit in der ganzen Ausdehnung der Gebirgsgruppe nicht wieder findet.«

Absoluter Blickfang auf der Sasso-Bianco-Tour ist die Civetta mit ihren gewaltigen Nordwestabstürzen.

Sterbende Welt? Der Aufstieg zum Sasso Bianco verläuft durch altes Bergbauernland. Längst verlassene Almhütten, verbuschende Weiden und Wege, die sich die Natur zurückholt, künden vom Verschwinden einer uralten Kultur, die mit der Transhumanz vor Jahrtausenden ihren Anfang nahm. Nicht zu übersehen ist allerdings auch, dass auf mancher Alm wieder Leben einzieht. Es ist die Internet-Generation, die hier oben nicht arbeiten will, sondern vielleicht eine Gegenwelt zur Allgegenwart des Digitalen sucht – echtes Leben. Eine Modeerscheinung – oder mehr?

Der schönste Weg zum Sasso Bianco startet im Weiler Ⓐ **Caracoi Agoin** (1256 m); am Parkplatz weist bereits ein Schild nach Bra-

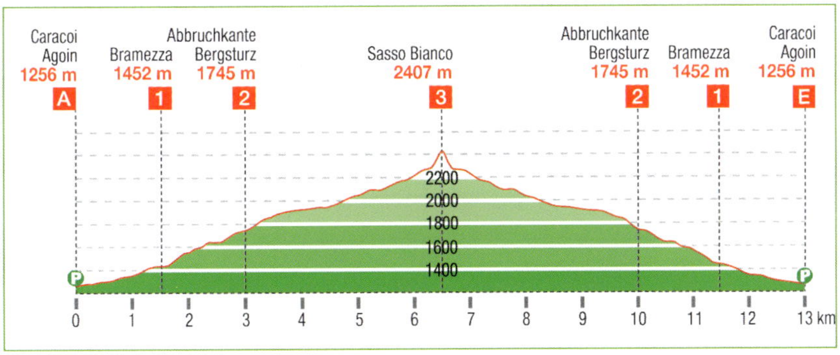

mezza. Man folgt dem markierten Wanderweg in den Wald, quert dann den Ru dei Molin (Mühlenbach). Wenig weiter mündet der Pfad in die Zufahrt nach ❶ **Bramezza** (1452 m) in schöner Lage mit freier Sicht auf die Civetta. Das Dörfchen hat schon bessere Zeiten gesehen, die meisten Häuser verfallen, fast alle Bewohner sind ins Tal gezogen. Da und dort regt sich neues Leben, wird renoviert, in die Zukunft investiert. Hinter Bramezza setzt sich das schmale Sträßchen bergwärts fort; eine Schleife lässt sich abkürzen (Hinweis »Casera Bur«). Im weiteren Verlauf wird der neu angelegte, breite Weg noch steiler, zuletzt ist er sogar zementiert, was den Aufstieg etwas leichter macht. Das Steilstück endet an der ❷ **Abbruchkante des Bergsturzes** von 1771; die Einladung zur Pause (Tisch, Bänke) wird man gerne annehmen (1745 m).

Zum Gipfel Der Weiterweg – nun weniger steil – verläuft zunächst im Wald, bietet dann aber zunehmend Aussicht, vor allem nach Süden auf die Pala. Hinter dem Monte Forca (2013 m), der südseitig umgangen wird, zweigt links der Zugang zum Rifugio Sasso Bianco (1840 m) ab, das sich einer idyllischen Lage auf einer Hangterrasse erfreut, inmitten von zahlreichen wettergebräunten Heuhütten (fienili). Von rechts mündet ein Zustieg von Caracoi Cimai (1364 m) herauf.
Der Gipfelweg peilt den Sasso Nero (2134 m) an, der seinen Namen absolut zu Recht trägt und deutlich macht, dass man sich auf eine geologische Naht zubewegt. Sie

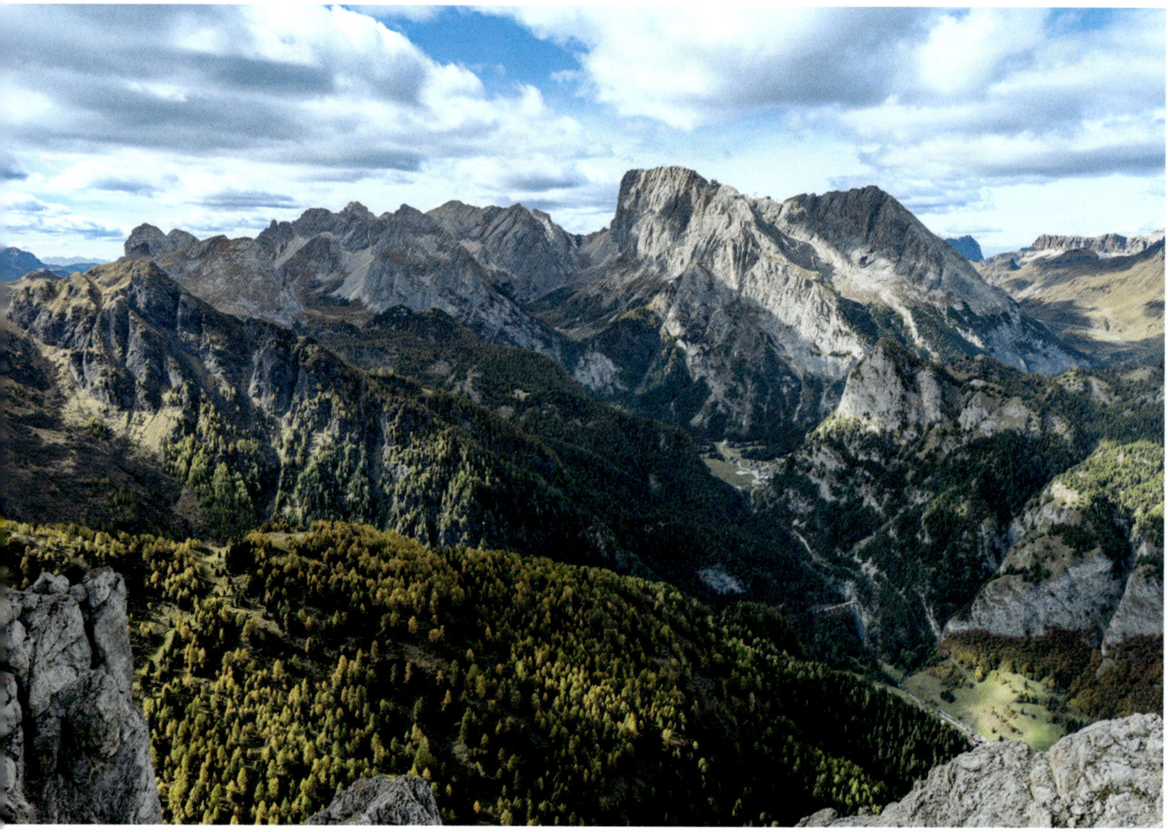

Vom Gipfel des Sasso Bianco schaut man direkt in die monumentale Südwand der Marmolada, rechts der markante Grat zur Punta Serauta.

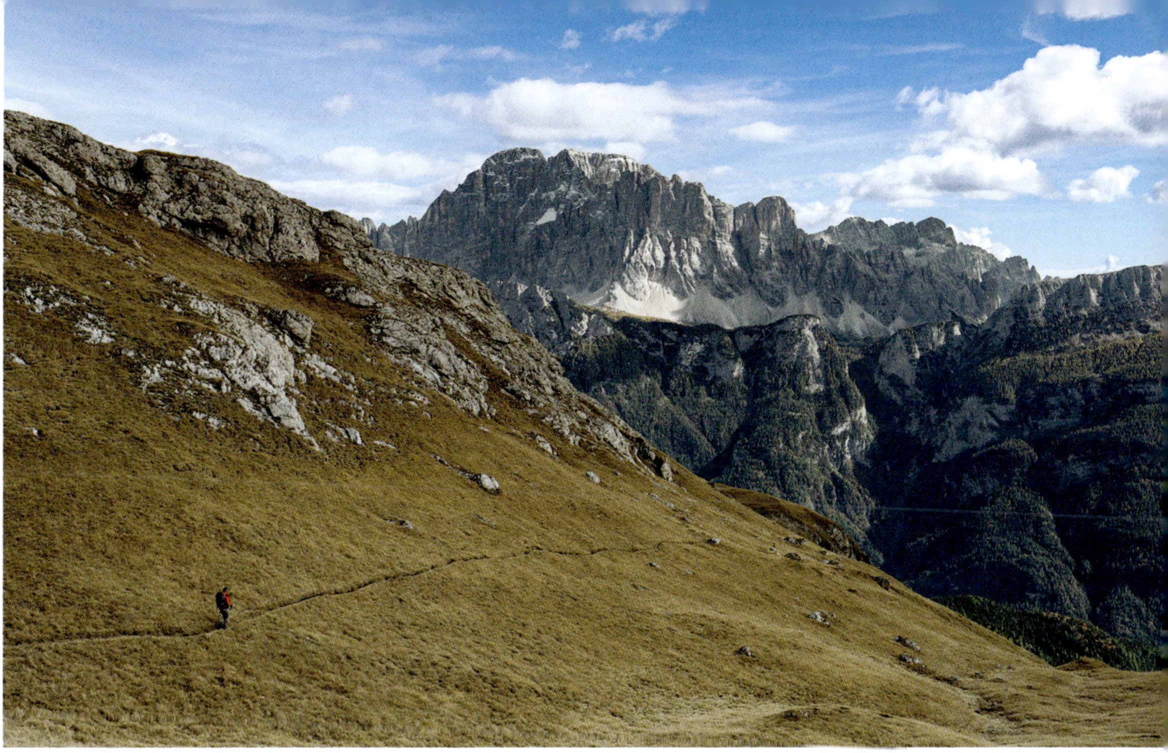

trennt (dunkles) Gestein vulkanischen Ursprungs von den Sedimenten, aus denen der Sasso Bianco aufgebaut ist. Den »Schwarzen Stein« umgeht der Gipfelsteig rechts in einen Grassattel. Anschließend geht's erneut steil aufwärts, zunächst im Gras, dann über einen Schrofenriegel (Drahtseil). In der folgenden Wiesenmulde gabelt sich die Route. Die rechte Spur führt zum (zerstörten) Gipfelkreuz an der Ostkuppe, die linke über steile Grashänge in den Sattel zwischen Haupt- und Ostgipfel und links zum höchsten Punkt des ❸ **Sasso Bianco** (2407 m).

Sie lässt einen immer wieder staunen: die Nordwestwand der Civetta, tausend Meter hoch und fünf Kilometer breit.

Aussicht Im Panorama, das mit nicht weniger als 30 Dolomiten-Dreitausendern aufwartet, dominieren zwei ganz Große: die Marmolada (3343 m) mit ihrer Südwand, und die Civetta (3220 m) mit der ältesten Dolomiten-Kletterroute im VI. Schwierigkeitsgrad (1925). Emil Solleder und Gustav Lettenbauer durchkletterten im Sommer 1925 als erste die rund 1000 Meter hohe Nordwestwand. »Die gesamte Kletterei hatte volle fünfzehn Stunden gedauert; der Dachkamin, in dem heute oft mehr als ein Dutzend Haken stecken, war von Emil Solleder mit nur zwei (!) Haken gemeistert worden. Die Schwiergkeiten, die beim Erklettern der Civettaswand überwunden werden mußten, übertrafen alles, was bisher als das ›Letzte im Fels‹ galt. Der in der allgemeinen Schwierigkeitsskala gebrauchte fünfte Schwierigkeitsgrad ›Überaus schwierig‹ genügte nun nicht mehr. Man brauchte noch eine Stufe …« (Hubert Peterka in »Das große Dolomitenbuch«). Der Abstieg erfolgt auf dem Anstiegsweg oder via Giardógn (siehe Kasten).

Abstiegsvariante über Giardógn

Aus dem Sattel im Rücken des Monte Forca kann man alternativ via Giardógn (zahlreiche Fienili) nach Caracoi absteigen. Ordentlich markiert, ab Giardógn geschotterter Fahrweg. In der letzten Kehre oberhalb von Caracoi Cimai rechts hinunter zur Straße, die von Caracoi Agoin heraufkommt. Mit ihr zurück zum Ausgangspunkt, etwa 2.30 Std. vom Gipfel.

9

Cima dei Bureloni

»Vergessener« Dreitausender in der Pala-Nordkette

schwer 16 km 1500 Hm 8.45 Std. K2

Tourencharakter
Anspruchsvolle Gipfeltour, die Ausdauer und Bergerfahrung verlangt. Teilweise weglos, dazu schwach markiert und mit leichten Kletterpassagen. Nur bei sicherem Wetter gehen; bei Nebel kann die Orientierung im Gipfelbereich problematisch sein. Im Frühsommer Altschneereste (evtl. Steigeisen).

Ausgangs-/Endpunkt
Parkplatz (1718 m) im unteren Val Venegia

Höchster Punkt
Cima dei Bureloni (3130 m)

Verkehrsanbindung
Von Predazzo über die Rollepassstraße nach Paneveggio, dann weiter Richtung Passo di Vallès, nach 3 km rechts zum Wanderparkplatz im Val Venegia

Gehzeiten
Gesamt 8.45 Std.; Parkplatz – Passo delle Farangole 3.30 Std., Passo delle Farangole – Cima dei Bureloni 1.45 Std., Abstieg auf dem gleichen Weg 3.30 Std.

Markierung
Bis in das Hochkar knapp hinter dem Passo delle Farangole gut markierter Weg, dann nur noch Pfadspuren und Steinmännchen

Karte
Tabacco-Wanderkarte 1:25 000, Blatt 022

Hütten/Einkehr
Rifugio Mulàz (2571 m) knapp östlich unterhalb des Passo del Mulàz

Wer immer auch für den Bau der Pala gesorgt hat – der himmlische Schöpfer oder ganz irdisch-normale Naturabläufe –, das Ergebnis kann sich sehen lassen: eine Vielzahl schönster Felsskulpturen, wie geschaffen für den kletternden Homo ludens.

Das Profil des Cimòn della Pala ist einzigartig in der Pala, geadelt als »Matterhorn der Dolomiten«; die Cima della Vezzana (3192 m) ist der höchste Gipfel des Massivs mit einem leichten Normalweg und einem spektakulären Klettersteig. Und die Cima dei Bureloni, die Nummer drei? Selten besucht, auch von weniger auffälliger Statur, aber trotzdem ein lohnendes Tourenziel mit famoser Sicht weit über die Palagruppe hinaus. Spektakulär auch die nähere Umgebung, dominiert von den wilden Felszähnen der Nordkette und tiefen Geröllkaren. Der Weg zum Gipfel ist allerdings weit, zuletzt steinig und weitgehend weglos, mit leichten Klettereinlagen (I) – ein (fast) vergessener Pfad halt.

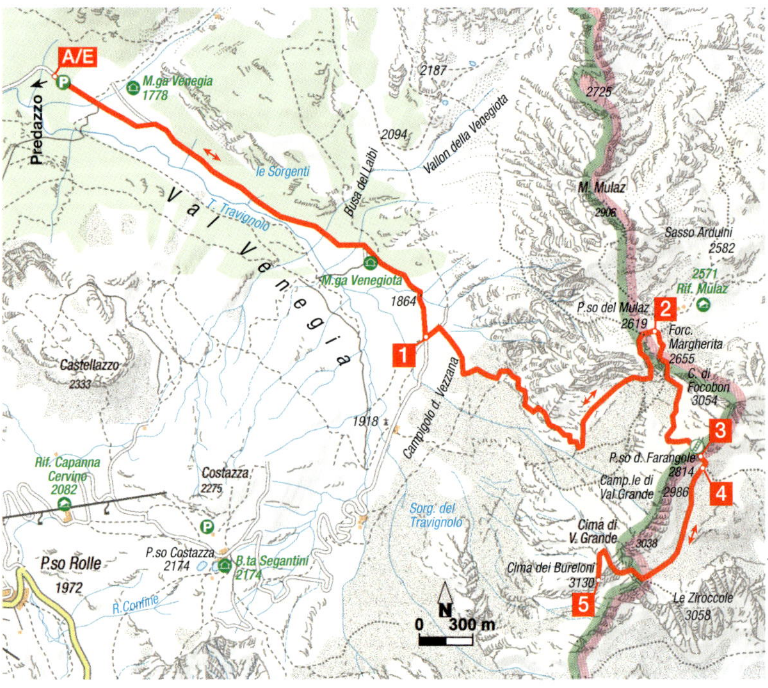

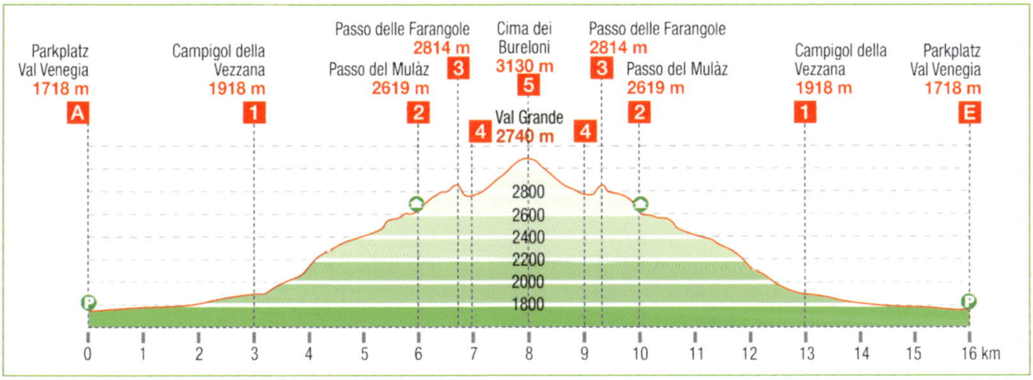

Zum Passo del Mulàz Die große Tour startet am Ⓐ **Parkplatz** (1718 m) im Val Venegia als Straßenwanderung eher gemütlich, gerade richtig zum Einlaufen. Dabei nähert man sich der Pala-Nordkette, hält direkt auf die Cima dei Bureloni zu, die immer eindrucksvoller in den Himmel wächst. Auffallend der markante Nordwestgrat des Berges; ihm folgt eine 1933 von C. Battisti und G. Morandini eröffnete, sehr schöne Kletterroute (IV).

Im ❶ **Campigol della Vezzana** (1918 m) verlässt man das weiter zum Passo della Costazza und zur Baita Segantini ansteigende alte Sträßchen und nimmt den steilen

Beliebtes Ausflugsziel vor großer Kulisse: die Malga Venegiola im Val Venegia

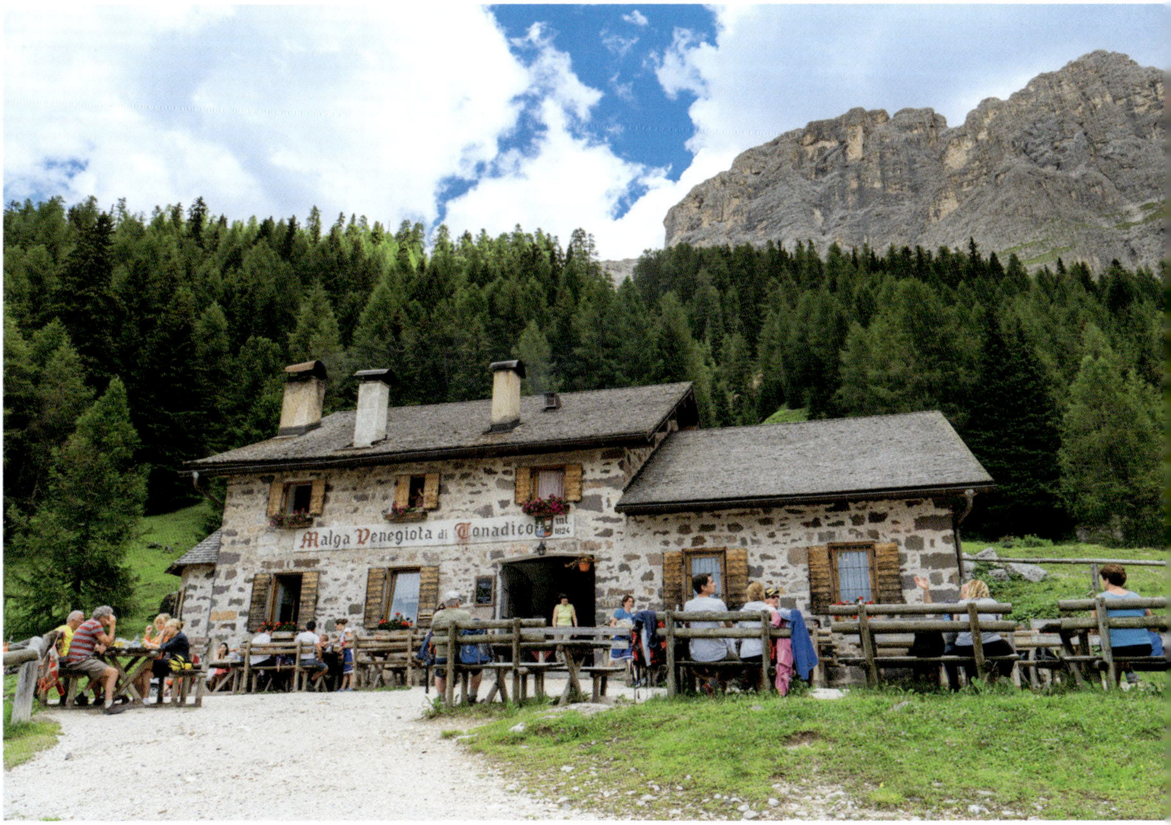

Weg hinauf zum Passo del Mulàz, der links eines mächtigen Geröllkegels in grasigen Schrofen ansteigt, dann in den Kessel unter der Scharte leitet. Die Szenerie ist von fast apokalyptischer Wildheit, dominiert von der Cima di Val Grande (3038 m) und mehreren bizarren Türmen, die sich im Nordkamm der Pala aneinanderreihen. In den schattigen Felswinkeln warten schuttbedeckte Eisfelder auf den nächsten Winter; immer wieder ist das Poltern herabfallender Steine zu hören. Die Berge, nur scheinbar Monumente der Ewigkeit …

Über den Passo delle Farangole Am ❷ **Passo del Mulàz** (2619 m), dem Übergang ins Val Focobon, wird ganz unvermittelt der Blick auf den östlichen Teil der Pala-Nordkette frei, die sich von der Cima del Focobon (3054 m) bis zum Cimòn della Stia (2391 m) erstreckt. Der kleine Cimòn hat mit seinem berühmten Pendant, dem »Matterhorn der Dolomiten«, allerdings wenig gemein, weder in Form noch Höhe noch Farbe. Immerhin, der Cimòn della Stia ist ein Gipfel, fast 1000 Meter höher als der schwäbische Feldberg …

Jenseits der Wasserscheide, im obersten Karboden des Val Focobon, steht das Rifugio Mulàz (2571 m), Stützpunkt für diverse Gipfeltouren und Ausgangspunkt des Sentiero delle Farangole, der an der gleichnamigen Scharte den Übergang ins Val Grande bzw. auf die Rückseite der Cima dei Bureloni ermöglicht. Der Weg zweigt wenige Meter hinter dem Mulàzpass rechts ab, wechselt an der Forcella Margherita (2655 m) auf die Westseite und steuert den Felsriegel unterhalb des ❸ **Passo delle Farangole** (2814 m) an. Der Übergang ist mit reichlich Geröll garniert; im Frühsom-

Mondlandschaft: das riesige Karstplateau der Pala mit dem Gletscherrest an der Fradusta

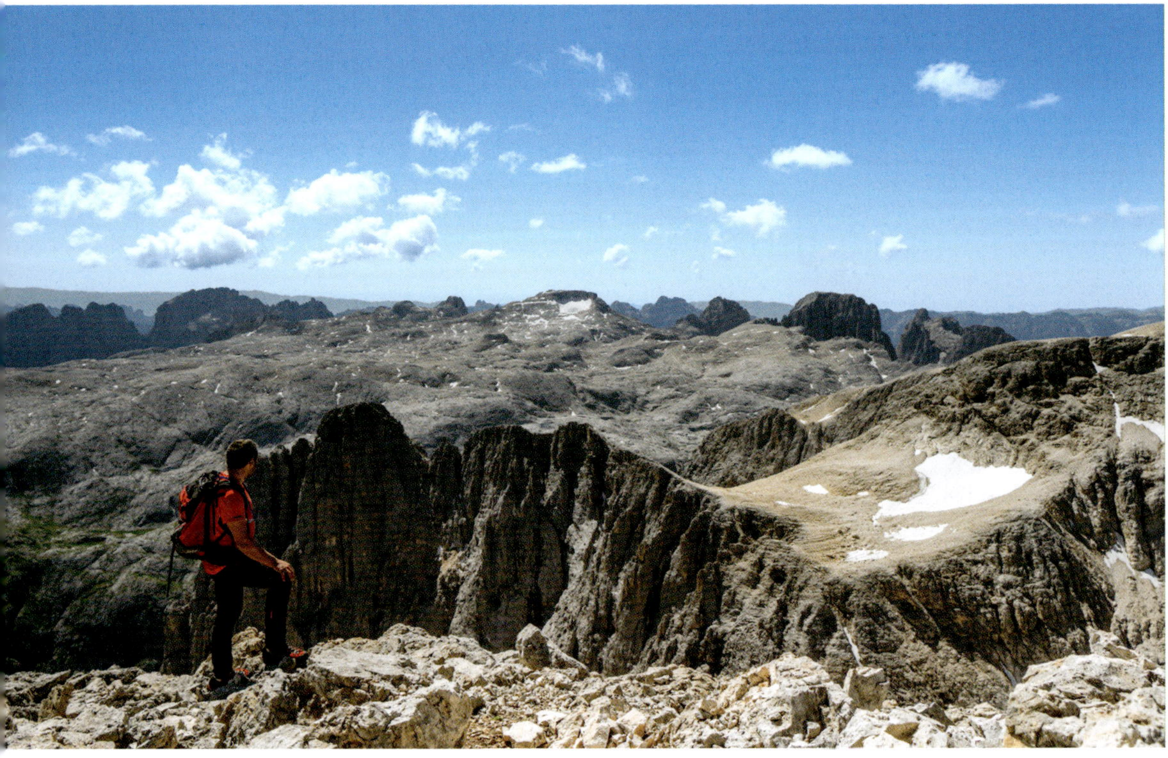

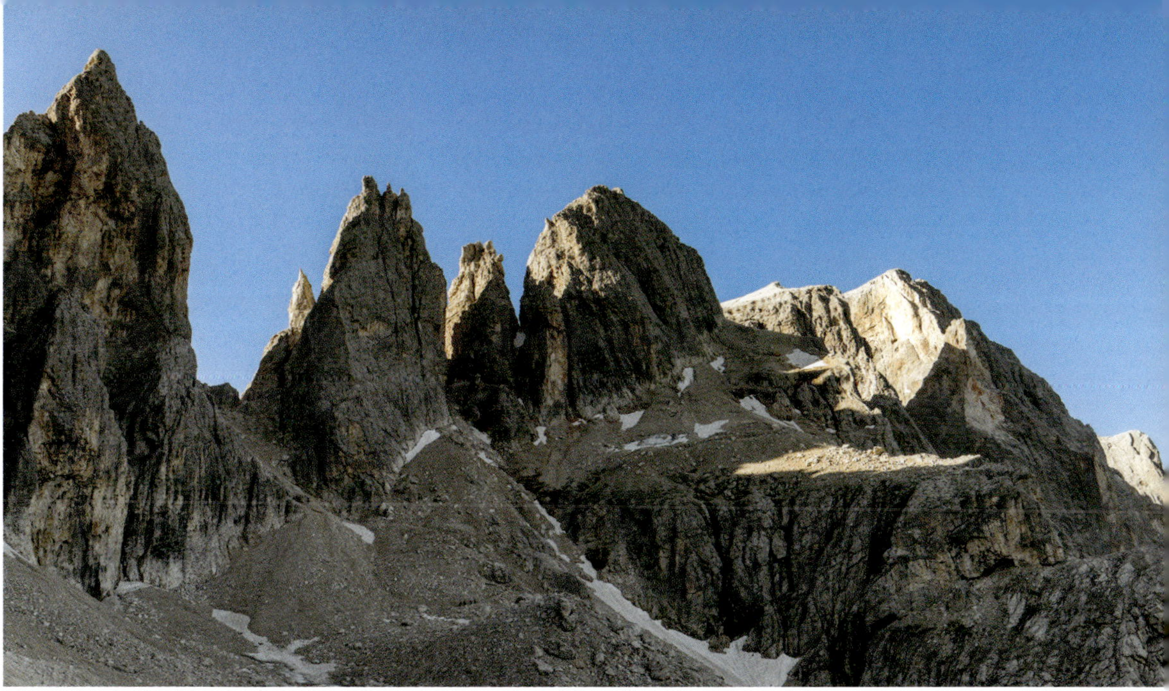

mer muss man eventuell mit harten Altschneeresten rechnen. Drahtseile entschärfen die kurzen Steilpassagen beiderseits der engen, zwischen dem Campanile del Focobon (2969 m) und dem Vierfingerturm (Torre delle Quattre Dita, 2932 m) eingezwängten Scharte.

Der Zugang in den obersten Kessel des Val Grande führt über die enge Scharte des Passo delle Farangole.

Zum Gipfel Nach Süden hin öffnet sich die grandiose Felsarena des Val Grande; über dem quer verlaufenden Val delle Comelle erstreckt sich die buckelige Mondlandschaft des Pala-Hochplateaus (Altipiano delle Pale di San Martino), überragt von der Fradusta (2939 m). Sie trägt auf ihrer Nordabdachung den einzigen größeren Gletscher des Massivs. Allerdings macht der Klimawandel dem Ghiacciaio della Fradusta ordentlich zu schaffen; in seinem Vorfeld hat sich mittlerweile ein kleiner See gebildet, der vom Schmelzwasser gespeist wird.

Im obersten ❹ **Karboden des Val Grande** weisen Spuren in das zwischen den Zirocole (3058 m) und der Cima di Val Grande eingelagerte, noch schwach vergletscherte Hochkar. Der Ghiacciaio delle Zirocole ist mittlerweile zu einem kümmerlichen Eisrest geschrumpft, wartet auf sein – wohl absehbares – Ende. Über Geröll und Felsblöcke steigt man neben dem Gletscher auf zu der Einsattelung (ca. 2950 m) zwischen der Cima dei Bureloni und der Cima di Val Grande (Steinmännchen). Nordseitig bricht der Gratrücken in einen scheinbar bodenlosen, von senkrechten Mauern umschlossenen Schlund ab – bitte Abstand halten!

Der Gipfelweg führt nach links; über eine gestufte, harmlose Felsrampe (I) gewinnt man den Verbindungsgrat zu den Zirocole (3058 m). Stein-

Monte Mulaz

Ungleich öfter als die Cima dei Bureloni wird der Monte Mulaz (2906 m), Hausberg der gleichnamigen Hütte, aufgesucht. Der markierte Anstieg verläuft über die ziemlich geröllige Südflanke des Berges, etwa 1 Std. Großartig der Blick auf die Pala-Nordkette mit allen Dreitausendern des Massivs, von der Cima del Focobon (3054 m) bis zum Cimòn della Pala (3184 m). Nach Westen reicht die Sicht an ganz klaren Tagen bis zum Piz Bernina (4049 m) – Luftlinie 150 Kilometer!

Rechte Seite: Blick aus dem Val Venegia auf die beiden höchsten Palagipfel, die Cima della Vezzana (links) und den Cimòn della Pala

Markante Profile in der Pala-Nordkette: Campanile di Val Grande, Cima di Val Grande und Cima del Focobon

männchen und Spuren leiten aus dem Passo dei Bureloni über den felsigen, aber nur mäßig steilen Rücken zum Gipfel der 5 **Cima dei Bureloni** (3130 m). Die Szenerie ist von beeindruckender Wildheit, Tiefe rundum und hunderte Gipfel im Panorama. Das reicht an klaren Tagen, etwa bei Nordföhn, nach Westen bis zum Piz Palü (3900 m) in der Bernina und im Osten bis zum Triglav (2864 m). Im Südosten und Süden zeichnen sich (theoretisch) die Höhenzüge der Dinarischen Alpen und des Apennins ab, dazwischen verschwimmen Meeres- und Himmelblau irgendwo draußen in der Adria. Im Mittelgrund sind die Dolomiten-Gipfelpromis omnipräsent; fast alles, was Rang und Namen hat, ist zu sehen. Im Uhrzeigersinn von Nordwesten: Rosengarten, Langkofelgruppe, Geislerspitzen, Marmolada (mit Südwand), Tofane, Cristallo, Drei Zinnen, Sorapiš, Pelmo, Civetta, Agnèr. Was für eine Schau!

Abstiegsvarianten Wer nicht über den Hinweg absteigen mag, kann zwischen gleich drei Möglichkeiten wählen. Dabei muss man in jedem Fall zunächst bis in die doppelte Verzweigung im innersten Val Grande zurückgehen. Der kürzeste Rückweg verläuft dann über den Sentiero delle Farangole zum **Rifugio Rosetta** (2581 m) am Westrand des Altipiano delle Pale di San Martino und zur Bergstation der Rosetta-Seilbahn. Eine landschaftlich sehr reizvolle Alternativroute führt durch das Val delle Comelle hinab und hinaus nach **Garès** (1381 m). Und dann ist da noch der wenig begangene Weg über die Banca delle Fede (siehe Tour 10), die recht spektakulär zunächst über das schmale Band hinausläuft zum gleichnamigen Pass und sich dann, mehrere Gräben kreuzend, hinabwindet nach **Garès**. In allen drei Fällen ist ein kleines logistisches Problem zu lösen: die Rückfahrt …

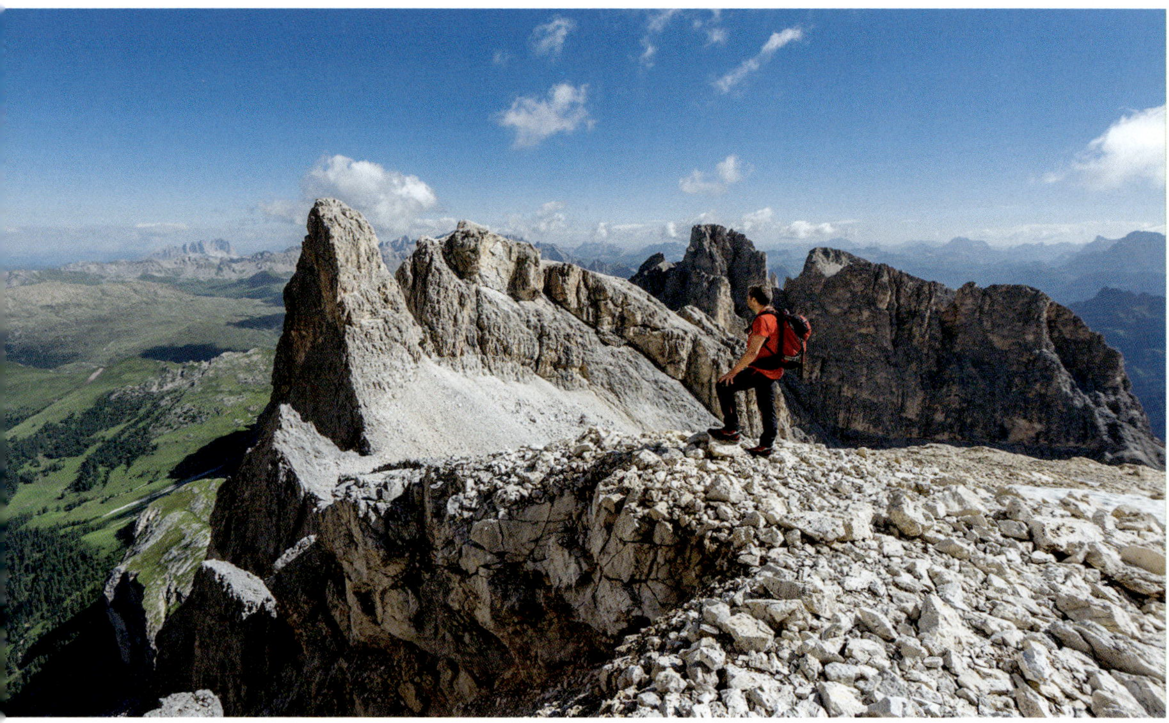

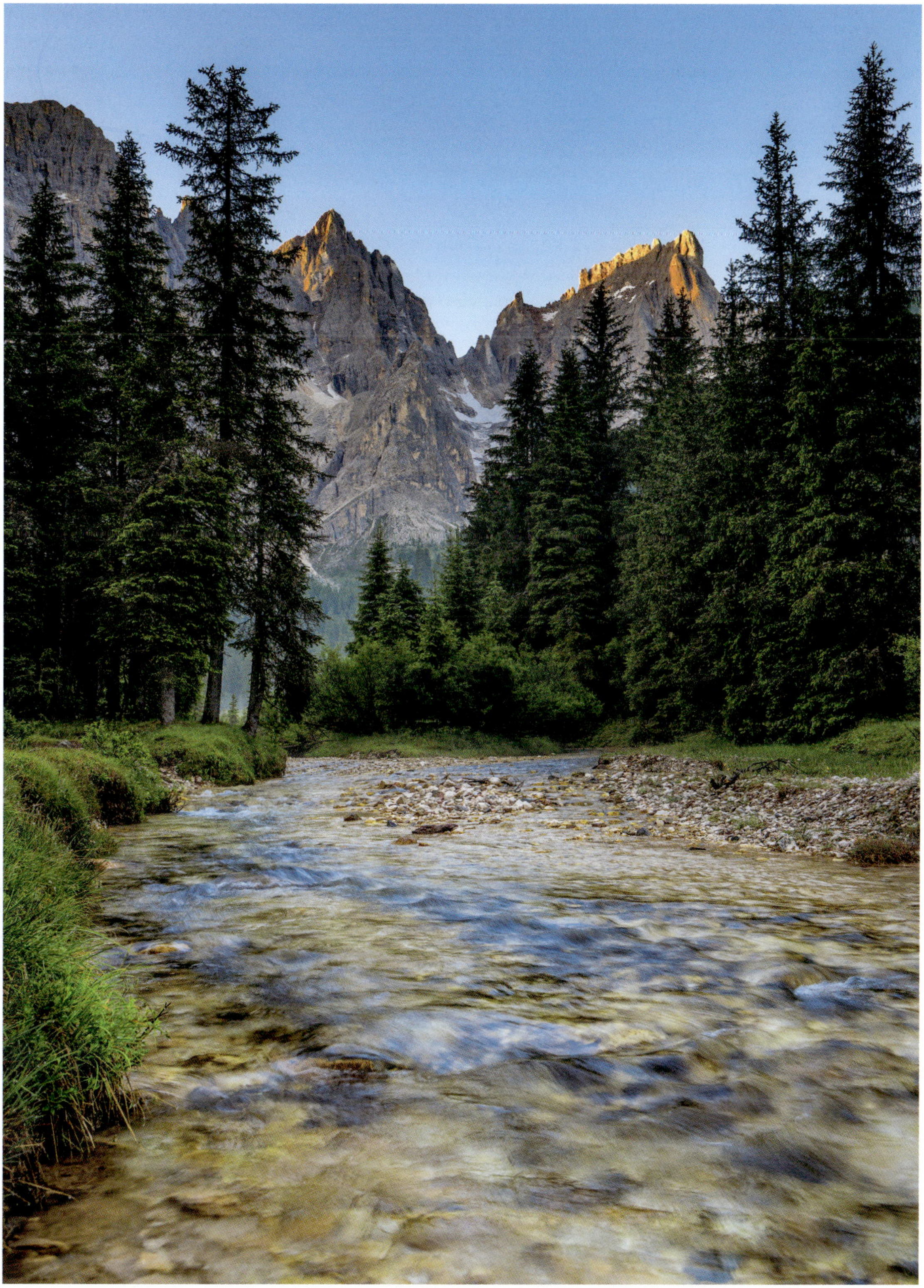

10

Banca delle Fede

Stille Runde an der Pala-Nordkette

mittel | 13 km | 1400 m | 8.00 Std. | K1–2

Tourencharakter
Wenig begangener Anstieg aus dem Valle di Garès zur Nordkette der Pala, ergibt zusammen mit dem Abstieg durch das Valle delle Comelle eine Runde mit großartigen Eindrücken. Höhepunkte: das Felsband (Banca delle Fede) über dem innersten Val Grande und die wilde Felskulisse an der Pala-Nordkette

Ausgangs-/Endpunkt
Garès (1381 m)

Höchster Punkt
Passo delle Fede (2670 m)

Verkehrsanbindung
Von Cencenighe nach Canale d'Agordo (976 m), wo das Valle di Garès mündet. Auf guter Straße taleinwärts zum Dörfchen Garès (1381 m)

Gehzeiten
Gesamt 8 Std.; Garès – Passo delle Fede – Val Grande 5 Std., Val Grande – Valle delle Comelle – Garès 3 Std.

Markierung
Ordentlich markierte Wege

Karte
Tabacco-Wanderkarte 1:25 000, Blatt 022

Hütten/Einkehr
Keine Einkehr unterwegs!

Dass die Pala bis heute eine Bergregion geblieben ist, in der mehr Vier- als Zweibeiner unterwegs sind, hat – neben dem schroffen Profil – auch damit zu tun, dass es lediglich eine einzige Aufstiegshilfe, die Rosetta-Seilbahn, gibt. Wer diese Wunderwelt im Süden der Dolomiten wirklich kennenlernen will, muss also gut zu Fuß sein.

Leicht können da 1500 Höhenmeter anfallen, bis die Gipfelziele in greifbare Nähe gerückt sind, und die »Tankstellen« haben selten ein Dach, sind in der Regel schlichte Quellen oder (saubere) Bergbäche. Dafür gibt's das kühle, mineralienreiche Nass auch umsonst …
Das gilt vor allem für die Nordkette, in der alle Dreitausender des Massivs stehen, angeführt von der Cima della Vezzana (3192 m). Auch die wenigen Übergänge führen in hochalpine Regionen, etwa der Passo delle Farangole (2814 m) und jener selten begangene Pfad, der sich an der Ostflanke der Cima del Focobon, mehrere Gräben querend, zum Passo delle

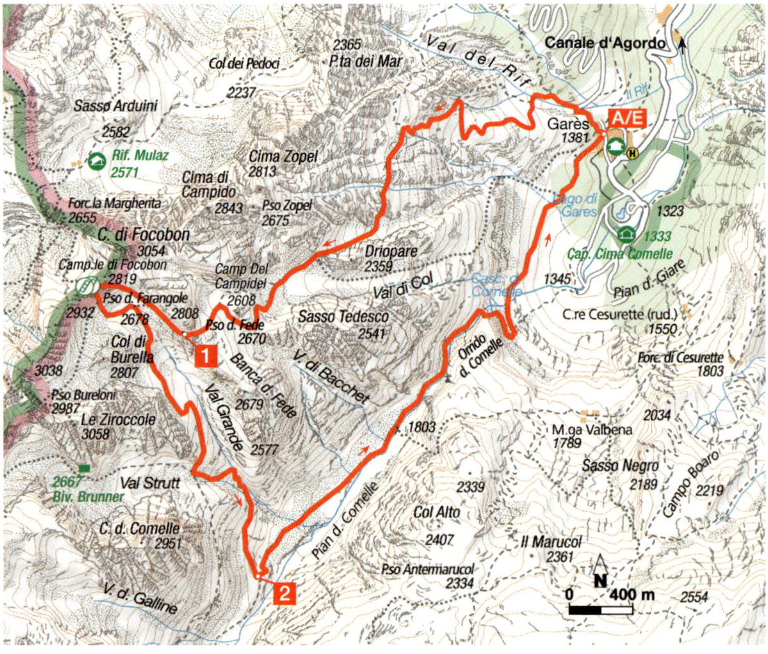

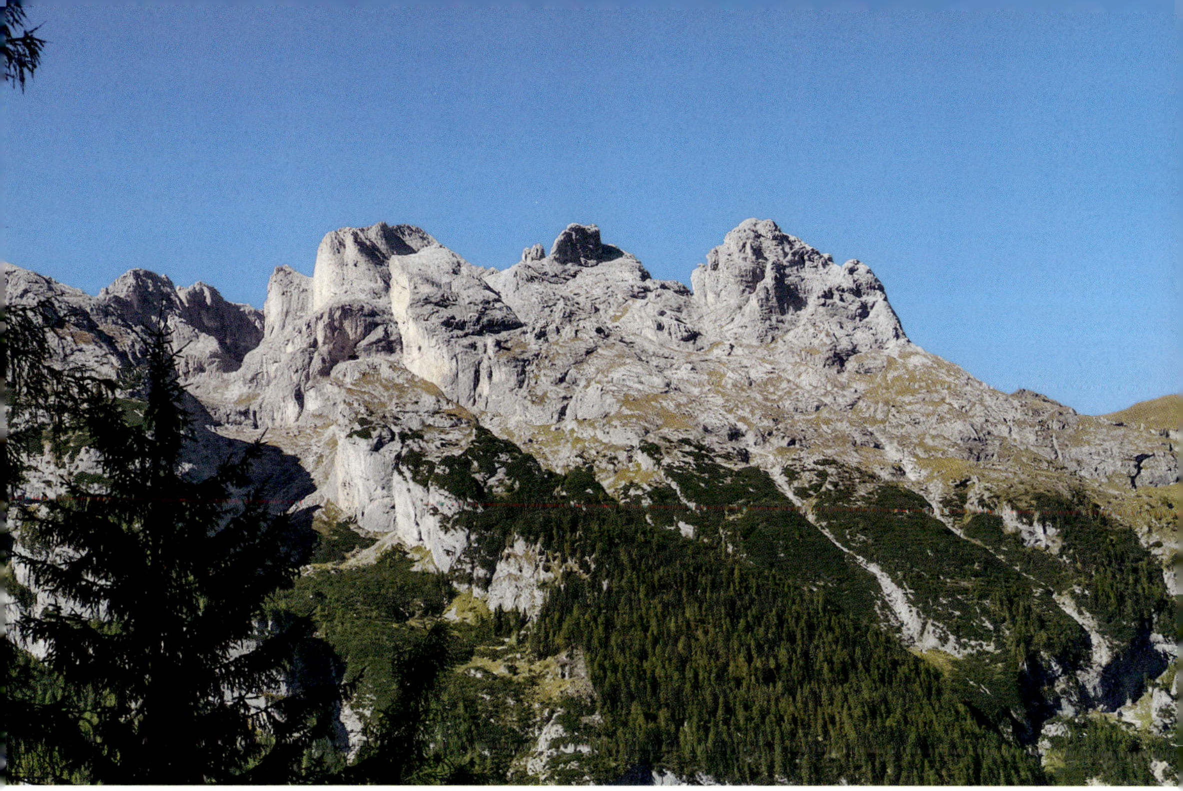

Fede hinaufschlängelt und dann über ein schmales Felsband in den innersten Karwinkel des Val Grande leitet. Große Kulisse, die man meistens in ebenso großer Einsamkeit genießen kann – ein vergessener Winkel …

Über die dem Valle di Garès zugewandte Flanke der Pala-Nordkette verläuft der lange Anstieg zum Passo delle Fede.

Steiler Pfad – hoch hinaus Ein Blick, etwa von der Forcella Cesurette (siehe Tour 12), hinüber zur Pala-Nordkette macht gleich klar, dass der Aufstieg von Ⓐ **Garès** (1381 m) zum Passo delle Fede sehr steil ist und dazu voll der Morgensonne ausgesetzt. Da registriert man dankbar, dass sich wenigstens das erste Drittel des Pensums im Waldschatten vollzieht. Allerdings kennt der Weg nur eine Richtung: aufwärts. Das schlaucht ordentlich und wer den Aufstieg zu schnell angegangen ist, braucht möglicherweise bald eine Pause. Rastplätze gibt's immer wieder, und der Tiefblick auf die Hausdächer von Garès beweist zumindest, dass man ordentlich an Höhe gewinnt. Im Bereich der Waldgrenze ist ein kurzer Felsaufschwung zu übersteigen (I); anschließend leitet die Spur nach links auf ein schmales Band.

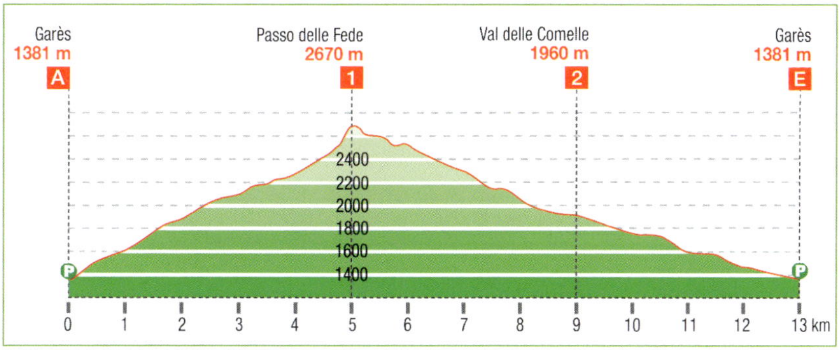

Banca delle Fede – das Brentaband Der Weiterweg quert, jetzt weniger steil, die felsdurchsetzten Hänge unter den Camapanili dei Lastei und der

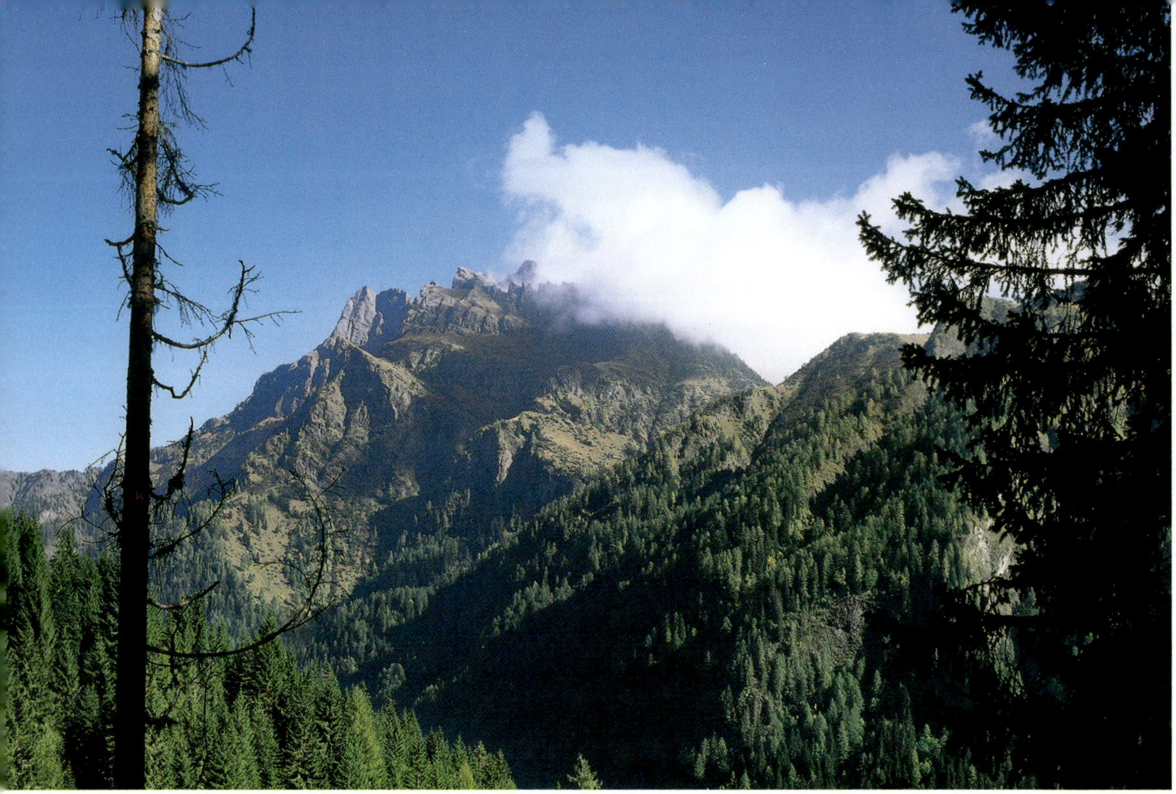

Beim Anstieg zum Passo delle Fede zeigt sich die aus dunklem Vulkangestein aufgebaute Cima Pape – ein lohnendes Gipfelziel (siehe Tour 11).

Cima Zopel (2813 m). Oberhalb des Val di Col betritt man den von monumentalen Felsbauten umstandenen Karboden des Pian di Campido, ein bekanntes Gamsrevier. Blickfang ist der isoliert aufragende Campanile dei Campidei (2658 m), den der Weg links in einem Bogen umgeht. Im Hintergrund des Hochkars, das man anschließend betritt, zeigt sich im Norden der mehrgipflige, mächtige Klotz der Cima del Focobon (3054 m).

Über einen Geröllhang (im Frühsommer harter Altschnee) leitet die Spur hinauf zum ❶ **Passo delle Fede** (2670 m), der den Übergang ins Val Grande vermittelt. Gleich dahinter, auf einer Geländerippe, öffnet sich die Aussicht auf die faszinierende Felskulisse rund um den Passo delle Farangole (2814 m), von den massigen Zirocole (3058 m) über die Cima dei Bureloni (3130 m), Cima und Campanile di Val Grande (3038 m bzw. 2995 m) zum Torre delle Quattre Dita (2932 m) – welch eine Kulisse!

Noch spannender ist dann der Blick auf den Weiterweg, und da freut sich der Wanderer, dass die Natur wieder mal als »Schichtarbeiterin« tätig war. Ein gut begehbares Band verläuft horizontal durch die westseitigen Sockelfelsen des Campanile dei Campidei: die Banca delle Fede. Der luftige Spaziergang lässt fast schon Brenta-Gefühle aufkommen; er endet im innersten Karboden des Val Grande, wo man auf den Sentiero delle Farangole, den Übergang zum Rifugio Mulàz (2571 m), stößt. Das Haus, im Sommer bewirtschaftet, ist der einzige Stützpunkt an der Pala-Nordkette (1 Std. über den Farangolepass, markiert und gesichert).

Hinab ins Val delle Comelle Der Abstieg nach Garès führt nicht nach Norden, sondern auf dem Sentiero delle Farangole südwärts im Val Grande hinunter zur Wegkreuzung am Eingang ins Val Strut (ca. 2300 m). Hier nicht weiter geradeaus, sondern links auf gut markierter Geröllspur bergab in den vermauerten Graben des ❷ Val delle Comelle (ca. 1960 m) Sie mündet in den gleichnamigen Verbindungsweg zwischen Garès und dem Rifugio Rosetta. Mit ihm wandert man über den flachen Schotterboden des Pian delle Comelle talauswärts. Er verengt sich zur Talmündung hin zu einer pittoresken Klamm, dem Orrido delle Comelle, wo man die »Quelle« des Liera-Bachs passiert. Die Niederschläge an der Nordkette und am Altipiano, im löchrigen Schlerndolomit versickert, treten hier am Quellhorizont wieder zutage. Mit einem Mal rauscht, gurgelt und plätschert es – was für ein Kontrast zur knochentrockenen Geröllwüste weiter taleinwärts! Über Blockwerk, Geröll und Lawinenreste leitet der mit ein paar Leitern und Drahtseilsicherungen versehene Weg hinaus zum Taleingang. Unmittelbar vor dem Abbruch, über den die Cascata di Garès hinabschießt, quert der Steig auf einer Holzbrücke den Bach nach rechts; mit Drahtseilsicherung gelangt man anschließend auf die mit Latschen bewachsene Hangterrasse über den Felsen. Eine Viertelstunde später bietet sich dann Gelegenheit, den Wasserfall von unten, aus der Froschperspektive, zu bestaunen. Besonders während der Schneeschmelze oder nach heftigen Regenfällen bietet er ein imposantes Schauspiel; nach schönen Sommern nimmt die Wassermenge rapide ab – typisch für Karstquellen. Im Wald wandert man abschließend hinab nach Ⓔ Garès, wo sich der Kreis schließt und eine Tour ohne Gipfel, aber mit vielen Höhepunkten, endet.

Brenta in der Pala? Ein markantes Horizontalband vermittelt den Zugang vom Passo delle Fede in den innersten Karboden des Val Grande.

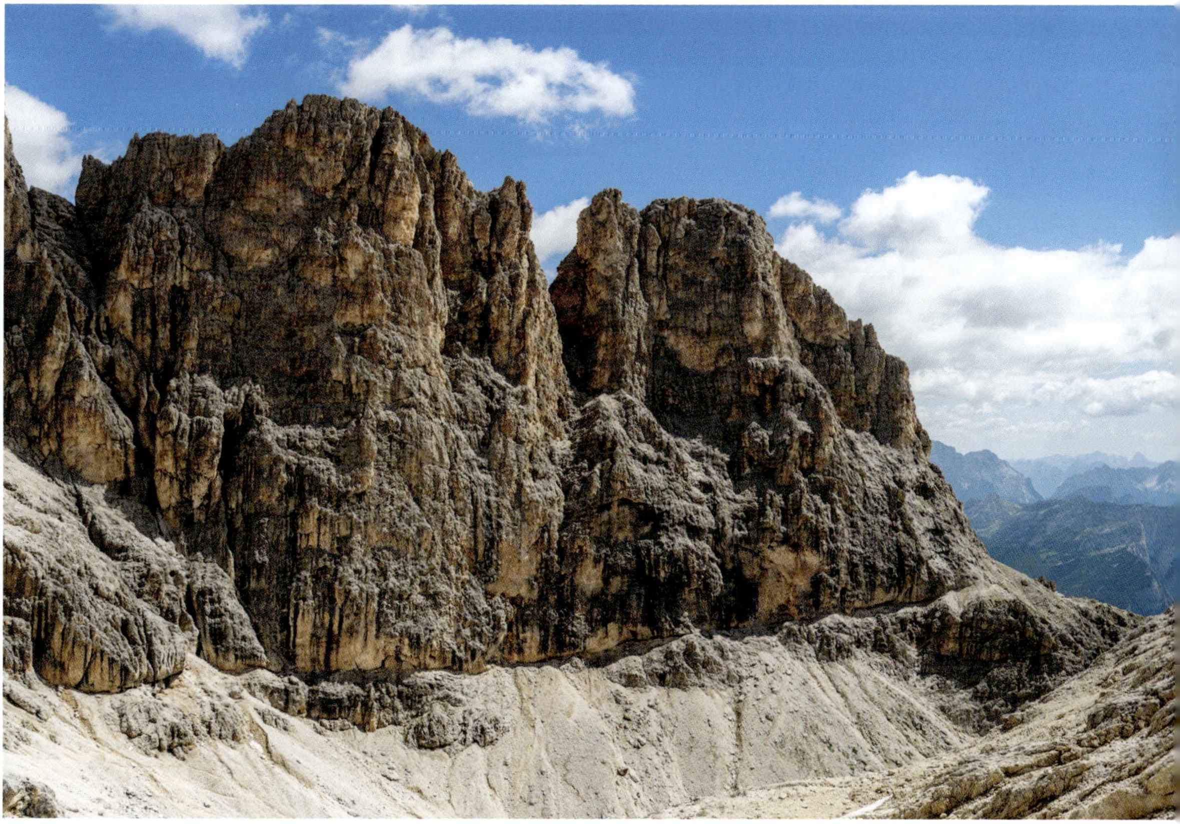

11

Cima Pape

Im Schatten der Pala

mittel 14 km 1310 m 6.30 Std.

Tourencharakter
Selten besuchter, aufgrund seiner isolierten Lage sehr dankbarer Aussichtsgipfel. Recht langer Anstieg, im Gipfelbereich ist Trittsicherheit erforderlich. Bei Nässe nicht ratsam

Ausgangs-/Endpunkt
Bogo (1194 m), Häusergruppe oberhalb von Cencenighe

Höchster Punkt
Cima Pape (2503 m)

Verkehrsanbindung
Bogo erreicht man von Cencenighe über eine bis zum Weiler Martin (1074 m) ordentliche Serpentinenstraße. Das letzte Teilstück ist sehr steil und schmal.

Gehzeiten
6.30 Std.; Aufstieg 4 Std., Abstieg 2.30 Std.

Markierung
Bis Rudelefin CAI-Markierung mit Nummer, dann Steinmännchen und einige rote Punkte

Karte
Tabacco-Wanderkarte 1:25 000, Blatt 022

Hütten/Einkehr
Keine Einkehrmöglichkeit unterwegs

Die berühmten Gipfel stehen anderswo, scharfe Grate und senkrechte Wände sucht man hier vergebens. Die Cima Pape ist der Gegenentwurf zum klassischen Dolomitengipfel, im heißen Erdinneren entstanden und auf dem Weg ans Licht zu einem massigen, dunklen Klotz erstarrt.

Vulkangestein statt Schlerndolomit Auch das gibt es in der Pala: grüne Berge, deren dunkles Gestein bis in Gipfelhöhen bewachsen ist. Die Cima Pape ist höchste Erhebung jener Zone vulkanischen Gesteins, die sich vom Tal des Cordevole bis zu dem aus Schlerndolomit aufgebauten Pala-Plateau erstreckt. Kein Revier für Felsabenteuer also; ihre Besteigung ist aber trotzdem lohnend, bietet sie doch neben vielen kleinen Sehenswürdigkeiten links und rechts des Weges – Blumen, Schwammerl – eine kontrastreiche Aussicht mit packenden Tief- und überraschenden Fernblicken. Letztere reichen bis zum Alpenhauptkamm; aus dem Cordevoletal schaut das grünblaue Auge des Lago d'Àlleghe herauf. Absoluter

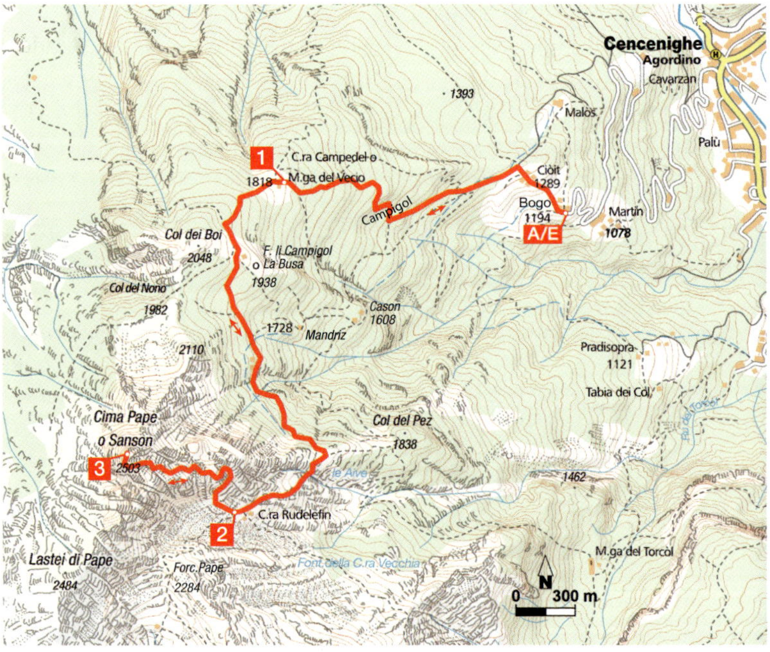

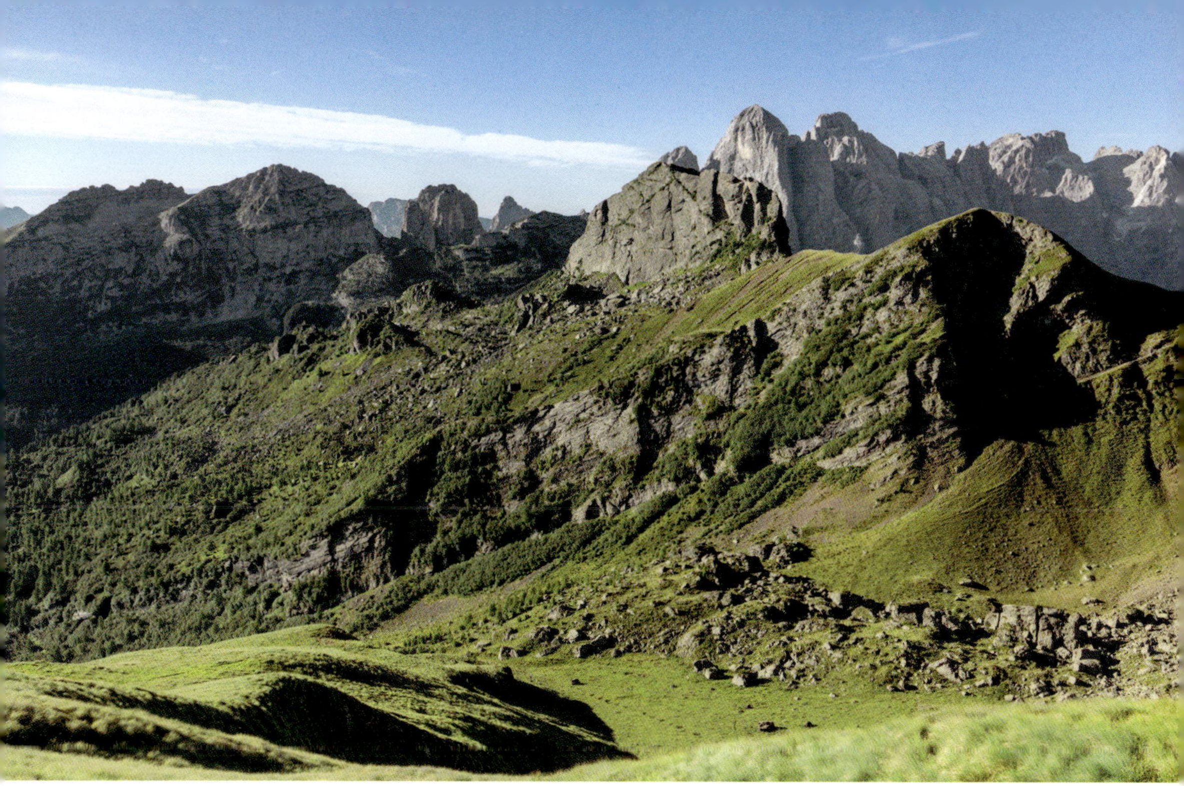

Blickfang ist neben der Civetta die Pala di San Martino, deren eigenwilliger Bau sich aus dieser Perspektive beispielhaft zeigt. Rund um das steinige Hochplateau gruppieren sich die drei Hauptketten des Massivs: rechts die Nordkette mit allen Dreitausendern (Cima della Vezzana, 3192 m), im Südwesten über dem Plateau die berühmten Kletterzacken, angeführt von der Pala di San Martino (2982 m), links die Catena Meridionale mit dem mächtigen Agnèr (2872 m).

Die Cima hat kurioserweise drei Namen: Pape, Sanson und – in Gedenken an den aus Canale d'Àgordo stammenden Kurzzeitpapst Johannes Paul I. – Papa Luciani. Das Pontifikat des herzkranken Albino Luciani dauerte 1978 gerade 33 Tage; ein Gedenkstein beim Gipfelkreuz erinnert an ihn.

Nachdenklich stimmt auch das Sterben der Almen, das sich an den Flanken der Cima Pape besonders augenfällig manifestiert: verfallene Hütten, von der Vegeta-

Beim Anstieg von der Casera Rudelefin tritt über dem Monte Prademur der Agnèr ins Bild – welch ein gewaltiger Zacken!

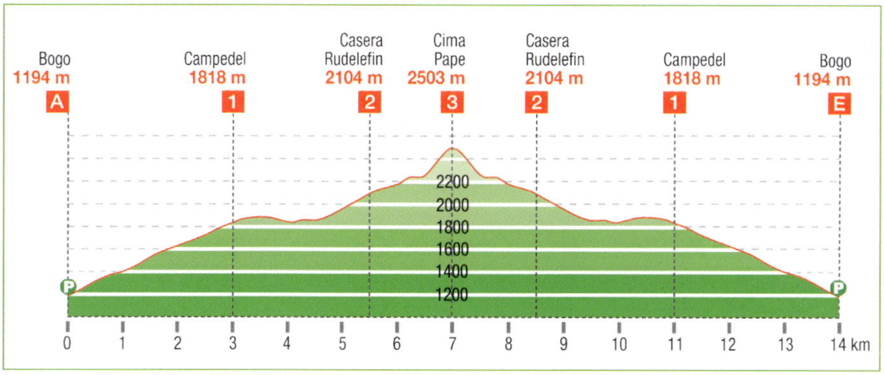

tion überwuchert, da und dort nur noch ein paar steinerne Fundamente. Vor allem nach dem Zweiten Weltkrieg wanderten die Bauern ab ins Tal, in die Städte im Alpenvorland, wo das Leben leichter und das Einkommen besser war. Welt im Wandel, auch in den Bergen.

Almen unter der Cima Pape Die Gipfeltour startet bei den wenigen Häusern von Ⓐ **Bogo** (1194 m), führt zunächst auf breitem, von Trockensteinmauern gesäumtem Weg steil hinauf nach Ciot (1289 m; Brunnen). Hier stößt man auf eine Forststraße, die vom verlassenen Weiler Malòs heraufkommt. Ihr folgt man, erst mit der Markierung 759, dann mit der 757 über mehrere weite Schleifen bis zu ihrem Endpunkt bei den Hütten von ❶ **Campedel** (1818 m). Auf der Alm verbringt eine Pferdeherde den Sommer, notabene mit Aussicht auf die Civetta. Weiter in lichtem Wald bergan zu den Fienili Campigol (1938 m), wo die aussichtsreiche Querung durch die ostseitigen Hänge der Cima Pape beginnt. Am Ostgrat des Berges stößt man auf den unteren (teilweise durch Muren verlegten) Zustieg (Le Tape, ca. 1950 m). Eine knappe halbe Gehstunde höher kommt man an den Ruinen der ❷ **Casera Rudelefin** (= Rio de le fine, 2104 m) vorbei. Die Menschen sind längst gegangen, dafür haben die Murmeltiere hier ein kleines Paradies erobert. Über der grünen Mulde baut sich der dunkle Zackengrat der Lastei di Pape auf, links flankiert von der Forcella Pape. Sie vermittelt einen markierten Übergang zum Kamm von Palalada (siehe Kasten).

Das Massiv der Cima Pape besteht – im Gegensatz zu den Gipfelketten der Pala – aus Gestein vulkanischen Ursprungs.

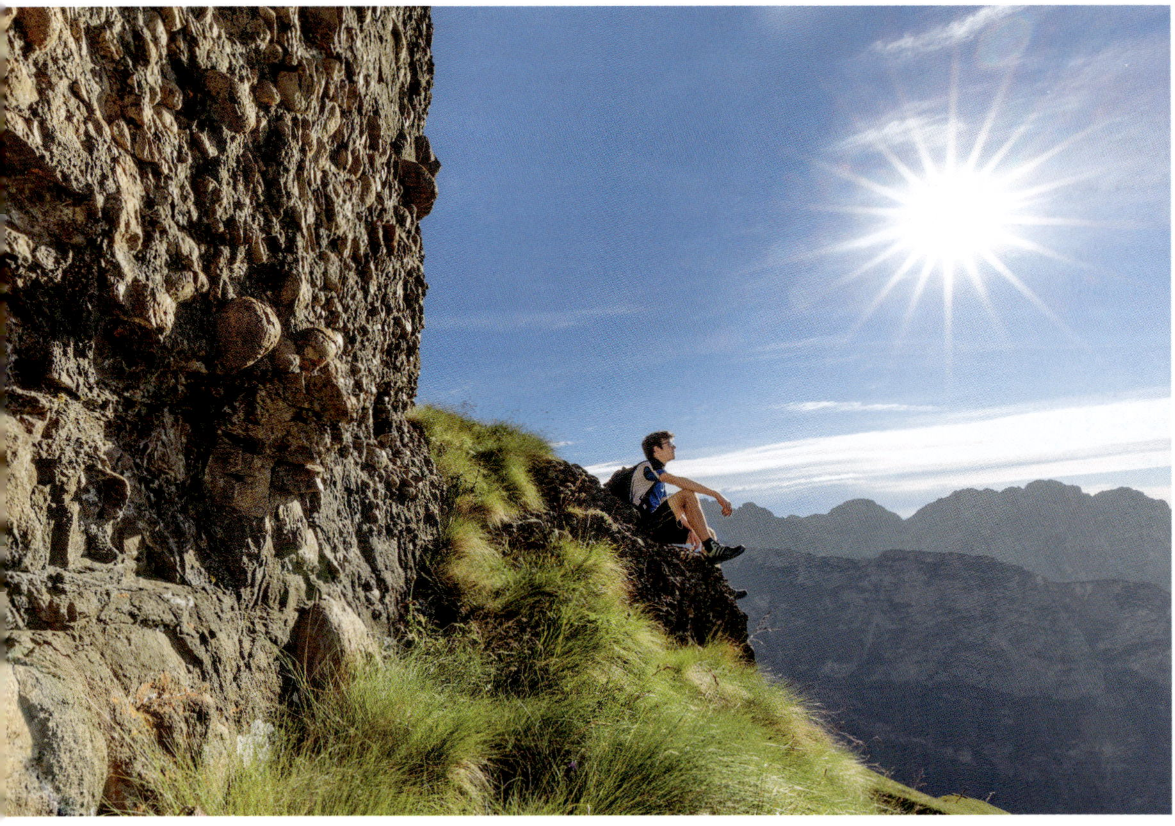

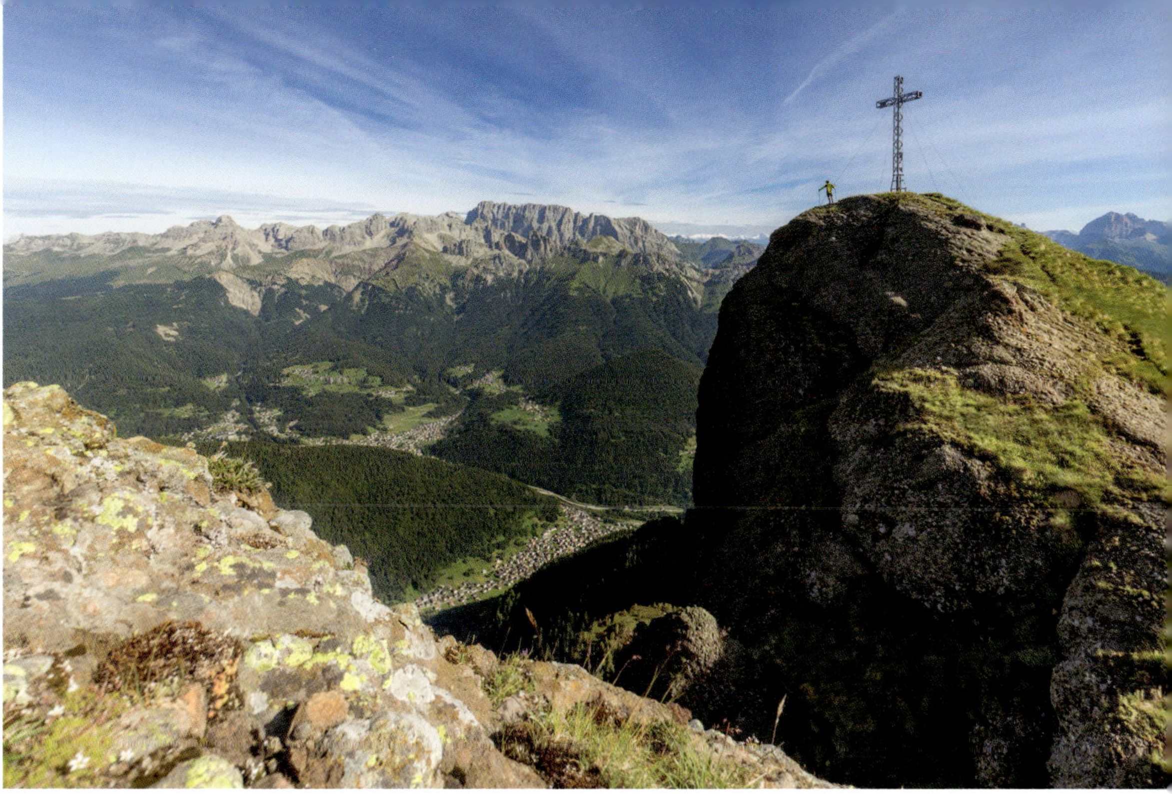

Zum Gipfel Der Gipfelsteig zweigt vom Weg zur Pape-Scharte rechts ab (Hinweis); er verläuft über die grasige Südflanke und ist bei Nässe mit besonderer Vorsicht zu begehen (vor allem im Abstieg). Einige kurze felsige Passagen in Gipfelnähe verlangen ebenfalls konzentriertes Steigen. Vom höchsten Punkt der ❸ Cima Pape (2503 m) bietet sich das bereits eingangs skizzierte Panorama; vom Kreuz, das die Nordkuppe (ca. 2495 m) krönt, genießt man faszinierende Tiefblicke in die Täler des Cordévole und des Biois. Am Horizont ist Dolomitenprominenz zuhauf versammelt: Rosengarten, Marmolada, Tofane, Nuvolau, Cristallo, Drei Zinnen, Sorapiš. Und natürlich viele Palazacken. – Abstieg auf dem gleichen Weg.

Nach Norden reicht der Blick von der Cima Pape über das Valle del Biois bis zur Marmolada.

Unten: Blickfang über dem Valle di San Lucano: der Riesenobelisk des Agnèr

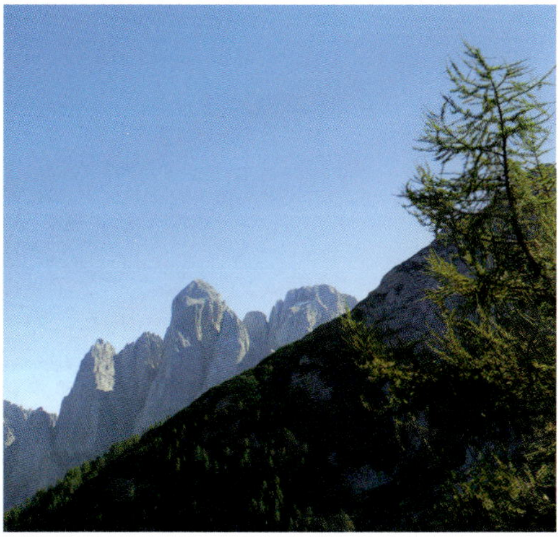

Abstiegsvariante

Wer nicht auf dem gleichen Weg absteigen mag, kann alternativ die Route über den Palalada-Kamm wählen. Man geht dabei bis zur Weggabelung oberhalb der verlassenen Alm von Rudelefin zurück, biegt dann aber zur Forcella Pape (2284 m) ab. Die Scharte vermittelt den Übergang zur Forcella di Caòz (1994 m), wo man auf die Tour 12 trifft. Weiter am Kamm entlang bis in die Forcella Cesurette und auf bequemem Weg hinab nach Col di Prà (843 m). Sehr lange Tour (ca. 10 Std.), markiert. Lässt sich sinnvoll allerdings nur mit zwei Fahrzeugen realisieren. Wichtig, vor allem im Hochsommer: ausreichend Wasser mitnehmen!

12

Am Kamm des Monte Palalada

Verlassene Almen im Osten der Pala

mittel | 16 km | 1180 m | 7.15 Std.

Tourencharakter
Recht ausgedehnte Alm- und Kammwanderung. Geologisch interessant durch den Kontrast zwischen dem Schlerndolomit der Pala und dem dunklen Vulkangestein des Pape-Massivs; üppige Flora und in den Wäldern viele Schwammerl. Nicht bei Nässe gehen, weil der Kammweg teilweise durch abschüssige Grashänge verläuft, unter denen senkrechte Abbrüche lauern. Bequemer Abstieg auf altem Militärweg

Ausgangs-/Endpunkt
Col di Prà (843 m), Weiler im Val di San Lucano

Höchster Punkt
Forcella di Caòz (1944 m)

Verkehrsanbindung
Ordentlich ausgebaute Straße von Taibon Agordino (Nachbarort von Ágordo) durch das Val di San Lucano bis Col di Prà. Parkmöglichkeit hinter dem Ort

Gehzeiten
Gesamt 7.15 Std.; Aufstieg 3.15 Std., Höhenweg 1.45 Std., Abstieg 2.15 Std.

Markierung
Ziemlich alte CAI-Markierungen, Wegweiser

Karte
Tabacco-Wanderkarte 1:25 000, Blatt 022

Hütten/Einkehr
Unterwegs keine

Im Gegensatz zum Trentiner Teil des Massivs steht die Belluneser Pala nicht unter Naturschutz, doch das ist höchstens von marginaler Bedeutung. Denn hier plant niemand ein Fünf-Sterne-Resort, und die felsigen Steilflanken sind sogar für Kamikaze-Abfahrer zu steil.

Rund um das Valle di San Lucano schützt die Natur sich selbst. Hier zeigt der Fortschritt aber auch seine Kehrseite: Menschen wandern ab, Almen verganden. Wer die Gegend zu Fuß erkundet, kann das gut verstehen, war das Leben zwischen Tal und Hochalmen doch extrem hart und die Erträge reichten gerade mal fürs Überleben. Wie viel bequemer ist da ein Acht-Stunden-Arbeitstag vor dem PC im klimatisierten Büro …

Traumlandschaft Wir bevorzugen Sonnenlicht und frische Luft, wollen hinauf zu den Höhen über dem Valle di San Lucano. Die Wege sind uralt, erzählen wie die windschiefen Heuhütten vom Leben anno dazumal, als die Schuhe noch genagelt waren und man eine Kraxe am Rücken trug.

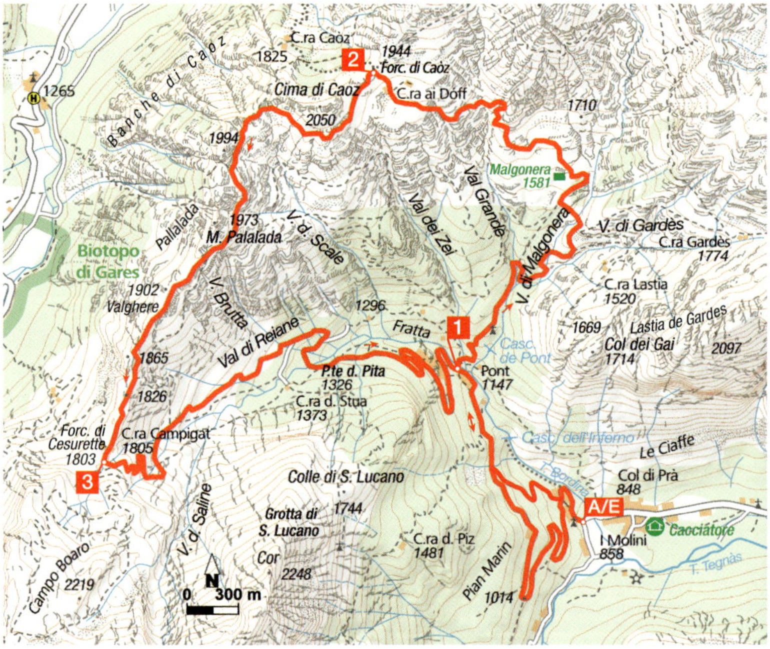

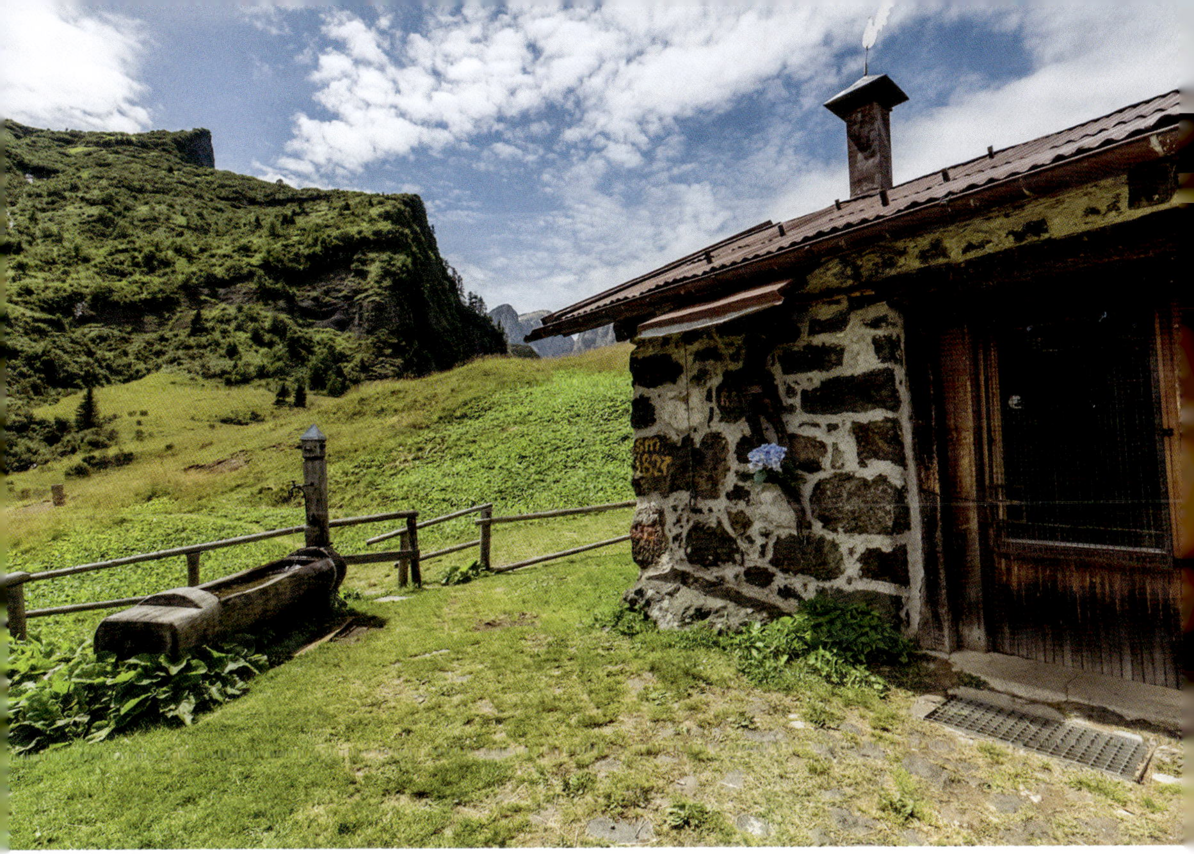

Almidylle am Palalada-Kamm: die Casera Ciampigat

Und die Kulisse? Schlicht grandios. Da sind die südseitigen Abbrüche der Pale di San Martino auf der einen Seite des Tals und dann der Agnèr (2872 m), ein Gigant aus Stein. An ihm ist alles Masse und Gewalt, ganz im Gegensatz zum Valle d'Angheraz, das ihn westseitig flankiert und mit seinen Lärchenwäldern und dem weiten Talschluss, den ein Dutzend grauer Gipfelköpfe im Halbrund umstehen, dem Idealbild einer Alpenidylle sehr nahe kommt.
Ausgiebig Gelegenheit, das prächtige Panorama zu bestaunen, bietet der Aufstieg zu dem lang gestreckten, grasigen Kamm, der das Massiv der Cima Pape mit dem Pala-Plateau verbindet. Auch dem Laien fällt die markante Gesteinsgrenze auf: hier dunkler Fels, bis in Gipfelhöhen begrünt, dort bleicher Schlerndolomit. Nicht zu übersehen sind auch die vielen bunten Tupfer am Weg: Blumen. Besonders auffal-

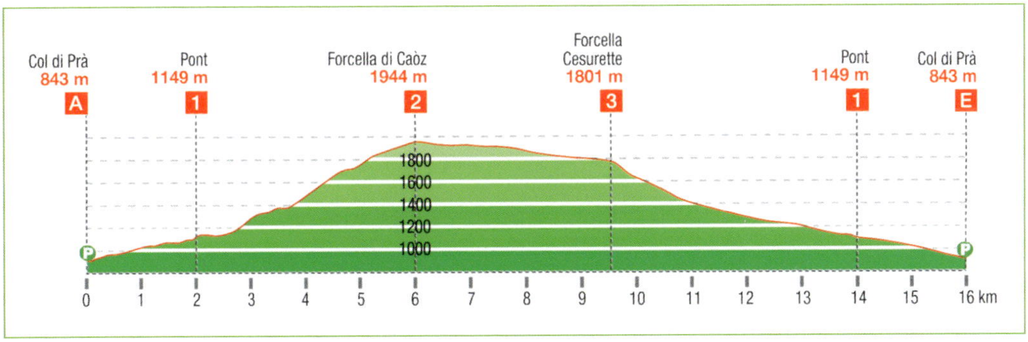

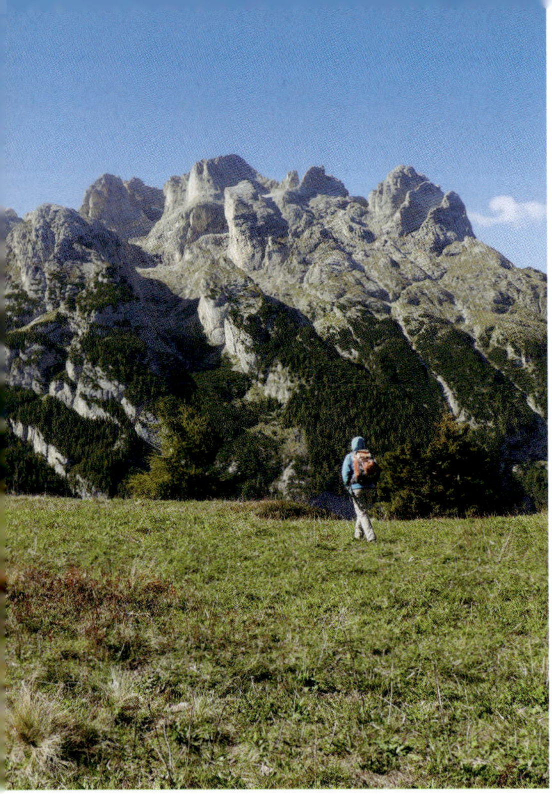

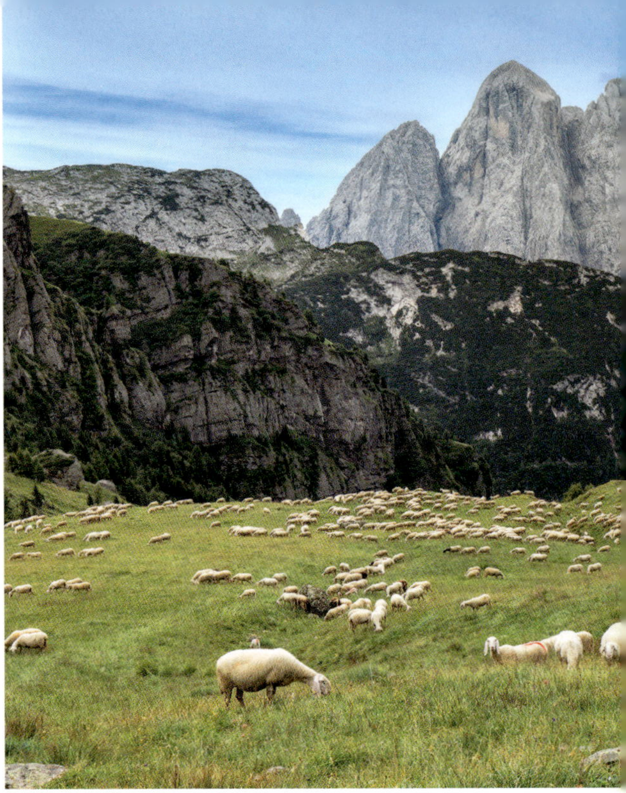

Der lange, grüne Kammrücken von Palalada bietet Aussicht nach zwei Seiten: zur Pala-Nordkette (oben) und auf die Agnèr-Kette (Mitte). Auf den Almwiesen verbringen Schafe ihre Sommerfrische.

lend im Halbschatten des lichten Waldes die verschiedenen Lilien (Feuerlilie, Türkenbund, Trichterlilie), auf den mageren Almwiesen dann massenhaft Kohlröschen und Edelweiß.

Altes Almrevier Der Zugang zum Valle di Malgonera wird durch ein Sträßchen vorgezeichnet, das oberhalb von A **Col di Prà** (843 m) in ein paar weiten Schleifen an Höhe gewinnt und sich dann taleinwärts wendet. Bei 1 **Pont** (1149 m) verlässt man die breite Fahrspur, überquert den Bach auf stabiler »ponte« (Brücke) und folgt dem alten Almweg bergan. Rechts stiebt die sehenswerte Cascata dell'Inferno über eine Felsstufe herab (lohnender Abstecher), im Rückblick zeigt sich der Agnèr von seiner schönsten Seite. Eine halbe Gehstunde höher gabelt sich der Weg: rechts geht's zur Forcella Gardes, geradeaus hinauf ins Almrevier von Malgonera (1581 m). Die ehemalige Almhütte, vom CAI restauriert und als Biwak zugänglich, erfreut sich einer schönen Terrassenlage vor der imposanten Felskulisse des Val d'Angheraz. Ausgiebig Gelegenheit, diese Aussicht zu genießen, bietet dann der weitere Anstieg zur Casera dei Doff (1876 m) und zur 2 **Forcella di Caòz** (1944 m).

Aussichtswandern An der Senke startet die Höhenwanderung: viel Aussicht, leichtes Bergab, kaum Steigungen. Eine deutliche Spur folgt dem Kamm des Monte Palalada, meist auf der (sonnigen) Süd-

Palalada-Nord

Die Überschreitung des Palalada-Kamms ist auch von Norden, aus dem Valle di Garès, möglich. Vom Ausgangspunkt Garès (Capanna Cima Comelle, 1333 m) führt ein guter Serpentinenweg hinauf in die Forcella Cesurette (1801 m), von der Forcella di Caòz gibt es einen markierten Abstieg ins Tal. Zurück auf einem Fahrweg. Gehzeit 6 Std., Trittsicherheit erforderlich.

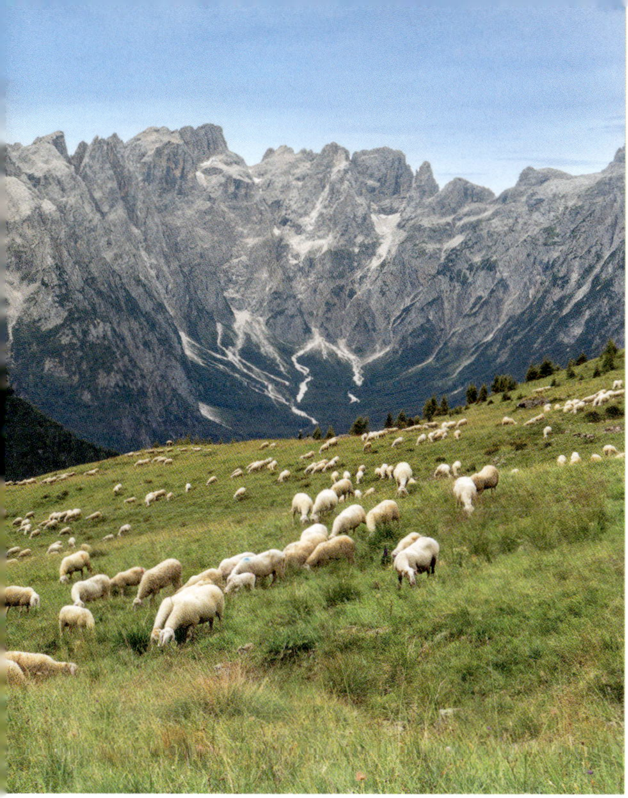

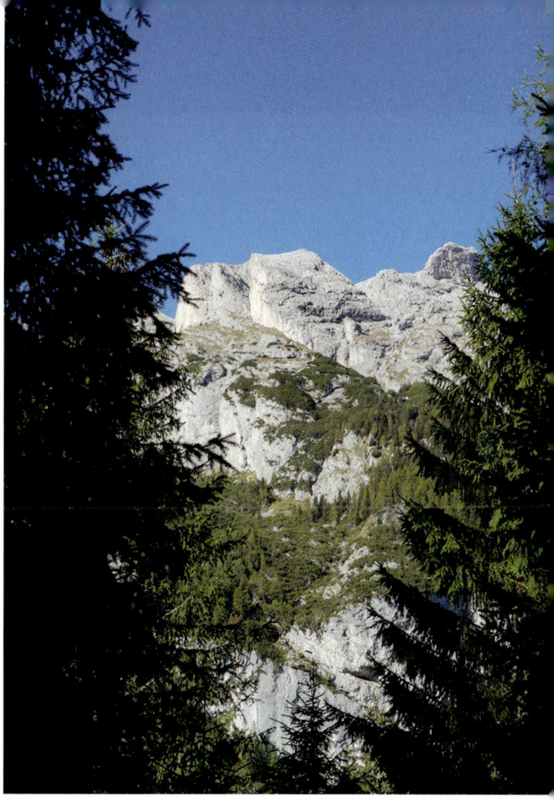

ostseite des grasigen Rückens. Die grünen Wiesenbuckel der Cima di Caòz (2050 m) und des Monte Palalada (1973 m) werden umgangen; eine enge, abschüssige Scharte vor den Valghere-Kuppen verlangt konzentriertes Gehen. Immer wieder schaut man zum Agnèr, zu diesem Riesenobelisken mit der unglaublich steilen Nordkante, bis er schließlich hinter der Cima dei Balconi verschwindet. An der 3 **Forcella Cesurette** (1801 m) kommt dafür die Nordkette der Pala ins Blickfeld, angeführt von der Cima del Focobon (3054 m) – noch so ein zauberhaftes Bild.

Heller Schlerndolomit über Wald- und Latschengrün: die Pala-Nordkette

Gras bis zu den Gipfel(chen): am Palalada-Kamm

Der Abstieg ist gemütliches Auslaufen auf der alten Serpentinenstraße, bietet zunächst Aussicht auf den Papestock und die Pala di San Lucano. Was für ein Kontrast! Hier dunkles Eruptivgestein, dort heller Kalk; grüne Hänge rund um die Cima Pape, gewaltige Wände und tiefe Gräben über dem Valle di San Lucano. Das letzte (schönste?) Bild liefert der Agnèr, immer weiter in den Himmel wachsend. Er ist hier der Größte, ganz klar. Bei E **Col di Prà** endet diese interessante Runde.

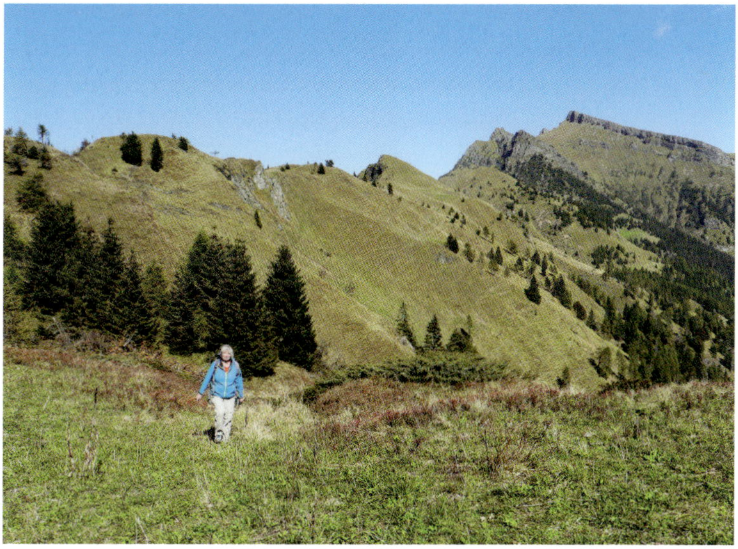

13

Der Sentiero Miola

Paradies am Südrand der Dolomiten

schwer | 14 km | 1700 m/1560 m | 9.30 Std. | K3–4

Tourencharakter
Recht abenteuerliche Bergtour, schmale, abschnittweise auch ausgesetzte Wege; eine kurze, aber knackige Klettersteigpassage (K3–4, Set empfehlenswert). Im Sommer sehr schweißtreibend, mit einer Nacht im Vier-Sterne-Biwak traumhaft. Also etwas für romantische Seelen mit Kondition und Abenteuerlust. Ausreichend Getränke mitnehmen!

Ausgangspunkt
Forno di Val (635 m)

Endpunkt
Cencenighe (774 m)

Höchster Punkt
Bivacco Bedin (2210 m)

Verkehrsanbindung
Taibon Agordino liegt im Val Cordévole, an der Strecke Belluno – Ágordo – Cencenighe – Caprile. Von der Talstraße über den Fluss nach Taibon und weiter bis Forno di Val. Parkmöglichkeit am Ortsende

Gehzeiten
Gesamt 9.30 Std.; Forno di Val – Bivacco Bedin 6.30 Std., Abstieg nach Cencenighe 3 Std.

Markierung
Durchwegs ordentlich, abschnittweise etwas sparsam bezeichnet

Karte
Tabacco-Wanderkarte 1:25 000, Blatt 022

Hütten/Einkehr
Keine Einkehr unterwegs; beim Bivacco Bedin handelt es sich um eine Selbstversorgerhütte in toller Lage. Wasser in der Nähe

Die Pale di San Lucano stehen zwar ganz im Schatten der großen Pala, für ein echtes Bergabenteuer ist das Bergmassiv mit seinen wilden Gräben und 1000-Meter-Felswänden aber allemal gut. Aber Achtung: Das wird garantiert kein Spaziergang!

Ganz hinten, wo das Tal keines mehr ist, sondern eine richtige Schlucht, gibt's einen schönen Echowinkel. »Sausega, sausega« rufen da die senkrechten Wände zurück. Besausega heißt der Schlund, und er ist so einsam und weltabgeschieden, dass man schon auf die Idee kommen kann, mit den Steinen rundum zu reden. Keine Menschenseele weit und breit, nur ein paar Viecher. Die Schlangen – Vipern und (harmlose) Nattern – verschwinden gleich im Unterholz und die Blindschleiche, kurz aufgehoben, windet sich ein bisschen, weil sie in Ruhe gelassen werden möchte. Bloß die Mücken – zsss! – lieben mich, orten Schweiß und pulsierendes Blut unter der Haut. Über der Seconda Pala zieht ein Adler seine Kreise, die Aufwinde über dem Valle di San Lucano nutzend. Die helfen uns wenig auf diesem Weg durch die Pale di San Lucano, den vermauerten kleinen Nachbarn der Pale di San Martino. Es ist ganz schön

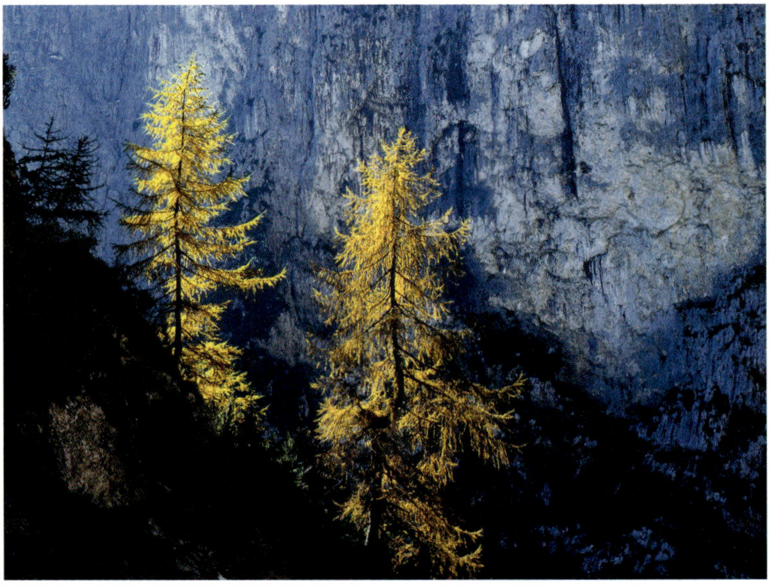

Lärchen im Herbstlicht und verschattete Felsen: im Valle della Besausega

warm, die Sonne steht schon recht hoch über dem Cordévole-Tal, die Spur steigt steil an, verliert sich immer mal wieder im Gras. Dafür schauen überall weiße Sterne aus dem Grün: Edelweiß.

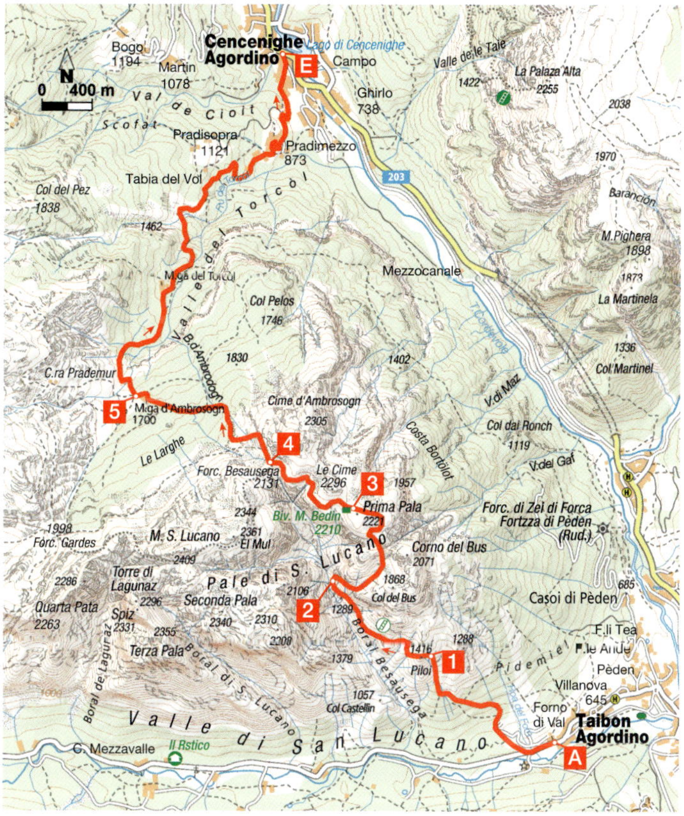

Ein »Hotel« ganz oben in den Bergen

Das liegt auch daran, dass der Homo ludens hier zu den absolut seltenen Spezies zählt, die touristische Infrastruktur aus einem einzigen Weg, dem Sentiero Miola, und einer Biwakschachtel besteht. Die kam uns fast vor wie ein Vier-Sterne-Hotel mitten in der Wildnis: blitzsauber (auch die Wolldecken), mit einer kleinen Kochecke; Spaghetti, Merlot und Grappa im Schrank. Und mit einem Panoramafenster, durch das man hinausschaut in die Dolomiten-Wunderwelt, vielleicht mit den Mirakelfarben eines Sonnenuntergangs …

Ein Abenteuerpfad: der Sentiero Miola Hinter den letzten Häusern von **Ⓐ Forno di Val** (635 m), beim alten Kieswerk, weist ein Schild zum Sentiero Miola. Auf einer Schotterpiste geht's zunächst links um den Steinbruch herum, dann weist ein Schild in den Wald: hinauf! Die schmale Spur führt steil bergan, größtenteils schattig, aber zunächst noch ohne Aussicht, dann – in einer steinigen Rinne – mit Tiefblicken bis zum Grund des Valle di San Lucano. Monumentales Gegenüber ist der Agnèr (2872 m) mit seiner markanten Nordkante, aus dieser Perspektive

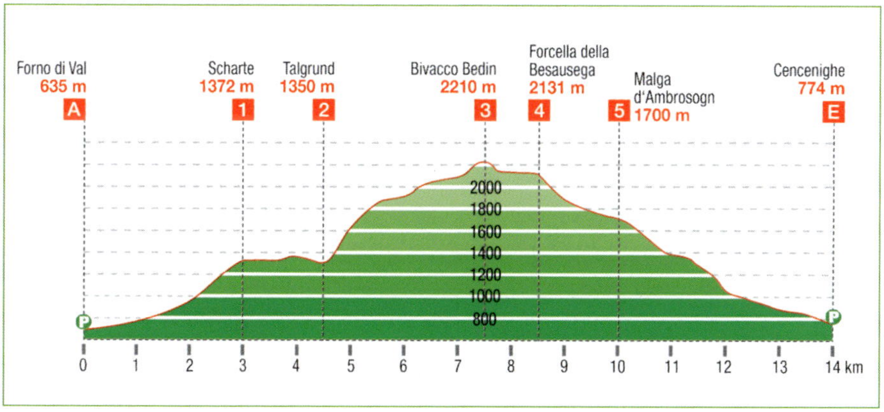

schlicht überwältigend. Der weite Talkessel von Ágordo liegt noch im Morgendunst, trotzdem wird's bald feucht unterm Rucksack. Nach zwei Stunden ist der erste Teilanstieg geschafft; nach einer kurzen Linksquerung mündet das Weglein in eine ❶ **Minischarte** (1372 m) unter den Felszacken der Pilói. Dahinter wird der Blick in den Titanenschlund des Valle della Besausega frei: wow! Wild und vermauert, senkrechte Felsen links wie rechts – scheinbar ohne Ausstieg. Mit leisen Zweifeln folgt man der Spur, die mit einigen ruppigen Auf- und Abstiegen aufwartet und immer wieder neue, faszinierende Ausblicke bietet: hinab in den Boral (so nennen die Einheimischen diese wilden Schluchten.), auf die senkrechte Mauerflucht der Seconda Pala (2340 m) und in die innerste Felsenkammer unterhalb der Forcella della Besausega. Einige exponierte, ungesicherte Passagen verlangen besondere Vorsicht, auch der letzte, kurze Abstieg in den ❷ **Talgrund** (ca. 1350 m).

Klettersteigeinlage gefällig? Spuren leiten in der Schlucht aufwärts, über vom Wasser rund geschliffene Felsblöcke und Geröll bis zu einem zwischen himmelhoch aufragenden Wänden eingelagerten Firnfeld. Wie weiter? Die Antwort liefert ein Drahtseil, das nach rechts in die Felsen leitet (ca. 1510 m). Es bildet den Auftakt zu einem zwar kurzen, aber recht heftigen Klettersteig-Intermezzo. Der Einstiegskamin, senk-

An der Forcella della Besausega öffnet sich ein fantastischer Blick auf die Marmolada-Südwand.

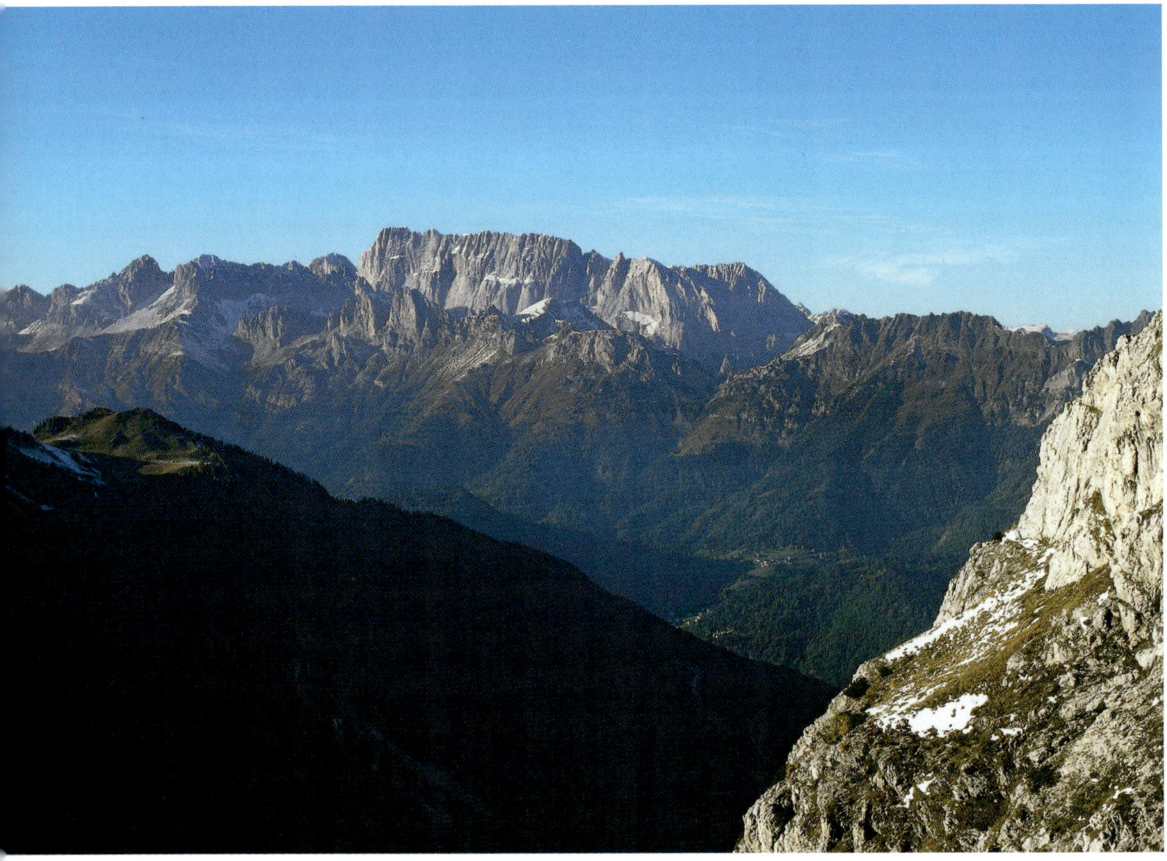

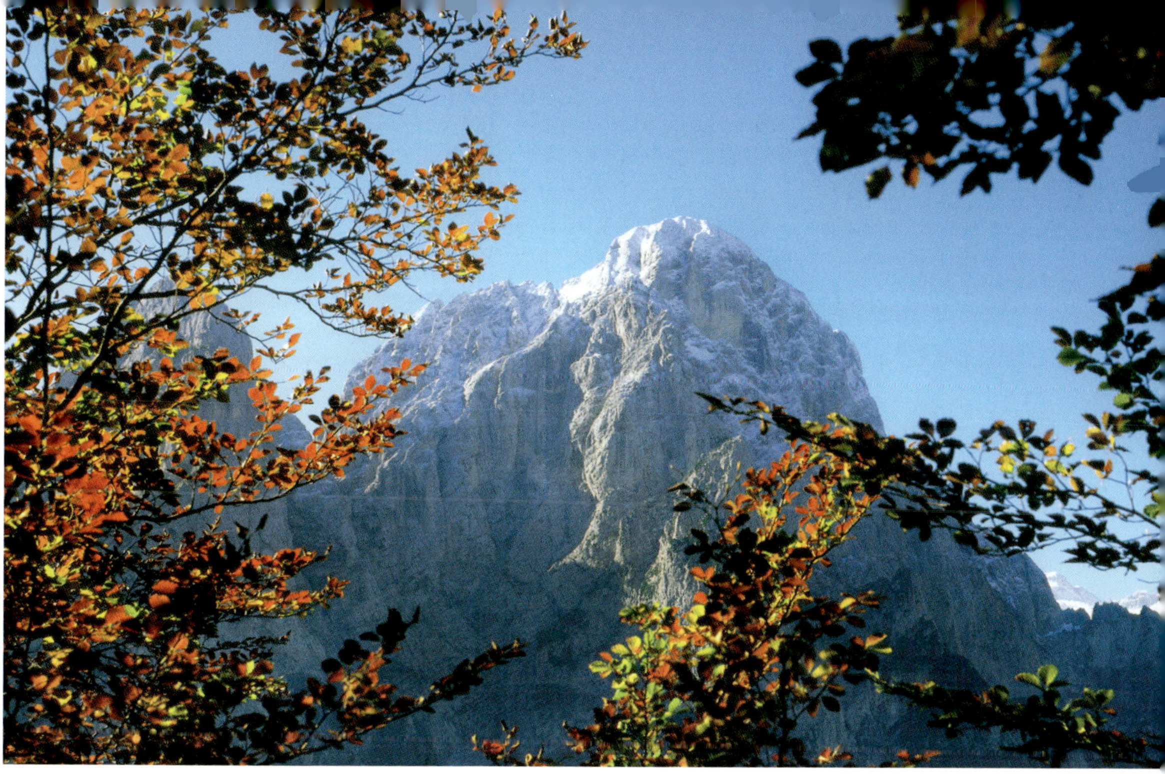

(Über-)Mächtiger Nachbar der Pale di San Lucano: der Agnèr

recht und eng, verlangt sauberes Klettern oder kräftigen Armzug, wobei ein (zu) großer Rucksack ein zusätzliches Hindernis darstellt. Zweite Schlüsselstelle der Ferrata ist ein gerade fußbreiter, fast vertikaler Riß. Nach knapp 100 Höhenmetern laufen die Sicherungen an einem steilen Wiesenhang aus, über den man gegen die Südwestwand der Cime (2296 m) ansteigt. Unter den Felsen knickt das Weglein nach rechts ab; im hohen Gras und zwischen Latschen geht's weiter bergan in eine idyllische Talmulde und weiter an ihrem linken Rand über Felsstufen in die kleine Scharte links unter dem Corn del Bus (2071 m). Es folgt ein letzter Felsaufschwung mit leichten Kletterstellen (I), dann kommt das rote ❸ **Biwak Margherita Bedin** (2210 m) in Sicht – endlich! Was für ein Platz, der Alltagswelt so vollkommen entrückt, mit einem herrlichen Panorama dazu: Fanesberge, Ampezzaner Dolomiten mit den Tofane, der Hohen Gaisl, Croda da Lago, Cristallo; weiter im Uhrzeigersinn Civetta, Moiazza, Tamèr, Talvena, Schiara, Monti del Sole und schließlich große Teile der Pale di San Martino.

Abstieg nach Cencenighe Er beginnt als Höhenweg, führt über Grasterrassen und ziemlich schmale Bänder flach hinüber zur ❹ **Forcella della Besausega** (2131 m), wo sich ein Prachtblick auf die breite Südwand der Marmolada auftut. Jenseits der Scharte geht's zunächst im Geröll, dann über Wiesenhänge und zuletzt im Wald hinunter zur ❺ **Malga d'Ambrosogn** (1700 m, Notunterkunft). Beim weiteren Abstieg durch das Valle del Torcol führt der etwas raue Weg unterhalb der Ex-Malga del Torcol an der Cascata la Pissa, einem sehenswerten Wasserfall, vorbei. Etwas tiefer quert man auf kühner Holzkonstruktion (Drahtseilsicherung) einen tiefen Graben. Beim Weiler Pradimezzo (873 m) wird aus dem alten Almweg ein asphaltiertes Sträßchen, über das man hinabwandert nach Ⓔ **Cencenighe** (774 m).

14

Die Vani Alti und das Bivacco Reali

Die »vergessenen« Drahtseile

schwer | 12 km | 1300 m | 8.00 Std. | K2–3

Tourencharakter
Große Runde, die aus dem Valle dei Canali in das Felsgelände um die Croda Granda führt. Leichte Kletterei am Sentiero dei Vani Alti, längere gesicherte Passagen im Abstieg vom Bivacco Reali (K2–3). Eine Tour für erfahrene Bergsteiger

Ausgangs-/Endpunkt
Malga Canali (1302 m)

Höchster Punkt
Bivacco Reali (2595 m)

Verkehrsanbindung
Von Fiera di Primiero (713 m) führt eine ordentliche Straße via Tonadico ins Val Canali. Wanderparkplatz bei der Malga Canali

Gehzeiten
Gesamt 8 Std.; Aufstieg 5 Std., Abstieg 3 Std.

Markierung
Zustieg SAT-Markierung 707, Sentiero Vani Alti und Klettersteige rote Punkte

Karte
Tabacco-Wanderkarte 1:25 000, Blatt 022

Hütten/Einkehr
Rifugio Treviso

Das innere Val dei Canali umrahmen einige nur selten bestiegene Berge wie die Cima dei Lastei oder die Cime Vani Alti. Fast in Gipfelregionen stoßen zwei Klettersteige vor, von denen der eine allerdings gar keiner ist. Haken gibt's zwar, aber Seile wurden nie eingezogen – vergessen?

Dolomitenerlebnis pur! An der Südostkette der Pala gibt es einige Wege, die kaum begangen werden, Steige weitab aller Trampelpfade, die direkt in die Bergeinsamkeit führen. Wie der Sentiero dei Vani Alti. Er zieht aus dem innersten Val Canali durch die hohen Kare (Vani Alti) hinauf zum Kammrücken der Pala-Südostkette. Im obersten Bereich, wo das Gelände steil und felsig wird, sind in kurzen Abständen Haken für eine Via ferrata gesetzt, doch die blieb eine Unvollendete, auch nach vier Jahrzehnten noch.

Macht nichts! Das Eisen wäre hier ohnehin nur bescheidene Zugabe, auf dieser Runde ist die Kulisse der (große) Star. Am Kamm zwischen dem

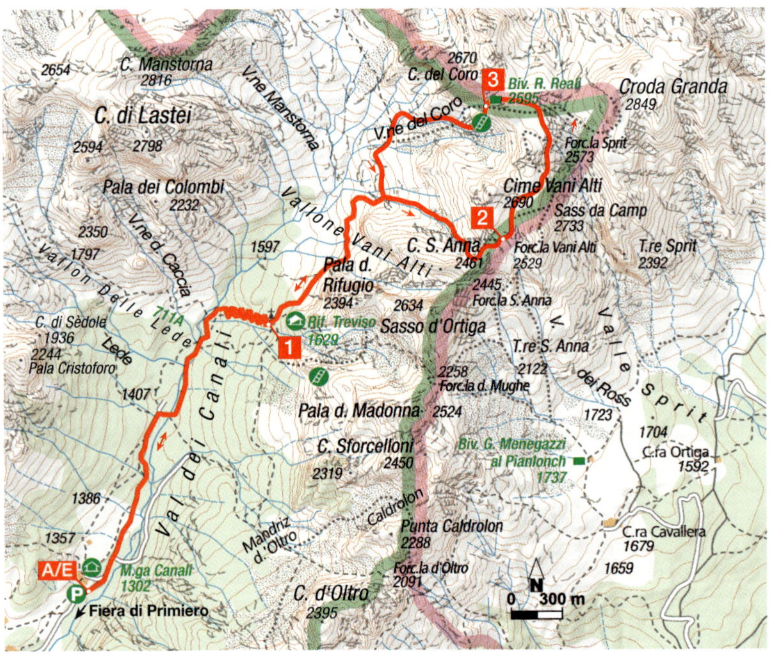

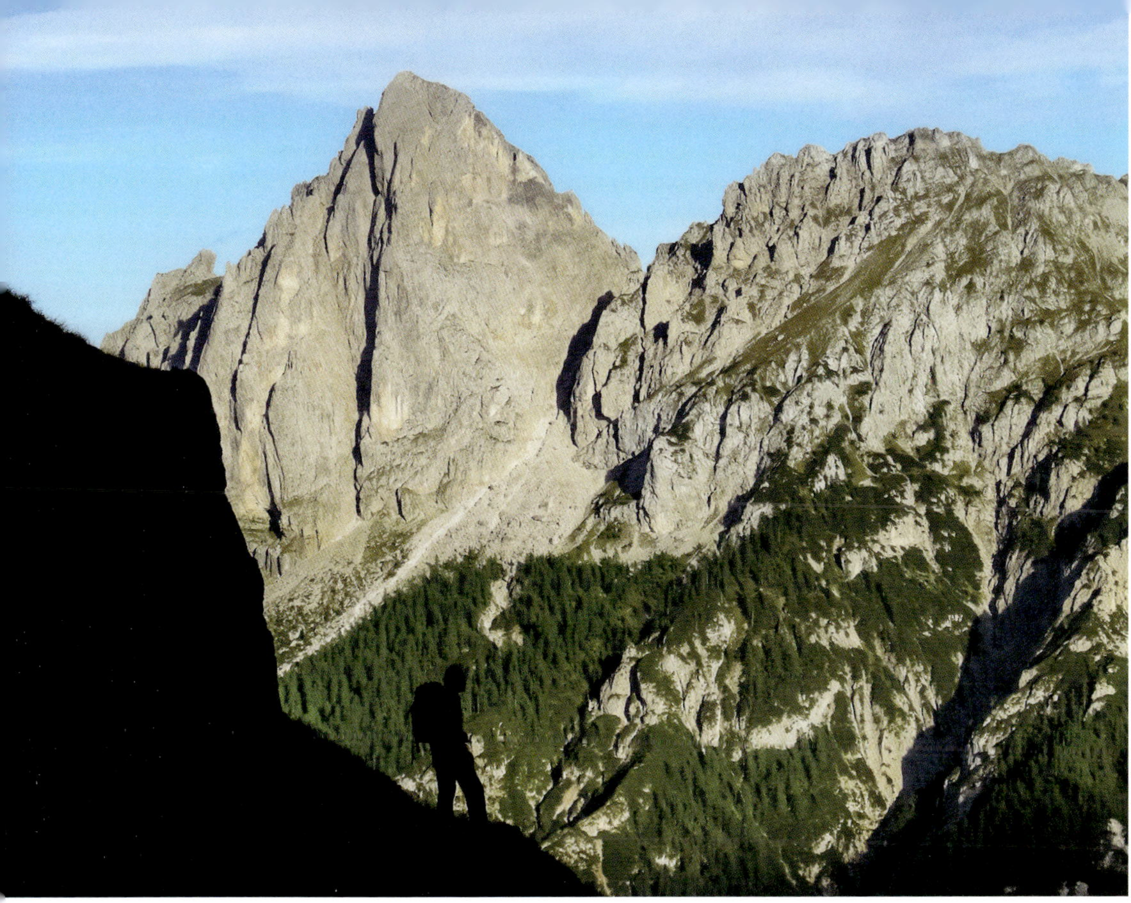

Sass d'Ortiga und der Croda Granda (2849 m) eröffnen sich dem Bergsteiger faszinierende Dolomitenbilder, dazu immer wieder wechselnde Fernblicke. Ganz unvergesslich wird die Tour, wenn man im Bivacco Reali (2595 m) übernachtet. Komfort bietet die »Blechbüchse« keinen, dafür erlebt man einmalige Momente zwischen Tag und Traum, wenn die tief stehende Sonne die grauen Felsen aufleuchten lässt: Zauber der Dolomiten.

Ein eleganter Felsgipfel über dem Valle dei Canali: die Cima d'Oltro

Die große Tour startet drunten bei der Ⓐ **Malga Canali** (1302 m), ist zunächst einmal Hüttenwanderung. Die bietet schon mal Aussicht auf viel Fels rund um das malerische Tal, was für einige Vorfreude sorgt. Zuletzt geht's im Zickzack hinauf zum ❶ **Rifugio Treviso** (1629 m), wo man sich gerne ein zweites Frühstück gönnt. Gleich hinter dem Haus liegt der Hubschrauberlandeplatz, »Alberghetto« genannt. Auf der kleinen, abgeflachten Kuppe nächtigte vor mehr als 150 Jahren eine illustre Gesellschaft, die sich offensichtlich bei ihrer Pala-Durchquerung verspätet hatte. Mit von der Partie waren zwei

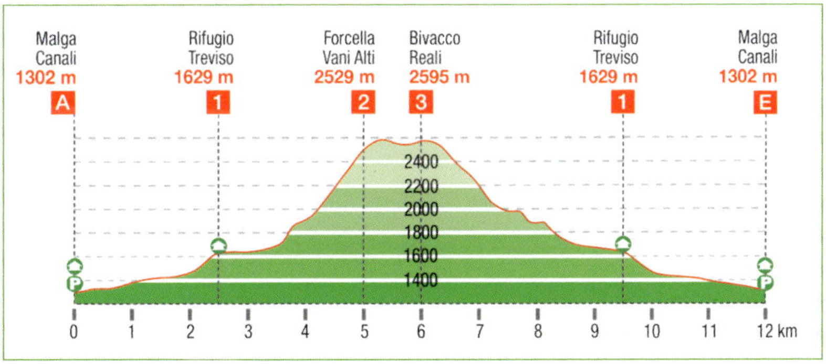

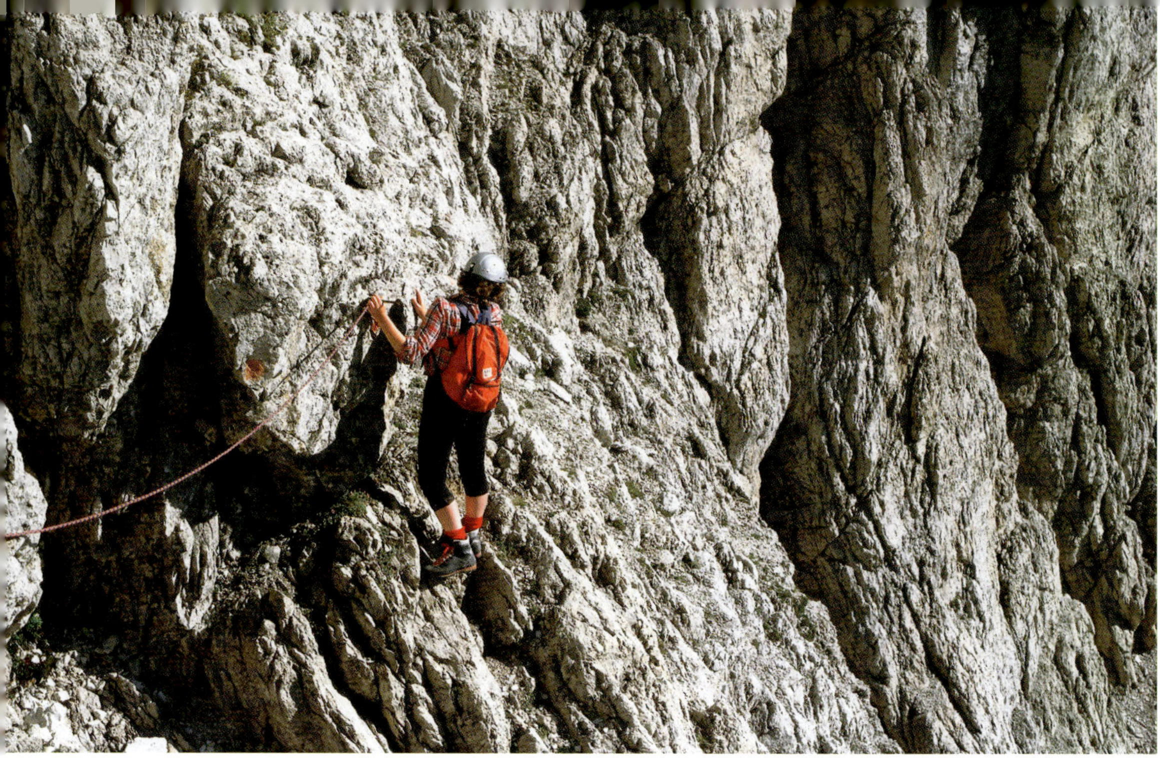

Die »Unvollendete« in den 1980er Jahren; viel hat sich seither nicht geändert im Vani Alti – vom Outfit hübscher Mädels einmal abgesehen …

Bergpioniere jener Zeit, D. W. Freshfield und F. F. Fox, beides Erstbesteiger großer Alpengipfel. Ein Dach hatte ihr »Hotelchen« (alberghetto) allerdings nicht …

Der Klettersteig, der keiner ist Im Gegensatz zu den modernen Pala-Wanderern hatte die englische Expedition keine Landkarte dabei (weil's noch keine gab), und der Weg hinauf zum Passo Canali war auch nicht fein säuberlich rot-weiß markiert und mit einer Nummer versehen. Wer zum Vani-Alti-Steig will, folgt der Markierung 707 etwa eine Stunde weit. Dann öffnet sich rechts der felsumstandene Graben des Vallone Vani Alti. Auf einer dünnen Spur steigt man in dem Graben bergan, geleitet von verblassten roten Markierungen. Im Rückblick zeigen sich die mächtige Cima dei Lastei (2846 m), der Sasso delle Lede und die Cima Sédole, über deren Gipfelgrat mit zunehmender Höhe die markante Silhouette des Sass Maor (2814 m) immer schöner hervortritt. Der Talschluss der Vani Alti rückt allmählich näher, wirkt allerdings ziemlich vermauert. Wie weiter? Doch dann erweist sich der Durchstieg als überraschend leicht; er folgt einem von unten schwer zu erkennenden Bandsystem. Die Haken der nie realisierten Ferrata dienen dabei als Orientierungshilfe, gegebenenfalls auch als Sicherungsmöglichkeit. Die klettertechnischen Anforderungen sind bescheiden; auf den Felsen liegt allerdings reichlich Geröll – also vorsichtig gehen! Zur Linken hat man die Torri dei Vani Alti, rechts die Cima di Sant'Anna (2461 m) – eine felsige Enge. Ganz anders dann oben, an der ❷ **Forcella Vani Alti** (2529 m), die weniger Scharte als vielmehr Aussichtskanzel ist und einen freien Ausblick nach Südosten, über das Tal des Mis auf Feltriner Dolomiten und Monti del Sole bietet.

Felskulisse unter der Croda Granda Die Fortsetzung der Tour bietet dann Dramaturgie pur. Die Geröllspur leitet durch das zwischen Cime dei Vani Alti links und dem

Sass da Camp (2733 m) eingelagerte Van Alt bergan. Während des Anstiegs wird man wohl mehr als nur einmal innehalten, nicht etwa, weil einem der Schnauf ausgeht, sondern um den faszinierenden Rückblick zu genießen: auf den mächtigen Sass d'Ortiga (2634 m), unverkennbar mit seinem zwischen Westpfeiler und Gipfel eingeklemmten Felsblock. Der Gipfel ist ein beliebtes Kletterziel; als ein absoluter Pala-Klassiker gilt die Westkante, 1928 vom legendären Elbsandsteinkletterer Fritz Wiessner und Hermann Kees eröffnet (V).

Der Weiterweg führt in die Osthänge der Cime dei Vani Alti; ganz unvermittelt steht man über dem Vallon Sprit, der seinen Namen wohl nicht zufällig hat (sprit = Geister). Jenseits des Höllenschlunds baut sich der mächtige Klotz der Croda Granda (2849 m) auf. Er bleibt dominierendes Gegenüber beim Weiterweg zum ❸ **Bivacco Reali** (2595 m), das sich einer herrlichen Lage auf einem kleinen Karrenplateau erfreut – Einladung zu einer Nacht am Saum des Himmels.

Abstiegs-Klettersteig Wer nicht oben bleibt, vertraut sich den soliden Drahtseilen der Via ferrata Fiamme Gialle an. Sie leiten über teilweise recht steile, aber angenehm gestufte Felsen hinunter in den Vallon del Coro: noch so ein gottverlassener, großartiger Pala-Winkel. Auf dem Weg 707 geht's zurück zum ❶ **Rifugio Treviso**, wo man auf der Terrasse auf die tolle Tour anstoßen darf. Salute! Drunten im Valle dei Canali am Wanderparkplatz der Ⓔ **Malga Canali** endet die große, an Eindrücken so starke Tour.

Kleiner Seitensprung gefällig? Gleich neben dem Rifugio Treviso warten 60 senkrechte Klettermeter, solide gesichert: die Via ferrata del Canalone.

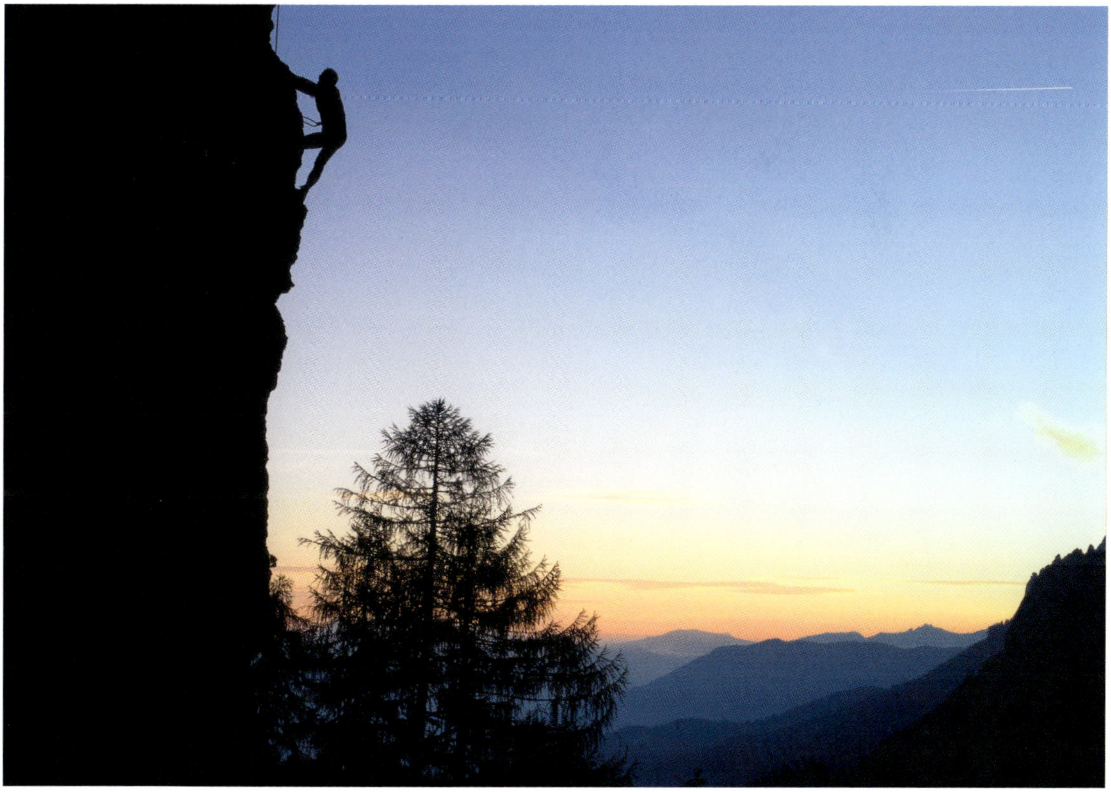

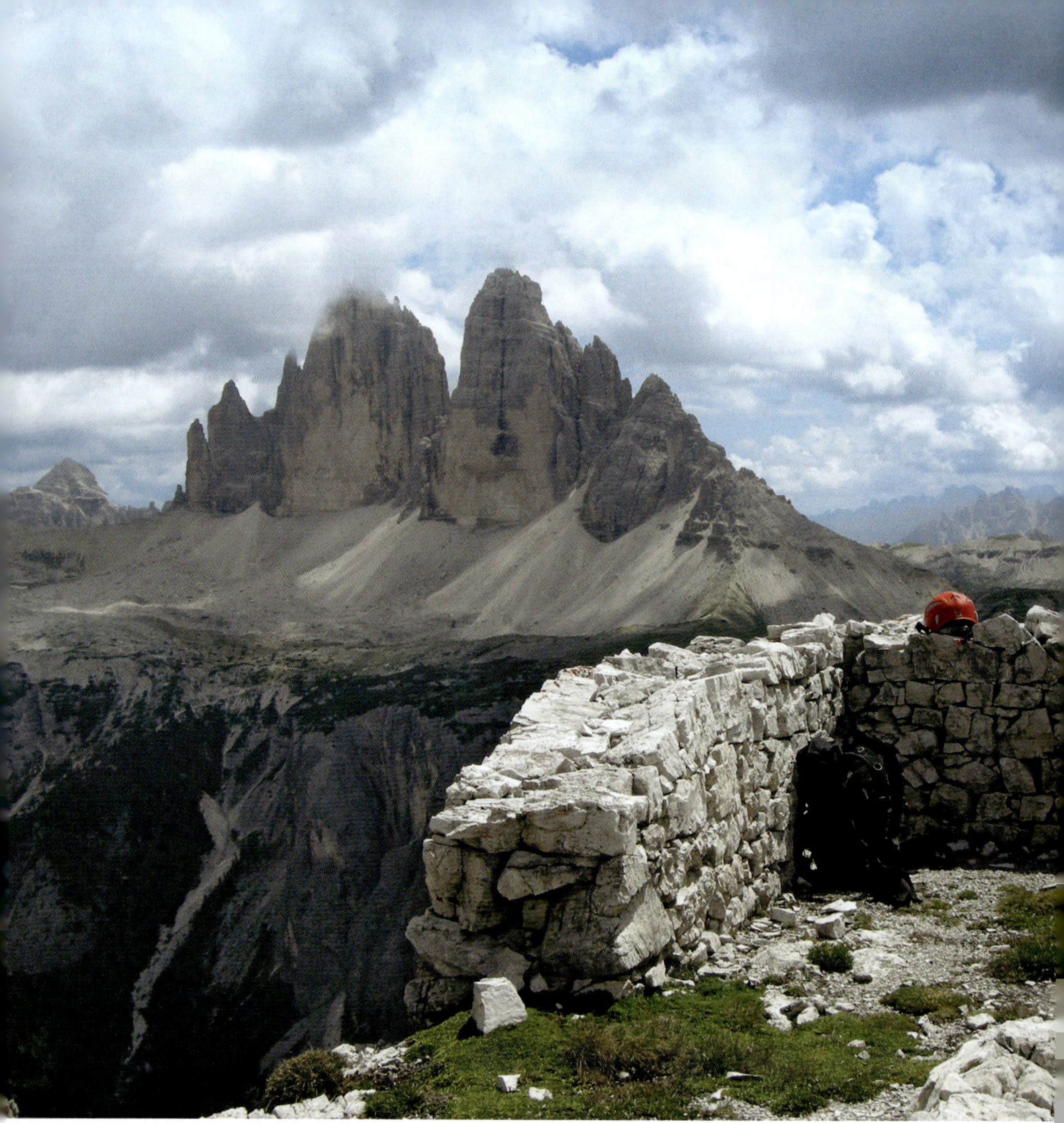

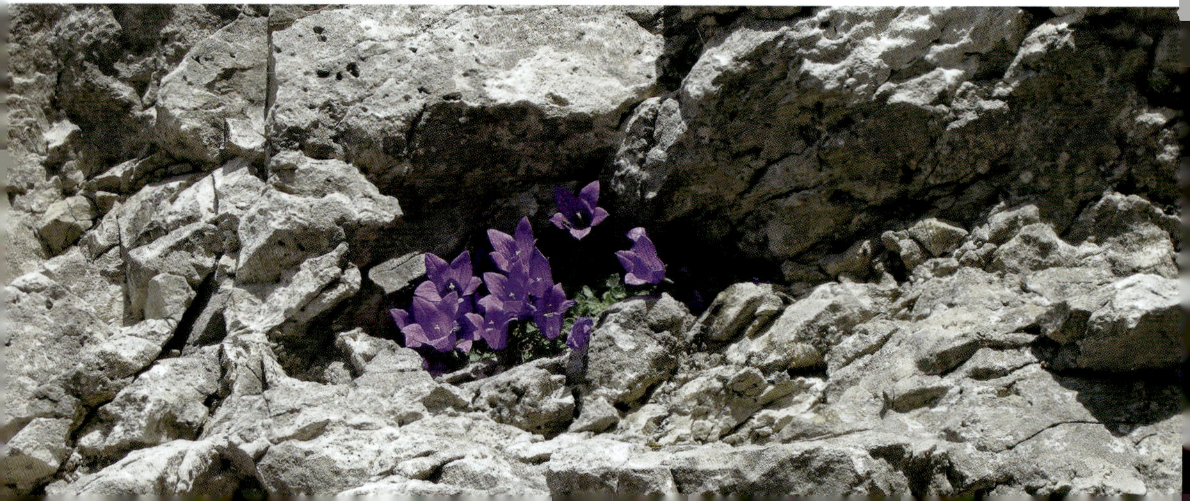

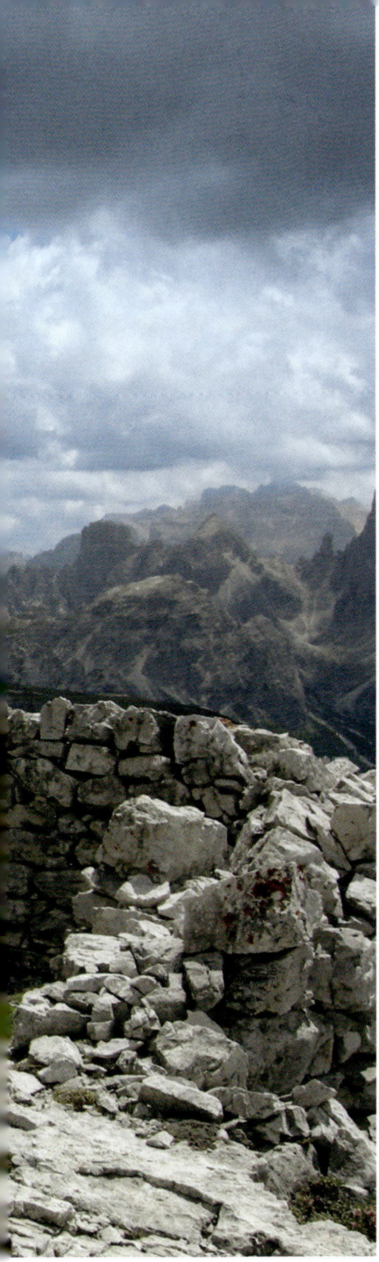

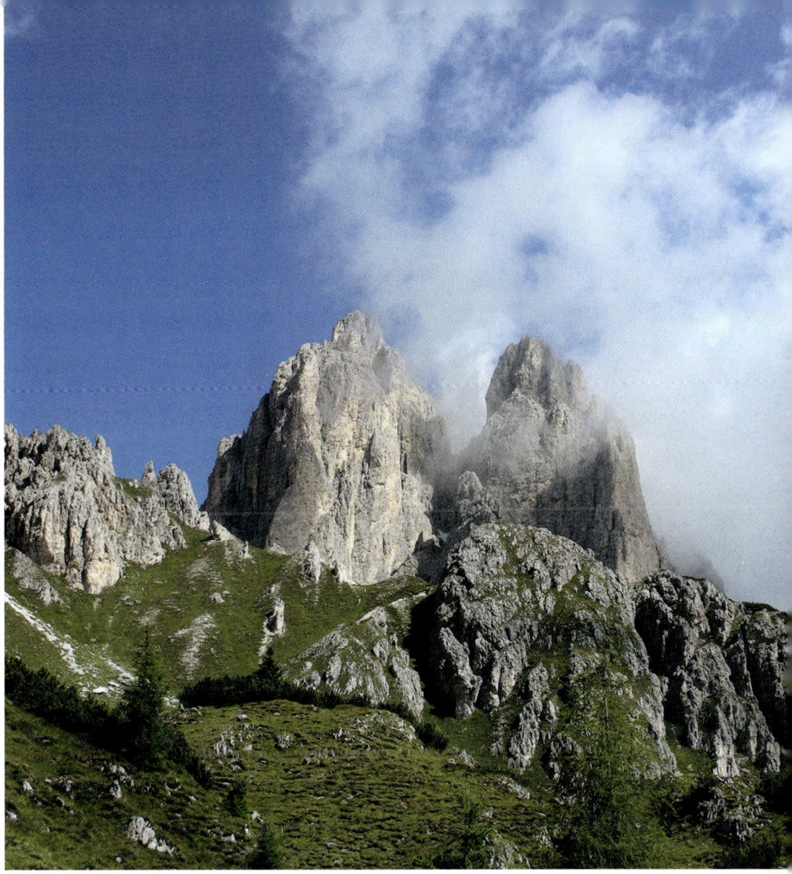

Pragser und Sextener Dolomiten

Im Nordosten der Dolomiten stehen mit den Drei Zinnen die meistbestaunten Gipfel (li. o.). Hier finden sich aber auch wenig begangene Pfade, etwa in den Cadini (re. o., Tour 17) oder in den Pragser Dolomiten (re. u., Tour 15). Und kleine Schönheiten wie die Moretti-Glockenblume (li. u.), ein Endemit des Gebirges.

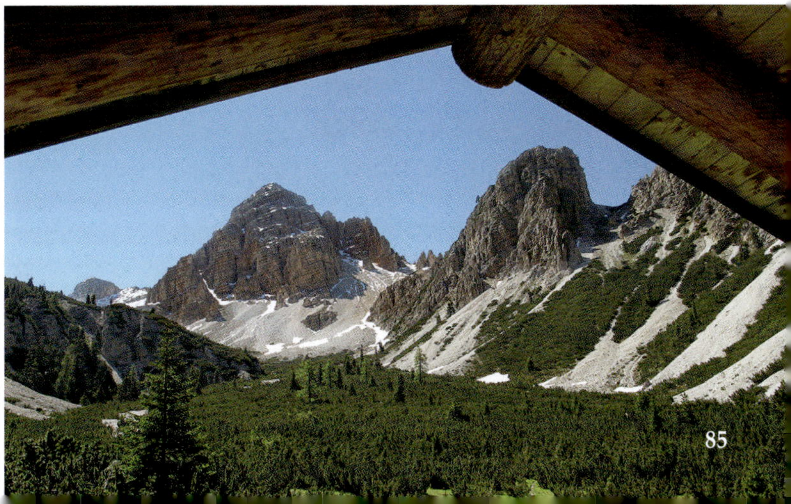

15 Munt de Gröpes

Ein Unbekannter in den Pragser Dolomiten

leicht 12 km 1140 m 5.30 Std.

Tourencharakter
Wenig schwierige Gipfeltour, bis auf den finalen Anstieg gut markiert. Im Sommer recht sonnig, deshalb ausreichend Getränke mitnehmen

Ausgangs-/Endpunkt
Parkplatz beim Hotel Lé dla Crëda (1268 m)

Höchster Punkt
Munt de Gröpes (2405 m)

Verkehrsanbindung
Von Bruneck/St. Lorenzen via Zwischenwasser nach St. Vigil, dann auf der Straße ins Rautal bis zum Hotel beim kleinen Kreidesee (Lé dla Crëda)

Gehzeiten
Gesamt 5.30 Std.; Aufstieg 3.30 St., Abstieg 2 Std.

Markierung
Rot-weiße Markierungen, Schlussanstieg nur unbezeichnete Spur

Karte
Tabacco-Wanderkarte 1:25 000, Blatt 031

Hütten/Einkehr
Unterwegs keine

Beim Begriff Pragser Dolomiten denken die meisten nur an den Wildsee. Unter den Gipfeln ist die Hohe Gaisl tabu, weil extrem brüchig, der Dürrenstein (2839 m) das Ziel für jedermann/-frau. Und der Munt de Gröpes? Nie gehört …

Talwanderung Die Tour beginnt an der Talstraße gegenüber vom **A Hotel Lé dla Crëda** (1268 m). Auf breiter Fahrspur spaziert man in den Wald und zur Mündung einer malerischen Klamm. Sie bildet den Zugang zum Val de Ciastlins, einem verborgen-einsamen Winkel der Pragser Dolomiten. Zugang? Der Blick hinauf in himmelhoch ragende Mauern weckt da leise Zweifel. Die zerstreut aber umgehend der hübsch angelegte, markierte Weg, der neben dem Bach ansteigt, dabei einen Felsriegel umgeht. Das Wasser stiebt über die Blöcke herab, bildet kleine und größere Kaskaden, am schönsten im Frühsommer zur Zeit der Schneeschmelze. Oberhalb der markanten Geländestufe leitet eine solide Holzbrücke auf die rechte Talseite. Das muntere Gurgeln verstummt wenig weiter taleinwärts; dafür entdeckt man am Weg eine Quelle (Fontana de Ciastlins), deren Wasser allerdings auch gleich wieder im gerölligen Untergrund versickert – nichts Ungewöhnliches in den Dolomiten und auch ein Grund dafür, dass man in Hochlagen kaum stehenden Gewässern begegnet.
In dem »Trockental« geht's weiter bergan zur Ücia dessot (1763 m). Aus den steilen, von bizarren Felszacken gekrönten Flanken ziehen überall Geröllreißen herab; teilweise stehen die Bäume hier tief im Schutt. Bei der **1 Ücia dessora** (1976 m) öffnet sich ein erster Blick auf den Muntejela de Senes (2787 m). Rechts flankiert wird er vom Ciastlins (2673 m), einem

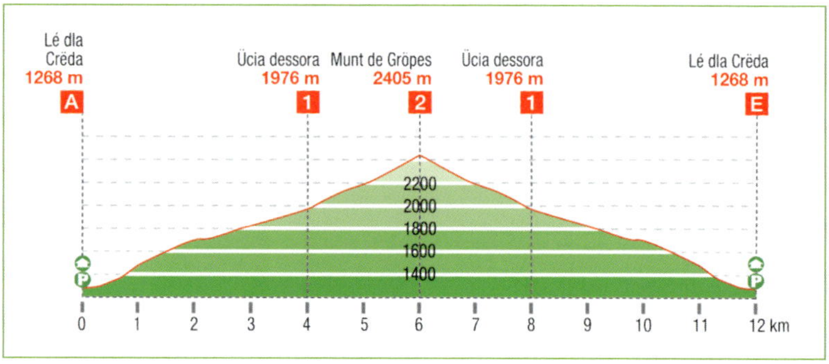

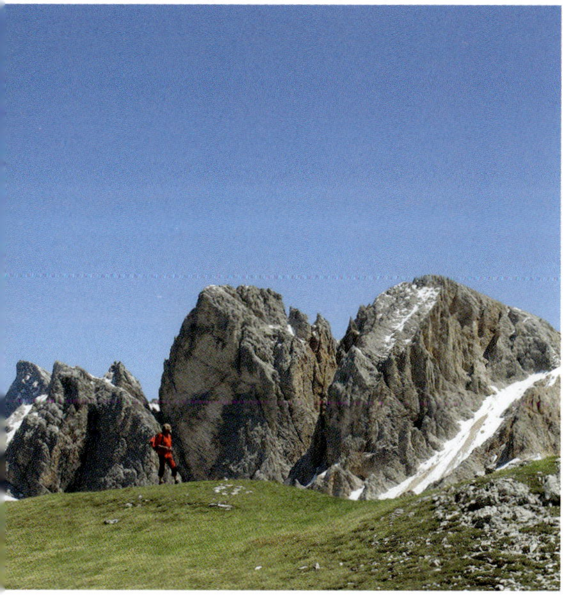

Muntejela de Senes (2787 m)

Höher, bekannter und öfters besucht als der Munt de Gröpes ist jener Gipfel, der das Innere des Schlosstals (Val de Ciastlins) südseitig markant überragt. Der markierte Anstieg führt über den Ju de Senes (2519 m) ins Gebiet der Senesalm und zuletzt von Osten zum höchsten Punkt mit großer Rundschau. Hin und zurück vom Rautal etwa 8.30 Std.

zerfurchten Felsklotz über mächtigen Schuttströmen.

Namenlose Zacken im Nordgrat der Cima de Riciogogn – fast so unbekannt ist der Munt de Gröpes…

Zum Gipfel Am Weiterweg lichtet sich der Wald; zwischen Latschenflecken und steinigen Wiesen geht's durch einen seichten Graben bergan. Die Abzweigung zum Grünwaldjoch bleibt links; man folgt der markierten Spur weiter taleinwärts. Schließlich ist die eigenartige Buckellandschaft des Munt de Gröpes erreicht. Linker Hand entragen dem Wiesenhang zwei felsige, abgeplattete Kegel. Der markierte Weg umgeht sie südseitig; wer zum Munt de Gröpes will, hält sich an der ersten kleinen Wasserscheide links und folgt der dünnen Spur, die über den grasigen, zuletzt leicht felsigen Südhang zum höchsten Punkt des ❷ **Munt de Gröpes** (2405 m) leitet. Oben kann sich glücklich schätzen, wer ein Fernglas dabeihat, bietet der unscheinbare Mugel doch überraschende Fernblicke, so nach Nordosten zum Großglockner (3798 m) und nach Westen zum Ortler (3905 m) – immerhin über 110 Kilometer weit weg! –, der gleich rechts vom Peitlerkofel ins Bild guckt. – Abstieg auf dem gleichen Weg.

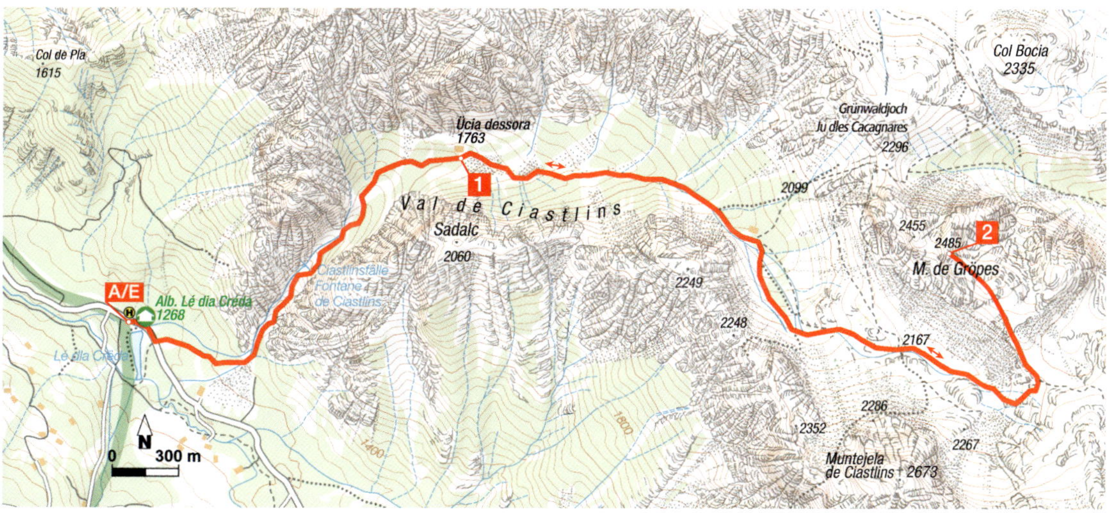

16

Auf den Rautkopf

Von Hollywood zum Drei-Zinnen-Blick

mittel 10 km 1210 m 5.30 Std.

Tourencharakter
Recht anspruchsvolle Gipfeltour, die neben Trittsicherheit und etwas Gespür für den richtigen Weg auch eine ordentliche Kondition voraussetzt. Bis zur Artilleriestellung (2175 m) sehr guter Serpentinenweg, dann viel Geröll, nur teilweise noch eine deutliche Spur, aber viele Steinmänner

Ausgangs-/Endpunkt
Werk Landro im Höhlensteintal. Parkmöglichkeit an der Straße

Höchster Punkt
Rautkopf (2705 m)

Verkehrsanbindung
Von Toblach (Bahnhof) auf der Strada d'Alemagna durch das Höhlensteintal bis zum ehemaligen Werk Landro, etwa 500 Meter vor dem Hotel Drei-Zinnen-Blick, gut 9 km von Toblach. Busverbindung

Gehzeiten
Gesamt 5.30 Std.; Aufstieg zur Artilleriestellung 2 Std., Weiterweg zum Gipfel 1.15 Std., Abstieg 2.15 Std.

Markierung
Keine Farbmarkierungen, ab Artilleriestellung viele Steinmännchen

Karte
Tabacco-Wanderkarte 1:25 000, Blatt 010

Hütten/Einkehr
Keine Einkehr unterwegs!

Während drunten am Dürrensee Hundertschaften von Besuchern aus aller Welt ihre Selfies mit den Nordwänden der Drei Zinnen knipsen, mühe ich mich über die geröllbeladenen Hänge des Rautkopfs dem Gipfel entgegen, ganz allein. Einzige Gesellschaft: ein paar neugierige Bergdohlen.

Das Höhlensteintal gilt als klassisches Nordtor zu den Dolomiten – für den Tourismus unserer Tage. Die Strategen der k. u. k. Monarchie sahen das vor hundert Jahren genau umgekehrt: Durch den tief eingeschnittenen Graben verlief der kürzeste Weg von Italien ins Pustertal. Zwei Festungen sollten deshalb einen möglichen Angriff von Süden vereiteln: Plätzwiese und Landro. Letztere liegt unmittelbar an der viel befahrenen »Strada d'Alemagna«; Landro wurde 1884–94 erbaut und mit drei 12-cm-Minimalschartenkanonen, drei 15-cm-Hinterladermörsern, zwei Montigny-Mitrailleusen sowie vier Hand-Mitrailleusen bestückt. Die gesamte Anlage besteht aus zwei Teilen, die durch einen unterirdischen Gang miteinander verbunden sind. Im höher gelegenen Bau, der eine bessere Sicht bietet, war die Kanonenbatterie untergebracht. Während des Ersten Weltkrieges wurde das Werk Landro allerdings nie direkt in Kampfhandlun-

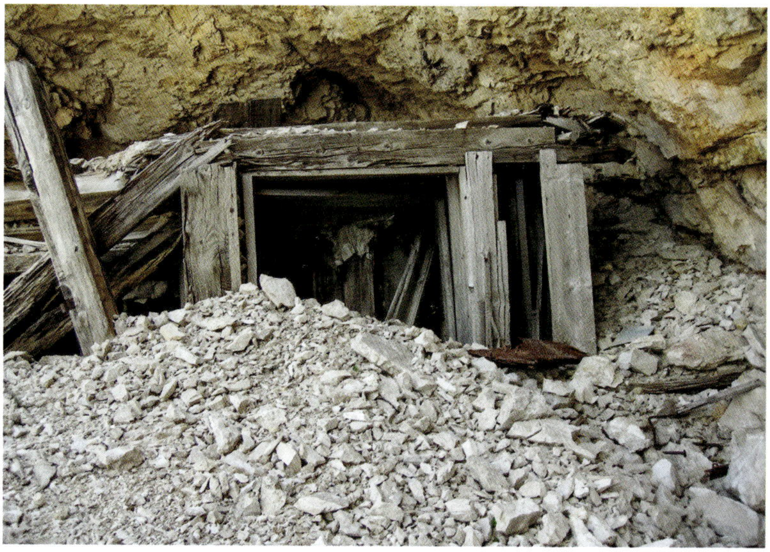

Verschüttete Stellung der Kaiserjäger am Rautkopf

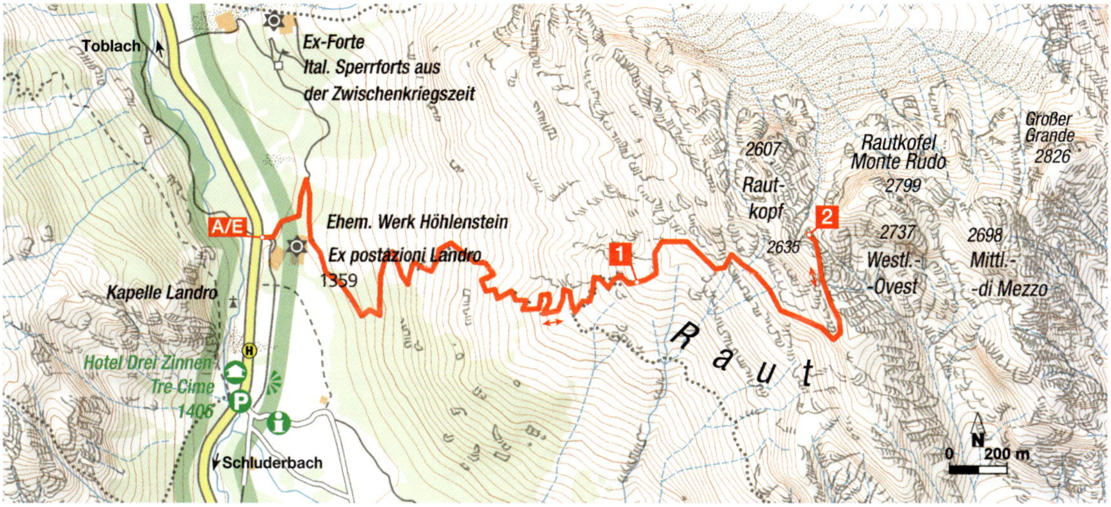

gen verwickelt; es diente vor allem als wichtige Nachschubbasis für die Stellungen am Monte Piano. 40 Jahre später kam der »Krieg« dann kurz zurück: King Vidor drehte 1956 für Hollywood in Landro einige Szenen seines Monumentalfilms »Krieg und Frieden« nach Tolstoi, mit Stars wie Audry Hepburn, Henry Fonda, Mel Ferrer, Anita Eckberg und Vittorio Gassmann.

Bergstellungen Die alte Festung kann man heute noch besichtigen; interessanter ist allerdings eine Wanderung hinauf zu den ehemaligen Stellungen am Rautkopf, dessen Vorgipfel (2605 m) sich relativ leicht besteigen lässt. Sein lang gestreckter Südgrat war teilweise befestigt; vom Beobachtungsposten bei Punkt 2519 genießt man einen phänomenalen Blick auf die Drei Zinnen. In der Südflanke des Westlichen Rautkofels (2737 m) sind die Reste eines kühn trassierten Steiges zu erkennen; er bildete die einzige Verbindung zwischen den Stellungen von Landro und dem Drei-Zinnen-Plateau (nicht mehr begehbar!). Im Sommer 1916 wurde eine Seilbahn zwischen dem Fort Landro und den Hangstellungen um Punkt 2175 in Betrieb genommen. Sie war 1100 Meter lang und konnte pro Nacht bis zu drei Tonnen Material befördern. Die Fundamente der Bergstation sind noch erhalten.

Die Mulattiera Von der Ⓐ **Strada d'Alemagna** folgt man dem Fahrweg, der links an der Feste Landro vorbeiführt, etwa 200 Meter weit. Hier spitzwinklig rechts zu den höher gelegenen Festungsanlagen. Im Rücken der Betonbauten leitet eine deutliche Spur rechts in den Wald, wo sie kurz steil ansteigt und sich dann zu einem bequemen Serpentinenweg wandelt. In etwa 70 Kehren

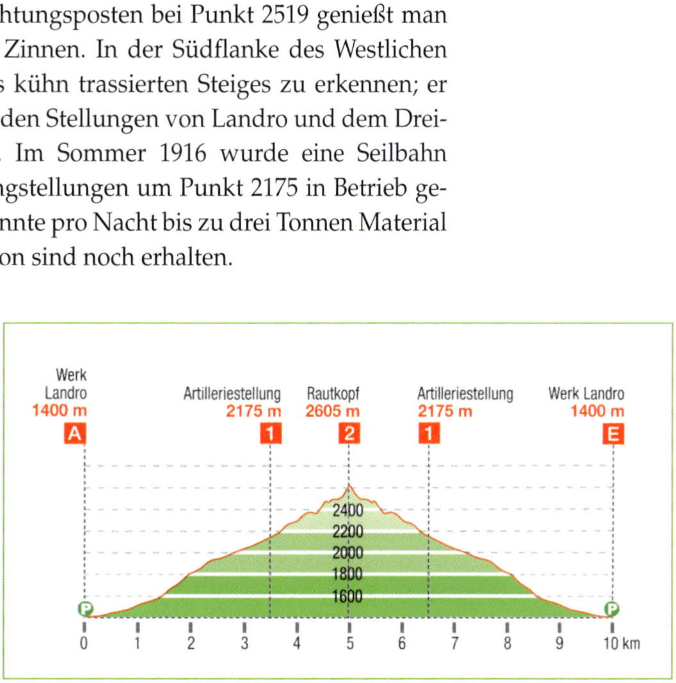

Rechte Seite: Vom Rautkopf bietet sich ein Prachtblick auf die Drei Zinnen mit ihren Nordwänden.

zieht der ehemalige Nachschubweg an der Westflanke des Rautkopfs bergwärts, zunächst im Wald, dann zwischen Latschen und schließlich über Geröll. Ist die ehemalige ❶ **Artilleriestellung** (2175 m) erreicht, darf man bei einer verdienten Rast den Blick zu den Cadini, zum Monte Piano und zum Cristallo-Massiv genießen.

Gipfelsteig Der alte Kriegsweg führte über Bänder, leichte Felsen und Geröllhänge weiter bis zu den Stellungen am Südgrat des Rautkopfs; heute ist die kunstvolle Anlage weitgehend verfallen, die mit vielen Steinmännern markierte Route aber noch begehbar. Hinter den Stellungen leiten Spuren an dem felsigen Rücken aufwärts gegen die Westwand des Rautkopfs, dann auf ein Band, das nach rechts ansteigt und in einen Geröllhang mündet. Über ihn steigt man mühsam etwa 20 Höhenmeter auf, biegt dann links auf ein felsiges Eck ab (Steinmann, nicht übersehen!). Im Zickzack auf teilweise noch erhaltener Trasse weiter bergan, dann rechts über die bereits erwähnte Geröllflanke auf ein markantes, teilweise überdachtes Band. Man verfolgt es bis zum Ende und steigt dann über einen Hang auf zum lang gestreckten Südrücken des Rautkopfs mit seinen alten Befestigungen (5 Min. zu dem bereits erwähnten Beobachtungsposten). Gut einzusehen ist der Weiterweg: über leichte Felsen zu einer steilen Sandrinne, die westlich unter dem abgeflachten Gipfel ansetzt, und rechts haltend zum Südgipfel des ❷ **Rautkopfs** (2605 m). Vor einem Übergang zum nur zwei Meter höheren Nordgipfel muss gewarnt werden: kurze, aber exponierte Kletterei in extrem brüchigem Gestein! – Abstieg nur auf dem Anstiegsweg!

Tiefblick von der ehemaligen Artilleriestellung am Rautkopf auf den Dürrensee

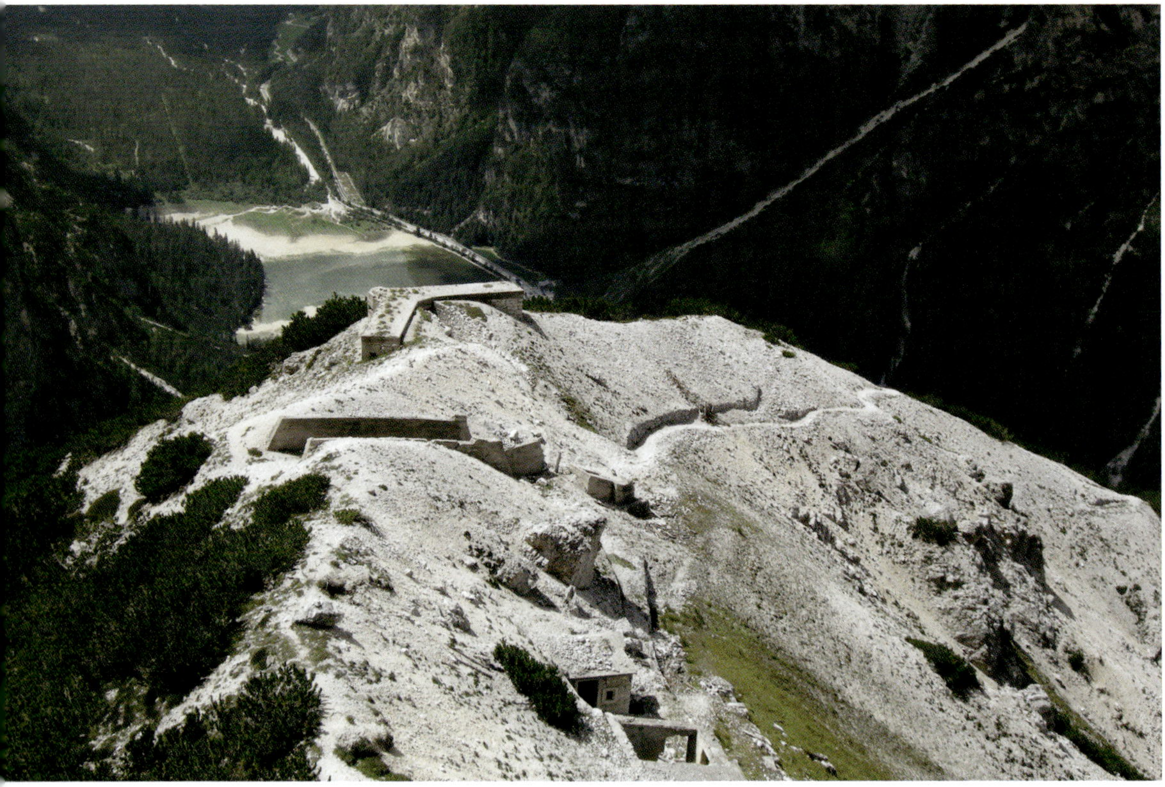

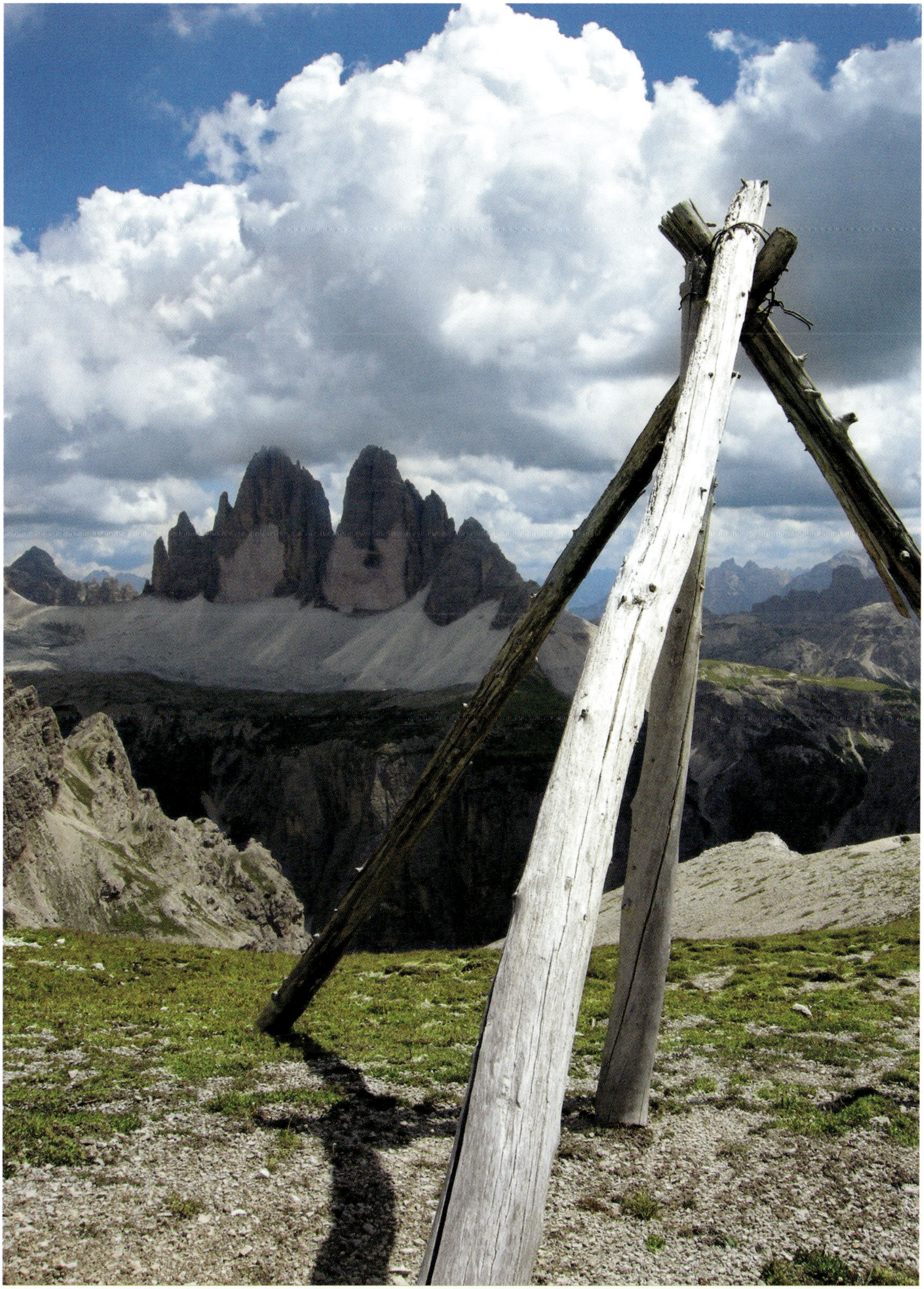

17

Aus dem Val Marzon zum Sentiero Durissini

Schartenhüpfen in den Cadini

mittel | 18 km | 1450 m | 9.00 Std. | K2

Tourencharakter
Dass die Sextener Dolomiten auch eine stille, fast »vergessene« Seite haben, macht diese große Runde auf sympathische Weise sicht- und erlebbar: Auf- und Abstieg werden nur schwach frequentiert und auch der südostseitige Höhenweg, der mehrere Scharten miteinander verbindet, ist keine Wanderautobahn. Insgesamt ein anstrengendes Tagespensum. Trittsicherheit und Bergerfahrung unerlässlich (kürzere gesicherte Passagen), dazu natürlich eine tadellose Kondition. Faszinierend die Felskulisse am Sentiero Durissini!

Ausgangs-/Endpunkt
Cason de la Crosera (1207 m) im Val Marzon; asphaltierte Zufahrt von der Straße Auronzo – Misurina, knapp 4 km

Höchster Punkt
Forcella Sabbiosa (2436 m)

Verkehrsanbindung
Von Toblach via Misurina ins Val d'Ansiei. Auf der breiten Talstraße zur Mündung des Val Marzon (Bushalt), dann links hinauf zum Ausgangspunkt. Parkmöglichkeit an der Straße

Gehzeiten
Gesamt 9.00 Std.; Aufstieg 3.00 Std., Sentiero Durissini 3.30 Std., Abstieg 2.30 Std.

Markierung
Durchwegs ordentlich markierte Wege

Karte
Tabacco-Wanderkarte 1:25 000, Blatt 017

Hütten/Einkehr
Rifugio Città di Carpi

Wer vom Misurinasee hinaufschaut in die Cadini, denkt unwillkürlich an einen »steinernen« Wald. Wie Bäume stehen da große und kleine Felszacken, manche ganz unwahrscheinlich gebaut und trotzdem seit Ewigkeiten der Schwerkraft trotzend.

Die Cadini di Misurina bilden zusammen mit den Drei Zinnen und dem Sorapiš die fantastische Kulisse des Bergsees, der zu den Hotspots der Ampezzaner Dolomiten zählt. Das hat seinen Preis, Bergeinsamkeit gibt's hier höchstens noch bei Regenwetter. Dann aber ganz ohne den formidablen Hintergrund.

The Other Side of Paradise Ganz anders die Rückseite des Massivs, vom Massentourismus völlig übersehen – glücklicherweise! In den Südtälern der Sextener (zu denen die Cadini gehören) gibt es sie nämlich noch, die vielbeschworene Bergesruh', sogar an sonnigen Sommertagen. Du bist allein in der Natur, genießt kleine bunte Sehenswürdigkeiten und große

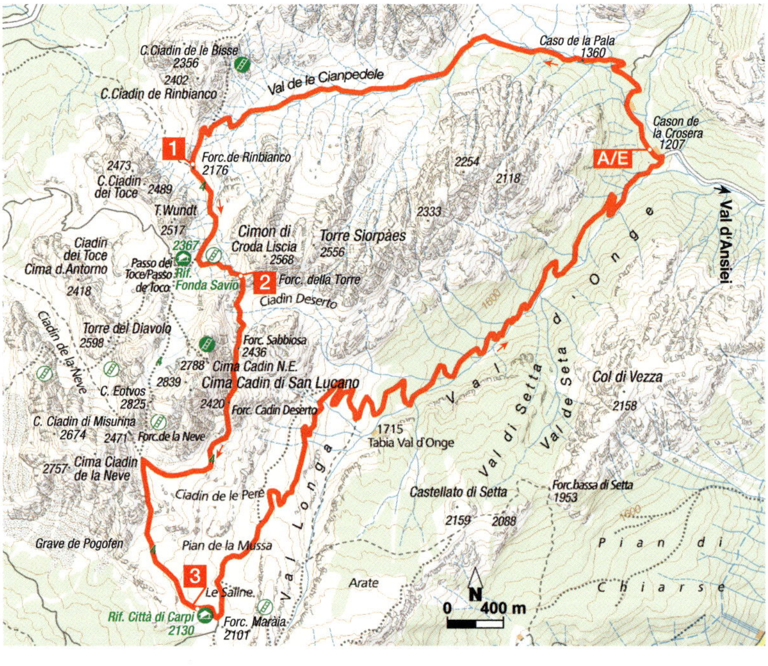

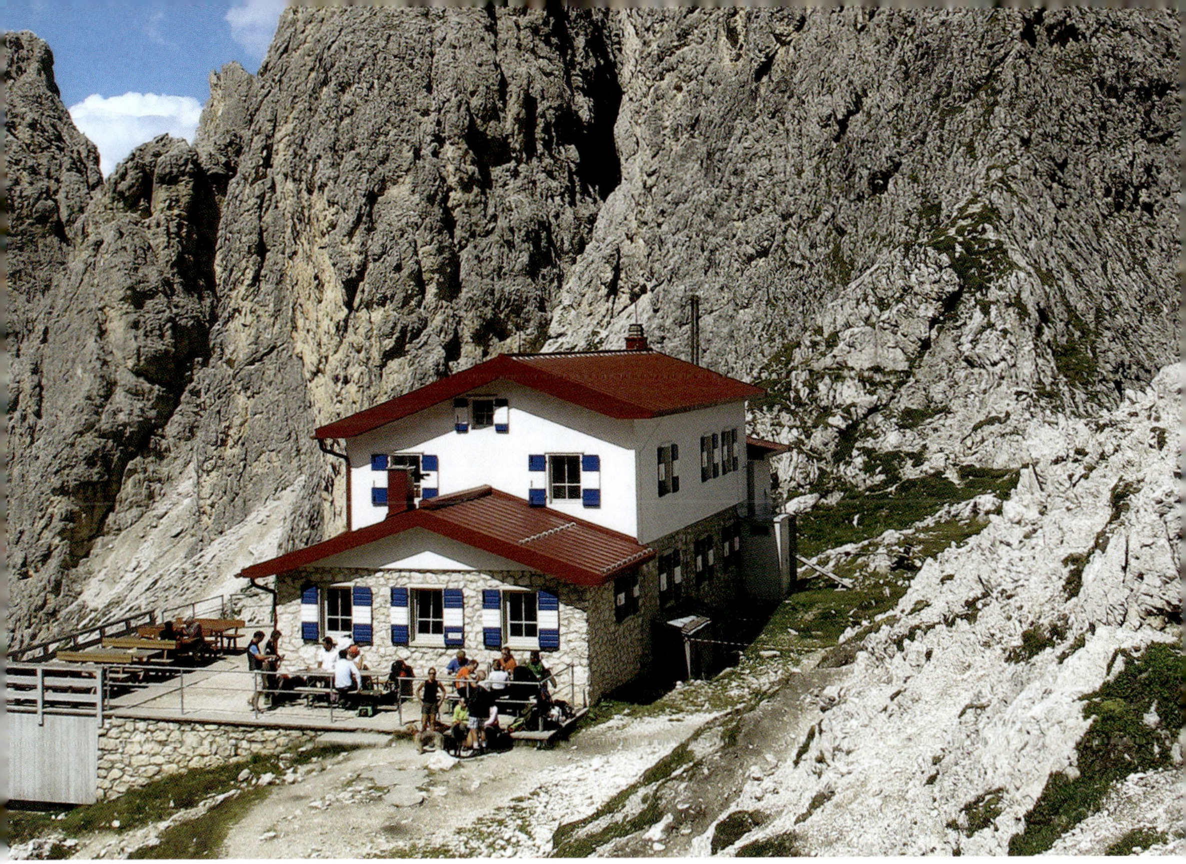

Das Rifugio Fonda Savio ist die einzige bewirtschaftete Hütte mitten im Zackenwald der Cadini.

graue wie den unglaublich schlanken Felsturm der Kleinen Zinne, der über dem Vallon de Lavaredo buchstäblich in den Himmel schießt. Die berühmten »Drei« hießen drunten in Auronzo früher schlicht Monte Bello.

Ungewohnte Perspektiven der Drei Zinnen Ungewöhnlich lang ist der Anstieg zum Sentiero Durissini, doch nach vier Stunden ist man – auch gefühlsmäßig – ganz oben angekommen: Dolomitenzauber. Der Abstieg durch das Val d'Onge bietet zum Abschluss Gelegenheit, nochmals zurückzuschauen, auf den bizarren Zackenwald und vor allem hinauf in die Felswildnis, wo man ein paar Stunden zuvor noch auf schmalen Pfaden unterwegs war – und hinabgeschaut hat in dieses stille Südtal der Sextener Dolomiten.

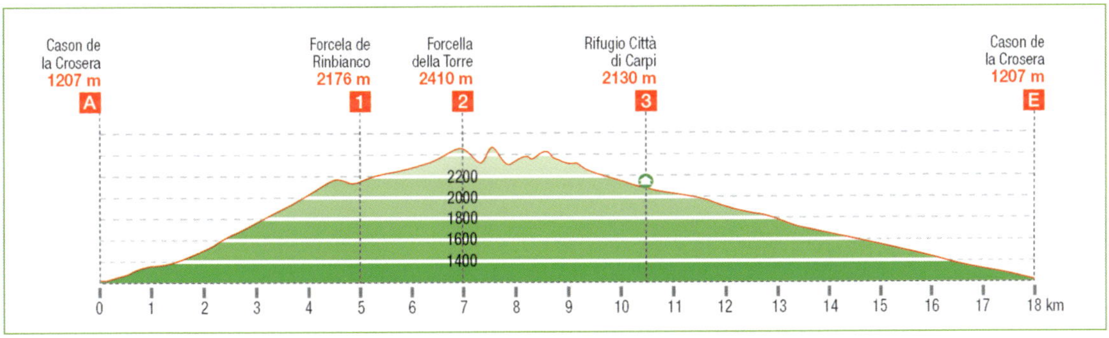

In die Cadini Die Tour startet als Asphalthatscher, führt von Ⓐ **Cason de la Crosera** (1207 m) im Val Marzon über ein paar Kehren bergan. Nach zwei Kilometern endet die Straße an einer Brücke; das gut bezeichnete Weglein führt an, neben und in einem Bachbett weiter. Dabei bieten sich schöne Rückblicke auf die Vorberge des Zwölfers (3094 m); über dem Vallon de Lavaredo zeigt sich der (aus dieser Perspektive) unglaublich schlanke Felsturm der Kleinen Zinne. An der folgenden Weggabelung (1506 m) hält man sich links und wandert hinein in das Cianpedeletal. Über steinige Grashänge geht's hinauf zur ❶ **Forcela de Rinbianco** (2176 m); knapp unterhalb der Scharte mündet der Sentiero Bonacossa. Er leitet ansteigend in den Karwinkel unter dem Passo dei Toce (2367 m).

Der Sentiero Durissini Hier zweigt der Sentiero Durissini, das ostseitige Pendant zum Bonacossa-Steig, ab (siehe Kasten). Er führt als Geröllspur unter den Felsen hindurch und im Zickzack hinauf zur ❷ **Forcella della Torre** (2410 m).
Jenseits der Scharte steigt man im Links-rechts-Takt ab ins »Verlorene Kar« (Ciadin Deserto), um nach kurzer Hangquerung gleich wieder über Kehren aufzusteigen zur Forcella Sabbiosa (2436 m). Hier hat man bereits Sichtverbindung mit der Forcella del Ciadin Deserto (2420 m). Ab- und anschließend wieder ansteigend leitet der Sentiero Durissini in diese nächste Scharte. Dahinter geht's am Fuß einer senkrechten Wand im Geröll abwärts, dann in kurzem Gegenanstieg zu einer Geländeschulter in wildromantischer Kulisse. Links am Felsdurchschlupf der Forcella Cristina vorbei und in

Was für eine Kulisse! Felszacken rundum – und von der Forcella Sabbiosa freie Sicht auf die Drei Zinnen

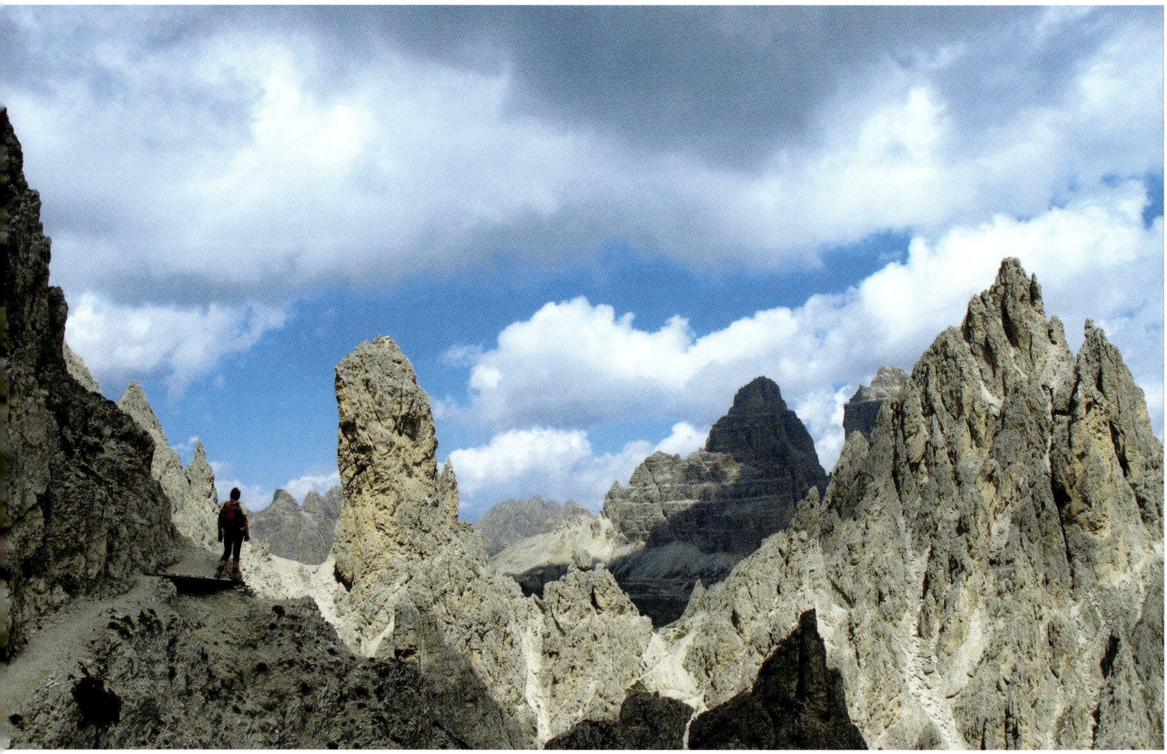

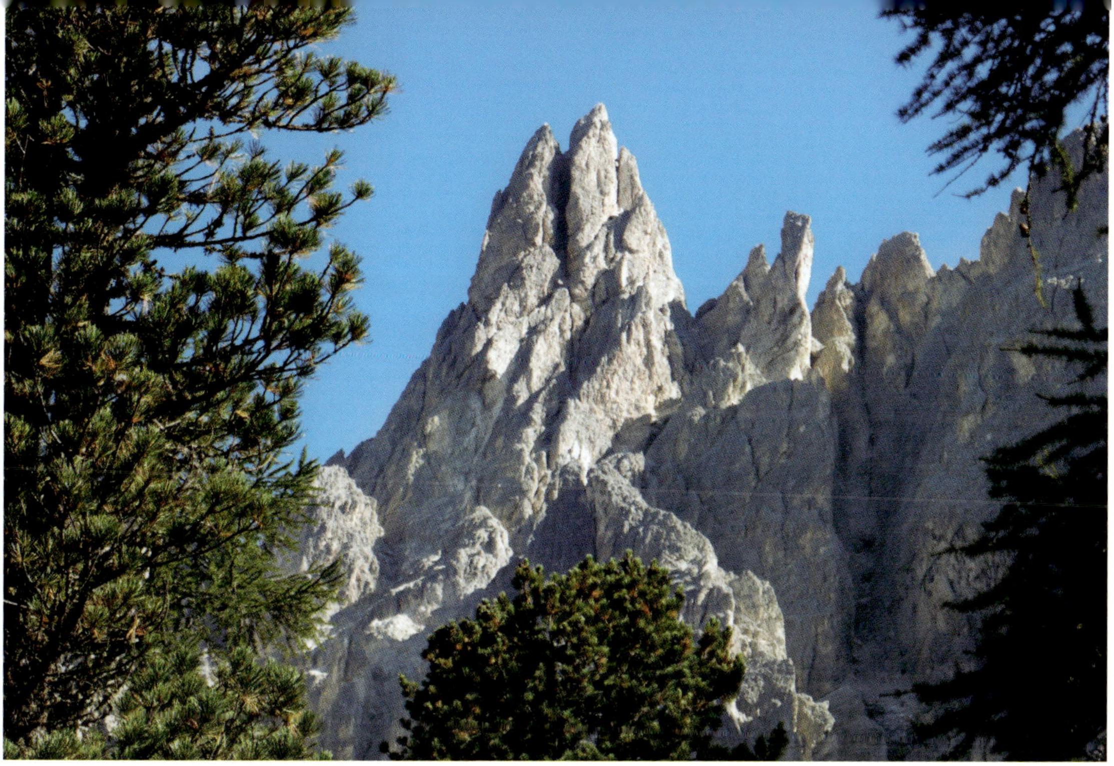

weitem Bogen unter den Wänden der Cima Eötvös (2825 m) in den mit Bergsturztrümmern übersäten Boden des Ciadin de le Pere. Die Cima Eötvös verdankt ihren Namen zwei recht kapriziösen, allerdings auch sehr sportlichen Damen aus Budapest, denen in den Dolomiten einige Erstbegehungen im Steilfels gelangen, auch in den Cadini. An der Tofana-Südwand bewiesen Ilona und Rolanda Eötvös im Sommer 1901 ihren Führern Dimai, Siorpaès und Verzi, was Frauenpower vermag … Die Leidenschaft fürs Klettern vermittelte den Schwestern ihr Vater, Loránd Eötvös, von Beruf Physiker und ein begeisterter Alpinist. Im Südgrat der Cima Eötvös steht ein schlanker Turm, der ebenfalls an einen prominenten Kletterer erinnert: der Campanile Dülfer. Hans Dülfer, einer der besten Kletterer seiner Zeit, dem vor allem im Wilden Kaiser aufsehenerregende Erstbegehungen gelangen, bestieg den Campanile im Sommer 1913 zusammen mit Walter von Bernuth, eine Tour im V. Schwierigkeitsgrad.

Bei all den Felstürmen der Cadini fragt man sich, wo das Erosionsmaterial dazwischen denn abgelagert ist. In den Karen (Cadini) natürlich, zumindest teilweise …

Der Sentiero Durissini steigt kurz an zur Selletta Alta di Maraia und läuft anschließend über karge Almwiesen hinüber zum ❸ Rifugio Città di Carpi (2130 m) wenig oberhalb der Forcella Maraia (2101 m). Hier endet eine ehemalige Kriegsstraße, auf der man über viele Serpentinen sehr knieschonend absteigt in das Val d'Onge. Der Fahrweg ist an mehreren Stellen durch Muren verlegt, was eindrucksvoll belegt, dass selbst Berge nicht für die Ewigkeit geschaffen sind. An der Mündung des Ongetals, bei Ⓔ Cason de la Crosera, endet die große Runde.

Sentiero Bonacossa

Ähnliche Eindrücke wie der Sentiero Durissini vermittelt der Bonacossa-Steig, allerdings mit dem Vorteil, dass die Tour nicht drunten im Val d'Ansiei, sondern am Col de Varda (2115 m; Sessellift) oberhalb des Misurinsasees startet. Die Durchquerung der gesamten Cadinigruppe bis zur Forcella Longeres (2235 m) ist in 5 Std. zu schaffen, mit dem Abstieg zum Misurinasee ergibt sich eine Gesamtgehzeit von gut 6.30 Std. Durchgehend markiert, mehrere gesicherte Passagen (Drahtseile, Leitern).

18

Forcella dei Camosci und Forcella della Rocca dei Bagni

Abenteuerlicher Osten in den Sextenern

schwer | 12 km | 820 m | 5.30 Std.

Tourencharakter
Selten begangene Route im Vorfeld des Sextener Hauptkamms, die einige Anforderungen an Trittsicherheit und Psyche stellt. Schlüsselpassage ist der Zugang zur Forcella dei Camosci. Unbedingt vor Antritt der Tour im Rifugio Lunelli Informationen über den Wegzustand einholen; wegen der erheblichen Steinschlaggefahr Helm mitnehmen (und aufsetzen). Aus dem Cadin dei Bagni markierter Zwischenabstieg

Ausgangs-/Endpunkt
Rifugio Lunelli (1568 m) im inneren Val Grande

Höchste Punkte
Forcella dei Camosci (2101 m), Forcella della Rocca dei Bagni (2126 m)

Verkehrsanbindung
Von Sexten über den Kreuzbergpass (1636 m) ins Val Padola. Hier rechts zu den Bagni die Valgrande und weiter auf teilweise schmaler Straße zum Rifugio Lunelli

Gehzeiten
Gesamt 5.30 Std.; Rifugio Lunelli – Rifugio Berti 1.15 Std., Schartenweg bis in den Valon de la Sapada 2.45 Std., Rückweg 1.30 Std.

Markierung
Ordentliche CAI-Markierungen, Wegweiser

Karte
Tabacco-Wanderkarte 1:25 000, Blatt 017

Hütten/Einkehr
Rifugio Berti

Dass es auch in der Dolomitenkarte noch weiße Flecken gibt, Gegenden, in denen die Zahl vierbeiniger Bewohner jene der aufrecht gehenden Zweibeiner um ein Vielfaches übersteigt, beweisen die östlichen Ausläufer der Sextener Dolomiten, die dem Comelico zugerechnet werden.

Forcella dei Camosci – Gamsscharte Der Name ist Programm, denn hinter dem Joch verbirgt sich eine weite Karmulde – das Cadin dei Bagni –, die man mit Fug und Recht als Gamsparadies bezeichnen darf. Gras zum Rupfen hat's genug, Felsen fürs tägliche Training auch. Menschen verirren sich nur selten in diesen abgelegenen Winkel; der Zustieg ist eher mühsam, Modeberge gibt's weit und breit keine. Ein neues, properes Schild unweit vom Rifugio Berti weist zwar zur Scharte und ins Cadin dei Bagni. Aber Vorsicht – das ist kein Wanderpfad für Rotsockler, die

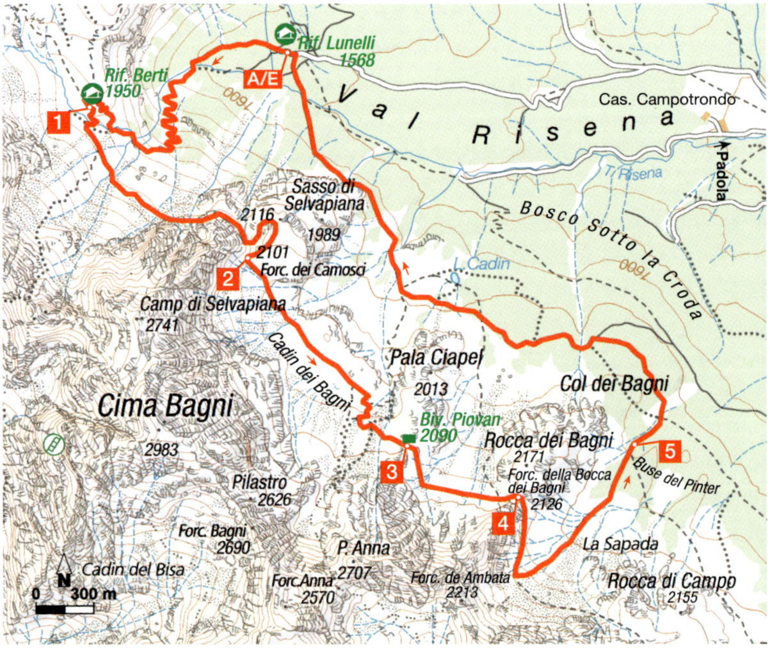

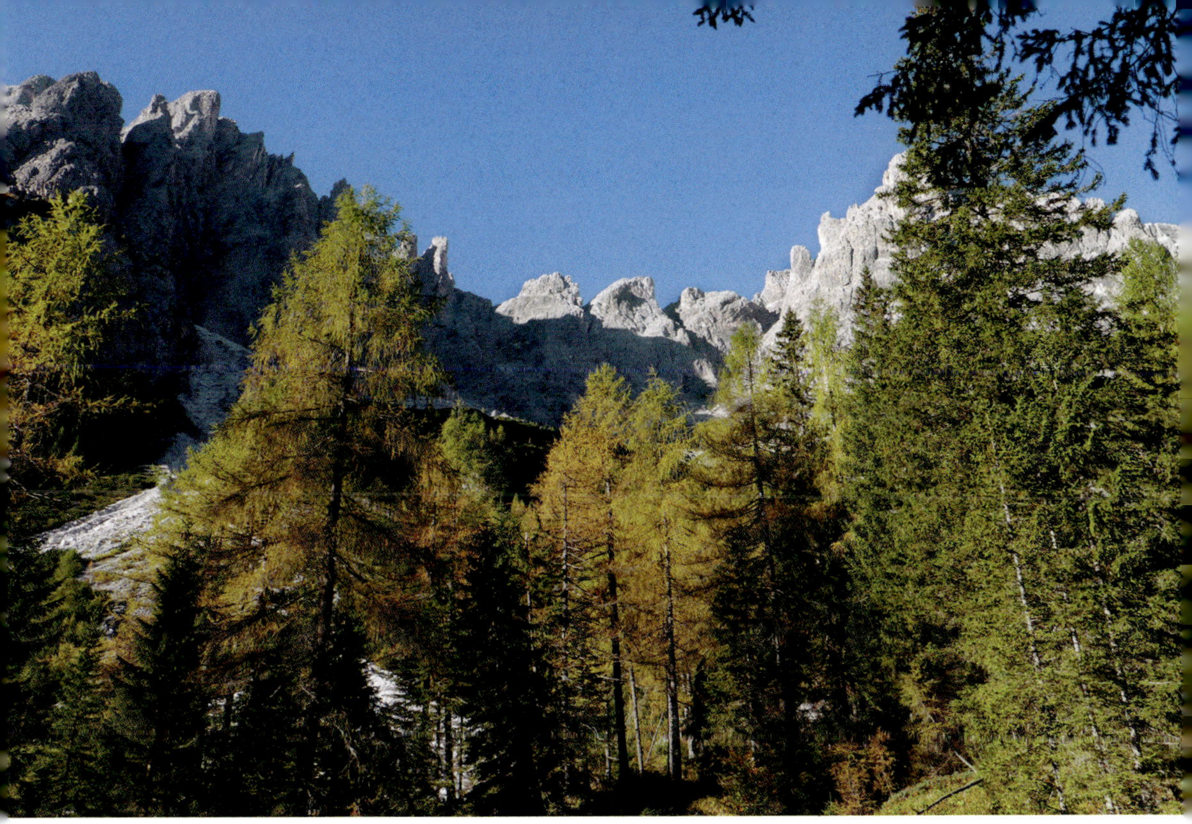

Der unbekannte Osten der Sextener Dolomiten – trotz seiner landschaftlichen Schönheit kaum besucht

vielleicht schon mal dem Schlern aufs Haupt gestiegen sind oder vom Bindelweg zur Marmolada hinübergeschaut haben. Vierbeiner mit speziell gebauten, optimal haftenden Fußsohlen und einem Körpergewicht von etwa 20 Kilogramm fühlen sich in dem Höllenwinkel unter der Gamsscharte pudelwohl, Zweibeiner ohne intensives Training in Fels und lockerem Schutt tun sich da entschieden schwerer. So manche/r hat beim zweiten Blick ins Gelände die Segel gestrichen. Da lacht die Rupicapra rupicapra, der kein Fels zu steil, kein Schutt zu locker und kein Grasband zu schmal ist. Der viel- und abgenutzte Begriff »Trittsicherheit« gewinnt so eine ganz neue Qualität …

Die Runde über dem Val Grande bietet große Eindrücke, auch Spannung, verläuft sie doch über insgesamt drei Scharten, die hier dem Hauptkamm der Sextener Dolomiten vorgelagert sind – ordentlich viel Auf und Ab und immer wieder wechselnde Ein- wie Ausblicke. Seit dem Sommer 2016 ist die Gegend zumindest ein wenig aus ihrem Dornröschenschlaf gerissen worden. Ein von Padola ausgehender Sessellift, der seine Bergstation am Col d'la Tenda (1945 m) hat, macht den Zustieg kürzer und bequemer. Beim Rifugio Berti werden allerdings nur wenige Wanderer ankommen; da hat die Natur an der Forcella dei Camosci einen Riegel vorgeschoben.

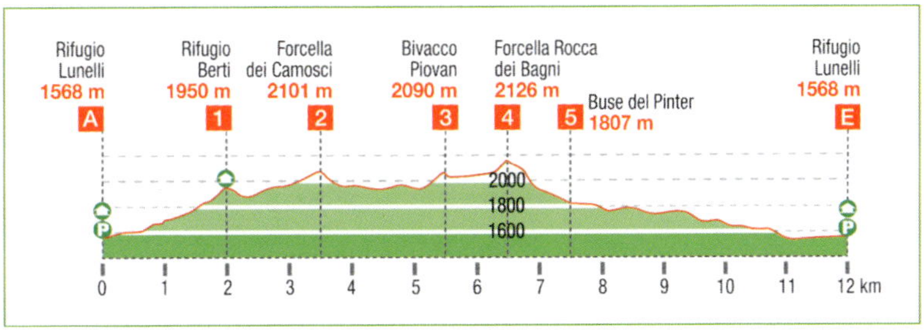

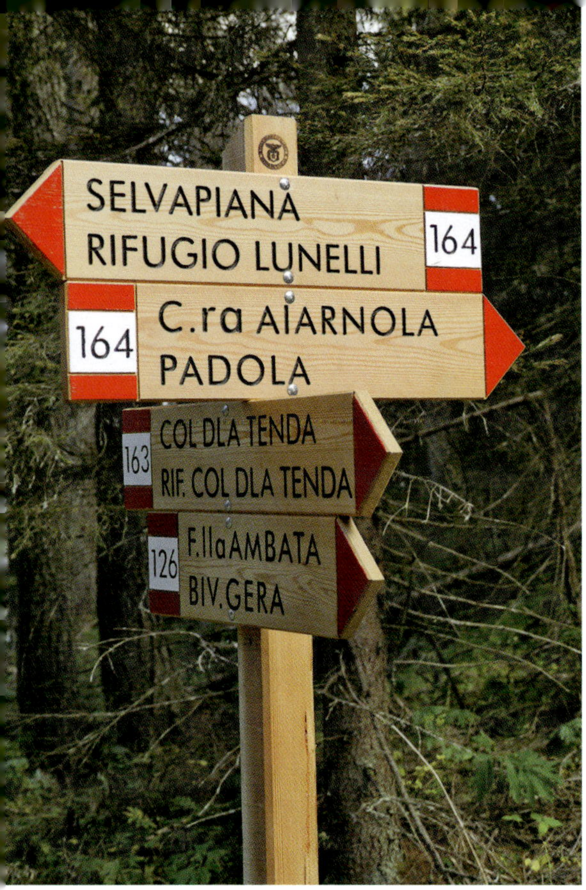

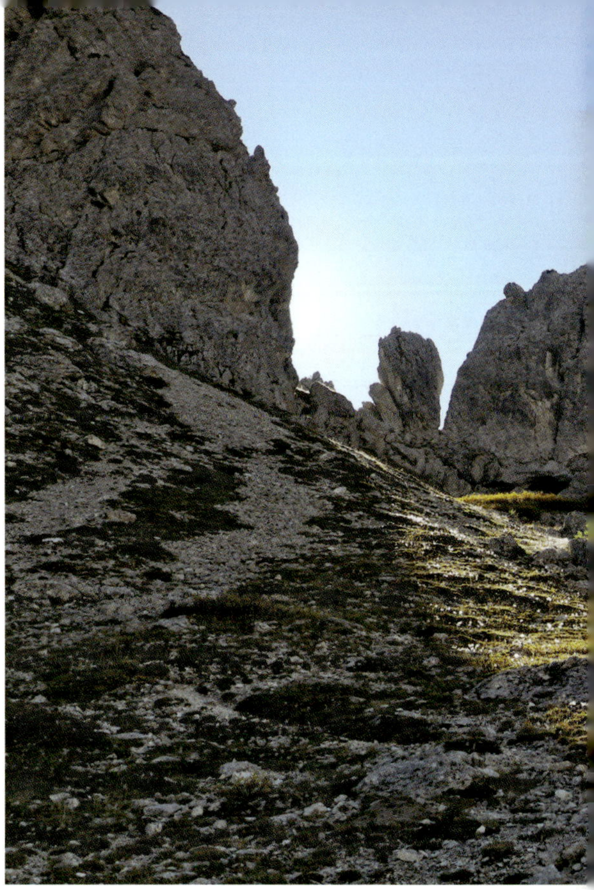

Oben: Neue Wegweiser, aber teilweise raue, von Muren beschädigte Wege – der Osten der Sextener. Mitte: Im Aufstieg zum Bivacco Piovan

Ins Höllenloch Die spannende Runde im Nordosten der Sextener Dolomiten beginnt mit dem Aufstieg vom Ⓐ **Rifugio Lunelli** (1568 m) zur Bertihütte. Der ehemalige Nachschubweg aus dem Ersten Weltkrieg – mittlerweile etwas ramponiert – schraubt sich in zahlreichen Serpentinen über die markante Talstufe hinauf zum Rand des Vallon Popera. Da steht auf einer Anhöhe das ❶ **Rifugio Berti** (1950 m) mit freier Sicht auf die schroffen Zinnen rundum, vom Neuner (2582 m) über die Rotwand und die Hochbrunnerschneid (3046 m) bis zum massigen Klotz der Cima Bagni (2983 m). Nicht zu übersehen ist auch die Wegspur, die vom Geröllboden des Risena-Bachs sanft gegen seine Sockelfelsen ansteigt. Dabei quert er eine Geröllreiße, deren helle Färbung deutlich signalisiert: Steinschlag! Immer wieder rauschen aus der Nordflanke der Cima Bagni Steine zu Tal, wird der schmale Pfad weggerissen, zerstört. Das letzte Mal im Sommer 2016 – ein Jahr später war er instand gestellt, mittlerweile ist er aber bereits wieder beschädigt.
Die markierte Spur führt auf ein System von Bändern, die, teilweise stark ausgesetzt, in den wilden Felskessel unterhalb der ❷ **Forcella dei Camosci** (2101 m) leiten. Zuletzt geht's durch eine Rinne steil hinauf in die Scharte.

Szenenwechsel Unvermittelt tritt man aus der düster-verschattenen Enge in die sonnige Weite des Cadin dei Bagni: grüne Böden, darüber grauer Fels. Und am anderen Ende des versteckten Paradieses das nächste Zwischenziel, das (z. Zt. geschlossene) ❸ **Bivacco Piovan** (2090 m). Mit gut 100 Meter Höhenverlust durchwandert man

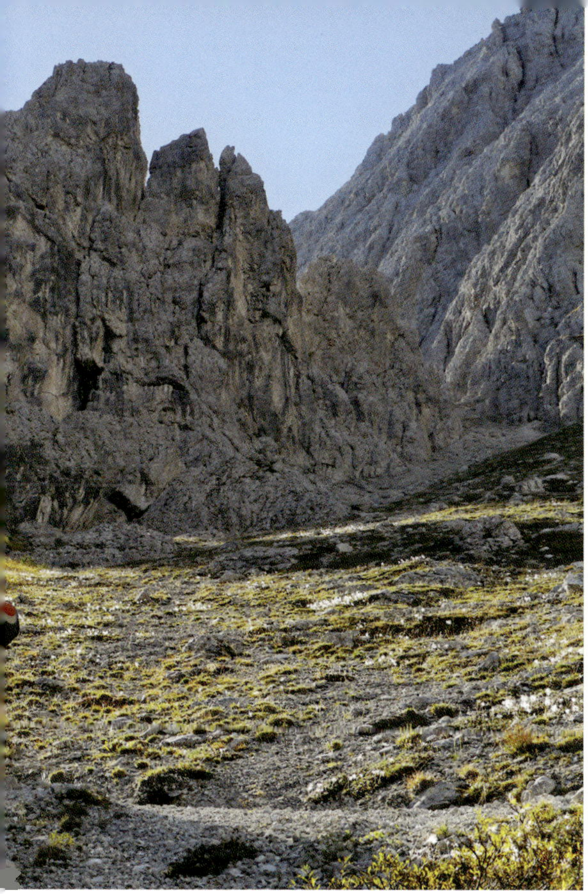

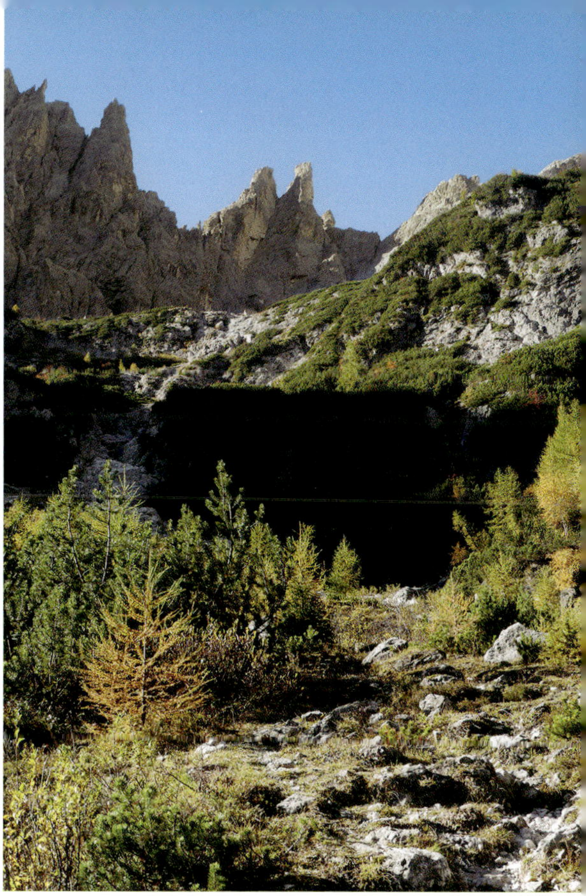

das Kar nach Südosten und steigt dann hinauf zu dem Biwak. Dahinter öffnet sich ein weiterer Karwinkel, überragt vom markanten Felszahn der Punta Anna (2702 m). Der Weg steigt kurz ab, quert dann die steinigen Hänge hinüber zur ❹ **Forcella della Rocca dei Bagni** (2126 m). An der Scharte betritt man den Valon de la Sapada. Die markierte Spur steigt ab ins Talinnere, läuft dann hinaus in die licht bewaldete Buckellandschaft der ❺ **Buse del Pinter** (1807 m). Geleitet von der CAI-Markierung 164 wandert man – vorbei am seichten Lago Cadin – hoch über dem Val Grande taleinwärts. Nach einer längeren Querung unter dem Sasso di Selvapiana wird aus dem schmalen Pfad ein Ziehweg, der steil hinabführt zum Risena-Bach. Man quert ihn und steigt kurz hinauf zum Ⓔ **Rifugio Lunelli**. Von der Terrasse der Hütte bietet sich dann ein letzter Blick hinauf und zurück: in den düsteren Felswinkel unter der Gamsscharte, den man ein paar Stunden zuvor passiert hat – vielleicht mit etwas Herzklopfen. Wow!

Am Weg zum Rifugio Berti hat man die Campanili di Popera im Blick.

Das Gämsenparadies des Cadin dei Bagni

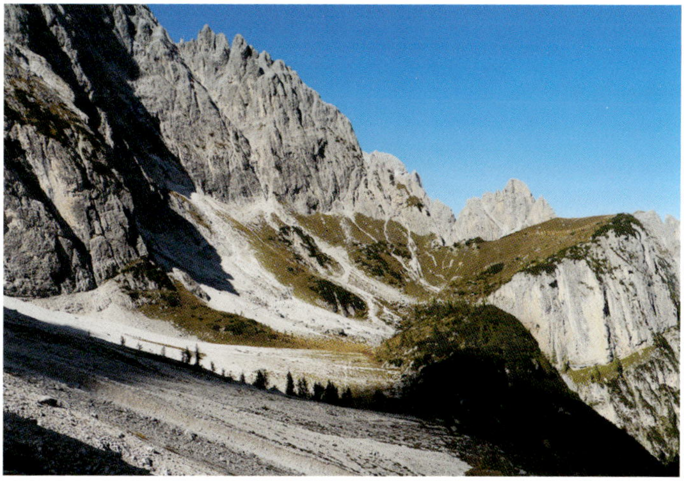

19 Pradeto

Scheitern mit Gewinn

mittel 8 km 750 m 4.00 Std.

Tourencharakter
Kurz, aber knackig! Die Wege am Südhang des Monte Aiarnola, von Auronzo ausgehend, sind steil bis sausteil. Nicht ideal für die Kniegelenke (Abstieg!), deshalb auf jeden Fall Wanderstöcke mitnehmen. Im Sommer früh losgehen, die kühlen Morgenstunden für den schweißtreibenden Aufstieg nutzen

Ausgangs-/Endpunkt
Auronzo (866 m), Ortsteil Villagrande. Parkplatz an der Hauptstraße, unmittelbar unterhalb der Pfarrkirche Santa Giustina bei der Abzweigung der Via Antonio Berti

Höchster Punkt
Weggabelung Mason (ca. 1620 m)

Verkehrsanbindung
Auronzo erreicht man von Toblach bzw. Cortina d'Ampezzo via Misurina bzw. den Passo Tre Croci. Linienbus

Gehzeiten
Gesamt 4 Std.; Aufstieg 2.30 Std., Abstieg 1.30 Std.

Markierung
Ein paar Schilder, rote Punkte und die Wegnummer 125 – alles recht unkoordiniert. Verhauer nicht ausgeschlossen …

Karte
Tabacco-Wanderkarte 1:25 000, Blatt 017

Hütten/Einkehr
Keine unterwegs

Wer »vergessene« Pfade sucht, gerät gelegentlich auf Abwege. Das muss aber nicht zwangsweise in einen verlorenen Tag münden, mit etwas Glück entdeckt der Dolomitenwanderer auf diese Weise Unerwartetes, Neues und Spannendes.

Vergangene Zeiten Bergbau war in früheren Zeiten ein wichtiger Wirtschaftsfaktor in manchen Regionen der Alpen. Man denke nur an die Goldsucher des Rauriser Tals oder an das Abbaurevier der Fugger im Ridnaun. Auch in den Dolomiten wurde nach Erzen geschürft, jahrhundertelang, so bei Ágordo und am Monte Pore. Auronzo war ein Bergbauort, im Ansieital suchte man dem Berg Silber abzutrotzen und oberhalb des Dorfes, am Südhang des Monte Aiarmola (2458 m), gruben sich die Knappen ins Gestein, um an die recht ergiebigen Bleilager zu gelangen. Tempi passati. Geblieben sind Überreste der einst umfangreichen Anlagen mit kilometerlangen Stollen, Seilbahnen und Gebäuden. Im Val Grigna und im östlich benachbarten Val San Rocco wurde bis in die zweite

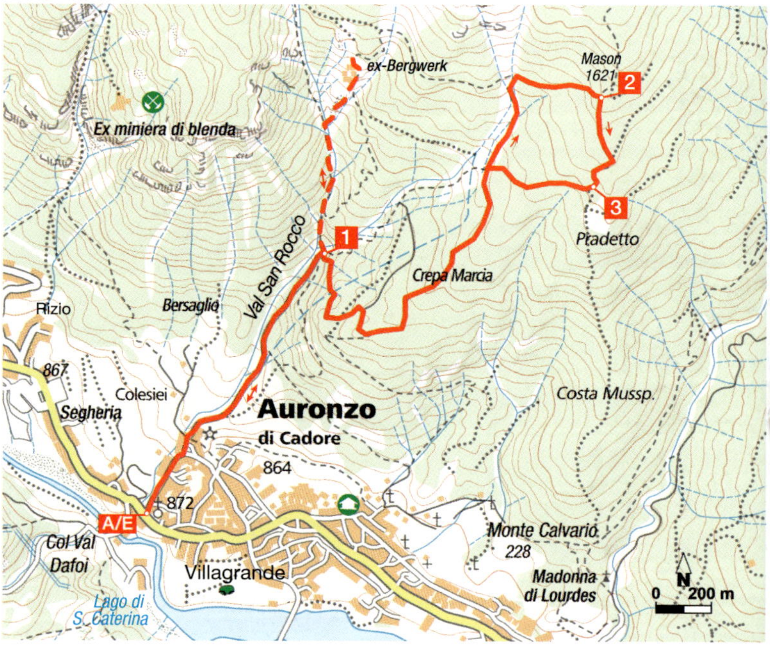

Hälfte des letzten Jahrhunderts gegraben. Die alten Wege sind teilweise noch begehbar, doch wer ihnen folgt, wird bald zum Fährtensucher – Verhauer nicht ausgeschlossen. Wir brauchten ebenfalls zwei Anläufe, bis wir die alte Mine im Val San Rocco entdeckten. Wegweiser und Kartenunterlagen führten uns erst einmal in die Irre. Dafür entdeckten wir einen wunderschönen Platz hoch über dem Ansieital, mit dem Monte Aiarnola im Rücken und einer bezaubernden Schau auf die östliche Marmarole. Ein altes Kreuz bewacht die Holzbank auf Pradeto, Brot und Käse schmeckten prima, das Wasser auch. So kann ein Verhauer auch ausgehen. 20 Meter tiefer, am unteren Rand der Lichtung, auf der früher wohl über den Sommer ein paar Kühe grasten, hätten wir sogar die Nacht verbringen können, in der vom CAI Auronzo zur Selbstversorgerhütte umgebauten Almhütte von Pradeto.

Der zweite Anlauf glückte dann, der steile Serpentinenweg führte zum Ziel, zu den Ruinen der ehemaligen Miniera. Schöner war allerdings die kleine Runde über Pradeto, gerade deshalb vielleicht, weil's nicht geplant war: ein Überraschungsweg.

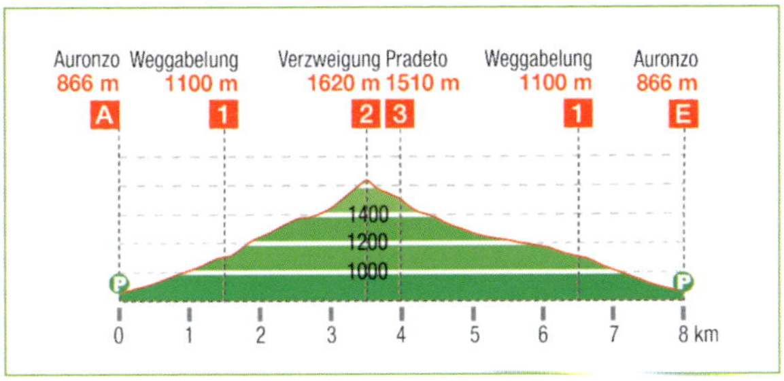

Von der ehemaligen Bleimine im Val San Rocco schaut man hinüber zu den Gipfeln der östlichen Marmarole.

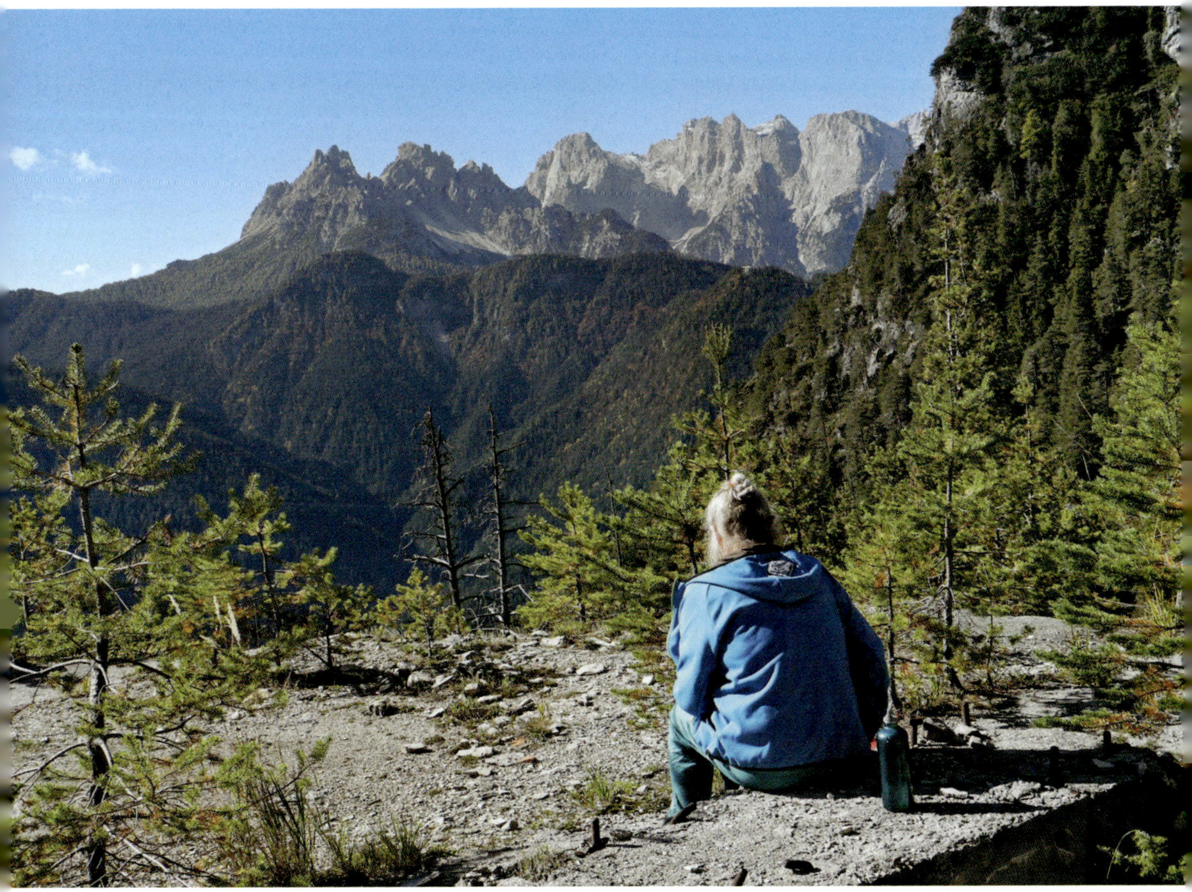

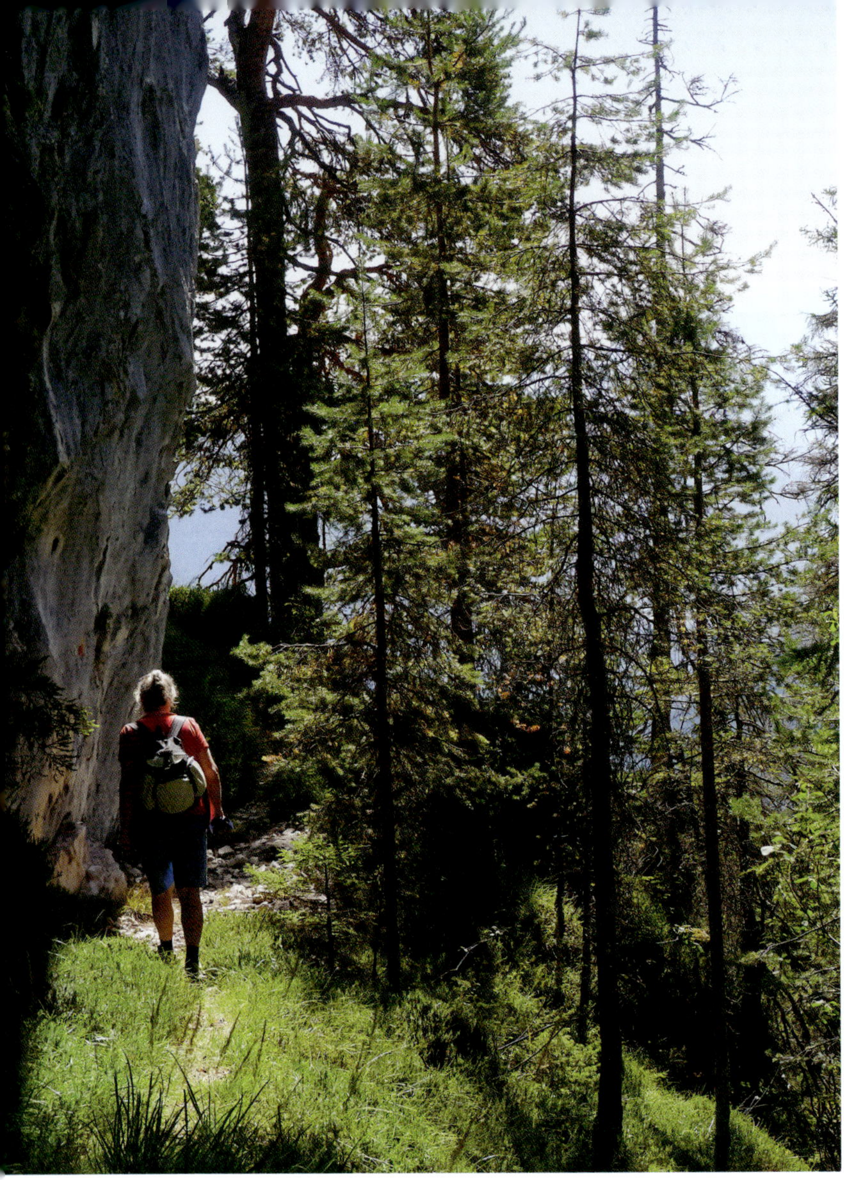

Einer der zahlreichen alten Wege an der Südflanke des Monte Aiarnola; dieser hier endet in einer Sackgasse.

Steil, steiler – noch steiler Die Tour startet in **Ⓐ Auronzo** (868), an der Hauptstraße im Ortsteil Villagrande. Auf Asphalt geht's gleich steil bergan und weder an der Unterlage noch an der Steigung wird sich in der Folge viel ändern. Vorbei an den letzten Wohnhäusern wandert man hinein ins Val San Rocco, angenehm schattig, was man im Sommer sehr zu schätzen weiß. Man kreuzt einen als Radlstrecke ausgeschilderten Fahrweg und erreicht dann – leicht außer Atem – eine doppelte **❶ Weggabelung** (1100 m) mit Hinweisschildern. Links geht's steil hinauf zur Vecchia Miniera (siehe Kasten), halb rechts ins Nichts (»9 – Crepa Marcia«) und rechts mit der CAI Markierung 125 zum Monte Aiarnola (steht wenigstens da). Das Sträßchen verliert seine komfortable Unterlage, gewinnt dafür noch etwas an Steilheit. Über ein paar Schleifen schraubt es sich bergwärts, um dann an einer Wasserfassung zu enden. Ein Waalweg, der dem – gut hörbar – plätschernden Wasser folgt, führte ursprünglich wohl zur alten Mine; er endet allerdings an einer an Drahtseilen befestigten Rohrleitung, die luftig einen felsigen Graben quert – Fehlanzeige …
Also folgt man dem komfortablen Weg, der 100 Meter vor der Wasserfassung (1378 m) halb rechts abzweigt, bald zur schmalen Spur wird und über einen Wiesenhang extrem steil ansteigt. Da denkt man unwillkürlich an die berühmten Hühner mit Steigeisen …

Versteckte Idylle Knapp 100 Meter höher stößt der Steilwand-Wanderer auf einen Querweg – möglicherweise eine Verbindung zur alten Mine? Wir gehen rechts, folgen der deutlichen Spur, die sanft ansteigt, und erreichen eine beschilderte **❷ Verzweigung** (ca. 1620 m): aufwärts zum Monte Aiarnola, abwärts nach **❸ Pradeto**

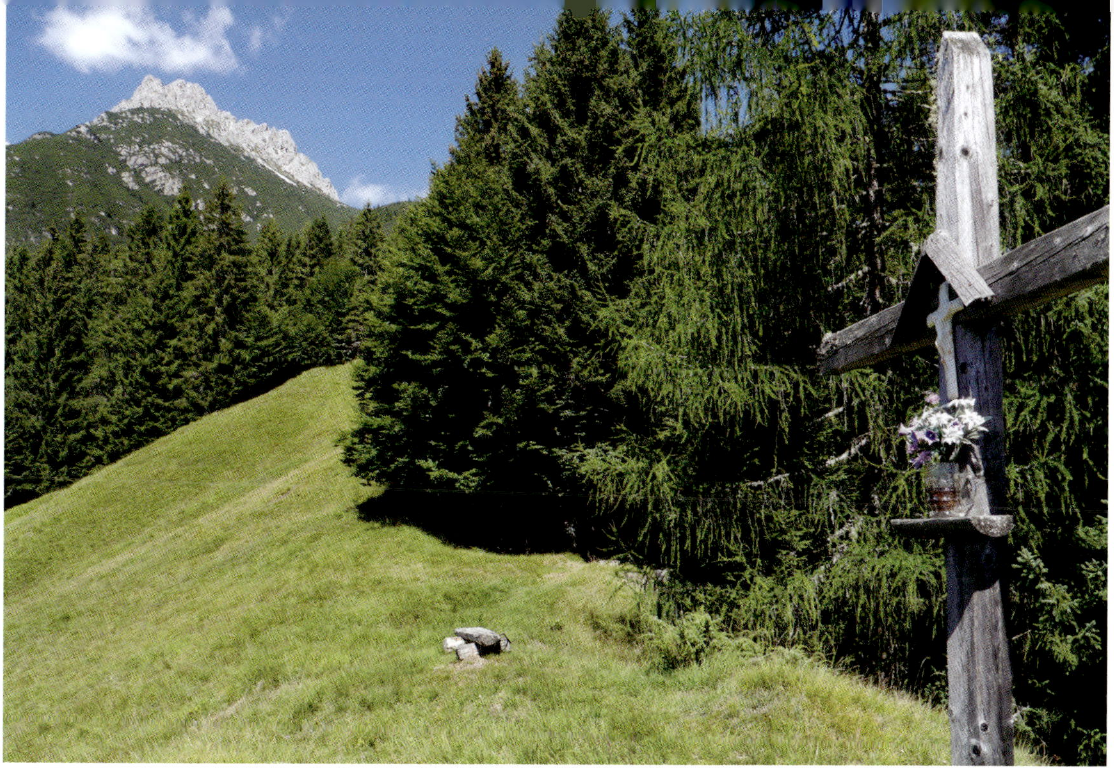

Ein kleines verstecktes Paradies: die ehemalige Alm von Pradeto

(ca. 1510 m). Das Weglein leitet uns im Wald bergab. Dann geht der Vorhang auf, man steht am Rand einer großen Rodungslichtung mit freier Sicht auf die Marmarole. Ihre Grate und Gipfel dürften noch weniger Besuch erhalten als unser Ausguck über Auronzo. Von Bergwerksanlagen ist weit und breit nichts zu sehen, doch das stört überhaupt nicht (siehe oben).

Der weitere Abstieg führt zurück in den Wald. Wenig oberhalb der Wasserfassung stößt man auf den Anstiegsweg. Rund 600 Tiefenmeter stehen noch an, steil bis sehr steil, das wissen wir. Drunten an der Hauptstraße in **E** Auronzo geht der Blick zurück, hinauf, zusammen mit dem Gedanken: schön, dieser Verhauer!

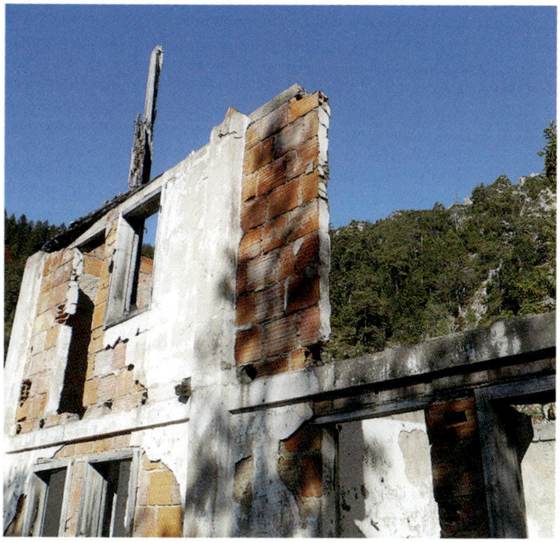

Von den Bergwerksanlagen sind nur Ruinen geblieben.

Die ehemalige Bleimine im Val San Rocco

Wer zur Ex-Miniera will, nimmt an der erwähnten Verzweigung (1100 m) den links abgehenden schmalen und steilen Weg. Nicht der CAI-Nummer 125 folgen! Der Pfad gewinnt in vielen Kehren zügig an Höhe, quert dann eine steile Geröllreiße (Vorsicht!) und peilt schließlich die schon von Auronzo aus sichtbare Gebäuderuine an. Ein Stück unterhalb kommt man an den (versperrten) Eingängen der langen Stollen vorbei, die einst eine Verbindung mit den weiter westlich an der Grigna gelegenen Teilen des Bergwerks bildeten. Von der eingangs erwähnten Verzweigung etwa 1 Std., Trittsicherheit erforderlich.

20 Der Monte Tudaio

Spannende Gipfelüberschreitung

mittel | 13 km | 1270 m | 6.15 Std. | K2

Tourencharakter
Der Aufstieg verläuft durch das wildromantische Val di Ciariè und über die felsige Südflanke des Monte Tudaio, ist anstrengend, auf kürzeren Abschnitten gesichert und im Sommer extrem schweißtreibend (ausreichend Getränke mitnehmen!). Der Abstieg folgt den vielen Kehren einer ehemaligen Kriegsstraße. Sie ist vor allem im unteren Teil recht steil und grobschotterig.

Ausgangs-/Endpunkt
Restaurant Chalet Pino Solitario (878 m)

Höchster Punkt
Monte Tudaio (2140 m)

Verkehrsanbindung
Von Auronzo di Cadore (845 m) talabwärts bis zu den Tre Ponti (740 m), dann spitzwinklig links und auf der Straße Nr. 619 zum Weiler Piniè (807 m). Hier links steil bergan zum Chalet Pino Solitario

Gehzeiten
Gesamt 6.15 Std.; Aufstieg 4 Std., Abstieg 2.15 Std.

Markierung
Sentiero dei Mede gut markiert, Abstieg auf der alten Militärstraße nicht zu verfehlen

Karte
Tabacco-Wanderkarte 1:25 000, Blatt 016

Hütten/Einkehr
Keine Einkehr am Weg!

Streng genommen gehört der Monte Tudaio bereits zu den Karnischen Alpen, die Aussicht richtet sich aber, bedingt durch die Lage direkt über dem Zusammenfluss von Ansiei und Piave, vor allem auf die Dolomiten, mit Antelao, Marmarole und Sextenern.

Ein Blick auf die Landkarte reicht, um die strategische Lage des Monte Tudaio (2140 m) im Rücken der Alpenfront zu erkennen: hoch über dem Zusammenfluss von Ansiei und Piave, mit freier Sicht auf die Sextener Dolomiten und einen Abschnitt des Karnischen Haupt- und Grenzkamms. Da erstaunt es kaum, dass dieser nordwestliche Eckpfeiler der Karnischen Alpen eine Festung erhielt. Sie gehörte zu einer ganzen Kette ähnlicher Anlagen, die von der italienischen Heeresleitung im Rücken der Grenze zu Österreich noch vor dem Kriegseintritt angelegt wurde als Sicherung im Falle eines Fronteinbruchs. Auch die Westseite des Piavetals war befestigt (Col Vidal); die mächtige Festung am Monte Rite sollte das Boitetal kontrollieren.

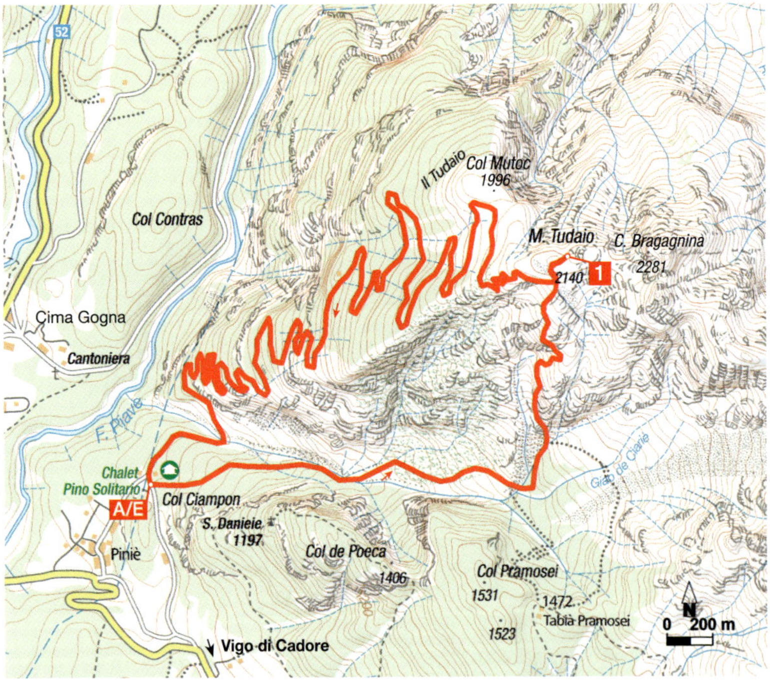

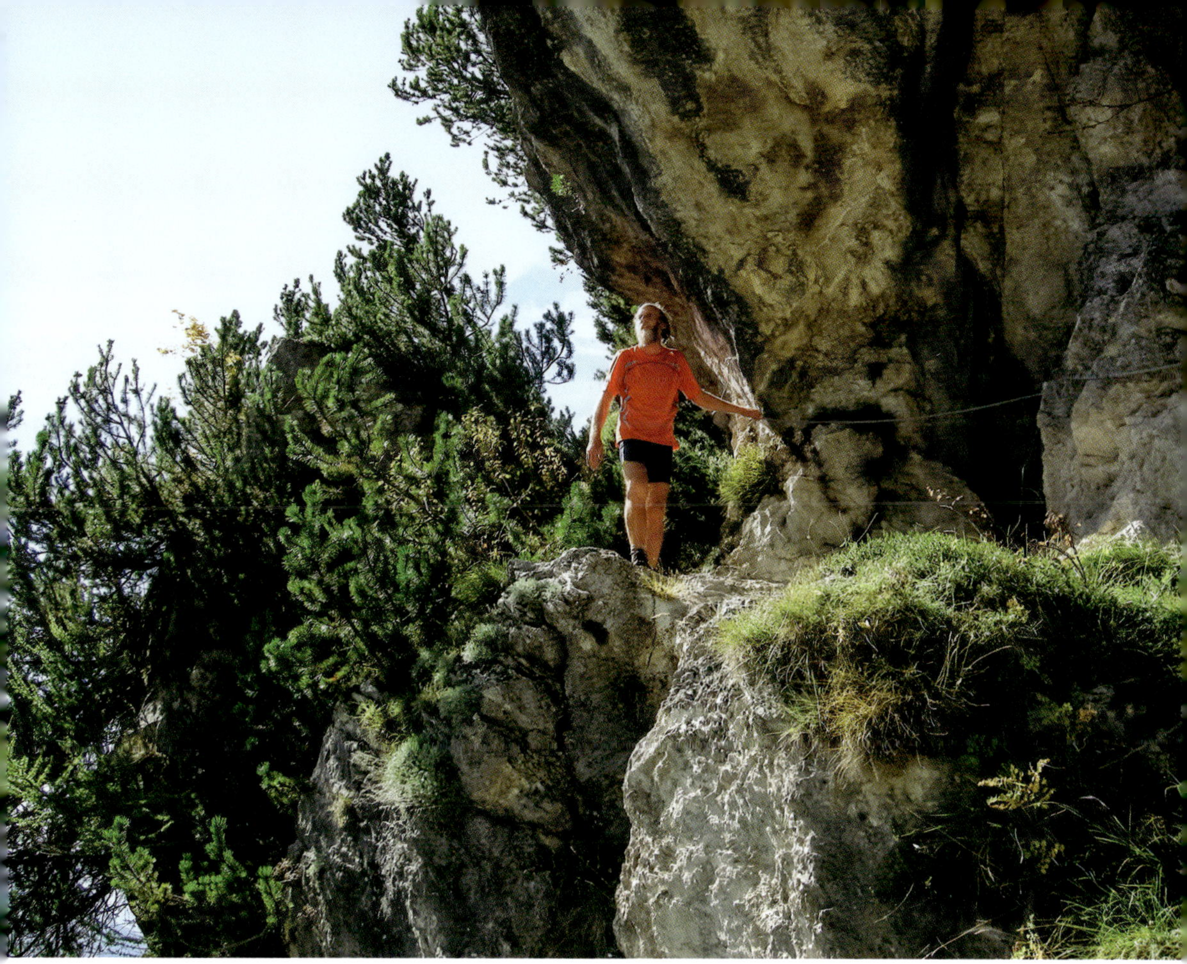

Gipfelfestung Auf dem Monte Tudaio befand sich eine Geschützstellung mit vier Armstrong-Kanonen vom Typ 149A, die eine Reichweite von mehr als zehn Kilometern hatten. Versorgt wurde die Gipfelbesatzung über eine kunstvoll trassierte Zufahrt und zwei Materialseilbahnen; eine dritte Teleferica verband die Gipfelbastion mit der Waldsenke von Pramosei. Zu den Festungsanlagen gehörte neben der großen Kaserne und Munitionslagern auch ein Observatorium. Das ist längst zerstört; ersatzweise informieren heute einige Panoramatafeln über die prächtige und ganz friedliche Rundschau.

Der Sentiero dei Mede schlängelt sich durch die felsige Südflanke hinauf zur alten Festung am Monte Tudaio.

Sentiero dei Mede Die Festungsstraße ist gut erhalten, also durchaus auch eine Option für den Aufstieg. Erfahrenen Berggängern bietet der Sentiero dei Mede einen interessanteren, landschaftlich ungemein reizvollen Zu-

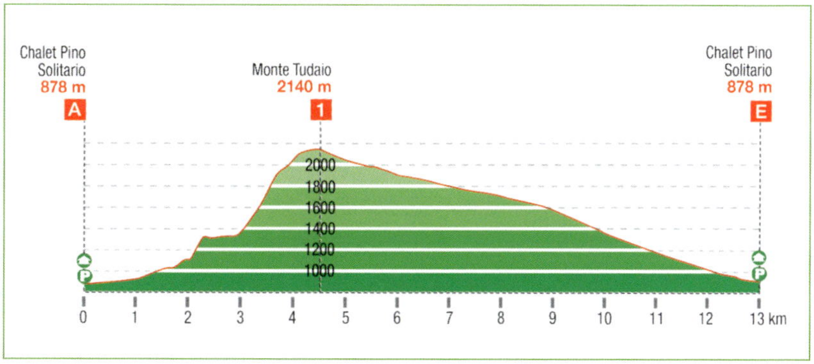

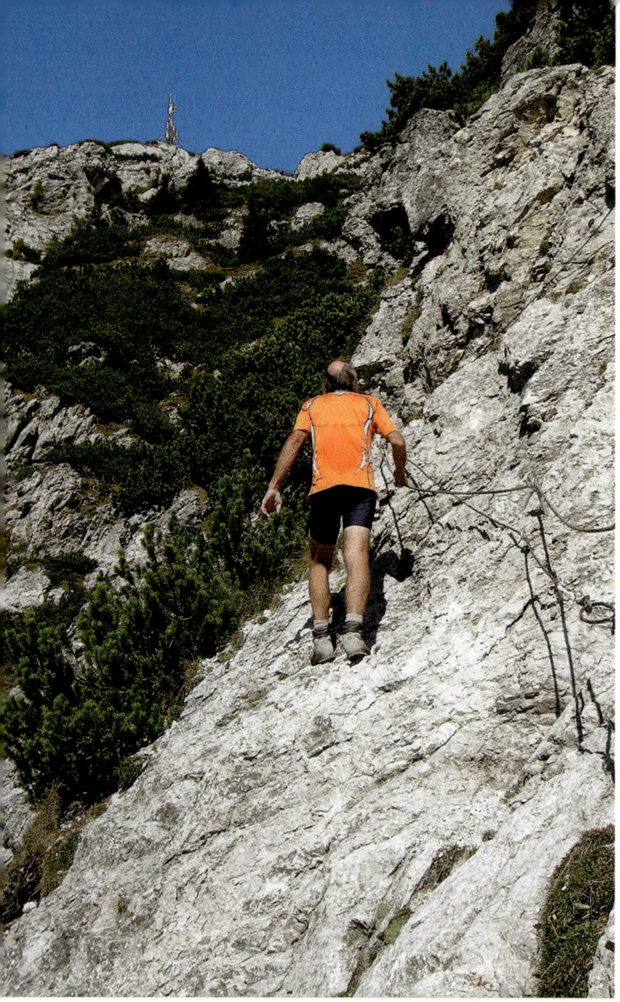

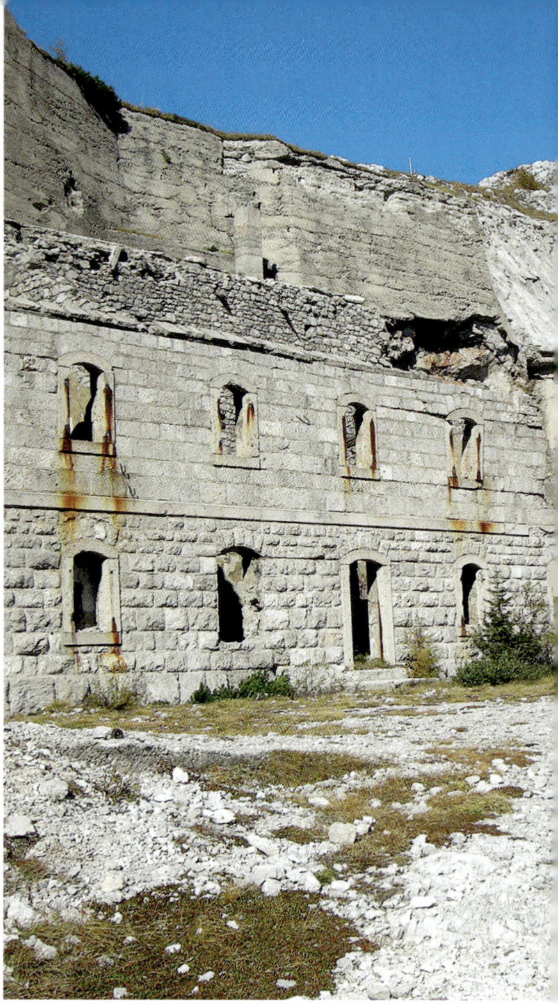

Oben: Gipfel in Sicht! Der Anstieg zum Monte Tudaio ist steil, teilweise auch felsig – und immer spannend. Mitte: Die Festung am Gipfel, eine mächtige Anlage, ist heute Ruine.

gang. Man »schleicht« sich dabei sozusagen von hinten an über die enorm steile, zum Val di Ciariè abbrechende Südflanke des Bergstocks. Einige Passagen sind gesichert, Ausdauer ist unerlässlich, im Hochsommer sei auch ein sehr früher Aufbruch dringend angeraten.

Aufstieg Gleich hinter dem Ⓐ **Chalet Pino Solitario** (878 m) weist ein Schild die Richtung: »Sentiero dei Mede, ore 4«. Ein Ziehweg, der bald zum schmalen, aber deutlich erkennbaren Pfad wird, führt taleinwärts. Nach etwa einer halben Stunde leitet die Spur über das breite Geröllbett des Giao de Ciariè, nochmals gut 30 Minuten später verlässt man den Graben nach links und steigt – zuletzt steil und steinig – hinauf zur Mündung einer gewaltigen Schuttreiße. Sie wird gequert, dann geht's erneut steil bergan. Die grün-erdige Rinne mündet auf ein System von teilweise recht schmalen Horizontalbändern, denen man nach links bis zum Rand einer wilden Klamm folgt. Dann heißt es erneut: hinauf! Die Spur leitet in einen steinigen Graben (Sicherungen), dann auf einen schmalen Latschenrücken, an den ein mäßig steiler Wandaufschwung anschließt. Er ist mit Drahtseilen bestens gesichert. Der Antennenstachel am Gipfel ist nun bereits recht nahe; ein letzter Anstieg über einen Krummholzhang leitet hinauf zur Umfassungsmauer der Gipfelfestung. Bei der gro-

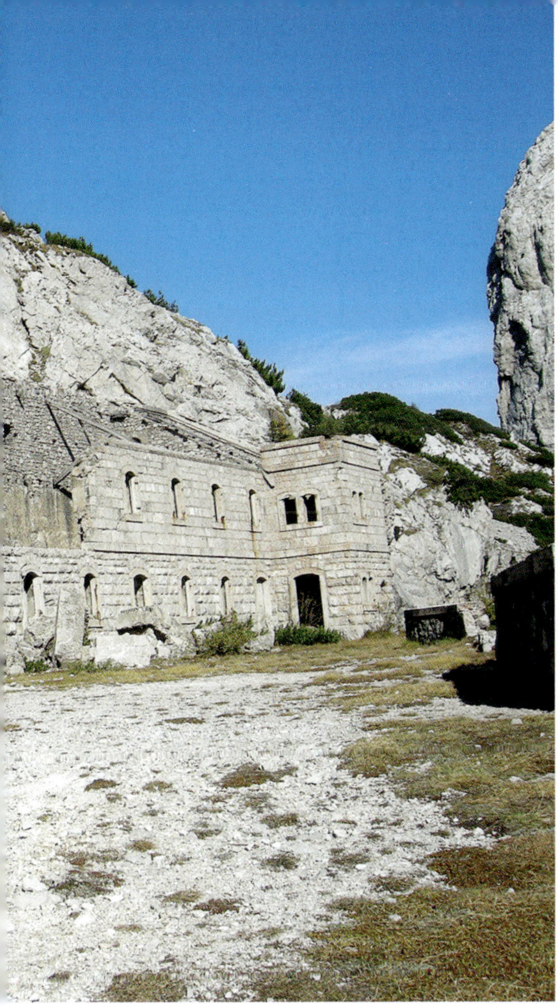

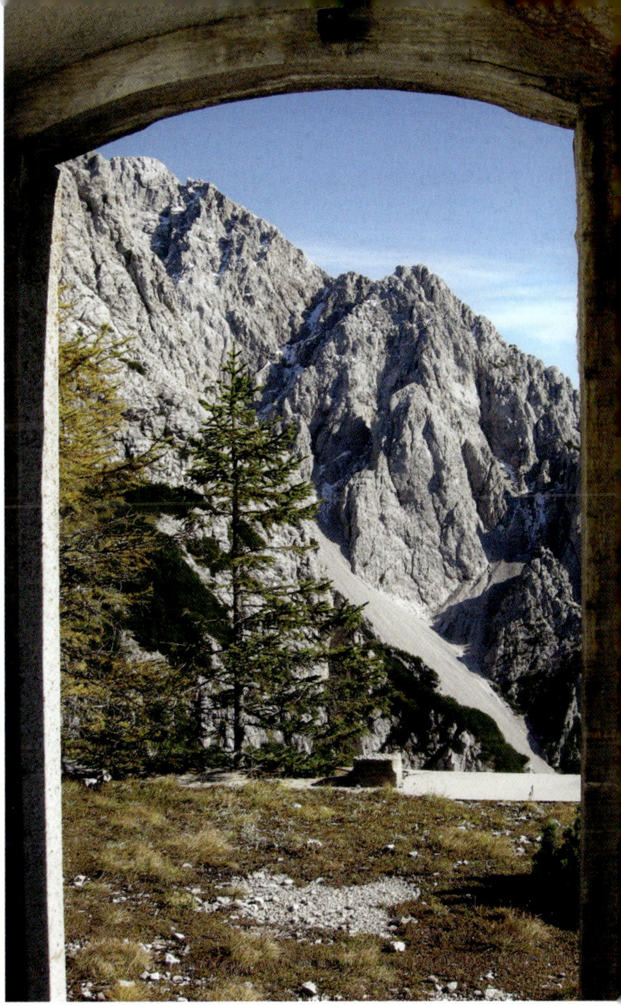

ßen Kaserne betritt man die ausgedehnte, in Teilen noch recht gut erhaltene Anlage. 20 Meter höher, am abgeflachten Gipfel des **1** **Monte Tudaio** (2140 m), gibt's das große Panorama. Der erste Blick geht dabei meistens ins Val d'Ansiei und hinauf zu den Drei Zinnen. Die hießen übrigens früher bei den Einheimischen in Auronzo nicht Tre Cime di Lavaredo, sondern ganz schlicht und zutreffend Monte Bello.

Der Monte Tudaio, direkt über dem Piave aufragend, gehört geografisch bereits zu den Karnischen Alpen; das Gestein, das ihn aufbaut, ist Dolomit wie jenseits des Flusses.

Links-rechts Durch einen Tunnel verlässt man die Festung wieder; dann geht es mit viel Aussicht in Serpentinen an der Westflanke des Tudaio bergab. Am Col del Muto (1960 m) führt die Kriegsstraße am Eingang eines Stollens vorbei. Er leitet durch den Berg zu vier Artilleriestellungen, die einen Schusswinkel von Auronzo bis Santo Stefano im Visier hatten. Auronzo und die südöstlichen Sextener Dolomiten bleiben auch beim weiteren Abstieg noch eine Weile im Blickfeld, auch der Koloss im Westen, der alle anderen Berge hier überragt: der Antelao (3264 m).
Der Fahrweg mündet schließlich in den Geröllgraben des untersten Val di Ciariè. Hier kann man noch einen kleinen Abstecher zu den während des Faschismus angelegten Stellungen unternehmen (Hinweistafel). Beim **E** **Chalet Pino Solitario** endet die spannende Überschreitung eines schwer befestigten Gipfels, der nie in militärische Operationen verwickelt war.

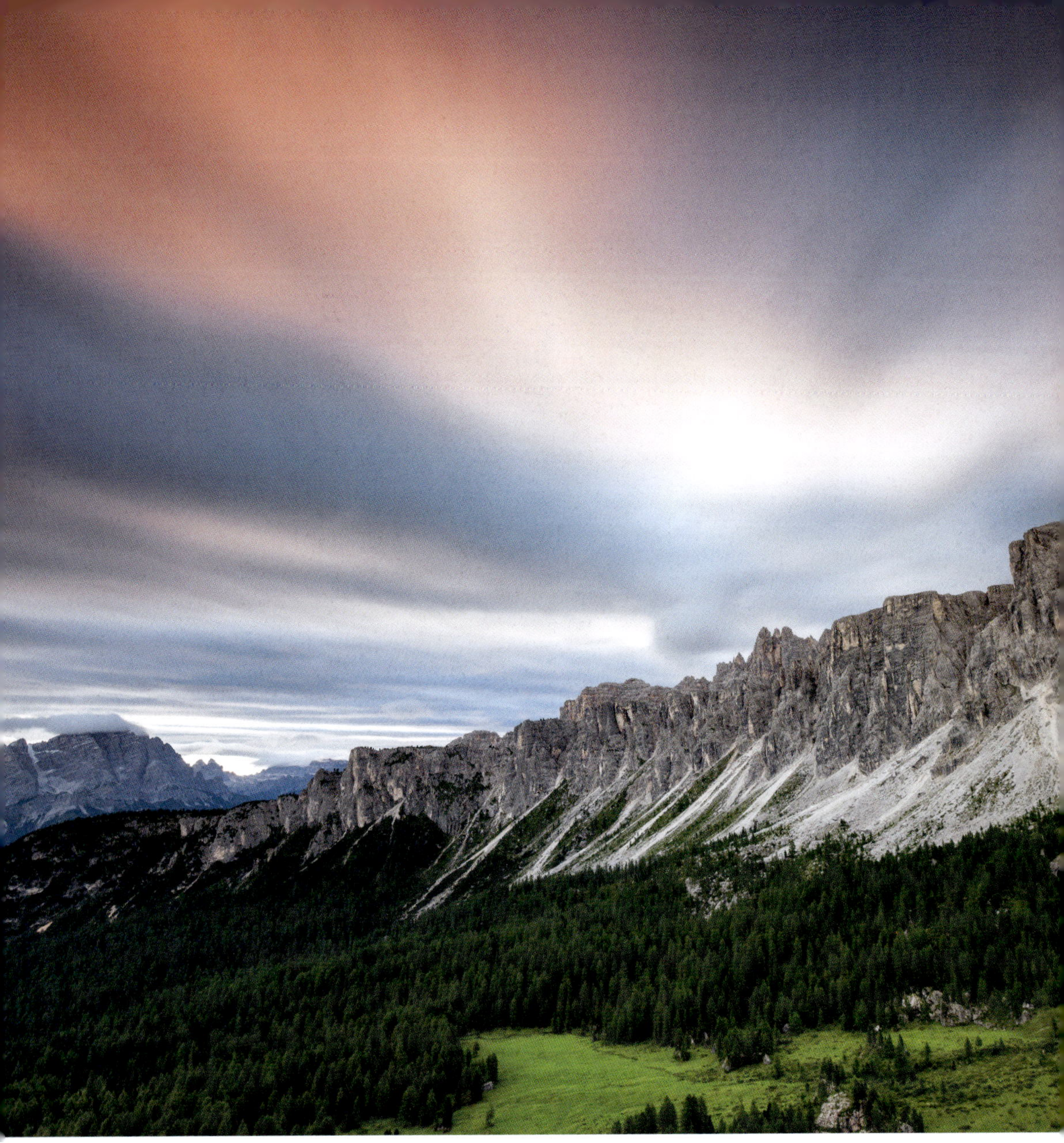

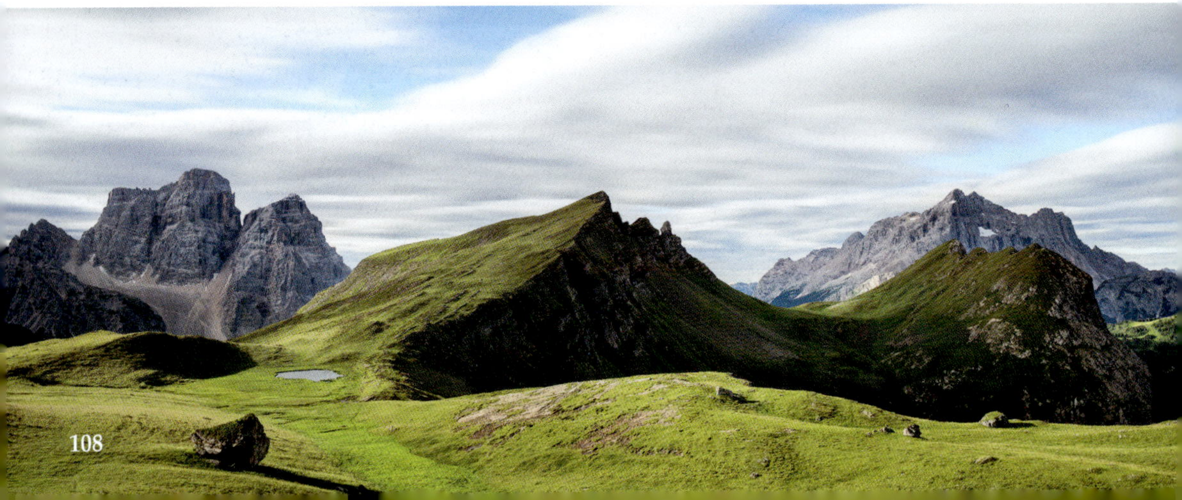

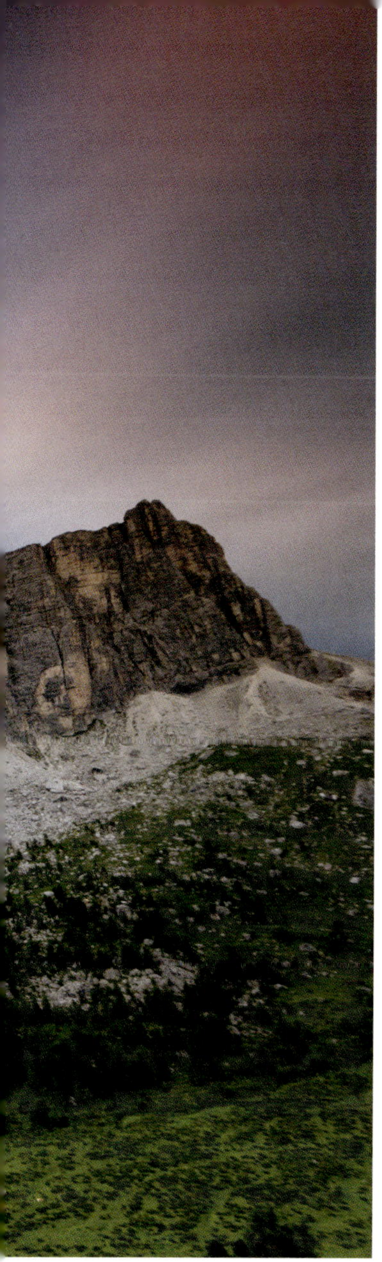

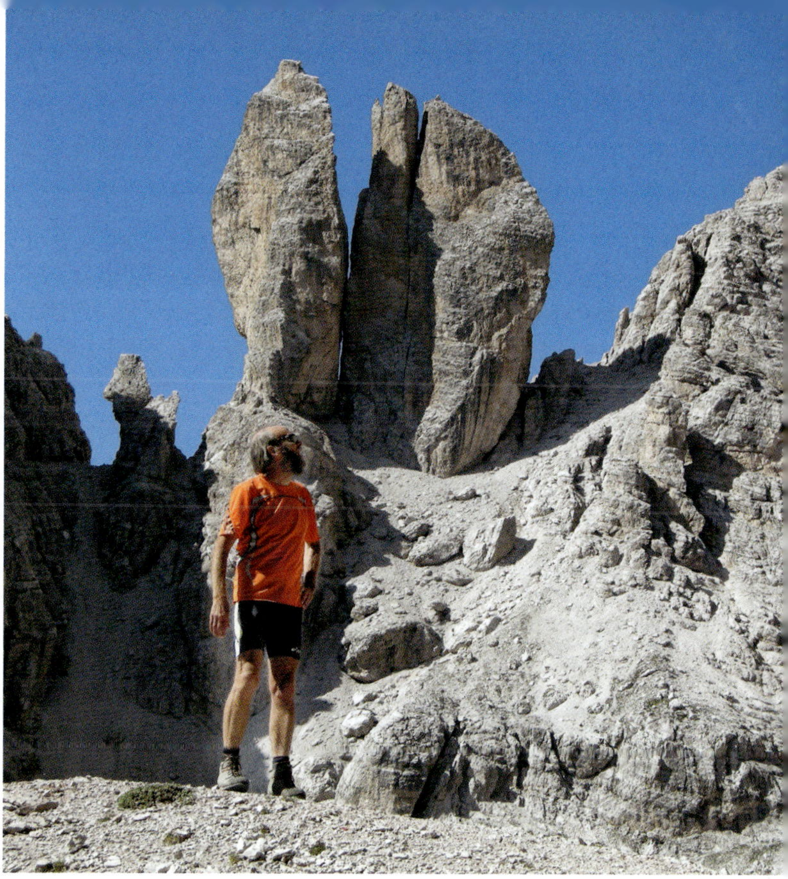

Ampezzaner und Zoldaner Dolomiten

Cortina d'Ampezzo ist die heimliche Hauptstadt der Dolomiten. Dazu passt eine Bergkulisse, die zwischen Idylle und Grandezza changiert; mit viel Wiesengrün schmücken sich das Formin-Plateau (li. o., re. u., Tour 24) und der Monte Mondevàl (li. unten), das Cristallo-Massiv dagegen ist Felswildnis pur (re. o., Tour 21).

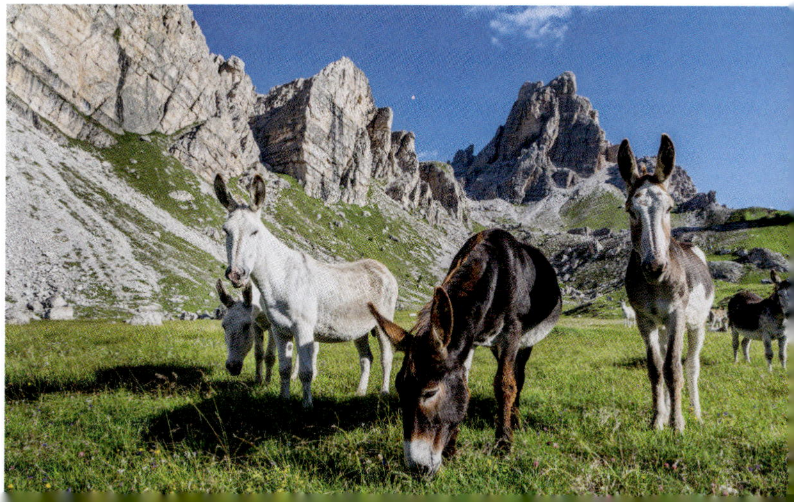

21

Cristallino di Misurina

Im Schatten des Cristallo

mittel 10 km 1120 m 6.00 Std.

Tourencharakter
Recht anspruchsvolle Gipfeltour, Anstieg aus dem Val del le Barache teilweise weglos mit kurzen Kletterstellen (I), viel Geröll

Ausgangs-/Endpunkt
Ponte Val Popena auta (1659 m) an der Straße Schluderbach – Misurina

Höchster Punkt
Cristallino di Misurina (2775 m)

Verkehrsanbindung
Von Toblach (Bahnhof) auf der Strada d'Alemagna durch das Höhlensteintal bis Schluderbach (1438 m), dort weiter Richtung Misurina zur Straßenbrücke am Eingang ins Val Popena auta (1659 m; Parkplatz)

Gehzeiten
Gesamt 6 Std.; Aufstieg 3.30 Std., Abstieg 2.30 Std.

Markierung
Markierter Weg ins Val Popena auta, dann Steinmännchen und verblasste rote Punkte

Karte
Tabacco-Wanderkarte 1:25 000, Blatt 03

Hütten/Einkehr
Keine Einkehr unterwegs!

Der Cristallino di Misurina ist vor allem Kulissenberg, seltener Tourenziel. Wer vom Ufer des seichten Dürrensees hinaufschaut zum Cristallo-Massiv, ist erst einmal beeindruckt von Form und Masse der drei Hauptgipfel, dem links anschließenden Zackengrat mit dem Cristallino gehört der zweite Blick.

Wer den Cristallino di Misurina besteigt, braucht keinen Massenansturm zu fürchten; in den Felsen über dem Val Popena auta ist man meistens allein. Allein mit den Spuren der Vergangenheit, die hier fast überall präsent sind – nicht zufällig, verlief die Frontlinie im Ersten Weltkrieg doch quer über das Cristallo-Massiv. Ein kunstvoll angelegter, heute allerdings weitgehend verfallener Serpentinenweg führte aus dem Val de le Barache bis an den Gipfelgrat. Den betrat 1884 als Erster ein berühmter Alpinist: Paul Grohmann, der aus Wien stammende Pionier des Dolomiten-Bergsteigens.

Durchs Val Popena auta Die Gipfeltour beginnt als Talwanderung und führt von der Ⓐ **Straßenbrücke** (1659 m) ins malerische Val Popena auta.

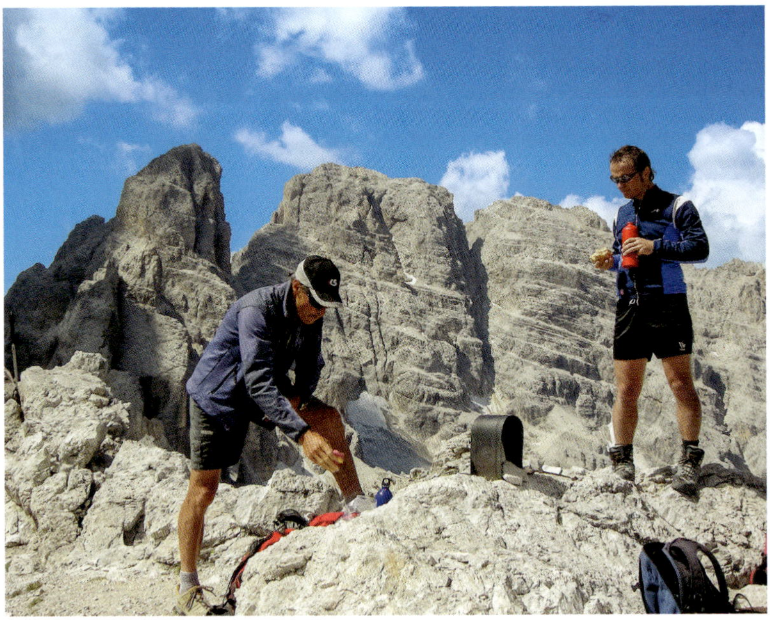

Gipfelrast am Cristallino di Misurina; Piz Popena, Monte Cristallo (3221 m) und Cima de Meso schauen zu.

Aus dem Sandsträßchen wird bald ein Wanderweg, der mal neben dem, dann wieder im Geröllbett des meist ausgetrockneten Popena-Bachs verläuft. Markierungen und Steinmänner geben die Richtung vor. Nach und nach lichtet sich der Wald, und im Talhintergrund tauchen die markant geschichteten Cianpanis de Popena (2479 m) und der Corno d'Angolo auf. Knapp oberhalb der 2000-Meter-Höhemarke – der Weg verläuft hier zwischen Latschenfeldern – folgt eine ❶ **Verzweigung** (Tafeln).

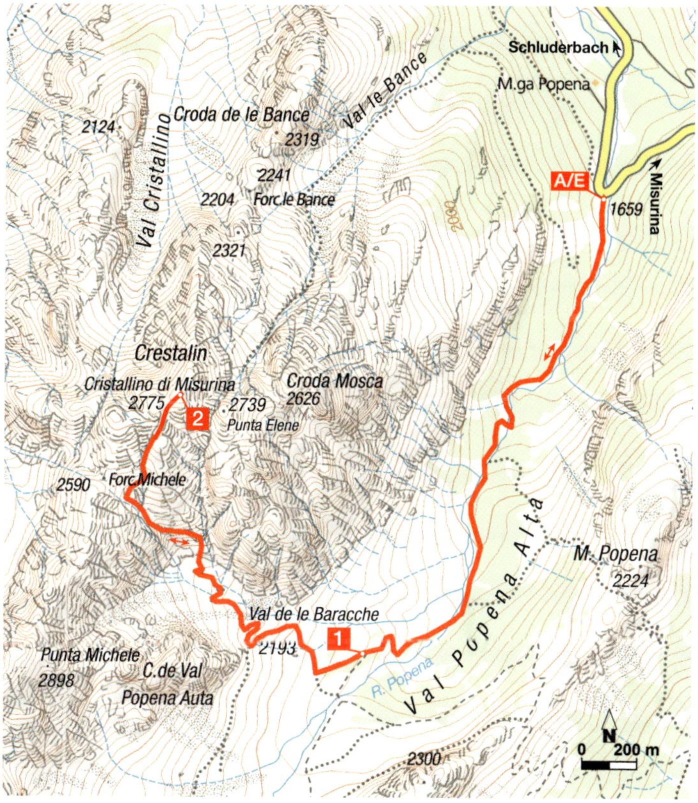

Zum Gipfel Hier biegt man rechts ab auf den alten Militärweg, der über ein paar Schleifen in den von gewaltigen Mauern umstandenen Kessel des Val de le Barache ansteigt, wo man – nomen est omen – Reste ehemaliger Unterkünfte entdeckt. Im Zickzack geht's hinauf gegen den Felsfuß, anschließend rechts in die markante Geröll- und Blockschlucht. In ihr, gelegentlich die Hände zu Hilfe nehmend, aufwärts, dann links zu einem Geländesporn, von dem sich ein besonders schöner Blick auf die »Hummerschere« des Campanile Dibona und der Guglia di Val Popena bietet. Die Spur leitet zurück in den Graben, in dem man sich zwischen Bergsturztrümmern mühsam hinaufarbeitet, bis links eine Wegtrasse sichtbar wird. Sie leitet hinaus in die Südflanke des Cristallino di Misurina. In der Folge wechseln leichte Kletterstellen ab mit Geröllstrecken; dazwischen ist der Steig auf kürzeren Abschnitten recht gut erhalten. Vorbei an verfallenen Unterständen und Geschützkavernen gewinnt man schließlich die Kammhöhe. Rechts an einer Scharte vorbei zum Hauptgipfel des ❷ **Cristallino di Misurina** (2775 m). Die Aussicht ist ein packender Mix von nah, fern und tief. Blickfang über dem Circo del Cristallo sind die drei Hauptgipfel des Massivs, der Piz Popena, der Monte Cristallo (3221 m) und die Cima de Meso; bezaubernd der Tiefblick auf den grün schimmernden Dürrensee. – Abstieg nur auf dem Anstiegsweg!

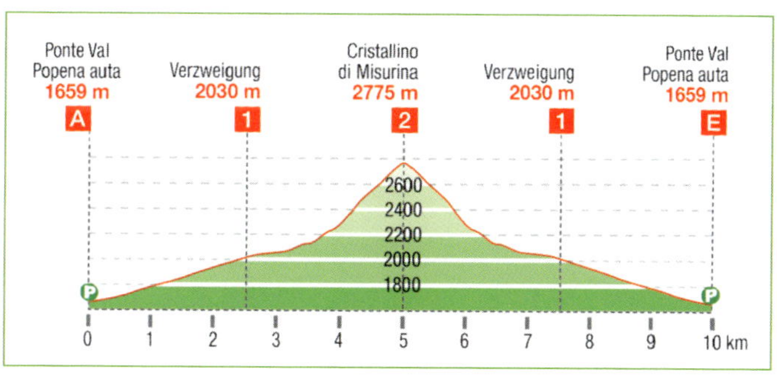

22 Via ferrata Renè De Pol

Klettersteig ins ehemalige Frontgebiet am Foramestock

schwer 11 km 1000 m 6.15 Std. K2–3

Tourencharakter
Nur mäßig schwieriger Klettersteig; Selbstsicherung ratsam, Helm wegen der erheblichen Steinschlaggefahr unerlässlich. Sehr steiler Zustieg zur Ferrata, insgesamt überwiegend schattiger, weil nordseitiger Anstieg. Überall Überreste aus dem Ersten Weltkrieg

Ausgangs-/Endpunkt
Im Gemärk (Sórabances, 1530 m), Wasserscheide zwischen Boite und Rienz

Höchster Punkt
Forcella Verde (2380 m)

Verkehrsanbindung
Von Toblach durch das Höhlensteintal nach Schluderbach, dann auf der Strada d'Alemagna weiter bis zur Wasserscheide Im Gemärk, 17 km; von Cortina d'Ampezzo 15 km

Gehzeiten
Gesamt 6.15 Std.; Zustieg 2.15 Std., Klettersteig – Col Verde 2.15 Std., Abstieg 1.45 Std.

Markierung
Durchwegs ordentlich markierte Wege

Karte
Tabacco-Wanderkarte 1:25 000, Blatt 03

Hütten/Einkehr
Unterwegs keine Einkehrmöglichkeit

Die nördlichen Ausläufer des Cristallo-Massivs fristen ein echtes Schattendasein, und das liegt nicht nur an der geografischen Ausrichtung. Hier gibt es keine markierten Anstiege, nur Spuren aus der unseligen Kriegszeit 1915–17. Einzige Ausnahme ist die Ferrata Renè De Pol, eine spannende Route am Foramestock.

Die nach Norden, zum Gemärk und nach Schluderbach ausgreifenden Grate des Foramestocks, der Schönleitenschneid (2722 m) und des Rauchkofels (2126 m) waren in den Jahren 1915 und 1916 Schauplatz heftiger Kämpfe. Nach dem Kriegseintritt Italiens kam es zunächst zu Angriffen auf die österreichischen Stellungen im Rücken der alten Festung Peutelstein. Nach der Besetzung des schroffen Foramestocks und der Schönleitenschneid durch k. u. k. Truppen im August 1915 konzentrierten sich die Kämpfe auf diese vordersten Stellungen.

Frontgebiet Die Überschreitung des Foramestocks zur Grünen Scharte (Forcella Verde) vermittelt einen guten Eindruck von diesem Abschnitt

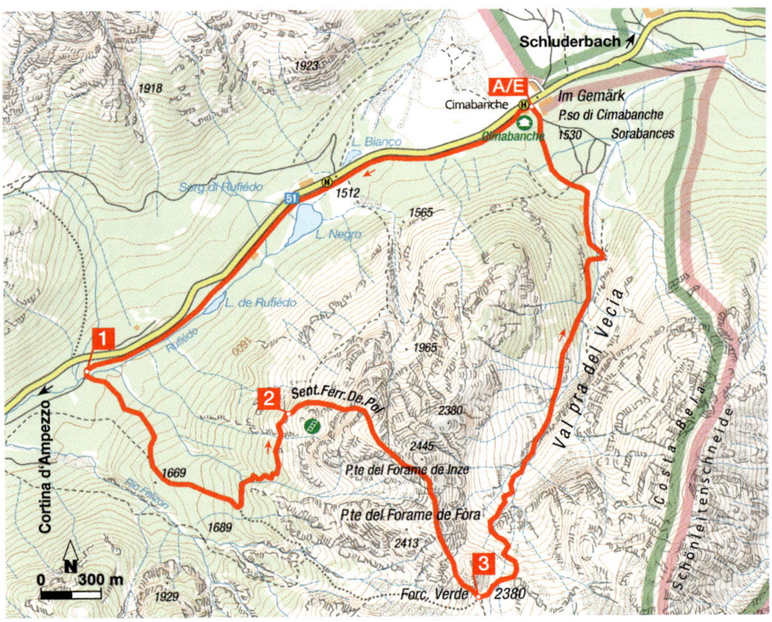

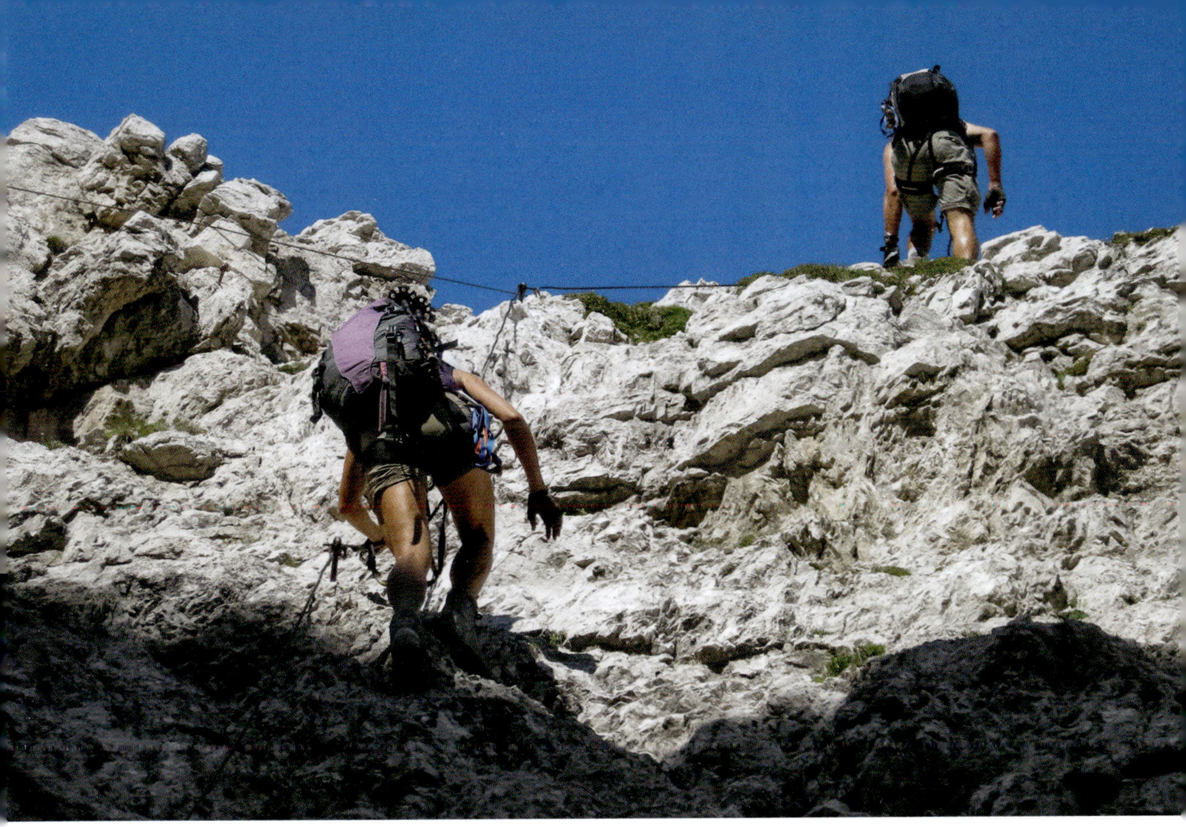

der Cristallo-Front. Der steile Aufstieg (Via ferrata De Pol) verläuft durch die schattig-düstere Nordflanke. Was für ein Kontrast dazu der Blick über das Val Felizon hinweg zum markanten, in der Sonne stehenden Felshorn der Hohen Gaisl, die ihren italienischen Namen Croda Rossa den rötlichen Felsen verdankt!

Endlich Sonne! Gesicherte Passage in der schattigen Nordwand des Foramestocks

Von der grünen Scharte aus überblickt man dann größere Teile der Cristallo-Front: die italienischen Stellungen vom Col dei Stonbe über Zurlòn, Vecio del Forame bis zur Forcela Stounies und den von österreichischen Truppen besetzt gehaltenen Schönleitenkamm. Eine Seilbahn mit Talstation beim Feldlager Gemärk (Sórabances, 1530 m) versorgte die Truppen mit Nachschub. Sie wurde am 20. Juni 1916 in Betrieb genommen. Ausgerüstet mit einem 16-PS-Benzinmotor, schaffte die Bahn in 20 Minuten rund 250 Kilogramm Last über eine fast zwei Kilometer lange Strecke hinauf zum Lager Schönleiten. Der landschaftlich sehr reizvolle Abstieg durch das wilde Val Prà de Vecia führt an der Station Forame, deren Fundamente noch stehen, vorbei. Beim Weiterweg hinaus zur Wasserscheide Im Gemärk entdeckt man am östlichen Hang mehrere gegen die Schönleitenschneid ansteigende, weitgehend verfallene Wege, an der Talmündung dann Überreste des Lagers Gemärk (Fundamente, Kavernen).

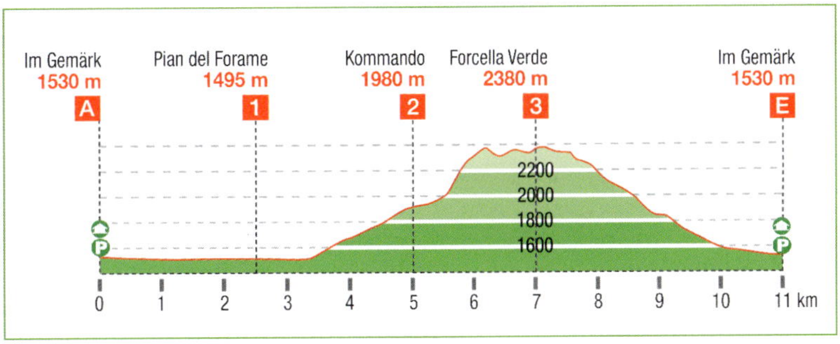

Bahnwandern Die Runde startet oben an der weiten Wasserscheide **A** **Im Gemärk** (1530 m), folgt zunächst der ehemaligen Bahntrasse, die heute eine frequentierte Radlroute ist, und führt vorbei an den seichten kleinen Quellseen des Rufiedo: drei Kilometer flache Strecke. Rechts, nur wenig höher, verläuft die Strada statale No. 51, die »Alemagna«. Am **1** **Pian del Forame** (1495 m) wechselt das Sandsträßchen auf die linke Talseite; direkt an der Brücke weist ein Schild zur Ferrata Renè De Pol.

Zum Klettersteig Die deutliche Spur leitet im Wald bergan, teilweise parallel zu einem ziemlich verwachsenen Schützengraben der ehemaligen Rufreddo-Stellungen (Rufiedo). Über kurze, steile Kehren kommt man zu einer Abzweigung (ca. 1820 m; alte Hinweistafel »Forcella Verde«), an der sich der Weg nach links wendet und einen Geröllgraben quert. Drei Kavernenlöcher (Tre Fori) machen deutlich, dass man sich den Kriegsstellungen nähert. Der Lärchenwald geht in Latschenbewuchs über, zuletzt steigt man auf einer Geröllspur hinauf zum Fuß der Forame-Westwand. Jenseits des Val Felizon thront als echter Blickfang die Hohe Gaisl (3146 m), weiter links, durch die markante Senke der Forcella Lerosa (2020 m) abgesetzt, erhebt sich der breite Rücken der Croda de R'Ancona (2366 m). Über ihn verlief eine Verteidigungslinie der Österreicher.

Auf Schützengräben stößt man auch am Fuß der Forame-Wand. Sie erstrecken sich – teilweise noch recht gut erhalten – links bis zum ehemaligen **2** **Kommando** der österreichischen Truppen (Tafel; ca. 1980 m).

Halsbrecherisch! Reste des Zugangs zu einem Handgranaten-Wurfstand (links). Ordentlich verstaut: das Routenbuch des Klettersteigs (rechts)

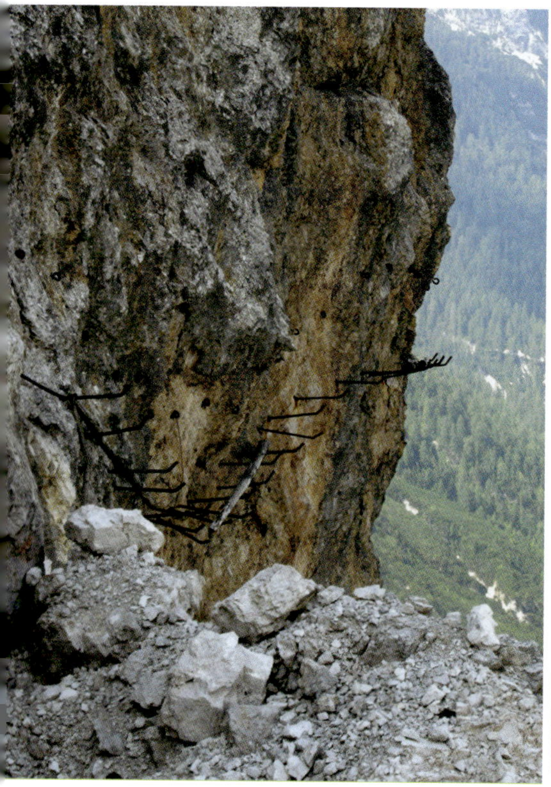

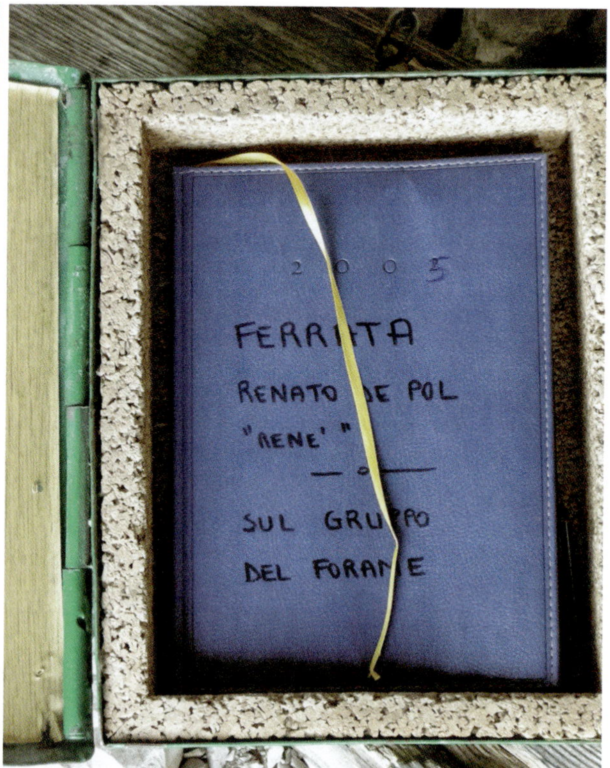

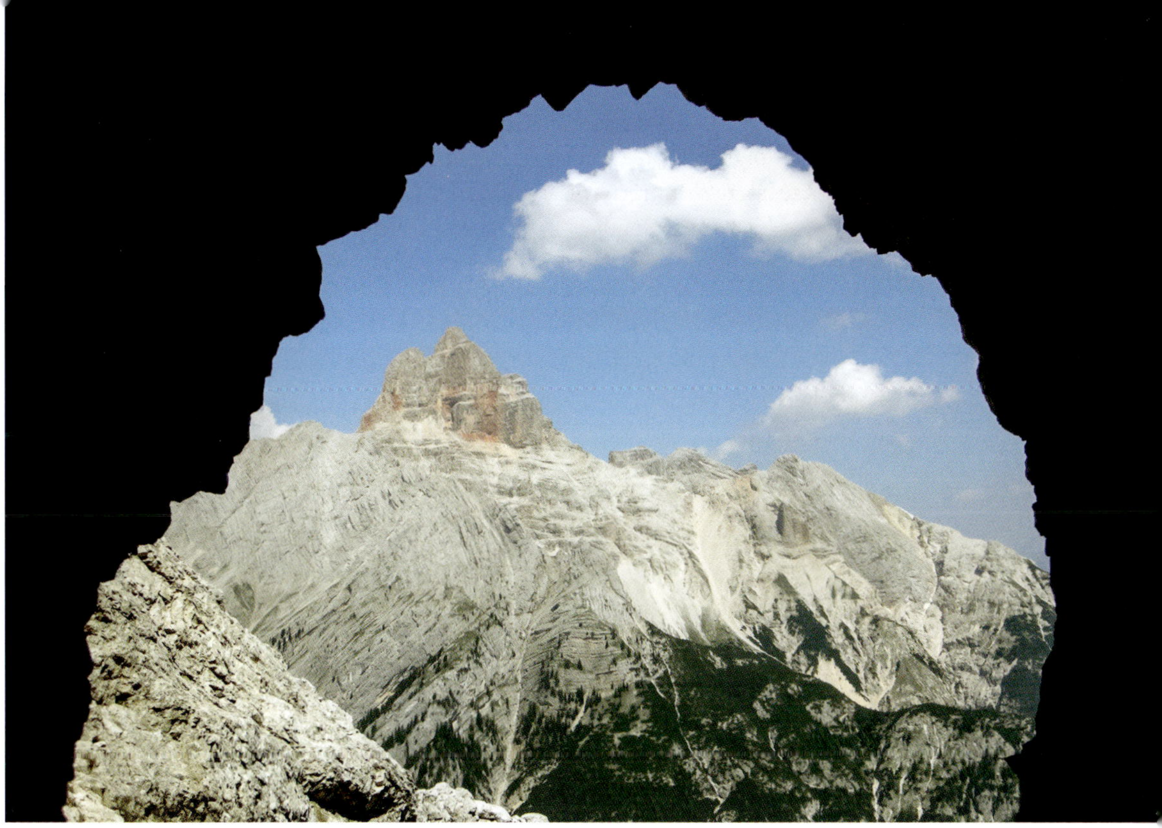

Düsteres Stollenloch mit schöner Aussicht: die Hohe Gaisl

Via ferrata Renè De Pol Über eine kleine Felsstufe (Drahtseil) steigt man an zu der Kaverne (Comando Austriaco) mit dem Routenbuch. Wenig weiter links mündet unter der Pareta nera (Schwarze Wand) eine Schlucht. Drahtseile leiten ansteigend zu einer senkrechten Leiter, die über einen Felsriegel hinweghilft. Man verlässt den Graben nach rechts und folgt der ausgetretenen Spur, die über einen Geröllhang und eine harmlose Felsstufe ansteigt und anschließend rechts zu weiteren Stellungen führt. Links von ihnen mündet eine enge Rinne mit Klemmblock: die Schlüsselstelle. Ein paar lange Eisenstifte entschärfen diese Passage, wenig höher in dem Graben ziehen Drahtseile nach rechts auf eine Geländeschulter mit schöner Aussicht. Eine ausgetretene Spur führt zur nächsten Felsstufe, von der aus man auf eine Kuppe steigt. Rechts in der senkrechten Wand ragen rostige Eisenstangen aus dem Fels – Überreste eines halsbrecherischen Zugangs zu einem Handgranatenwurfstand.

Weit weniger spektakulär gestaltet sich die Fortsetzung der Ferrata; mit Drahtseilsicherung leitet sie auf eine Kuppe, die im Krieg ein Beobachtungsposten war (ca. 2340 m). Über einen Geröllhang gewinnt man schließlich die Punta Forame Ovest (2385 m) mit bemerkenswerter Umschau. Gut einzusehen ist auch der Weiterweg in die Forcella

Rauchkofel

Alte Kriegssteige kann man auch im Nordosten des Cristallo-Massivs erkunden, am Rauchkofel (2126 m). Ausgangspunkt ist Schluderbach (1438 m) bzw. der südlich vorbeiführende Radlweg nach Cortina d'Ampezzo. Ein Steig führt ins Sigmundsbrunntal, ein anderer in vielen Kehren hinauf zum Rauchkofel (ca. 2 Std.). Steinmännchen und verblasste rote Punkte helfen bei der Orientierung, die alten Trassen sind an manchen Stellen abgerutscht oder von Muren verlegt – Vorsicht ist bei der Begehung also angezeigt. Vom Rauchkofel toller Blick in den Circo del Cristallo.

Rechte Seite: Ein Drahtseil leitet durch die düstere Nordwand der Punta Forame Ovest.

Verde. Er führt vom Gipfel zunächst hinab in die Scharte vor der Punta Forame de Inze (2445 m), dann weiter absteigend rechts unter dem abweisend felsigen Bergstock hindurch und mit einem recht anhänglichen Gegenanstieg zurück auf den Kamm. Nächste Wegstation ist die Forcella Gialla, die Gelbe Scharte (ca. 2400 m; Tafel) mit Stellungsresten. Hier widersteht man trotz einer Wegspur besser der Versuchung, ins oberste Val Prà de Vecia abzusteigen (unangenehmer Geröllhang), folgt vielmehr weiter dem De-Pol-Steig, der mit leichtem Zwischenabstieg auf gesicherten Bändern den südlichen Vorgipfel (2450 m) der Punta Forame de Fora umgeht und auf der ❸ **Forcella Verde** (2380 m) ausläuft (Wegweiser).

Hinab durchs Val Prà de Vecia Auf den Wiesensattel schauen aus den Felsen düstere Kavernenlöcher. Nach Süden öffnet sich die riesige Geröllschüssel des Forame-Kars, umrahmt von einem Gipfelhalbrund, und im Osten zeichnet sich der lange Felsrücken der Schönleitenschneid (2722 m) gegen den Himmel ab.

Der Abstieg zur Wasserscheide Im Gemärk ist rot-weiß markiert. Er leitet aus der Grünen Scharte zunächst über einen Schrofenhang hinunter zum ehemaligen Lager Forame, dann in vielen kurzen Kehren durch das oberste Val Prà de Vecia abwärts. Eine Klammstrecke umgeht der alte Militärweg links in den Latschen, ehe er wieder in den Talgrund absteigt. Man quert das Bachbett nach rechts und wandert weiter talauswärts. Im Mündungsbereich der Val Prà de Vecia wird aus dem Weg schließlich eine Sandpiste, die zurückführt zum Ausgangspunkt der Tour am Sattel Ⓔ **Im Gemärk** (1530 m).

An der Grünen Scharte (Forcella Verde) beginnt der Abstieg durch das Val Prà de Vecia.

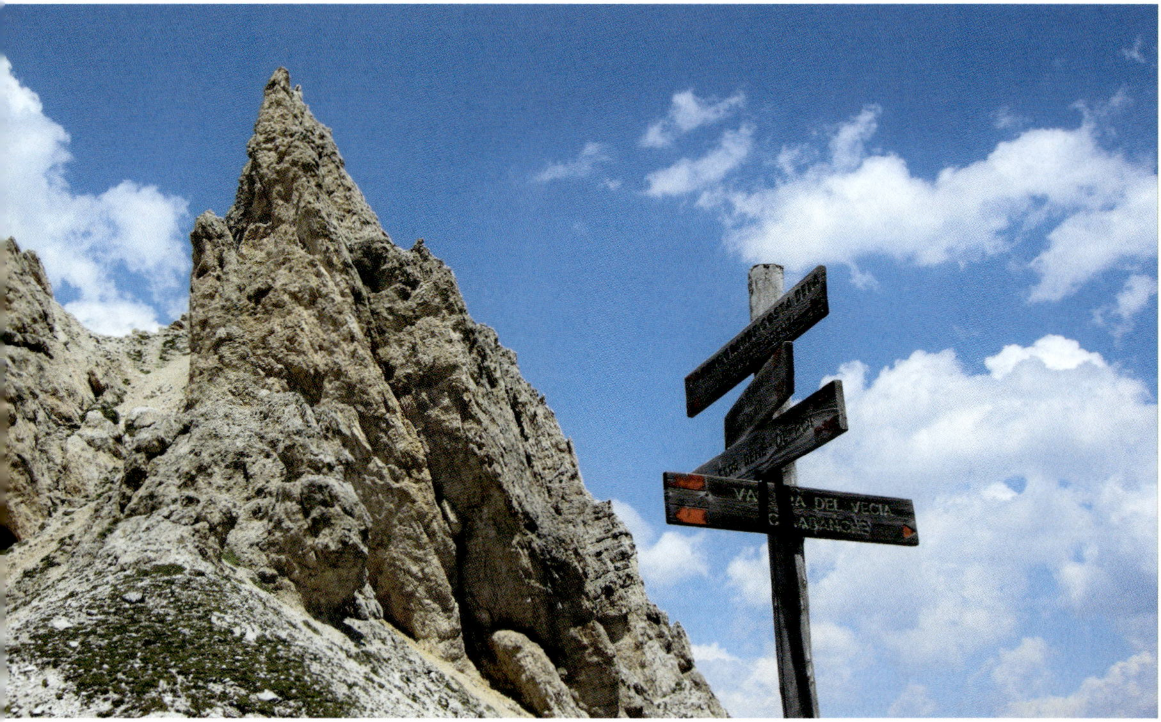

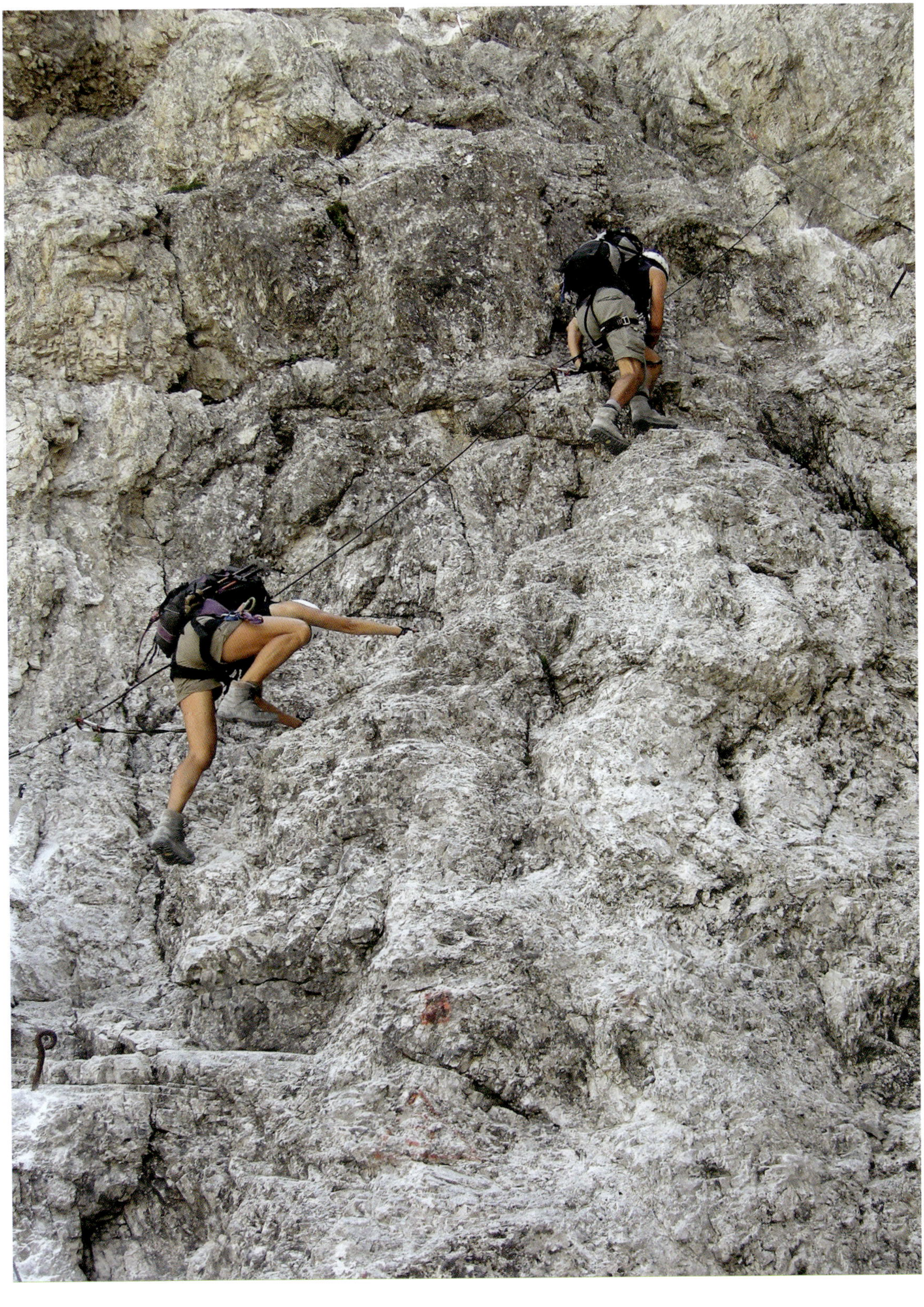

23

Cengia Paolina

Die abenteuerliche Seite der Tofane

schwer | 16 km | 1500 m | 9.30 Std. | K2

Tourencharakter
Großartige, sehr anspruchsvolle Unternehmung, abschnittsweise wegloses Gelände. Nur für erfahrene Bergsteiger mit gutem Orientierungssinn. Ungesicherte Kletterstellen am Cengia Paolina (I), für Einstieg evtl. Steigeisen erforderlich. Nur bei sicherem Wetter gehen, schlechte Sicht erschwert die Orientierung am großen Band zusätzlich. Keine Ausstiegsmöglichkeit am Cengia Paolina. In den Schattenwinkeln hält sich der Schnee bis weit in den Sommer hinein. Deshalb wichtig: vorab Infos über die Begehbarkeit der Route im Rifugio Giussani einholen, nicht allein gehen!

Ausgangs-/Endpunkt
Rifugio Dibona (2037 m)

Höchste Punkte
Forcella Fontananegra (2590 m), Ra Valles (2540 m)

Verkehrsanbindung
Zum Rifugio Dibona kommt man von Cortina d'Ampezzo bzw. vom Passo Falzárego über die Große Dolomitenstraße; Abzweigung etwa auf halber Strecke zwischen Ort und Pass, nur zum Teil asphaltiert.

Gehzeiten
Gesamt 9.30 Std.; Rifugio Dibona – Rifugio Giussani 1.30 Std., Cengia Paolina 4.30 Std., weiter zur Seilbahnstation Ra Valles 1.45 Std., Sentiero Olivieri – Rifugio Dibona 1.45 Std.

Markierung
Zustieg und Rückweg rot-weiß markiert, Hinweisschilder; am Cengia Paolina Steinmännchen, gelegentlich alte Farbmarkierungen

Karte
Tabacco-Wanderkarte 1:25 000, Blatt 03

Hütten/Einkehr
Rifugio Giussani, Rifugio Pomedes

Die Südwand der Tofana di Rozes (3225 m) ist Blickfang bei einer Fahrt von Cortina d'Ampezzo hinauf zum Passo Falzárego, und auf die Mittlere Tofana führt die größte Seilbahn des Nobelortes, der »Freccia nel cielo« (Himmelspfeil). Und das Cengia Paolina?

Dem (Bergsteiger-)Himmel ganz nahe dürften sich aber vor allem jene fühlen, die im Rücken des mächtigen Dolomitenmassivs – Lichtjahre weit weg vom Gewusel auf dem Seilbahngipfel – dem Cengia Paolina entsteigen, nach gut vierstündigem Auf und Ab über Felsbänder und Geröllhänge, durch wilde Karwinkel. Auf der dem Val Travenanzes zugewandten Seite des Tofana-Massivs ist man allein, in diese grandiose Felswildnis verirren sich weder Rotsockler noch Ferratisti, auch keine Kletterer. Denen sind die Zustiege zu lang, das Gestein ist zu brüchig, mit Geröllmassen überall, und dann liegt die Flanke erst noch im Schatten. Da sind die an sonnenwarme Felsen gewöhnten Gardasee-Climber garantiert fehl am Platz. Entschieden wohler fühlen sich hier jene Bergsteiger, die ihre Unternehmungen nicht als schnellen Hype, sondern als echtes Erlebnis verstehen, die sich auf den Berg, die Natur einlassen wollen,

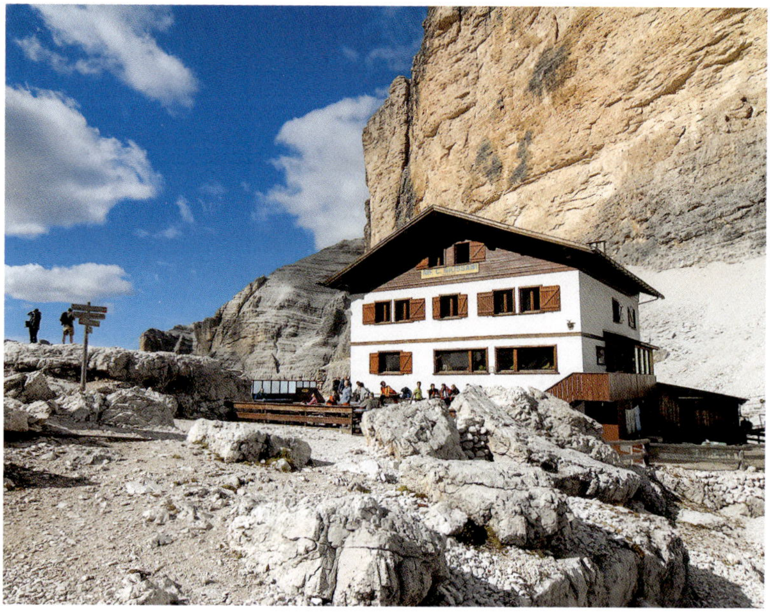

nicht nach dem Renommée der Tour in der Alpinszene schielen. Das Cengia Paolina ist terra incognita, das Band verläuft weit unterhalb der Gipfel und trotzdem (ver-)führt es in ungeahnte Höhen – emotional.

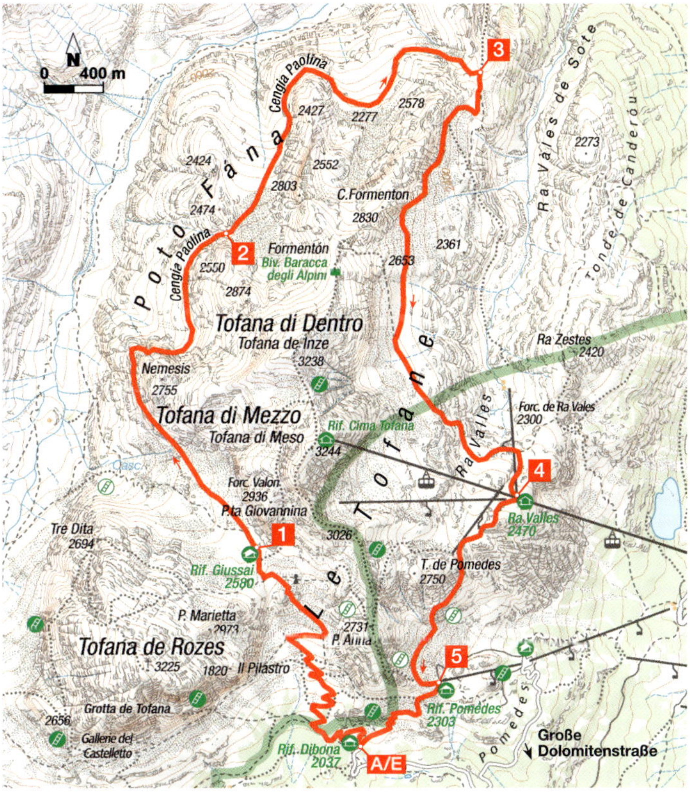

Dolomitenwildnis – und das gerade mal sieben Kilometer vom Corso Italia in Cortina d'Ampezzo entfernt. Während die – meist schon älteren – Sommergäste aus Mailand oder Venedig dem »dolce fa' niente« frönen, vielleicht im Straßencafé sitzen und an ihrem Veneziano nippen, tastet sich ein einsamer Bergsteiger über das Felsband mit dem schönen Namen Paolina, lockeres Geriesel unter den Schuhsohlen, Konzentration im Blick. Die Wasserflasche ist halb leer, der Durst groß und allmählich schleicht sich Müdigkeit in die Knochen. Der Weg ist noch weit, du weißt es, aber das gehört halt zum Bergsteigen, dass man sich abmühen, manchmal sogar schinden muss. Dafür bleiben diese Stunden dann, sind sie fest verankert in deinem Gedächtnis: Berge, die dir niemand mehr nehmen kann, Berge, fast für die Ewigkeit?

Linke Seite: In der Scharte zwischen der Tofana di Rozes und der Tofana di Mezzo steht das Rifugio Giussani.

Zustieg Von der Ⓐ **Dibona-Hütte** (2037 m) wandert man auf dem alten Kriegsweg durch das riesige Valon de Tofana hinauf zur Forcella Fontananegra (2590 m) mit dem ❶ **Rifugio Giussani.**

Cengia Paolina Jenseits der markanten, von Bergsturztrümmern geprägten Scharte zweigt nach etwa 100 Metern rechts eine unmarkierte Spur von dem rot-weiß bezeichneten Wanderweg ins Travenanzestal ab. Sie führt am Rand des riesigen Maja-

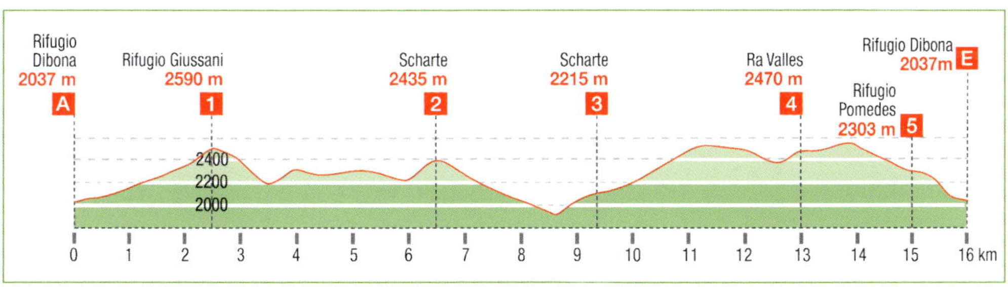

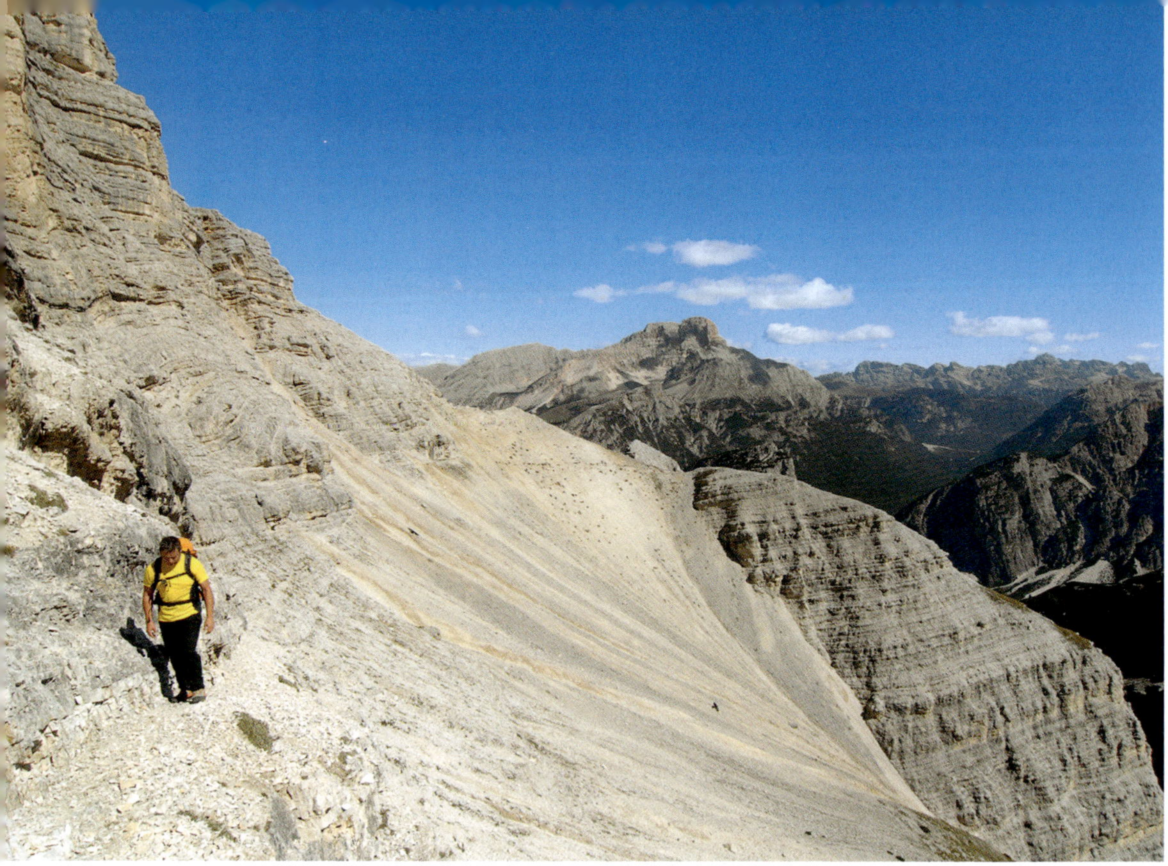

Ein langer Anstieg führt vom Endpunkt des Cengia Paolina in das weite Hochtal von Ra Valles, am Horizont die Hohe Gaisl.

rie-Kars unter den Felsabbrüchen der Punta Giovannina bergab. Dabei hat man freie Sicht auf den Anfang des Cengia Paolina. Nicht zu übersehen ist auch der Schneefleck am Einstieg (2535 m). Der bereitet – je nach Jahreszeit bzw. den aktuellen Verhältnissen – mehr oder weniger Probleme. Im Spätsommer ist der Zugang meistens via Randspalte möglich; geht das nicht, muss man über den Schnee, wozu unter Umständen Steigeisen notwendig sind.

Das Geröllband ist anfangs komfortabel breit, verengt sich aber bald zu einer kurzen Engstelle, die zwar etwas heikel aussieht, aber problemlos passiert wird. Dann läuft das Band flach hinaus in die Westflanke (2520 m) der Nemesis (2755 m). Schlagartig nimmt die Tiefe zu; rund 650 Meter unter dem Abenteuerpfad plätschert das Wasser des Travenanzes-Bachs talauswärts. Jenseits des tiefen Grabens baut sich eine vielgipflige Kette auf, vom Lagazuoi über die Fanis- und die Furcia-Rossa-Spitzen bis zur Croda del Valon Bianco. Genau im Süden steht massig die Tofana di Rozes, ein schöner Kontrast zur firnschimmernden Marmolada, die sich über dem Talschluss von Travenanzes erhebt. Eine grandiose Kulisse, doch tut man gut daran, sich dadurch nicht zu sehr vom nächsten Schritt ablenken zu lassen – ein Fehltritt könnte fatale Folgen haben!

An der Nemesis-Nordwestkante (2435 m) öffnet sich ganz unvermittelt der Blick in das wilde Kar von Potofana. Das schmale Band (eine kurze Engstelle) läuft hinein in dieses felsumstandene Amphitheater. Steigspuren leiten im Geröll abwärts (oberhalb Schneefeld), dann flach hinüber zum Felsfuß. Man verfolgt das breite, ziemlich abschüssige Schuttband (tiefste Stelle ca. 2300 m), bis verblasste Markierungen und

Steinmänner wieder nach oben weisen. Über gestufte Felsen, durch einen engen Spalt, zuletzt auf einer gut sichtbaren Spur steigt man an zu der kleinen ❷ Scharte (2435 m) im Rücken einer namenlosen Kuppe (2474 m). Prachtblick zur Croda del Valon Bianco und zur Hohen Gaisl (3146 m).

Von dem schönen Aussichtspunkt führt die Route wieder bergab, zunächst in der Mitte des breiten Grabens (Steinmännchen, alte Markierungen), dann – einer undeutlichen Spur folgend – in feinem Gries leicht rechts. Man steuert das von oben gut sichtbare Felsband an (Einstieg bei ca. 2190 m). Es läuft – teilweise recht luftig – durch die westseitige Steilflanke, dabei leicht an Höhe verlierend (bis ca. 2120 m). Eine kurze Felspassage lässt sich problemlos überklettern, dann geht's auf dem Band (alte Haken) weiter zu einem markanten Eck. Gleich dahinter folgt die Schlüsselstelle am Cengia Paolina, eine abschüssige, extrem ausgesetzte Passage (I). In brüchigen Schrofen steigt man anschließend noch ein Stück weiter auf (bis ca. 2235 m). Vor einem liegt der nächste mächtige Geröllkessel. Man quert ihn, zunächst erneut etwas absteigend zu einem Latschenfeld. Der nächste, nur kurze, aber mühsame Anstieg endet in einer kleinen ❸ Scharte (2215 m), von der sich ein erster Tiefblick in den Geröllschlauch des Vallon de Ra Ola bietet. Rechts neben der Rinne steigt man noch etwas weiter auf zu einer nächsten Scharte; hier weist ein Pfeil nach links:

Licht und Schatten: Blick vom Cengia Paolina über das Val Travenanzes auf die Pizzes de Furcia Rossa

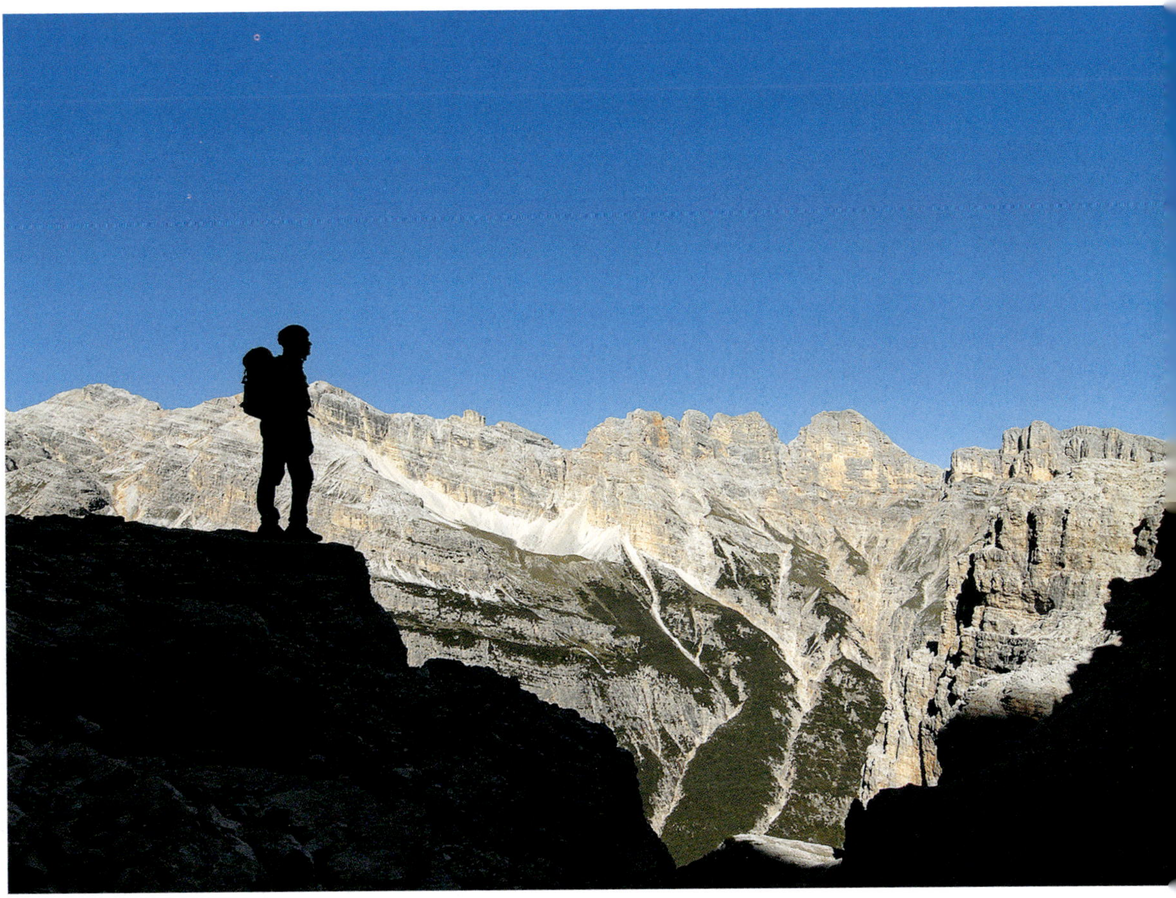

Rechte Seite oben: Große Kulisse und kein Mensch weit und breit; Manni auf dem Cengia Paolina.

Rechte Seite unten: Auf dem ersten Abschnitt des Cengia Paolina bieten sich schöne Rückblicke auf die Tofana di Rozes.

Schussfahrt für Gleichgewichtskünstler zur Ponte dei Cadoris (1483 m) an der Mündung des Val Travenanzes (Abstiegsvariante).

Nach Ra Valles Der Weiterweg – nun gut markiert – führt zunächst in eine Senke, an der sich ein Prachtblick nach Osten auftut: Cristallo, Sorapiš und Antelao. Vorbei an einer verfallenen Hütte leiten die Markierungen unter den Felsen der Cima Formenton über Felsbänder und im Geröll bergan zu einer Verzweigung (ca. 2540 m). Hier geht man links (rechts zur Tofana di Dentro) und quert das Riesenkar von Ra Vales – erst ab-, dann wieder ansteigend – hinüber zur Zwischenstation ❹ **Ra Valles** (2470 m) der großen Tofana-Seilbahn.

Sentiero Giuseppe Olivieri Beim Seilbahngebäude weist ein Schild zum Rifugio Pomedes, eine Lifttrasse (nur Winterbetrieb) gibt die Richtung vor. In der Nähe ihrer Bergstation beginnt der gesicherte Sentiero Olivieri (Tafel). Er folgt zunächst einem Felsband, steigt dann durch Rinnen (Drahtseile) ab zu einer Steilstufe mit Eisenleiter. Danach wird aus der Ferrata (K2) vorübergehend ein Wanderweg, der über den Südosthang des Ersten Pomedesturms hinabzieht zur Ausstiegswand. Drahtseile und eine Leiter helfen über den Abbruch. Anschließend knickt der Weg nach rechts ab und quert – teilweise mit Drahtseilsicherung – die wilde Schlucht unter den Pomedestürmen. Ein kurzer Gegenanstieg führt zum prächtig gelegenen ❺ **Rifugio Pomedes** (2303 m). Von der Hütte steigt man, den Hinweisschildern folgend, ab zum Ⓔ **Rifugio Dibona** (2037 m), wo sich die grandios-große Runde schließt.

Von der Cengia Paolina zeigt sich der Antelao als Solitär über dem Talboden des Ampezzano besonders eindrucksvoll.

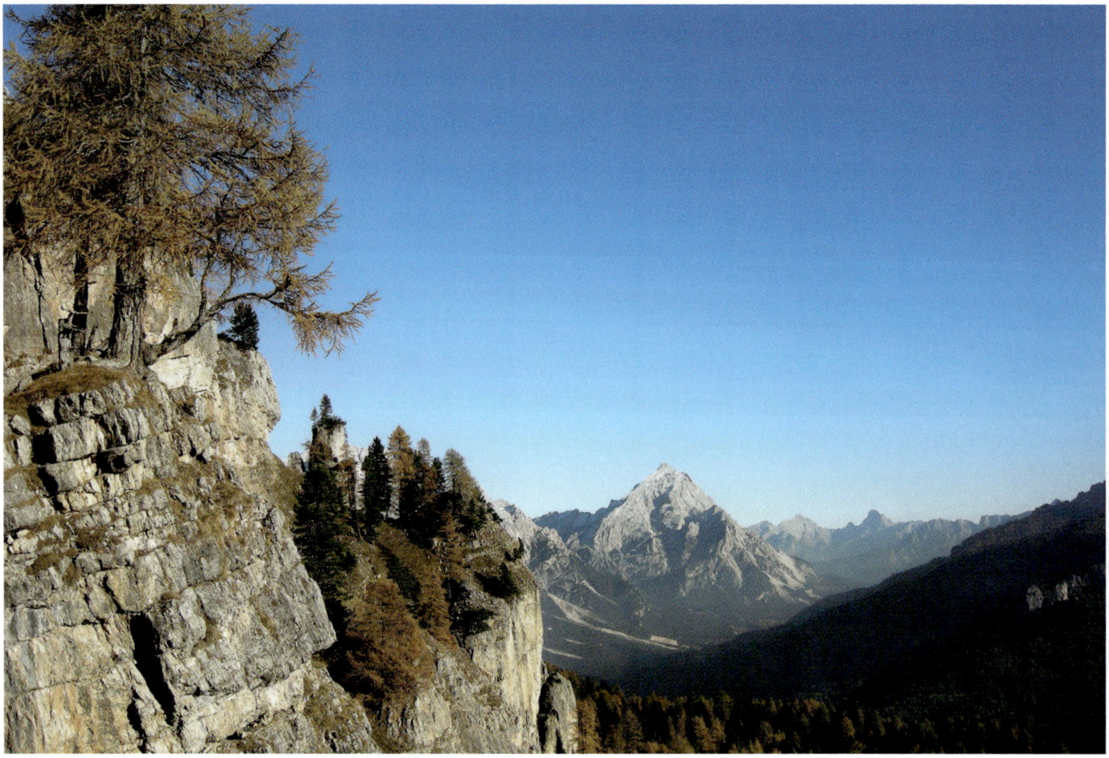

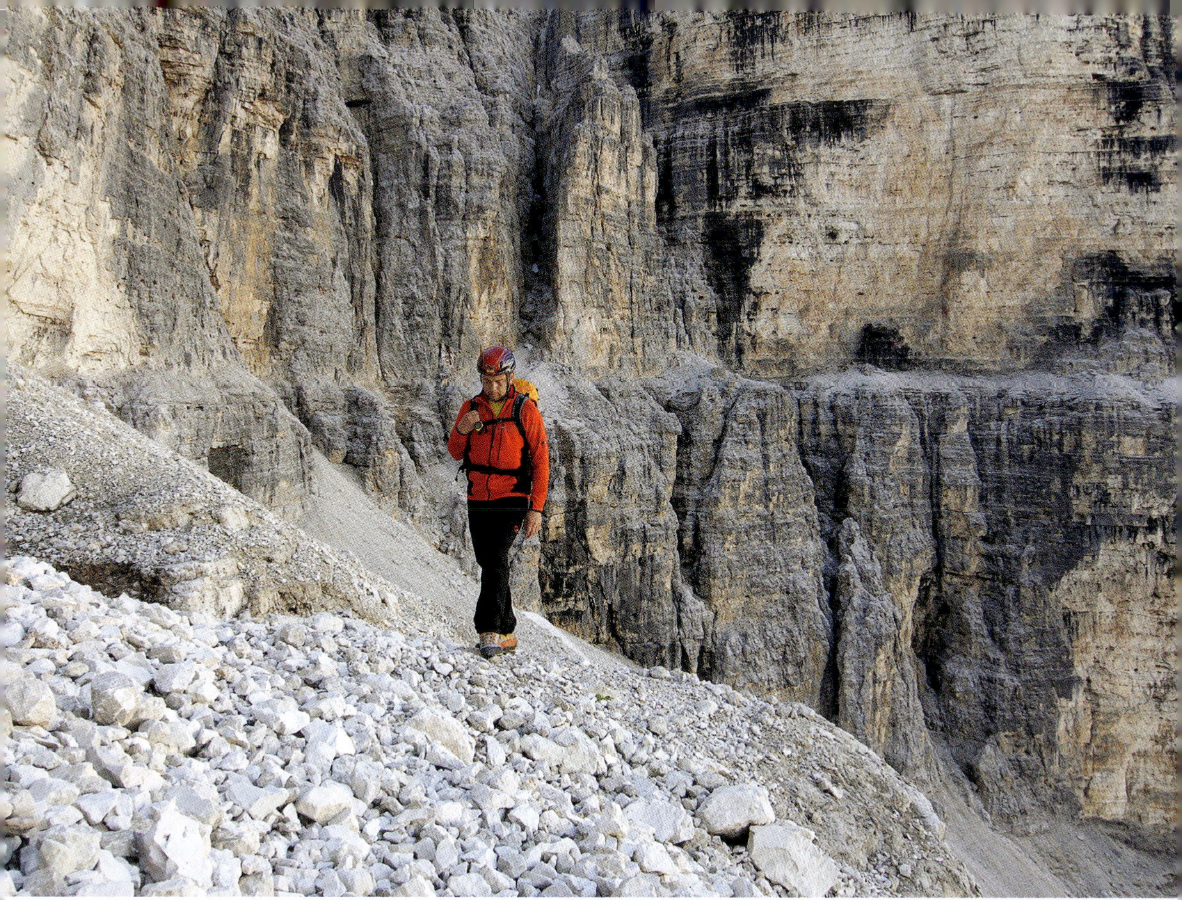

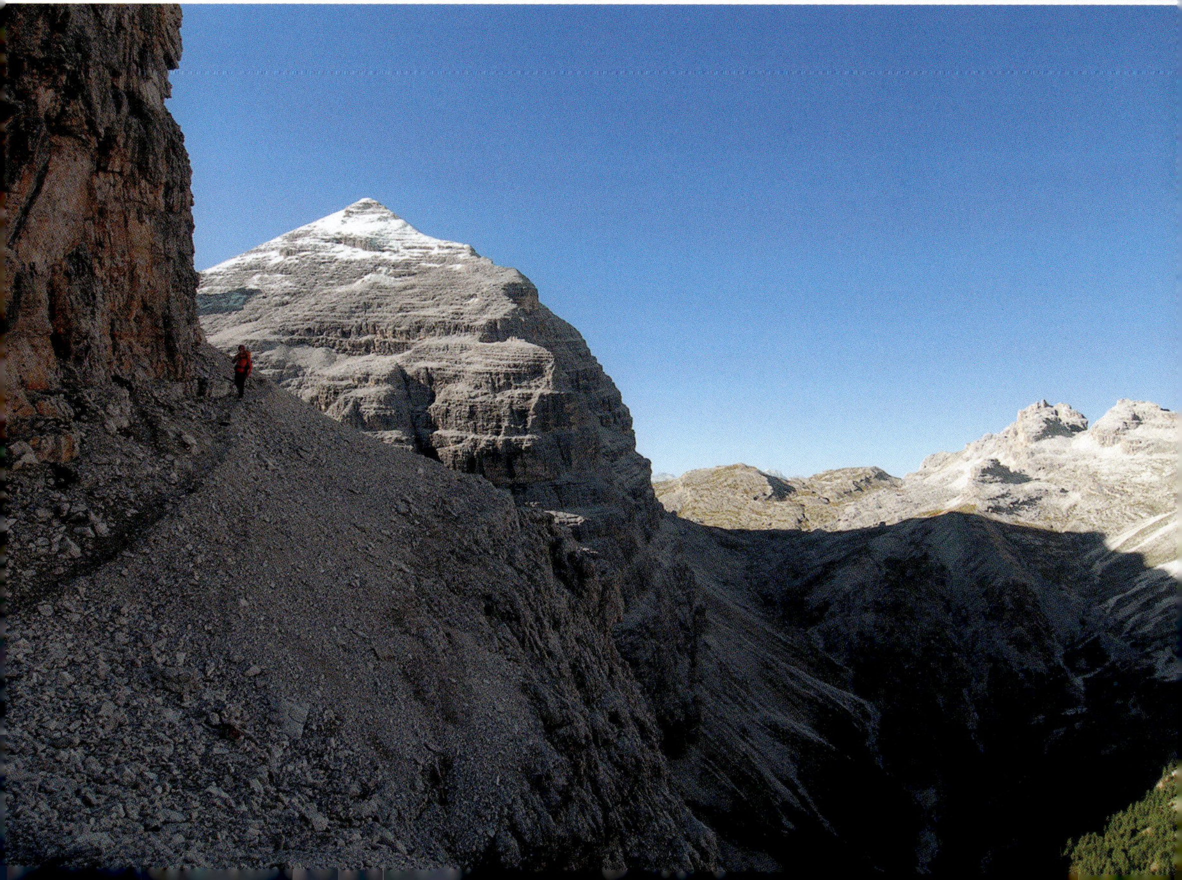

24

Ponta Lastói de Formin und Monte Mondevàl

Zwei »vergessene« Gipfel

leicht 16,5 km 1000 m 6.30 Std.

Tourencharakter
Zwei recht selten aufgesuchte, unschwierige Gipfelziele südwestlich von Cortina d'Ampezzo, beide mit stimmungsvoller, an Kontrasten reicher Aussicht. Besteigung der Ponta Lastoi de Formin nur bei guten Sichtverhältnissen (kein Nebel!) ratsam. Das Hochplateau bricht nach Süden und Westen über senkrechte Felsen ab!

Ausgangs-/Endpunkt
Kleiner Parkplatz an der Nordrampe der Giau-Passstraße (ca. 2000 m); alternativ Passo di Giau (2233 m)

Höchste Punkte
Ponta Lastói de Formin (2657 m) und Monte Mondevàl (2455 m)

Verkehrsanbindung
Der Passo Giau verbindet Pocol (1530 m) an der Falzárego-Straße mit Selva di Cadore (1336 m) im Val Fiorentina.

Gehzeiten
Gesamt 6.30 Std.; Parkplatz – Monte Mondevàl 2 Std., Monte Mondevàl – Forcela de Formin 1.30 Std., Forcela de Formin – Ponta Lastói de Formin 45 Min., Rückweg 2.15 Std.

Markierung
Parkplatz – Forcela Giau – Forcela de Formin gut markierte Wege; Gipfelabstecher teilweise Spur, Steinmännchen

Karte
Tabacco-Wanderkarte 1:25 000, Blatt 03 oder 015

Hütten/Einkehr
Unterwegs keine

Wer viel in den Bergen herumsteigt, weiß ja, dass kleine, unscheinbare Gipfel mitunter stimmungsvollere Aussichten bieten als die ganz großen. Das gilt in den Ampezzaner Dolomiten auch für zwei »vergessene« Berge im Rücken der Croda da Lago.

Aussichtsberge In keiner anderen Region der Dolomiten stehen so viele Dreitausender wie rund um Cortina: Tofane, Hohe Gaisl, Cristallo, Sorapiš, Antelao, Pelmo. Mehr als ein Halbrund mächtiger Gipfel – die Kulissenberge des berühmten Touristenortes. Da spielen die »Kleinen« höchstens eine Statistenrolle, wie der Col Rosà, der Pomagagnon oder die Croda da Lago (2715 m). Hinter der Seewand (Croda da Lago) verstecken sich – von Cortina aus gar nicht zu sehen – ein paar »namenlose«, nur selten bestiegene Berge: die Ponta Lastói de Formin, der Monte Mondevàl und der Monte Cernera. Sie bieten eine ähnlich bezaubernde Rundschau wie der beliebteste Wandergipfel weitum, der Nuvolau (2575 m). Der verdankt seine Popularität allerdings vor allem dem Umstand, dass ganz

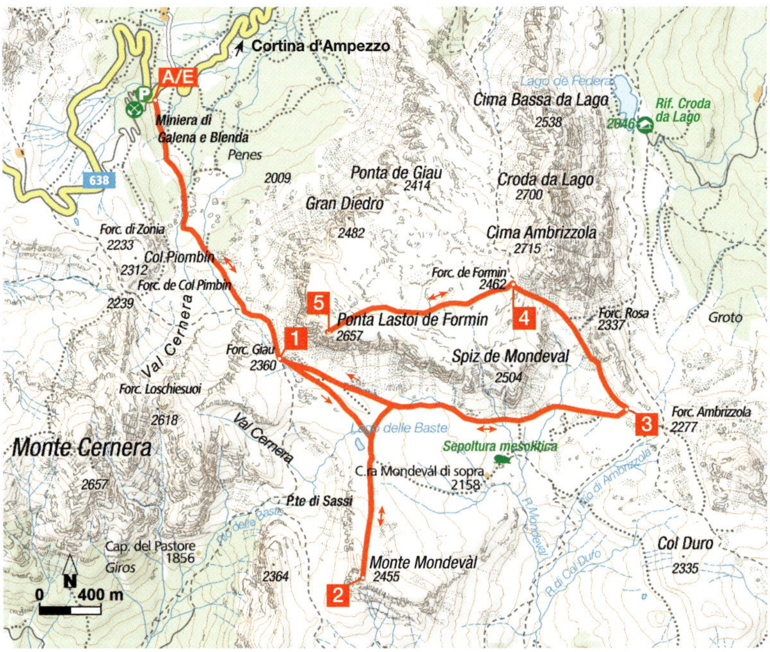

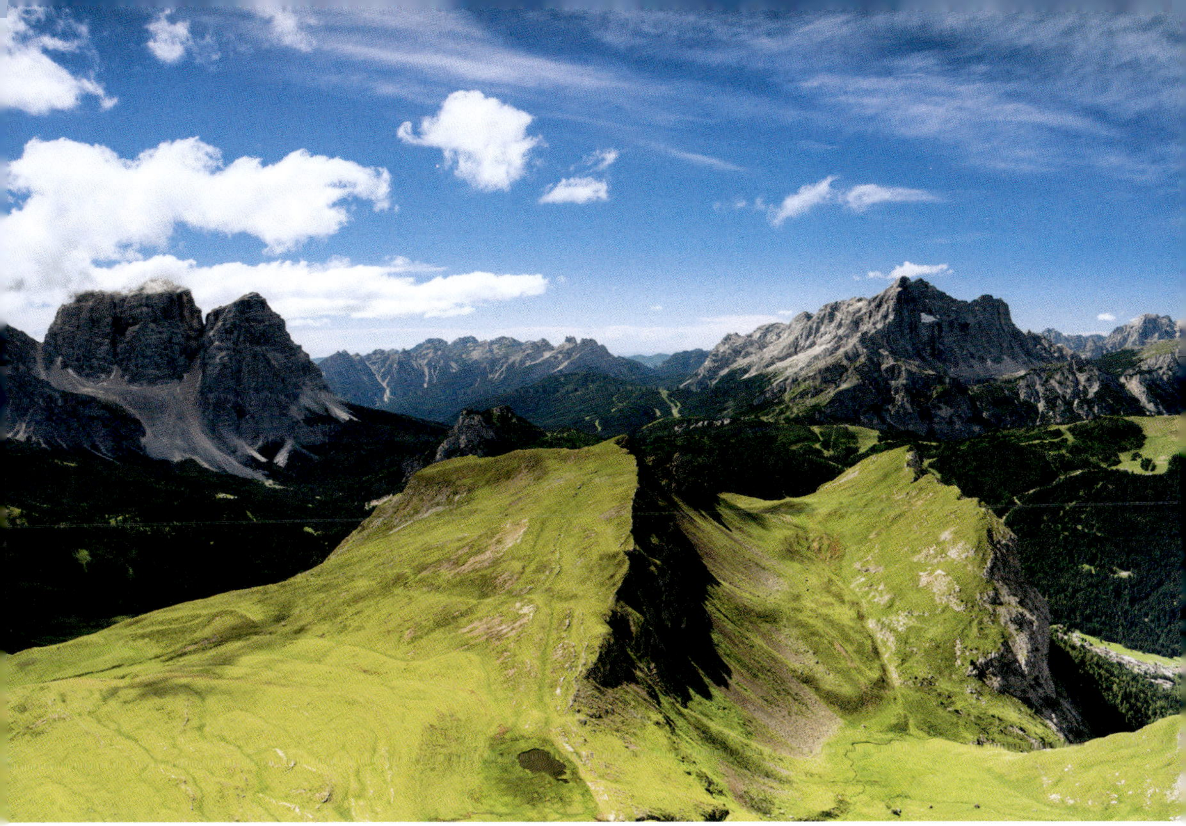

Grüne Wellen vor grauen Burgen: Pelmo und Civetta, im Vordergrund der kleine Monte Mondevàl; dabei leicht zu übersehen: der Monte Crot (Tour 26) hinter dem Monte Mondevàl – noch so ein Zwerg

oben ein bewirtschaftetes Rifugio thront. Bereits 1883 eröffnet, war die kleine Hütte mit dem putzigen Namen Sachsendank die erste im Ampezzano überhaupt; finanziert wurde ihr Bau von dem königlich-sächsischen Oberst a.D. Graf Friedrich von Meerheimb. Nach wenigen Sommern musste das Haus bereits erweitert werden (1896). Mit der Annektion Südtirols durch Italien kam es an den CAI, der ihm einen neuen Namen verpasste (Nuvolau) und das Gebäude in den 1970er-Jahren vergrößerte und modernisierte.

Ein Gipfelhaus haben weder die Ponta Lastói de Formin noch der Monte Mondevàl zu bieten. Dafür viel von der berühmten Bergesruh' – und eine Aussicht, die locker drei Sternchen verdient und die man in aller Regel nur mit ein paar (stets hungrigen) Bergdohlen teilen muss. Absoluter Blickfang ist der Pelmo mit seiner monumentalen Nordwand, keine fünf Kilometer entfernt; von der Ponta Lastói de Formin hat man fast alle großen Dolomitenmassive im Blick. Nicht sichtbar ist dagegen eine andere Sensation der Gegend: In der Umgebung der oberen Mondevàl-Alm sind Ur-

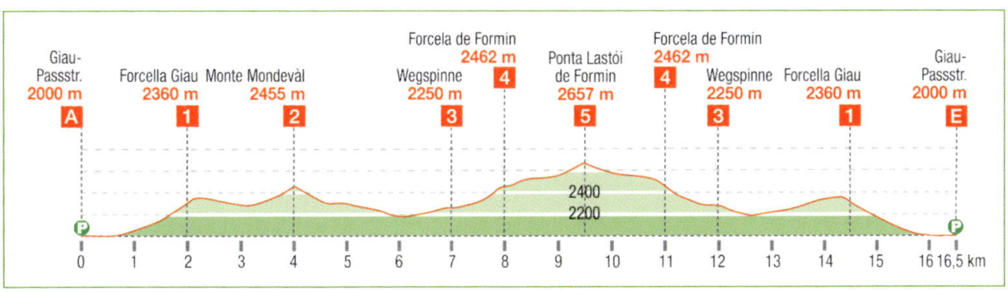

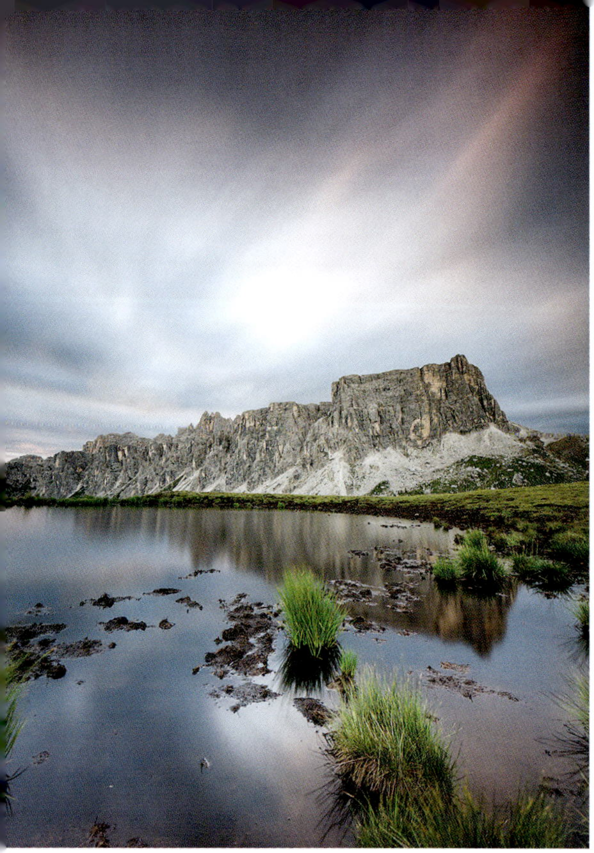

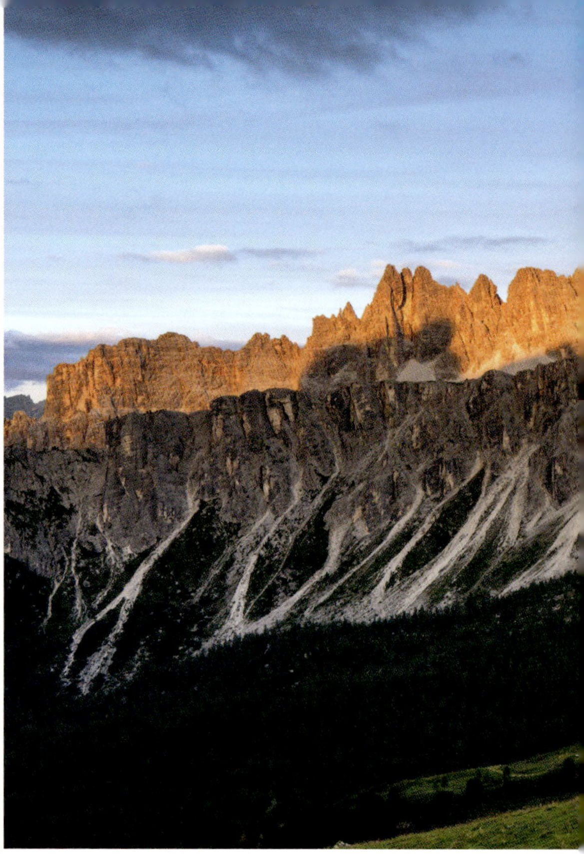

Im Wasser eines namenlosen Tümpels spiegelt sich der westseitige Abbruch des Formin-Plateaus (oben). Abendlicht über der Croda da Lago und der Ponta Lastói de Formin (Mitte)

zeitfunde gemacht worden, die belegen, dass Zeitgenossen des »Ötzi« hier jagten und sammelten. Gipfel haben sie wohl keine bestiegen …

Gipfelwandern Unsere Gipfeltour startet bei dem kleinen Ⓐ **Parkplatz** (ca. 2000 m) an der Nordrampe der Giau-Passstraße, etwa drei Kilometer unterhalb der Scheitelhöhe. Mit der CAI-Markierung 436 wandert man bei angenehmer Steigung durch die zunächst noch licht bewaldete Talmulde zwischen dem Col Piombin und den Westabbrüchen des Formin-Plateaus. Von rechts mündet der Zustieg vom Passo Giau, wenig höher ist die ❶ **Forcela Giau** (2360 m) gewonnen, zeigt sich erstmals der Riesenzahn des Pelmo. Noch schöner ist der Blick auf den Dreitausender vom Monte Mondevàl – ein kleiner Abstecher, aber sehr lohnend. Man verlässt den Weg zur Forcella Ambrizzola kurz hinter der Giau-Scharte und folgt einer Spur, die rechts über Wiesen hinabläuft zum seichten Lago delle Baste (2281 m). Aus der Senke über Wiesenhänge in Gratnähe hinauf zum Gipfel.
Vom ❷ **Monte Mondevàl** (2455 m) geht's zunächst zurück zur Lacke. Den Umweg über die Forcela Giau kann man sich sparen, indem man über Wiesen gleich den quer verlaufenden, mit 436 markierten Weg ansteuert. Mit ihm ostwärts, erst ab- dann wieder sanft ansteigend, bis zur ❸ **Wegspinne** (ca. 2250 m) knapp unterhalb der Forcella Ambrizzola, wo der Anstieg zur ❹ **Forcela de Formin** (2462 m) beginnt: nicht ganz 200 Höhenmeter Anstieg, zuletzt recht steil. In der Scharte betritt man das ausgedehnte Karstplateau von Formin, rund einen Quadratkilometer groß, nach Norden sanft abfallend. Hier haben Wind und Wetter ganze Arbeit geleistet, den Fels zernagt,

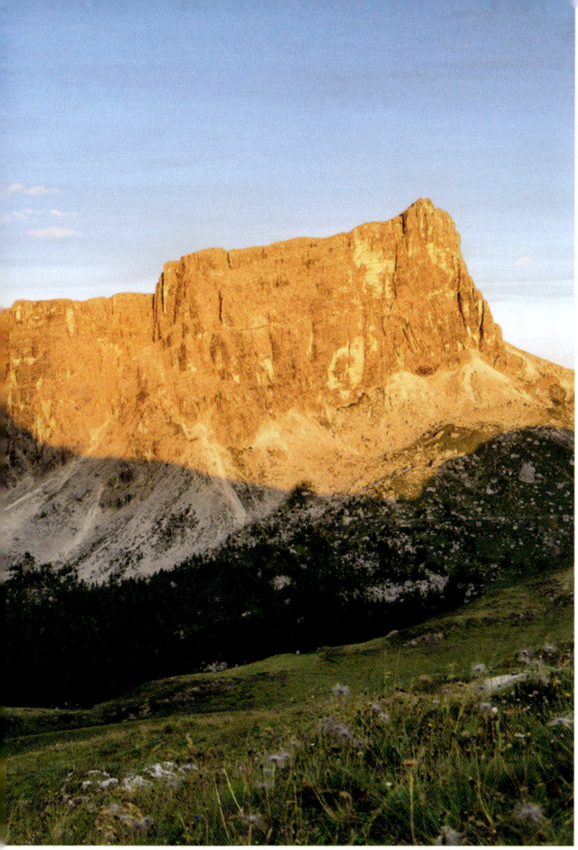

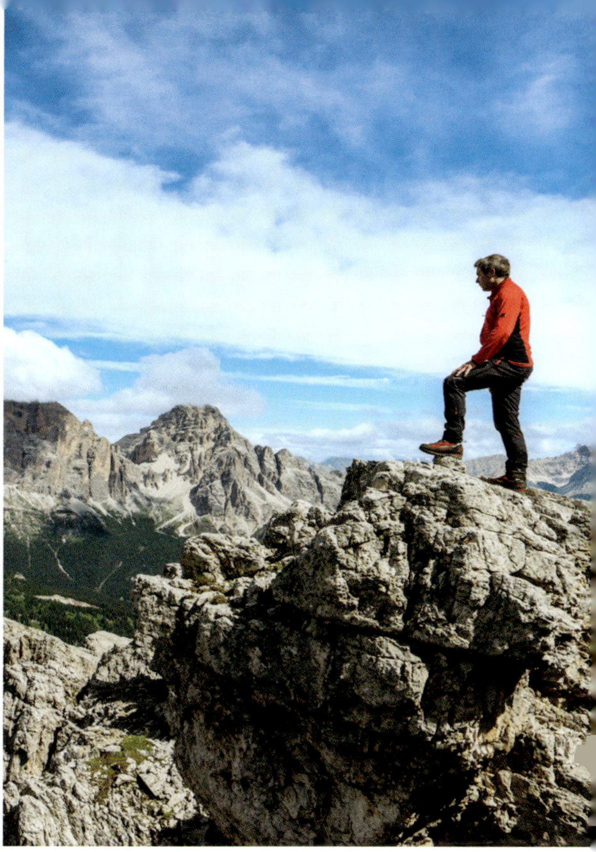

tausend Klüfte und winzige, aber messerscharfe Grate aus dem Stein gearbeitet. Über die bucklige Mondlandschaft wandert man, von Steinmännchen und gelegentlichen Wegspuren geleitet, hinauf zum höchsten Punkt der Hochfläche, der **5** **Ponta Lastói de Formin** (2657 m). Von der nach Süden jäh abfallenden Kuppe bietet sich – trotz der vergleichsweise geringen Höhe – eine fantastische Rundschau, die viele der großen Dolomitengipfel umfasst, sogar bis zum Alpenhauptkamm reicht, wo sich Wildspitze und Zuckerhütl zeigen. Der Abstieg folgt dem Hinweg. Dabei lohnt es sich, ganz kurz zur Forcella Ambrizzola (2277 m) aufzusteigen. Von dem Joch hat man freie Sicht auf die Conca d'Ampezzo mit dem ins Grün der Talmulde gebetteten Dolomitenstädtchen Cortina – im Nachmittagslicht besonders schön.

Kleiner Gipfel, großes Panorama: die Ponta Lastói de Formin

Am Monte Cernera sind die Gämsen zu Hause.

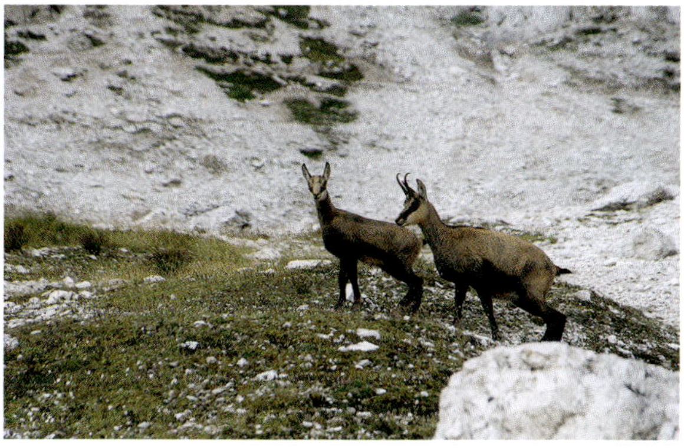

Monte Cernera

Noch ein (fast) »vergessener Gipfel«, kurioserweise metergenau so hoch wie die Ponta Lastói de Formin. Vom Passo Giau (2233 m) aus besteigt man den Monte Cernera (2657 m) in etwa 2 Std. Zugang über die Forcela di Zonia, Beginn des eigentlichen Gipfelsteigs (Schild) an der Forcela de Col de Piombin (2239 m). Deutliche Pfadspur, einige felsige Passagen (Sicherungen).

25

Rund um den Sorapiš

Ein »Giro« der besonderen Art

schwer 26 km 1760 m 15.30 Std. K3

Tourencharakter
Sehr anspruchsvolle »kombinierte« Tour: Klettersteige (bis K3), leichte ungesicherte Kletterpassagen (I–II), Wanderung. Als Tagespensum etwas für absolute Konditionsbolzen; am schönsten mit einer Übernachtung im Biwak Slataper. Nur bei absolut sicherem Wetter gehen; markierte Zwischenabstiege vom Bivacco Comici und über die Forcella Grande. Nicht zu empfehlen ist der kaum markierte, wilde Abstieg von der Terrazza ins Val Boite.

Ausgangs-/Endpunkt
Passo Tre Croci (1805 m), Straßenpass zwischen Cortina d'Ampezzo und Auronzo

Höchster Punkt
Forcella del Bivacco (2670 m)

Verkehrsanbindung
Von Cortina d'Ampezzo zum Passo Tre Croci bzw. von Toblach via Misurina zum Pass. Buslinie

Gehzeiten
Gesamt 15.30 Std.; Passo Tre Croci – Rifugio Vandelli 2.30 Std., Rifugio Vandelli – Bivacco Comici 3.30 Std., Bivacco Comici – Bivacco Slataper 3.30 Std., Bivacco Slataper – Rifugio Vandelli 4 Std., Rifugio Vandelli – Passo Tre Croci 2 Std.

Markierung
Wege und Klettersteige sind ausreichend markiert.

Karte
Tabacco-Wanderkarte 1:25 000, Blatt 03

Hütten/Einkehr
Rifugio Vandelli; Bivacco Comici und Bivacco Slataper, beides Notunterkünfte, stets zugänglich

Der Sorapiš (3205 m) gehört zur berühmten »Conca d'Ampezzo«, er ist einer der Kulissenberge des Nobelortes Cortina d'Ampezzo – und ein ganz einsamer Koloss dazu, mit ausladenden Graten und einem türkisfarbenen See mittendrin.

Giro del Sorapiš Doch wer weiß, dass man diesen Berg, der eigentlich ein Gebirge ist, auch umwandern kann, und das auf markierten Wegen? Wobei der Begriff »Weg« sich eigentlich nur auf den Hüttenzustieg bezieht. Der Rest ist Klettersteig oder weglose Route, abwechslungsweise im Geröll, in Fels oder zwischen Latschen verlaufend, selten im Flachen, viel öfter auf- oder absteigend – und das rund 15 Stunden lang. Da muss eine Übernachtung fast zwingend eingeplant werden, recht komfortabel im bewirtschafteten Rifugio Vandelli, eher spartanisch in der »Red Box« des Bivacco Slataper. Letztere bietet dafür den Luxus einer Mondscheinaussicht auf die fahl-grauen Südabstürze der Ponta del Sorapiš, nebst ein paar Dämmerstunden, die man nicht so bald vergessen wird.
Der gesamte Giro del Sorapiš gliedert sich in vier Abschnitte von sehr unterschiedlichem Charakter: einen Hüttenzustieg, eine klassische Via ferrata (Vandelli), einen Höhenweg mit Nähmaschinenprofil (Minazio) und

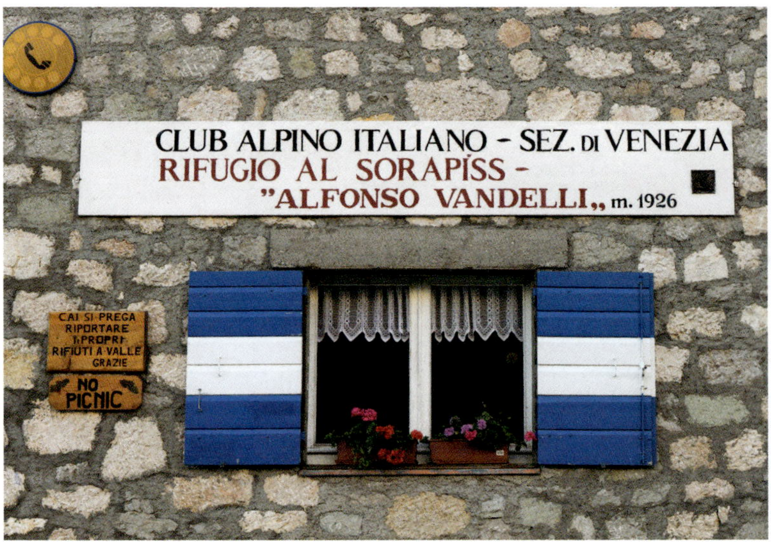

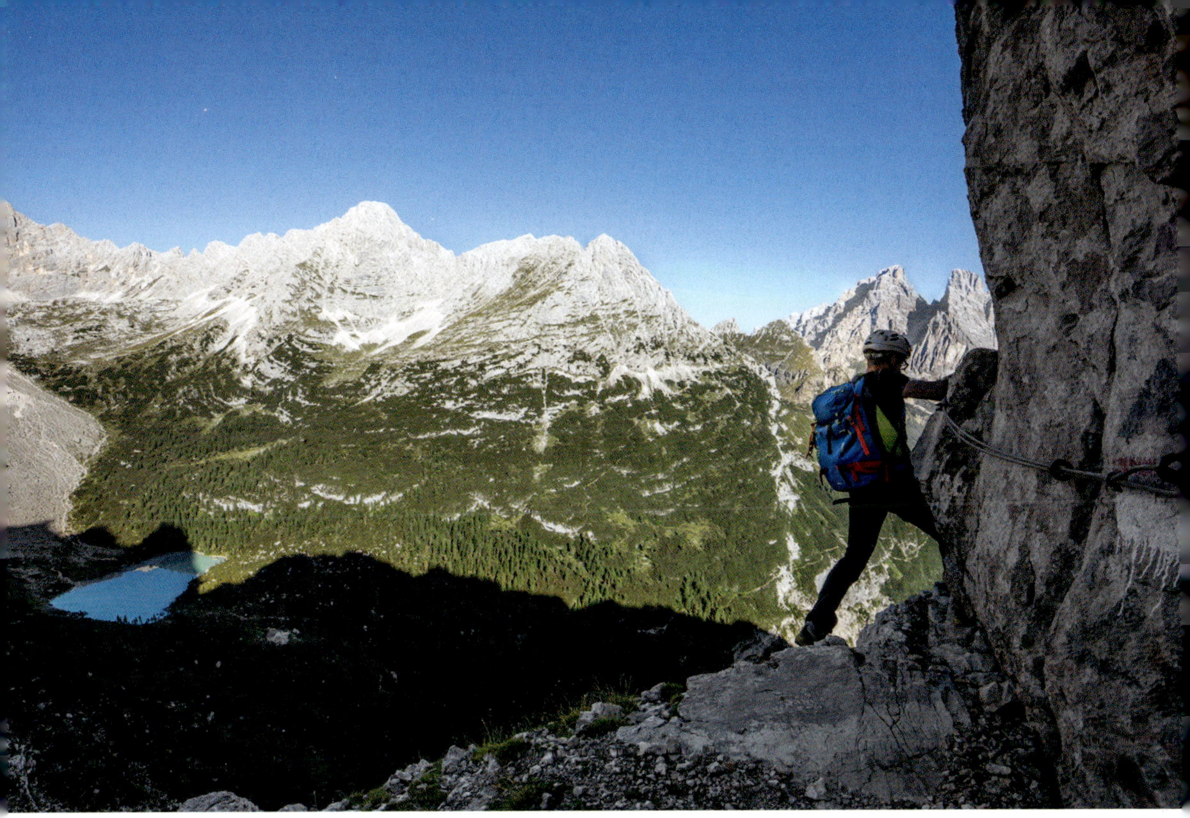

eine finale Route, die all das einschließt, dazu noch einige heikle Kletterpassagen (I–II) im Abstieg. Insgesamt also ein Unternehmen für komplette Bergsteiger.

Luftiges Eck an der Via ferrata Vandelli, in der Tiefe der türkisfarbene Lago del Sorapiš

Zum Rifugio Vandelli Der gut markierte und ausgebaute Hüttenweg zweigt etwa 200 Meter östlich vom Ⓐ **Passo Tre Croci** (1805 m) rechts von der viel befahrenen Staatsstraße ab (Tafel). Die Sandpiste führt zunächst über Wiesen sanft bergab, dann im Wald um einen namenlosen Buckel herum und – jetzt als Wanderweg – in den Graben In Po' Tamei. Dahinter steigt der komfortable Pfad kurz bergan gegen den Rücken des Col Cuco und läuft dann flach unter den imposanten Ostwänden der Zimes de Marcuoira (2428 m) hindurch. Hoch über dem tief eingeschnittenen Graben des Ru de Sorapiš wandert man taleinwärts; Eisentreppen helfen über eine felsige Geländestufe, Drahtseile sichern ein schmales Horizontalband. Man genießt freie Sicht auf den Ostflügel des Sorapiš-Massivs, an dem die Ferrata Vandelli verläuft. Allmählich rückt der Talboden näher; fast flach führt der Weg durch lichten Lärchenwald, zwischen Bergsturztrümmern hindurch, zum Sorapiš-Bach und kurz aufwärts zum ❶ **Rifugio Vandelli** (1928 m).

Die Via ferrata Vandelli Hinter der Hütte weist ein Schild zur Ferrata Vandelli. Die markierte Spur führt – zunächst ansteigend, dann ohne Höhengewinn – südostwärts in das ausgedehnte Karstgelände des Circo del Sorapiš. Farbtupfer und Steinmännchen weisen den Weg über den blanken, in Jahrtausenden vom Wasser zernagten Fels zum Einstieg (ca. 2110 m). Drahtseile und neun Leitern erleichtern dann den Aufstieg durch Rinnen und steile Felsabsätze auf ein Bandsystem, das – kaum

Linke Seite: Beim Rifugio Vandelli startet die große Runde um das Sorapiš-Massiv.

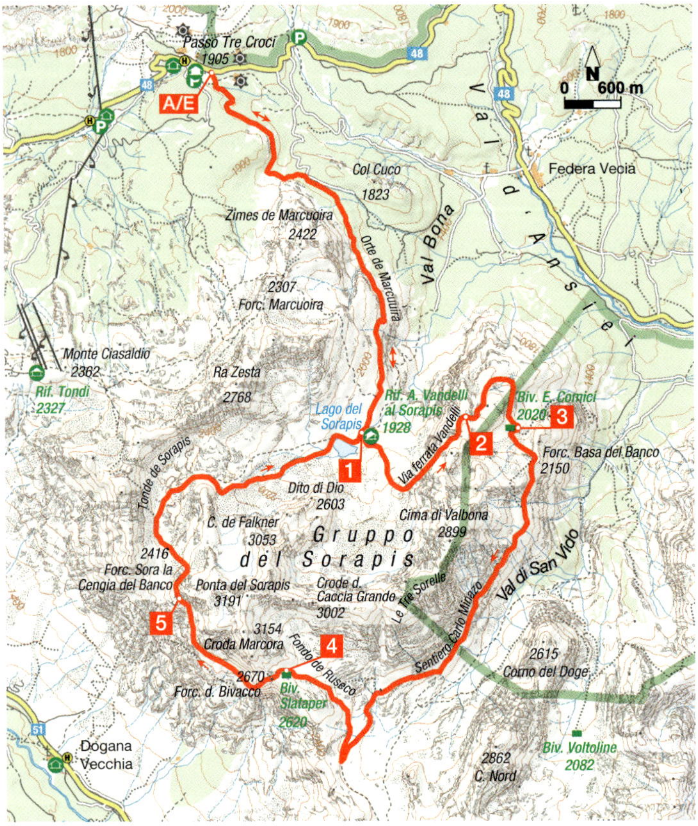

mehr an Höhe gewinnend – die von Schluchten durchzogenen Westabstürze der Sora el Fo (2567 m) quert. Einige kurze Passagen sind sehr exponiert, bieten packende Tiefblicke. Schließlich endet dieser luftige Gang zwischen Tal und Gipfel auf einem ❷ **Wiesenbuckel** (ca. 2370 m) mit herrlich freier Sicht bis zu den Drei Zinnen (Rastplatz). Die (sparsam gesetzten) Markierungen leiten über einen Grashang abwärts, dann scharf links in einen Graben. Man steigt in ihm ab (Spur), quert anschließend unter Felsabbrüchen nach rechts auf einen Latschenhang. Drahtseile helfen über kurze Felsstufen hinunter zur Mündung des mächtigen Geröllkars Busa de Banco, eine schmale Spur führt zwischen Latschen und durch lichten Lärchenwald weiter abwärts zum ❸ **Bivacco Comici** (2020 m).

Sentiero attrezzato Minazio Vom Biwak aus ist der Weiterweg in die Forcela Bassa de Banco (2128 m) bereits auszumachen. Die deutliche Spur steigt im Zickzack am gegenüberliegenden Hang hinauf zu der Mini-Scharte. Sie vermittelt noch nicht den Überstieg auf das rund zwei Kilometer lange Bändersystem der Collineri, wie ein Hinweis – »No!« – unmissverständlich klarmacht. Erst etwa 40 Meter höher leiten die Markierungen nach links. In felsigem Gelände steigt man kurz ab auf ein schmales Band, das – teilweise mit Drahtseilen gesichert – auf eine mächtige Hangterrasse leitet. Mit viel Auf und Ab geht's dann hoch über dem Val de San Vido taleinwärts; Blickfang ist der markante Turmbau des Corno del Doge (2615 m). Später kommt auch der Torre dei Sabbioni (2531 m), ein schlanker Felsturm über der Forcella

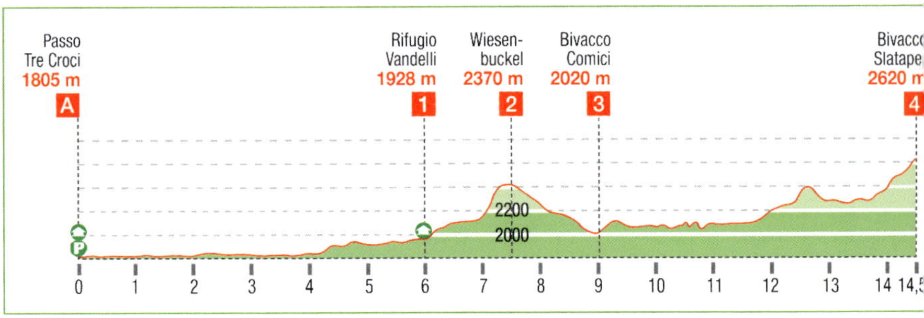

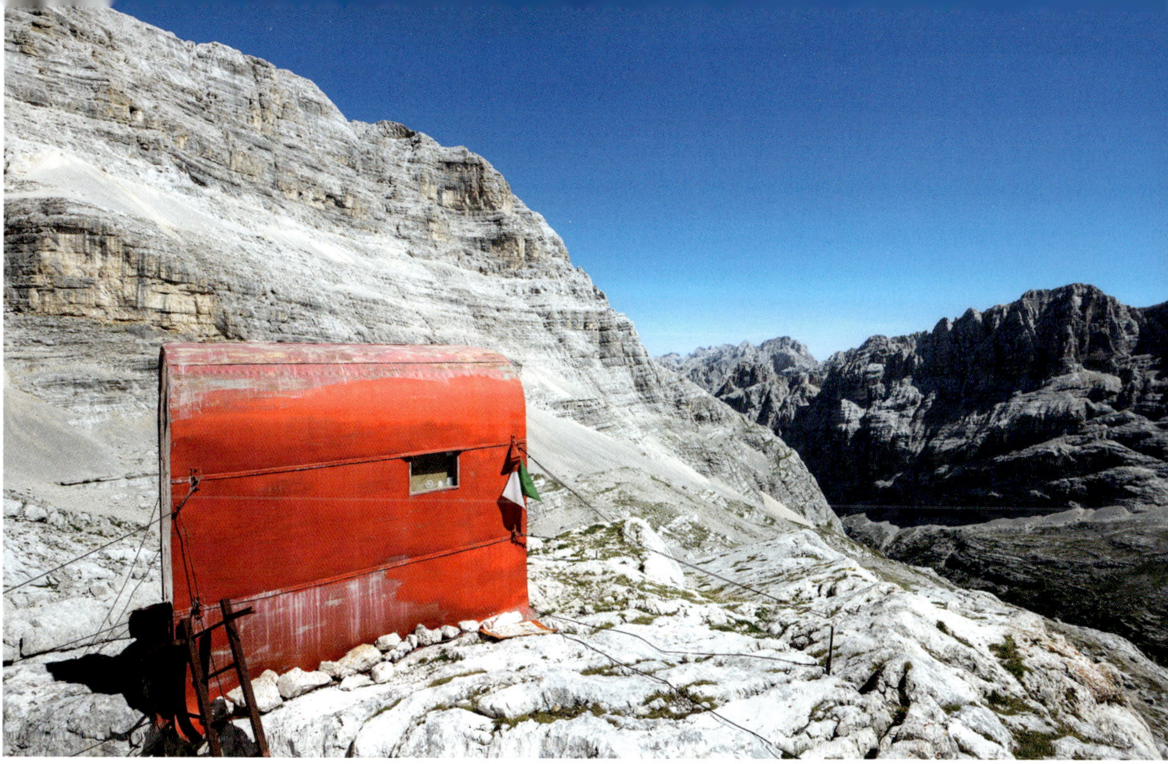

Stets zugänglich: das Biwak Slataper am Übergang vom Hochkar Rusecco auf die Westseite des Sorapiš-Massivs

Grande, ins Bild. Unter gewaltigen Überhängen (Drahtseile) quert der Sentiero Minazio auf einen Schrofenrücken. Man steigt über ihn ab und gelangt so in das Wiesengelände unter den Tre Sorelle (3005 m). An der folgenden Verzweigung (Hinweis) hält man sich rechts und folgt der rot-weiß markierten Spur, die zunächst am Fuß mächtiger Felswände ansteigt, dann nach links umbiegt und schließlich in jenen Weg mündet, der von der Forcella Grande herüberkommt. Er führt ansteigend in das gewaltige, von der Ponta del Sorapiš (3205 m) und der Croda Marcora (3154 m) überragte Geröllkar von Rusecco. Mühsam im Geröll und über blanken, vom Eis glatt polierten Fels in dieser dantesken Kulisse aufwärts, zuletzt einen Aufschwung rechts umgehend, zum ❹ **Bivacco Slataper** (2620 m).

Percorso attrezzato Berti Hier deutet noch nichts auf den abrupten Szenenwechsel hin, doch dann – nach kurzem Anstieg – steht man unvermittelt an der Abbruchkante (Forcella del Bivacco, 2670 m), schaut über fast senkrechte Felsen hinunter in einen wilden, ummauerten Karwinkel. Auf einem schmalen Band (Drahtseile) quert

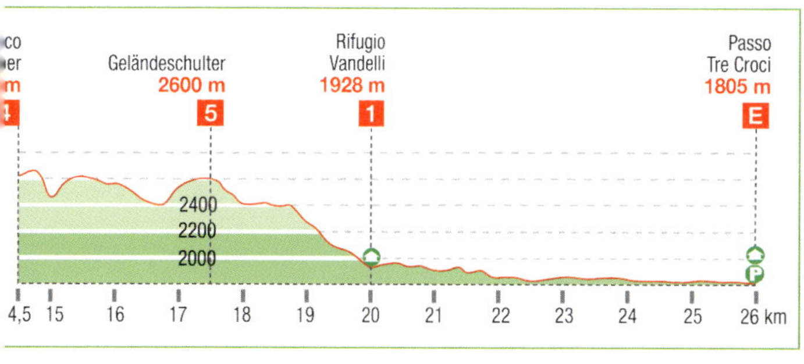

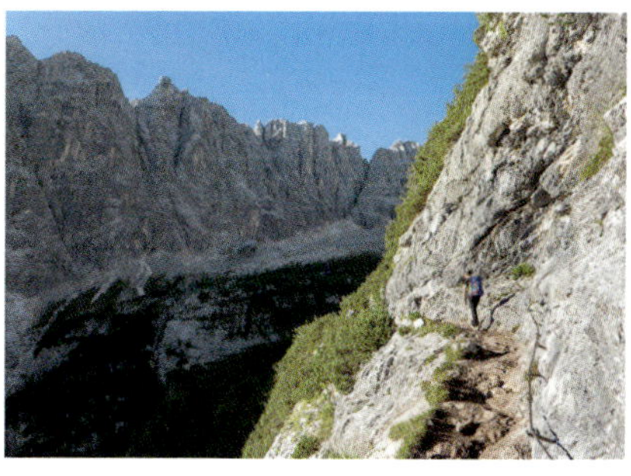

Gesicherte Passage am Weg zur Vandelli-Hütte

Rechte Seite: Der Abstieg von der Forcella del Bivacco und der kurze Gegenanstieg zum Cengia del Banco sind mit Drahtseilen und Leitern bestens gesichert.

die Route nach rechts, dann »stürzt« sie buchstäblich ab, mit einem halben Dutzend Leitern, Eisenbügeln und Seilen ausgestattet. 100 Meter tiefer entsteigt man der Vertikalen, quert im Geröll – noch etwas absteigend – zum Ansatzpunkt einer Rinne. Leitern und Drahtseile sichern den senkrechten Zehn-Meter-Aufschwung, der auf ein schmales, luftiges Felsband mündet. Es leitet hinaus in die Südwestflanke der Croda Marcora, bietet dabei grandiose Tiefblicke ins Val Boite. Das schmale Band mündet auf die Terrazza, einen gewaltigen Geröllhang fast anderthalb Kilometer über dem Talboden. Der Percorso alpinistico Berti setzt sich als dünne, gelegentlich etwas schwer erkennbare Spur fort, die hinüberquert zum Westgrat der Croda Marcora. Hier betritt man nach einer kurzen gesicherten Passage das Cengia del Banco, ein breites Geröllband, das zu einer markanten ❺ **Geländeschulter** ansteigt (ca. 2600 m). Es vermittelt den Einstieg von oben in das »End' der Welt« der Tonde de Sorapiš. Der Abstieg in die monumentale Geröllmulde erweist sich als nicht ganz einfach; die Farbtupfer führen zwei-, dreimal in Felsabbrüche. Konzentriert klettert man in teilweise brüchigem Gestein (I–II) ab, folgt dann den deutlichen Markierungen. Eine von der Natur geschaffene »Pforte« vermittelt den Ausgang zum Circo del Sorapiš; rechts bietet sich ein packender Blick in den von senkrechten Felsen umschlossenen westlichen Sorapiš-Gletscher. Im Geröll steigt man ab zum smaragdgrünen Lago del Sorapiš (1923 m). Links um das (im Spätsommer oft fast ausgetrocknete) Gewässer herum und kurz aufwärts zum ❶ **Rifugio Vandelli**.

In diesem wilden Felswinkel liegt der westliche der drei Sorapiš-Gletscher und wartet auf sein (absehbares) Ende.

Abstieg Knapp unterhalb der Hütte mündet von links der Zustieg vom Tre-Croci-Pass. Auf ihm zurück zum Ⓔ **Ausgangspunkt** dieser einmaligen Dolomitentour.

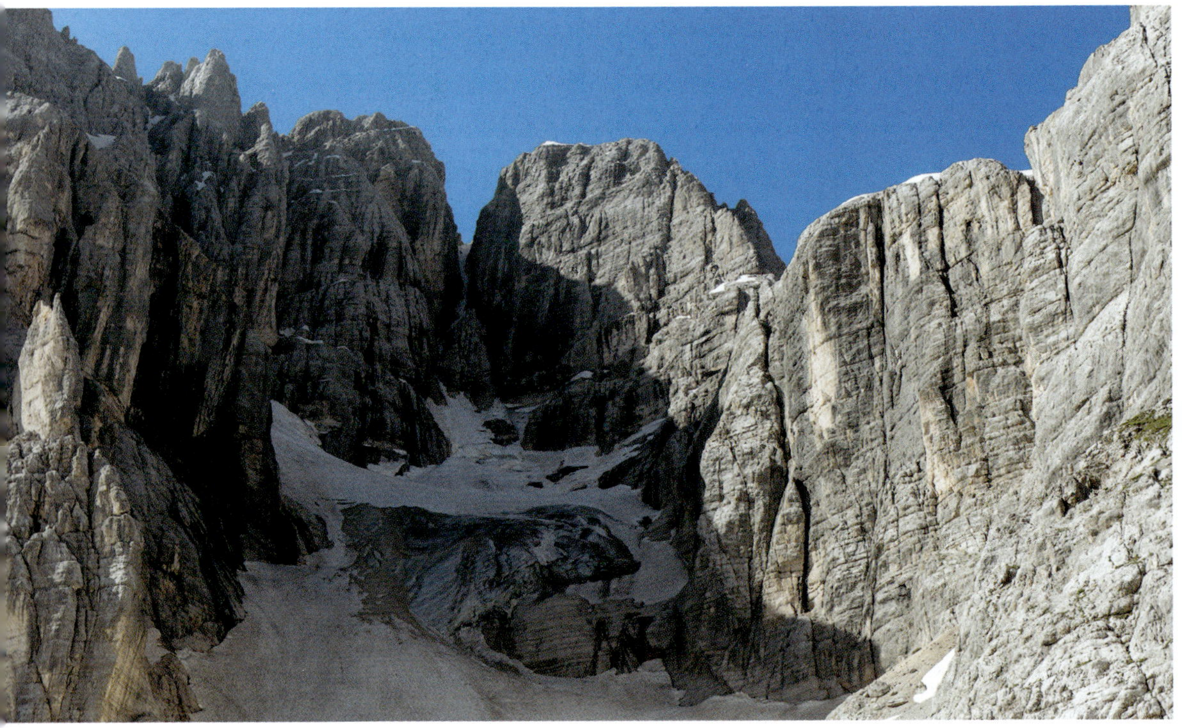

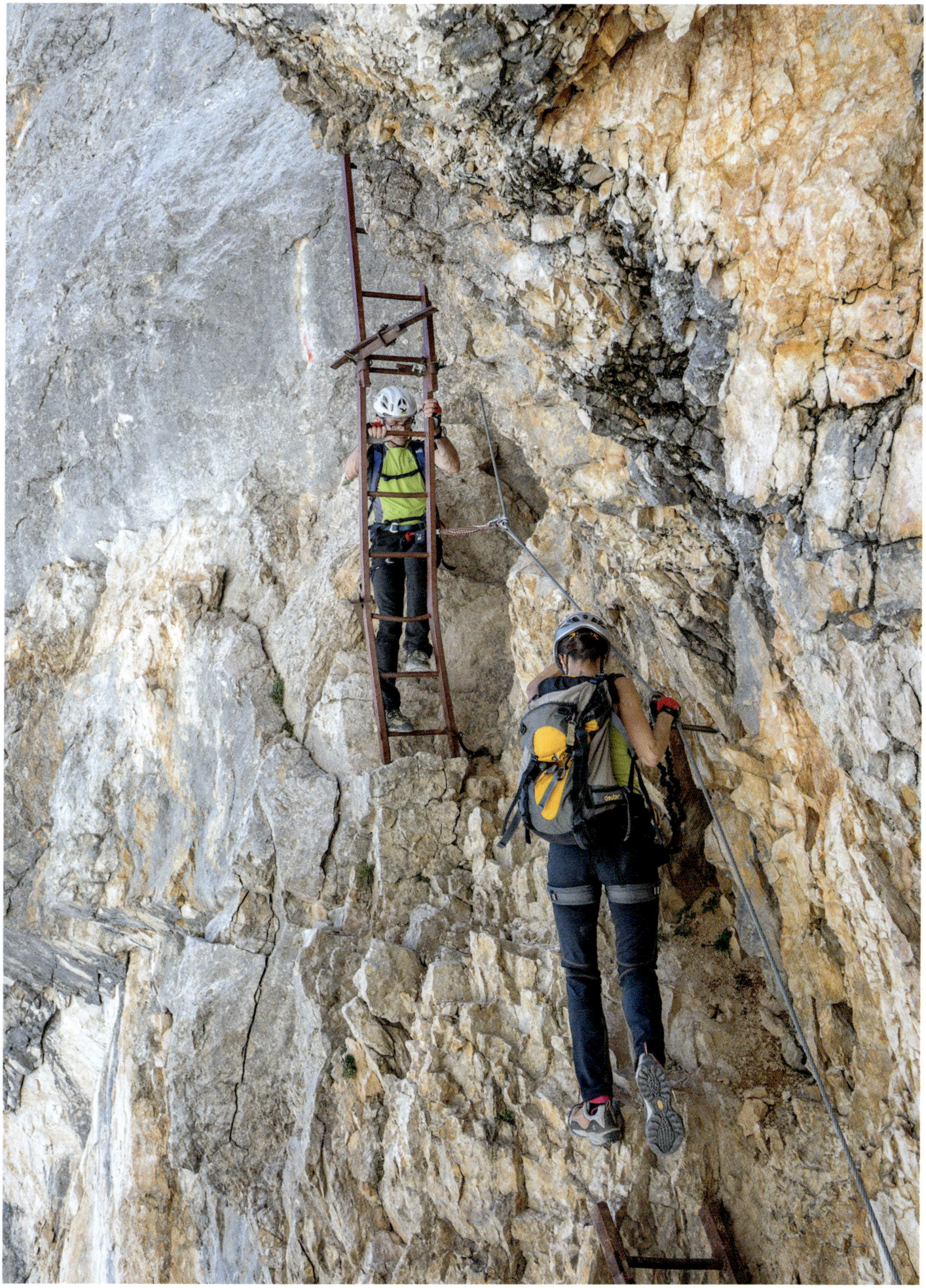

26

Monte Crot

Kleiner Berg mit großer Aussicht

leicht | 6 km | 400 m | 2.00 Std.

Tourencharakter
Kleine, feine Gipfelbesteigung auf einem ehemaligen Militärweg mit felsigem Finale. Trittsicherheit notwendig

Ausgangs-/Endpunkt
Passo Staulanza (1766 m)

Höchster Punkt
Monte Crot (2169 m)

Verkehrsanbindung
Der Passo Staulanza verbindet das Val Fiorentina mit dem Val di Zoldo, 9 km von Selva di Cadore, 16 km von Forno di Zoldo.

Gehzeiten
Gesamt 2 Std.; Aufstieg 1.15 Std., Abstieg 45 Min.

Markierung
Wegweiser, ein paar Farbmarkierungen

Karte
Tabacco-Wanderkarte 1:25 000, Blatt 015

Hütte/Einkehr
Unterwegs keine

Die Kleinen übersieht man gern, und das ist nicht nur bei den Menschen so. Auch bei den Bergen. Und neben einem Koloss wie dem Pelmo ist der Monte Crot halt nur ein unbedeutender Mugel, mit ein bisschen Fels – und einer phänomenalen Aussicht.

Was für ein Panorama! Bereits die Anfahrt zum Passo Staulanza macht einem unmissverständlich klar, welches hier die ganz großen Gipfelziele sind: Pelmo und Civetta. Mindestens zwei Nummern kleiner ist der Monte Crot (2169 m), direkt über dem Straßenpass stehend und höchstens gut für einen kleinen »Seitensprung«. Allerdings für einen lohnenden. Denn der eher unscheinbare Gipfel hat das, was Immobilienmakler bei ihren Objekten so gerne anpreisen: eine ideale (unverbaubare) Lage. Im Panorama stehen immerhin 25 Dolomiten-Dreitausender, vom Langkofel bis zum Sorapiš. Einer von ihnen fast erdrückend nah, überwältigend buchstäblich durch seine Masse: der Pelmo (3158 m). Neben ihm wirkt die Civetta (3220 m) fast grazil – als »Käuzchen« (= Civetta). Die düstere Nordwand des Pelmo wurde 1924 erstmals von Roland Rossi

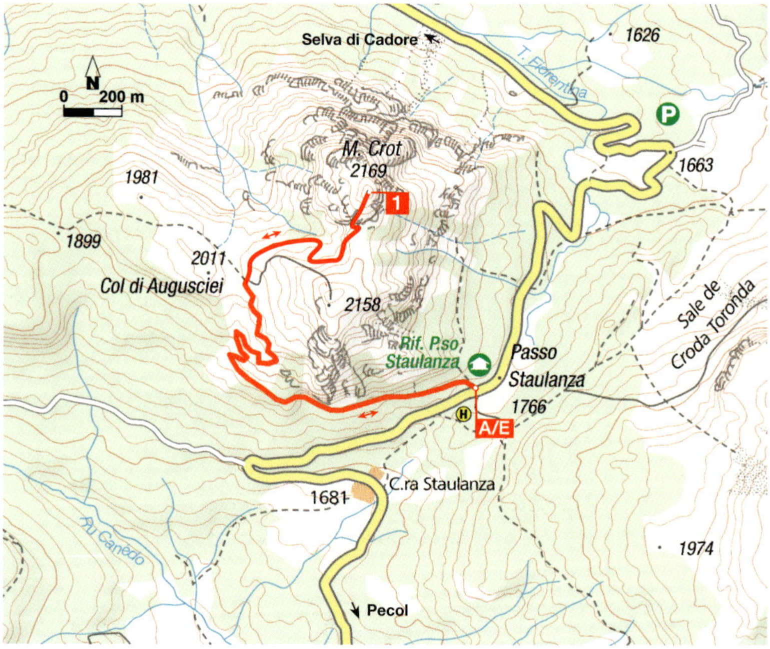

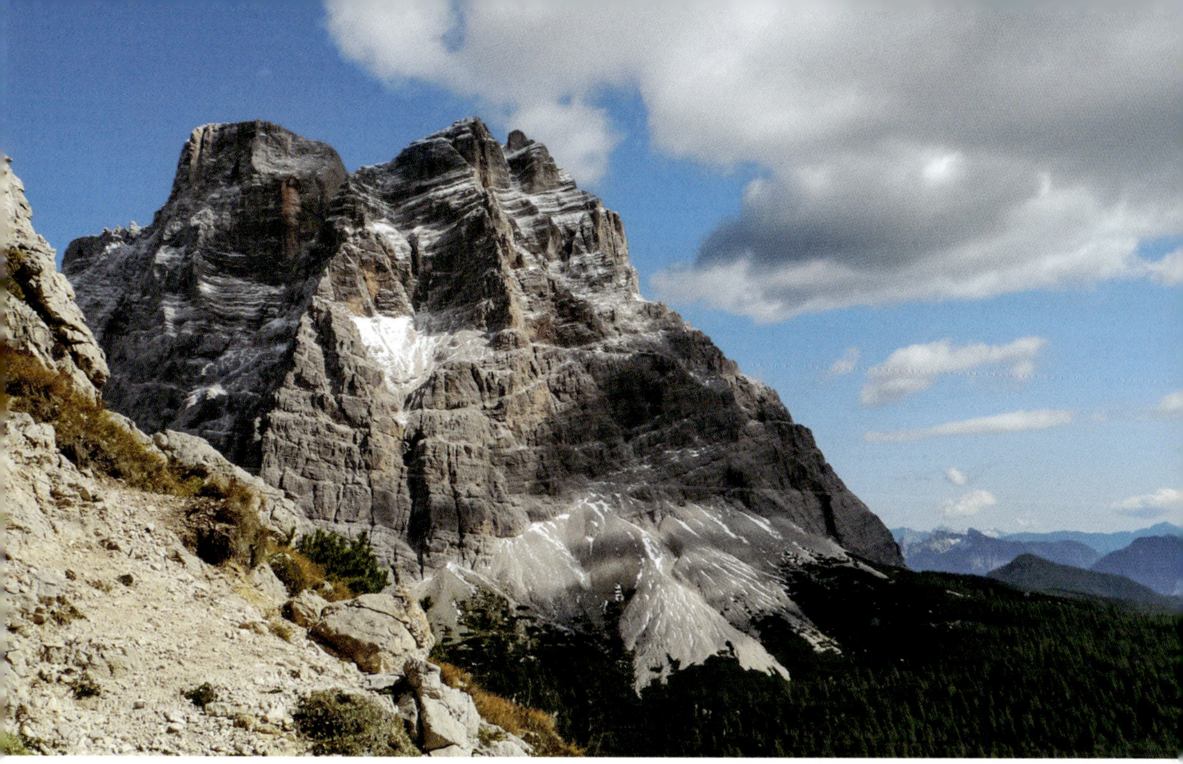

und Felix Simon (VI–) durchstiegen, mithin ein Jahr vor der ersten Begehung der Civetta-Nordwestwand durch Emil Solleder und Franz Lettenbauer, die als Geburtsstunde des VI. Grades in den Dolomiten gilt.

Vom Monte Crot bietet sich ein besonders schöner Blick auf Pelmo und Pelmetto (rechts).

Um den Berg auf den Gipfel Die kleine Gipfeltour beginnt am Ⓐ **Passo Staulanza** (1766 m), gleich links hinter dem gleichnamigen Rifugio. Hier fädelt man ein in den ehemaligen Kriegsweg, der bei angenehmer Steigung die bewaldete Südflanke des Monte Crot quert, dann mit ein paar Serpentinen den Wiesenrücken des Col di Agusciei gewinnt. Links geht ein Weg nach Pescul ab (Wegweiser), der Gipfelsteig wendet sich in die Nordseite des Berges (einige Pflöcke mit Farbmarkierungen im Gras) und steigt auf zum Verbindungsgrat (2092 m) zwischen Nord- und Südgipfel des Monte Crot. Auf den letzten Metern unter dem Kamm treten zunächst die Gipfelfelsen, dann die ganze felsige Pracht von Pelmetto (2990 m) und Pelmo ins Bild – wow!

Die Wegspur steigt an gegen den Felsriegel unter dem Nordgipfel. Man übersteigt ihn problemlos und spaziert dann zwischen dem Latschendach zum höchsten Punkt des ❶ **Monte Crot** (2169 m) mit Kreuz. Im Gipfelbuch lässt sich nachlesen, dass der Berg keineswegs ganz vergessen ist, zumindest nicht bei den Einheimischen. Und jetzt stehen sogar die Namen zweier echter Exoten in dem Buch: Hildegard und Eugen. Der Abstieg erfolgt auf dem Hinweg, wobei man alternativ in der ersten Kehre unter dem Verbindungsgrat zwischen den beiden Gipfeln geradeaus gehen kann. Am Col di Agusciei mündet die steile Spur wieder in den Anstiegsweg.

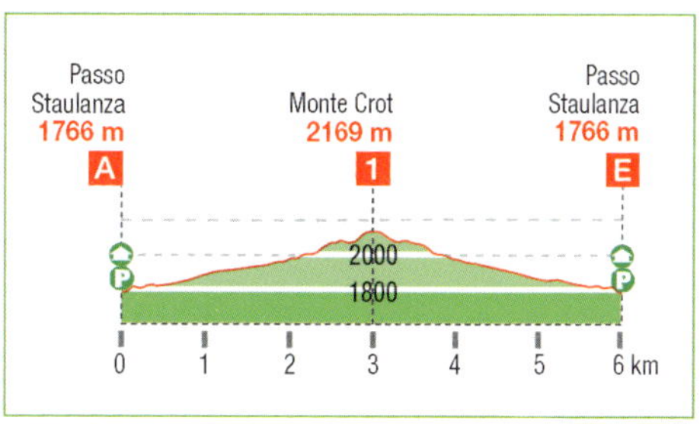

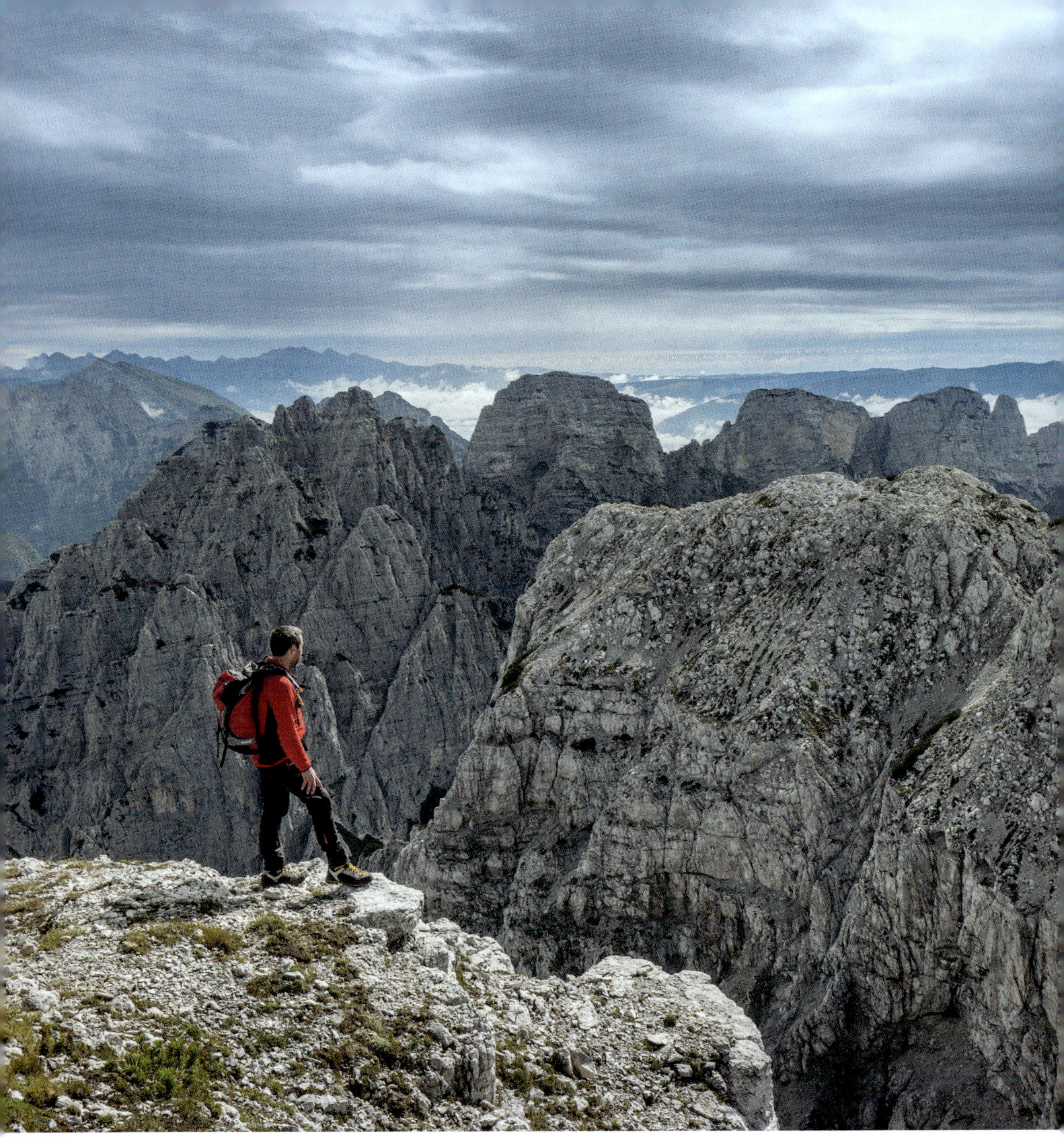

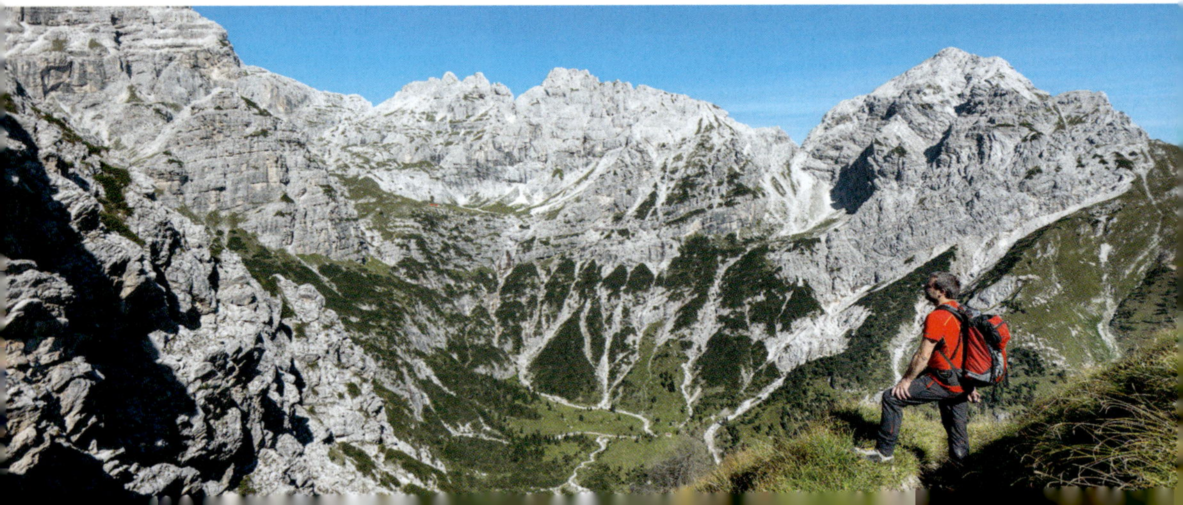

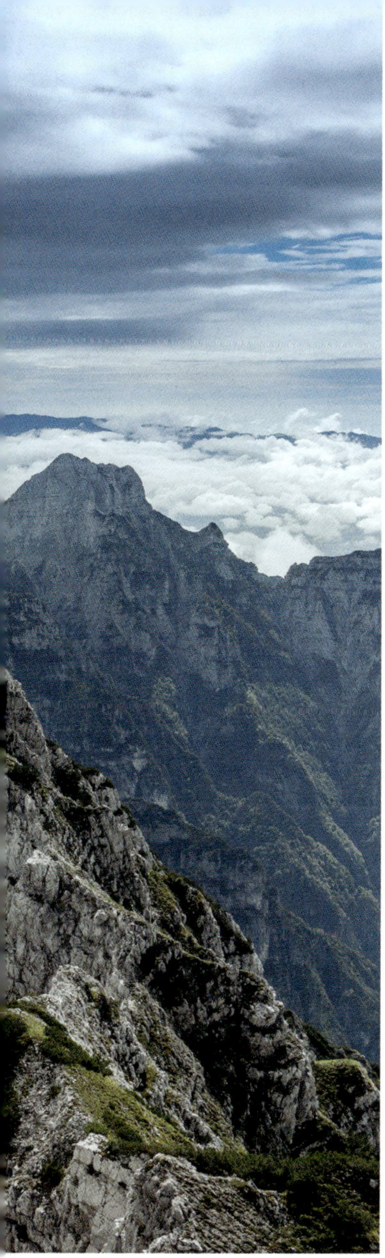

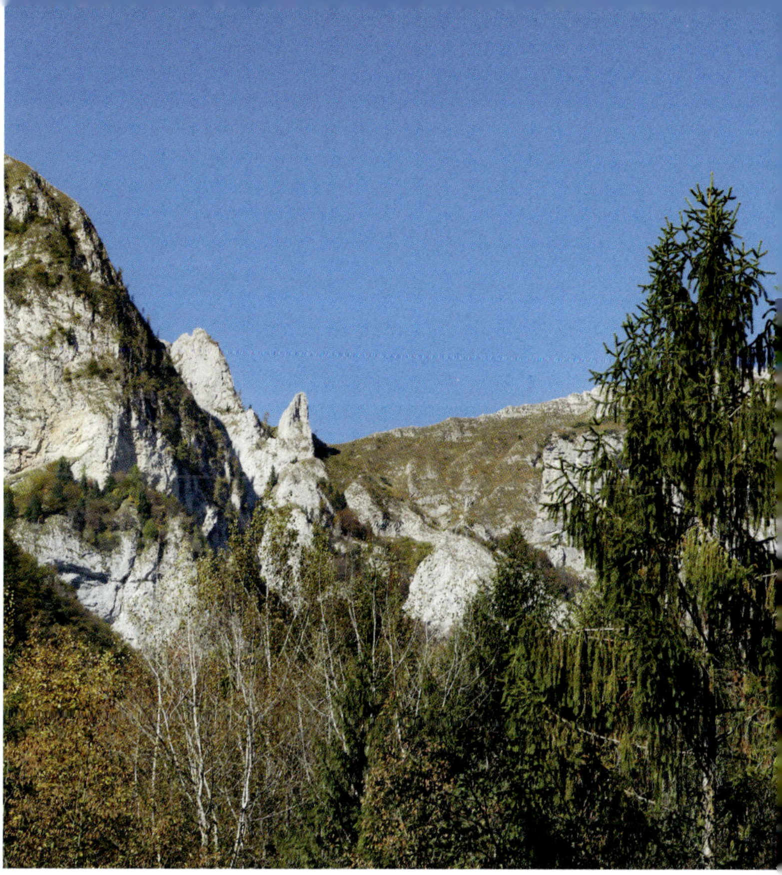

Belluneser Dolomiten

Hinter den sieben Bergen: Die Belluneser Dolomiten sind für Besucher aus dem Norden der Alpen eine Welt voller Geheimnisse. Hier gibt es viel zu entdecken, etwa die Wildnis der Monti del Sole (li. o.), die Cimónega-Gruppe (li. u., Tour 28) oder das Valle Lamén (re. o., Tour 27). Aber Vorsicht: Auch hier gelten (Verkehrs-) Regeln wie überall in der EU (re. u.).

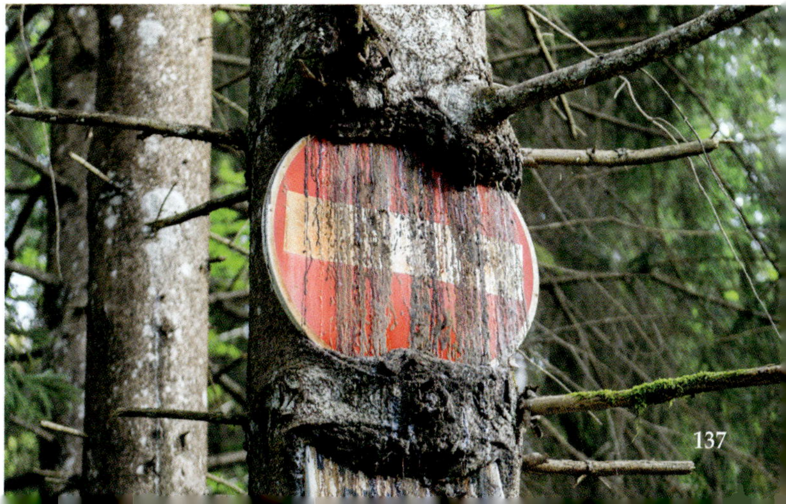

27

Sentiero Covoli

Zeitreise am Südrand der Dolomiten

mittel 7 km 550 m 4.00 Std.

Tourencharakter
Teilweise schmale, etwas ausgesetzte Wege, eine felsige Passage ist mit Drahtseilsicherungen versehen. Malerische Kulisse, Infotafeln an den Siedlungsplätzen

Ausgangs-/Endpunkt
Kleiner Parkplatz (745 m) im Valle di Lamén, 6 km von Pedavena

Höchster Punkt
Monte Pafagai (1047 m)

Verkehrsanbindung
Feltre liegt an der Strecke Val Sugana – Belluno, 3 km weiter nördlich liegt Pedavena, bekannt durch seine Brauerei. Im Ort rechts nach Lamén und weiter zum Ausgangspunkt

Gehzeiten
Für die ganze Runde 4 Std.; kürzere Variante 2 Std.

Markierung
Violette Farbmarkierungen, ziemlich verblasst

Karte
Tabacco-Wanderkarte 1:25 000, Blatt 023

Hütten/Einkehr
Keine Einkehr unterwegs, im Valle di Lamén Agriturismo (Einkehr, auch Verkauf hofeigener Produkte)

Nicht erst seit Ötzi wissen wir, dass der Mensch schon sehr früh, in »grauer« Vorzeit, in den Alpen unterwegs war, als Jäger, Sammler oder Siedler. Am Südrand der Dolomiten lebte der Homo sapiens bereits in der Steinzeit, in rudimentären Behausungen unter Felswänden.

Bergsteiger schauen im Valle di Lamén vor allem auf den Talschluss, der sich felsig-jäh aufbaut. Hier führen zwei Wege bis in Kammhöhe, bieten garantiert ein spannendes Erlebnis. Interessant ist auch jene Runde, die als Themenweg an der orografisch linken Flanke des Tals verläuft und mehrere prähistorische Siedlungen tangiert. Sie befanden sich durchwegs am Fuß überhängender Felsen, stets in der Nähe einer Quelle und waren talseitig teilweise mit Zäunen versehen. Die ältesten dieser »covoli« gehen auf die Steinzeit zurück, einige wurden auch zur Römerzeit und sogar im frühen Mittelalter noch genutzt, wie Münzfunde belegen. Dann gerieten sie in Vergessenheit, und erst unsere Zeit entdeckte diese Zeugnisse einer jahrtausendealten Rückzugs- und Siedlungsgeschichte

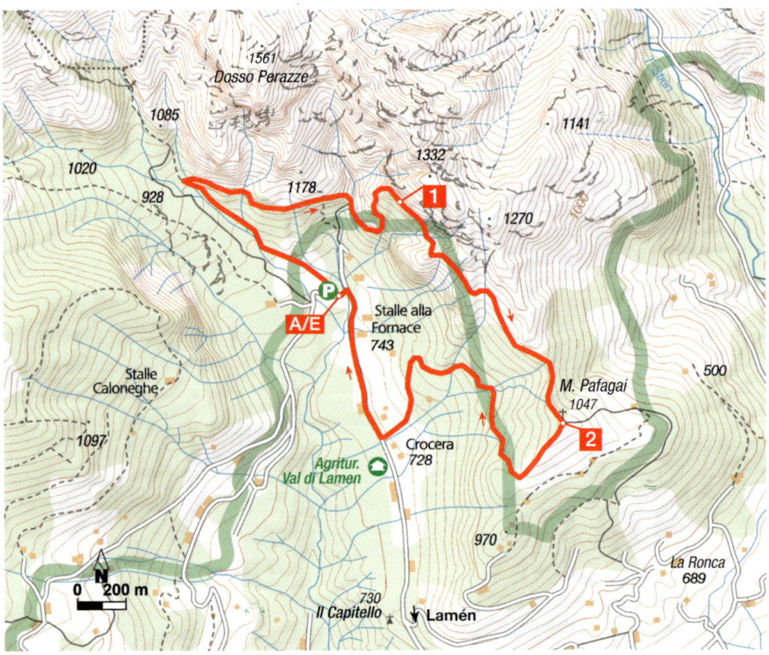

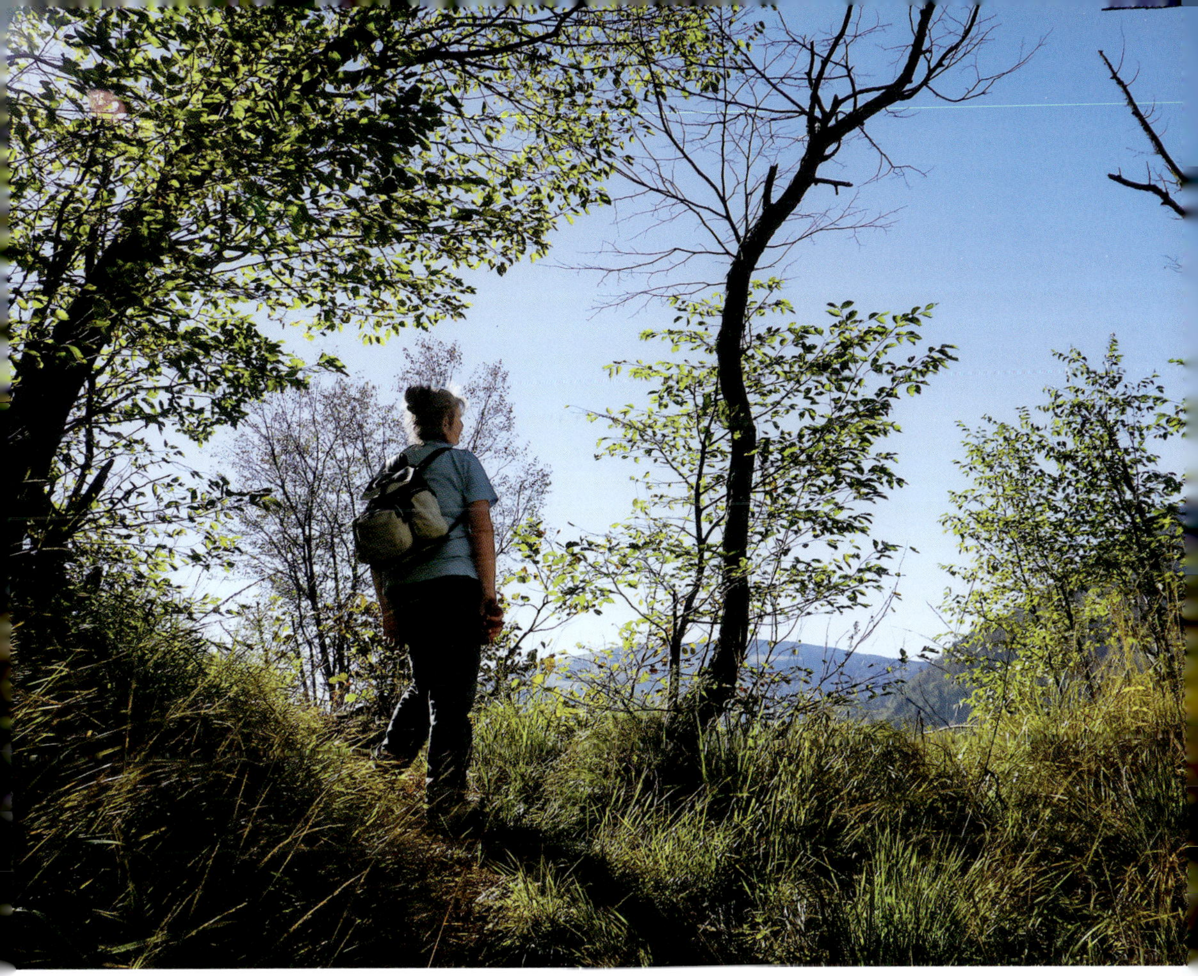

wieder. Das ausgegrabene Fundmaterial aus verschiedenen vorgeschichtlichen Perioden erlaubt Rückschlüsse auf die Lebensweise dieser Jäger und Sammler (Infotafeln).

Unter südlicher Sonne: am Sentiero Covoli

Zeugen der Vergangenheit Vom **A Parkplatz** am Colmeda-Bach (745 m) folgt man zunächst einem Waldsträßchen gut 500 Meter weit bergan, bis rechts ein Schild zu den Covoli weist. Die Spur quert einen Bach, steigt dann steil an zum Fuß einer Felswand mit der ersten Urzeitsiedlung (Riparo Lamon 2; ca. 970 m). Der Weiterweg führt erst einmal bergab und talauswärts, bei einer Hütte (Hinweis) links erneut steil aufwärts zum Riparo Tomass (ca. 930 m) unter gewaltigen Überhängen. Anschließend geht's leicht hinab, stets am Felsfuß entlang, bis in einen Waldgraben. Hier besteht eine (unmarkierte) Abstiegsmöglichkeit. Wer den schönsten, auch spannendsten und aussichtsreichsten Abschnitt der Runde nicht verpassen möchte, überquert den Bach und folgt dem deutlichen, aber schmalen Pfad, der in schönem Mischwald zur Mündung einer Felsrinne leitet. Man durchsteigt sie mit Drahtseilhilfe; dann geht's im Zickzack an einem Grasrücken weiter sehr steil aufwärts. Der Weg-

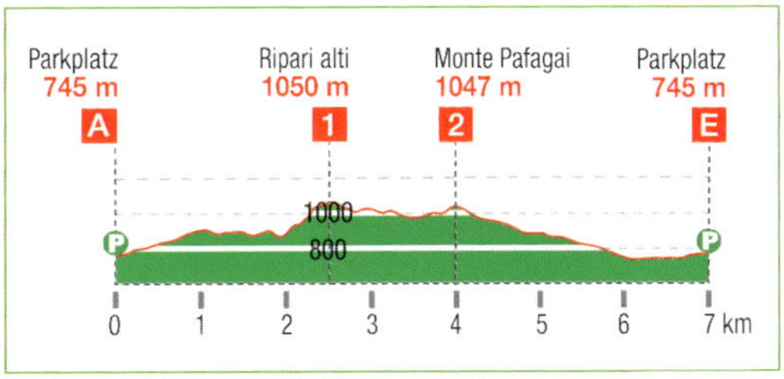

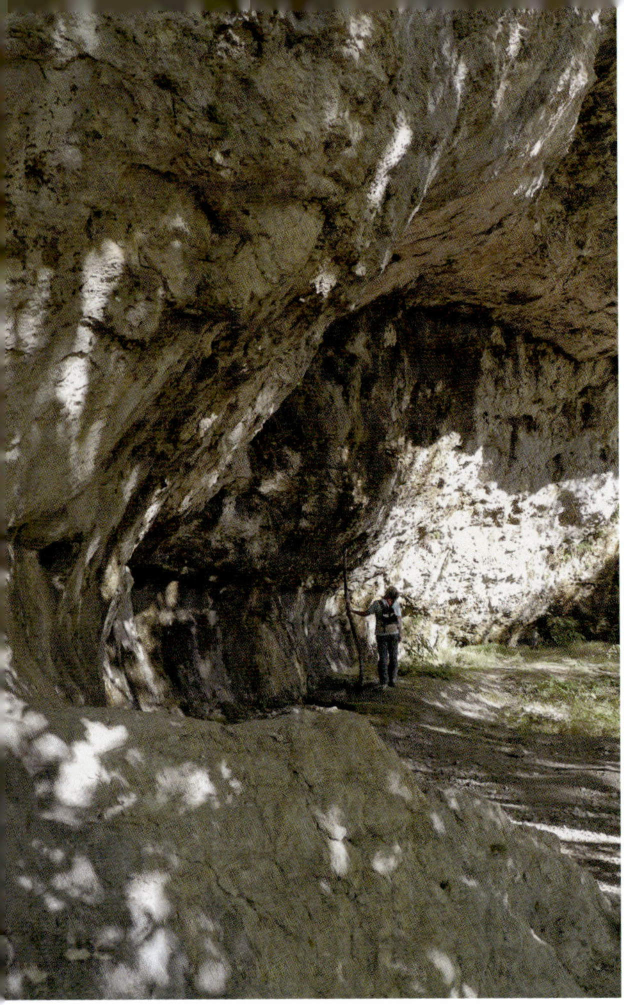 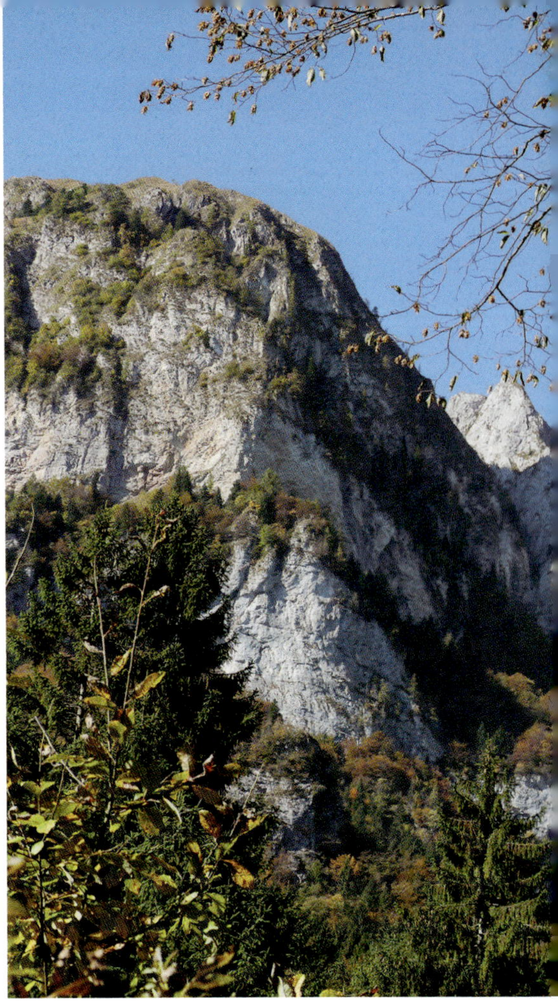

Unter solchen Felsüberhängen hausten bereits in der Steinzeit Menschen (oben). Schwer zugängliche Felswildnis: das innerste Valle di Lamén (Mitte)

abschnitt bietet packende Aussicht übers Valle di Lamén und auf den buchstäblich vermauerten Talschluss. Am Fuß einer mächtigen Felswand knickt er nach rechts ab zu den ❶ **Ripari alti** (ca. 1050 m). Sie dienten wohl während der Völkerwanderungszeit als Zuflucht, wurden aber – wie der Fund eines Bronzerings belegt – auch während der Römerzeit aufgesucht.

Kleiner Berg mit schöner Aussicht Hinter den Ripari alti quert das Weglein einen Graben und steigt dann an zu einem besonders schönen Ausguck (ca. 1080 m) hoch über dem Tal (Rastplatz). Gut einzusehen ist auch der Weiterweg, der, allmählich etwas an Höhe verlierend, über Bänder und Grashänge hinüberquert in die Senke im Rücken des ❷ **Monte Pafagai** (1047 m). Ein kurzer Gegenanstieg führt hinauf zur Gipfelwiese mit großem Kreuz und freier Sicht auf Feltre. Den Blick auf die Adria verstellt der lang gestreckte Höhenzug, der sich vom Nevegal bis zum Monte Cesen erstreckt. Letzterer gibt ungefähr die Richtung zur (nicht sichtbaren) Lagunenstadt vor. Dafür zeigen sich am nördlichen Horizont mehrere Gipfel der Belluneser Dolomiten. Sie liegen größtenteils innerhalb des 1993 eröffneten Nationalparks (Parco Nazionale delle Dolomiti Bellunesi). Er ist mit einer Fläche von 315 Quadratkilometern das größte Naturschutzgebiet der Dolomiten. Der Abstieg leitet zurück in den

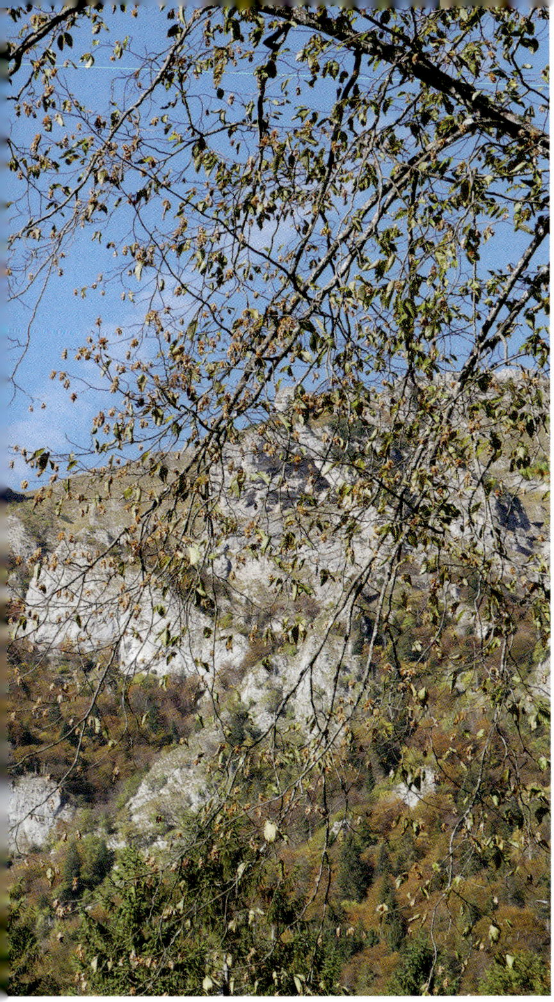

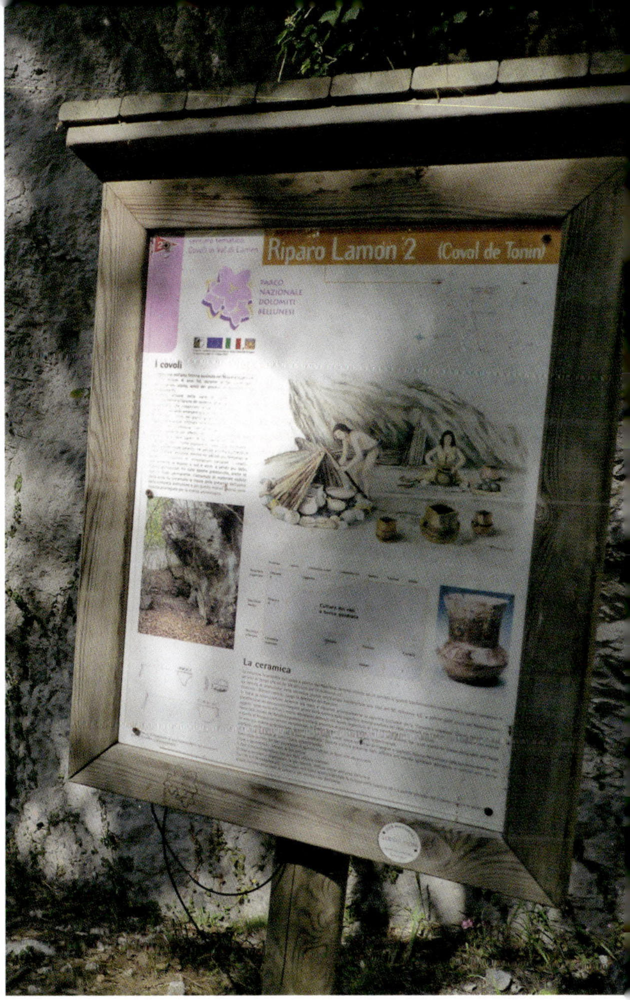

Wald, bietet nurmehr wenig Ausblicke und mündet schließlich in einen Fahrweg. Hier rechts (kein Hinweis!) und in einer großen Schleife hinunter zur Talstraße, auf die man knapp oberhalb des Agriturismo stößt. Auf ihr zurück zum **E** **Parkplatz**.

Infotafel am Sentiero Covoli

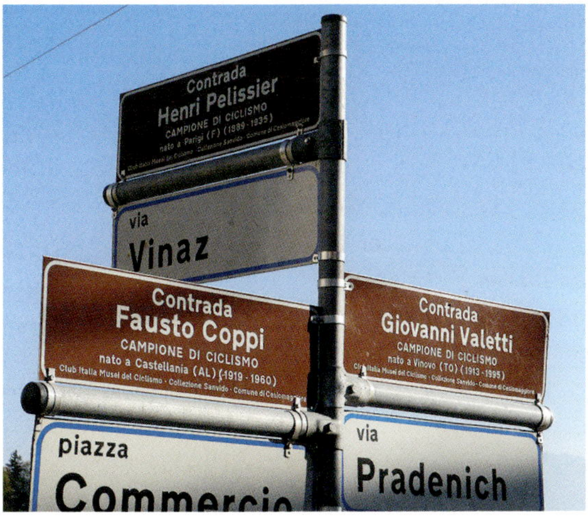

Unvergessene Helden

Dass Rennradfahren in Italien zu den populärsten Sportarten gehört, wissen Insider natürlich. Fast so etwas wie eine Radsport-Hochburg ist das Dorf Cesiomaggiore, ein paar Kilometer von Feltre. Hier sind nicht nur die Straßen nach Heroen der Landstraße wie Fausto Coppi, Jacques Anquetil und Eddy Merckx benannt, es gibt auch ein Fahrradmuseum. Das Museo della Bicicletta hat seinen Sitz in der Via Grei 6 (Contrada Anquetil) und ist im Sommer Mittwoch 16–19 Uhr, Samstag/Sonntag 9.30–12.30, 16–19 Uhr geöffnet.

28

Troi dei Caserin

Abenteuerpfad über dem Valle di Canzoi

schwer 18 km 1500 m 9.00 Std.

Tourencharakter
Aufgrund ihrer Länge und der beachtlichen Höhenunterschiede verlangt diese Runde – sofern man sie an einem Tag machen will – eine tadellose Kondition. Alternativ mit einer Übernachtung im Rifugio Boz oder in den Bivacchi Feltre bzw. Bodo. Am Troi dei Caserin ist absolute Trittsicherheit unerlässlich (schmale Bänder und abschüssige Grashänge)!

Ausgangs-/Endpunkt
Wanderparkplatz (ca. 630 m) unterhalb des Lago della Stua

Höchster Punkt
Col dei Bechi (1960 m)

Verkehrsanbindung
Von Feltre via Foèn und Villabruna nach Soranzén, dann auf teilweise recht schmaler Straße ins Valle di Canzoi. Bis zum Parkplatz 7 km ab Soranzén

Gehzeiten
Gesamt 9 Std.; Aufstieg zum Passo Alvis 3.15 Std., Troi dei Caserin 3 Std., Abstieg 2.45 Std.

Markierung
CAI-Markierung, Wegweiser

Karte
Tabacco-Wanderkarte 1:25 000, Blatt 023

Hütten/Einkehr
Rifugio Boz (1718 m), 20 Min. westlich unterhalb des Passo Alvis; Bivacco Feltre und Bivacco Bodo (1930 m), beide am Rand des Pian della Regina, stets zugänglich

Wenn drunten in Feltre längst der Frühling eingezogen ist, liegt nur zehn Kilometer weiter nördlich, in den Hochkaren der Vette Feltrine und der Cimónega-Gruppe, noch Schnee vom vergangenen Winter. Gegensätze, wie sie typisch sind für diese Südalpenregion.

Belluneser Dolomiten Sie stehen ganz hinten in unserer Alpenperspektive und viele Gipfel mit klangvollen Namen verstellen – buchstäblich – den Blick auf diese Berge des Südens, die Venedig näher sind als Luis Trenkers Grödner Tal. Langkofel, Sella, Marmolada, Civetta – lauter alpine Schönheiten säumen unseren Weg ins Niemandsland. Sass de Mur, Monte Pavione, Feruch – wer kennt diese Gipfel schon? Gesehen haben sie viele, von einem der großen Dolomitengipfel aus, aber nur mit einem flüchtigen Blick gestreift – terra incognita.
Auch der Piz de Sagron und der Sass de Mur (2547 m) gehören zu diesen unbekannten Gipfeln, beide mit prallen Wänden und ausladenden Graten. Eine besonders schöne Aussicht auf die beiden höchsten Erhebungen der Cimónega-Gruppe bietet der Troi de Caserin, ein uralter Jagd- und Almweg, der mittlerweile markiert und mit einer CAI-Nummer verse-

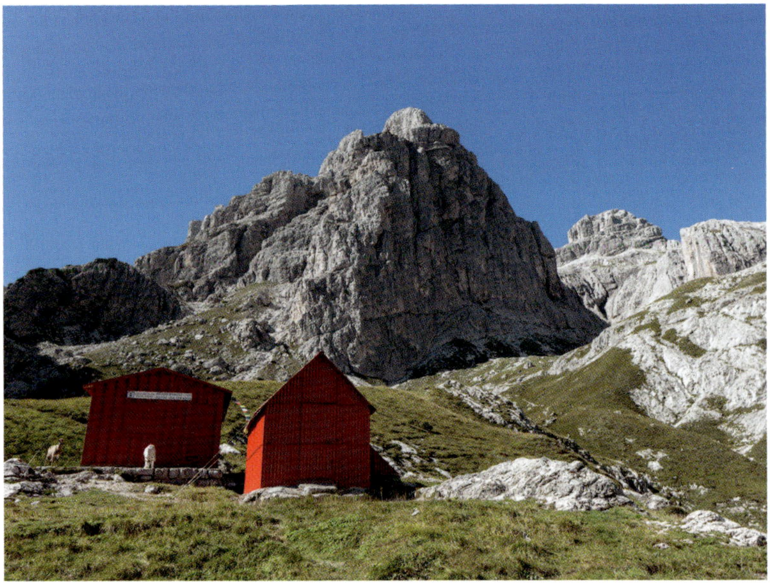

Am Rand des Pian della Regina stehen die beiden Biwaks Feltre und Bodo, in der Bildmitte der Piz de Mez, rechts dahinter der Piz di Sagron.

hen ist. Trotzdem ist er ein Tourenziel für ausgesprochene Individualisten geblieben, die der Natur richtig nahekommen wollen und dafür auch einige Anstrengung auf sich zu nehmen bereit sind. Ab und an begegnet man auf dem Troi dei Caserin, dem der Dolomiten-Höhenweg Nr. 2 folgt, auch jener besonderen Spezies von Masochisten, die mit ganz schwerem Gepäck möglichst lang und weit wandern und hinterher auch noch behaupten, sie täten das bloß, um sich selbst zu finden.

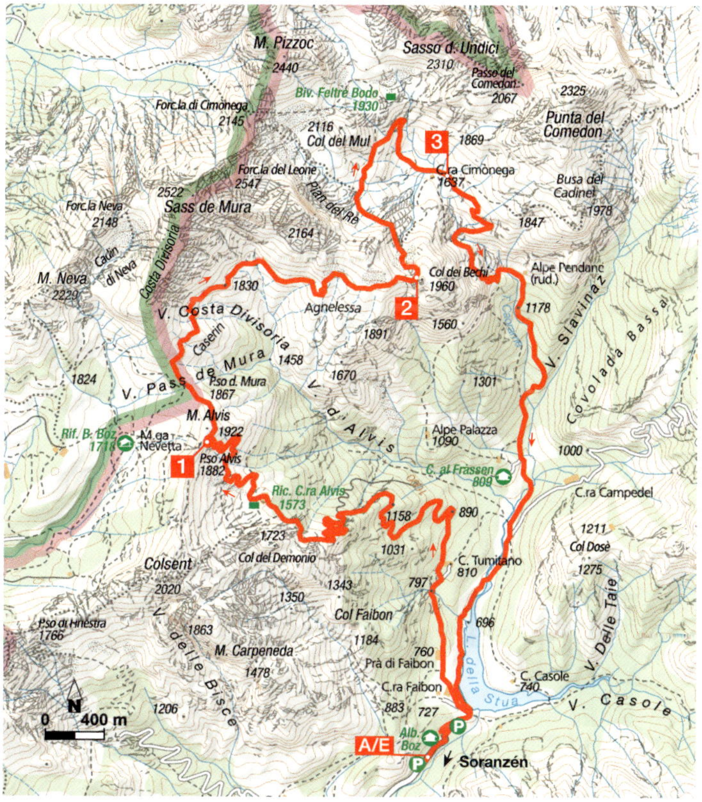

1200 Höhenmeter Wir suchen das Bergerlebnis, und das beginnt in diesem Fall bei dem **A Parkplatz** (ca. 630 m) im Valle di Canzoi. Auf Asphaltunterlage pilgert man zunächst hinauf zur Krone des Stausees von Stua (696 m), hinter der sich meistens viel Sand und wenig Wasser versteckt. Nicht zu übersehen ist auch das CAI-Schild mit der Nummer 811, das den Weg zum Passo Alvis anzeigt: hinauf! Die Steigung ist zunächst recht moderat, Bäume schirmen den Wanderer gegen die Morgensonne ab. Warm wird's einem trotzdem, je nach Tempo mehr oder weniger. Die Uhr tickt, die Anzeige am Höhenmesser steigt. Ab und zu bietet sich ein Blick durchs Geäst auf den Sass de Mur und seine Trabanten – eine Verheißung auf große Bilder. Nach mehreren lang gezogenen Kehren quert der Weg unter den Felsen des Colle del Demonio hinüber zur Casera Alvas (1578 m). Ob es hier tatsächlich spukt, Dämonen Angst und Schrecken verbreiten? Nicht bei Tag, ist man geneigt zu glauben. Der Wald lichtet sich, am grünen Kamm zeigt sich das nächste Zwischenziel, gleichzeitig Ende des langen, aber

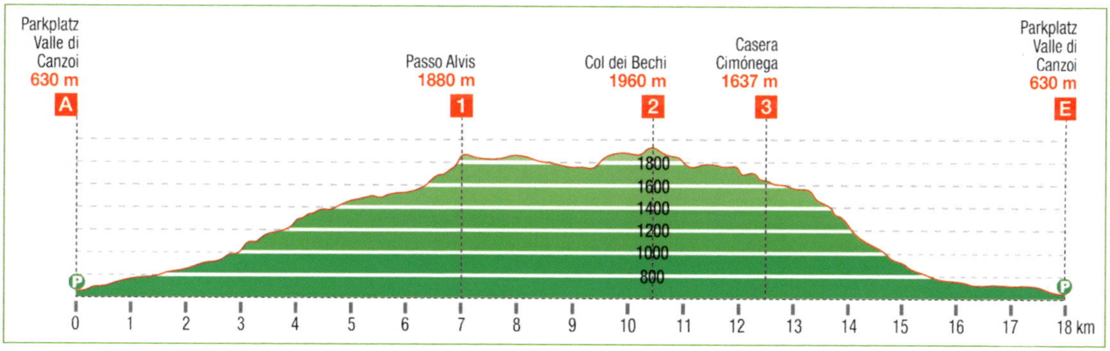

keineswegs langweiligen Anstiegs: der ❶ **Passo Alvis** (1880 m). In Kehren geht's gleichmäßig bergan, zuletzt über den Grashang hinauf ins Joch. Hier wird man erst einmal eine Pause einlegen, etwas gegen den Durst tun und den Prachtblick auf die große Bergkulisse genießen. Jenseits des inneren Valle di Canzoi zeigen sich die Piani Eterni, über dem Lago della Stua der wild zerklüftete Felsstock des Monte Tre Pietre (1965 m), der pro Jahr garantiert nicht mehr als drei menschliche Besuche erhält. So sieht Wildnis à la Bellunese aus.

Am Troi dei Caserin Nur wenige Meter vor der Kammhöhe zweigt rechts eine deutliche, aber unmarkierte Spur ab. Sie läuft flach hinüber zum nahen Pass de Mura (1867 m), wo der Troi dei Caserin startet. Er führt, erst die Höhe haltend, dann leicht absteigend, in die steilen Grashänge unter dem Sass de Mur. Ein ausgesetztes Band leitet in die steinige Rinne, Drahtseile helfen anschließend über eine Felszone hinweg. Ein nächstes Band, das sanft bergab führt, verlangt konzentriertes Gehen. Schließlich ist der tiefste Punkt der Querung erreicht (ca. 1770 m). An einem breiten Grasrücken steigt der Troi dei Caserin in Kehren an und quert dann hinaus zum ❷ **Col dei Bechi** (1960 m), wo der Blick auf den grandiosen Felskessel unter dem Piz de Sagron frei wird, mit dem Mulirücken (Col del Mul, 2111 m) mittendrin. Nicht nur

Eine teilweise heikle Querung führt vom Pass de Mura hinüber zum Col dei Bechi.

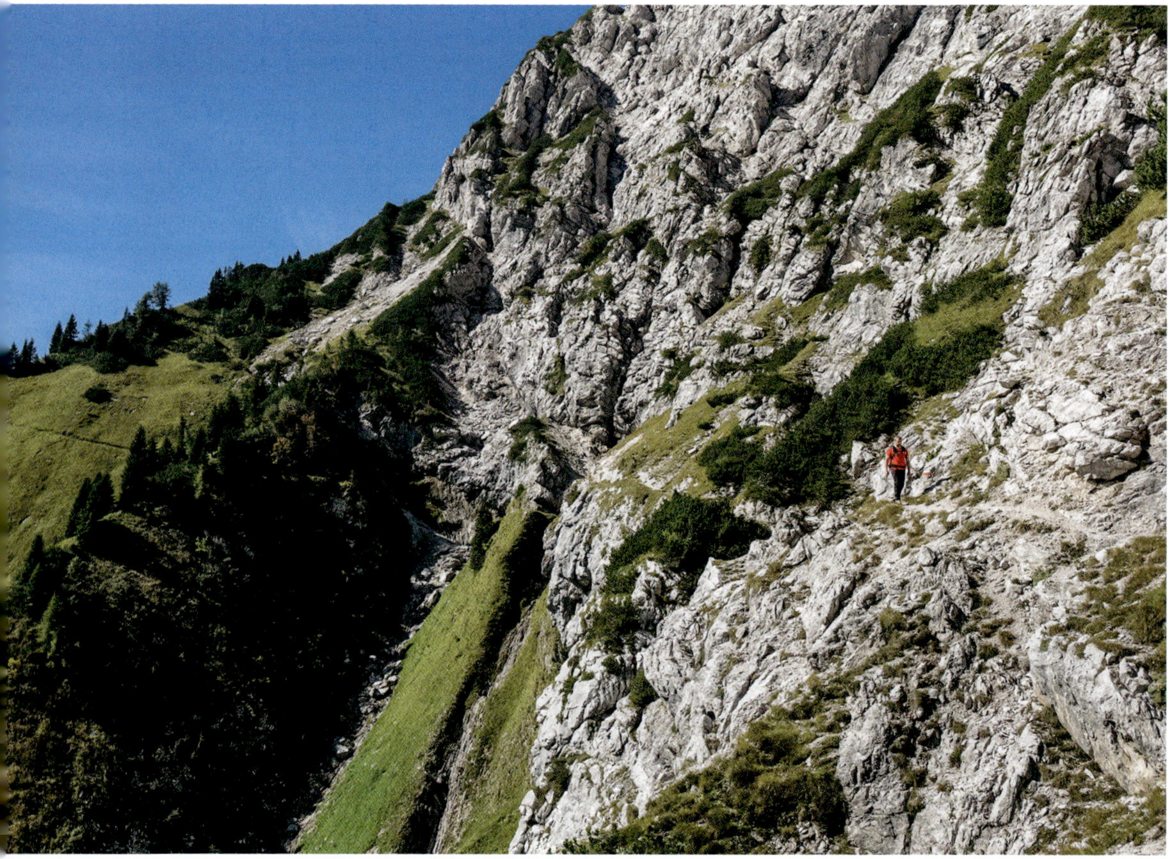

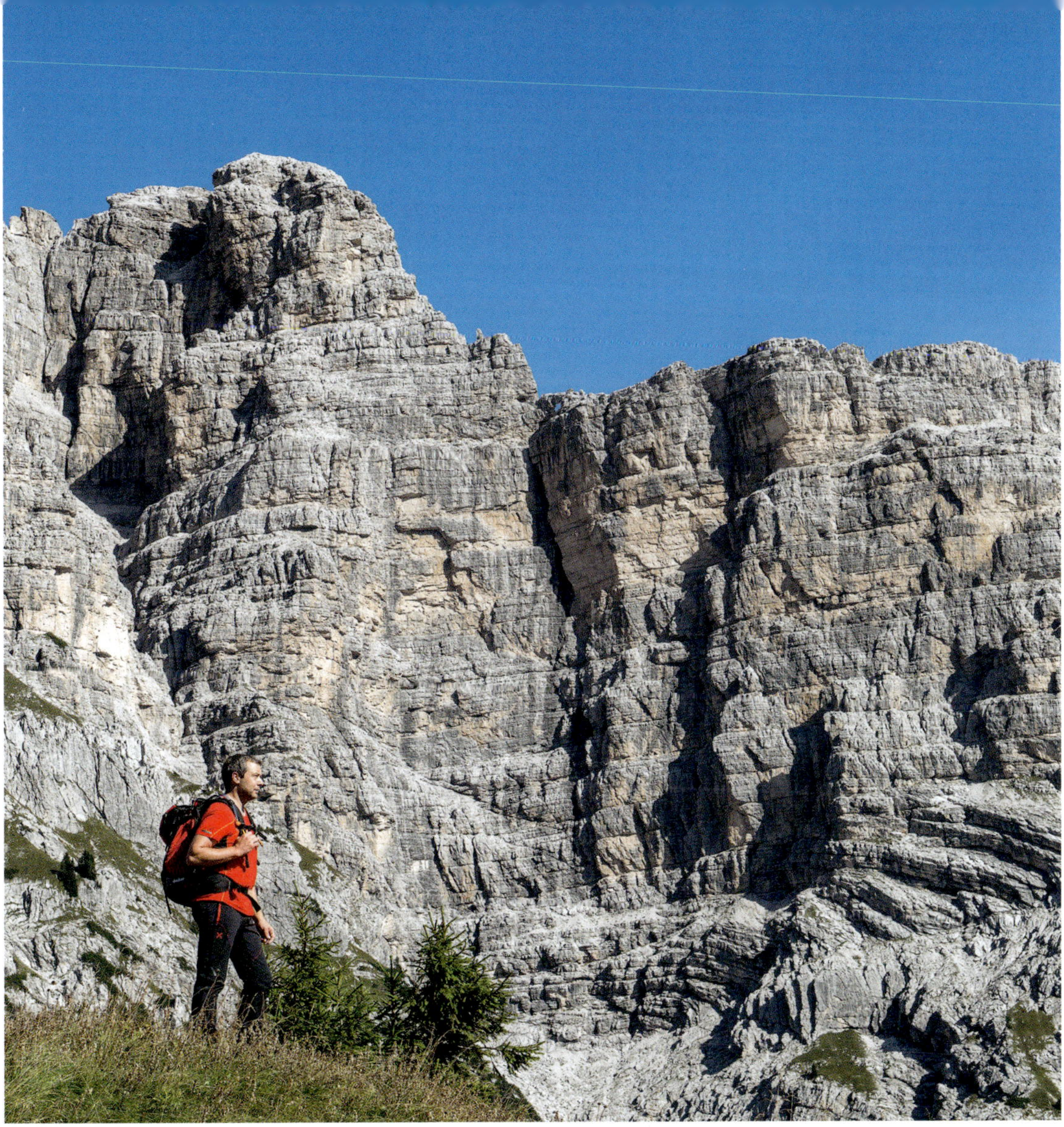

Vierbeiner, auch König und Königin sind hier präsent, im Pian del Re (unter der Forcella Cimónega) und im Pian della Regina (unter dem Gipfel des Piz de Sagron). Wer in einem der beiden Biwaks, die am Rand dieser Karmulden stehen, übernachtet, kann sich beim Einschlafen ja eine romantische Geschichte dazu ausdenken. Vielleicht spielt darin ja auch der versteinerte Dämon eine Rolle?

Höchster Gipfel der Cimónega-Gruppe ist der Sass de Mur (2547 m); unter den Felsen der Südflanke verläuft der Troi dei Caserin.

Zurück ins Tal Vom Col dei Bechi steigt der Weg durch eine steinige Mulde nordseitig ab, quert dann links in den Pian del Re. Unter dem Col del Mul zweigt der Zugang zum Bivacco Feltre und dem Bivacco Bodo ab; rechts geht's in gestuftem Felsgelände hinunter zur ❸ **Casera Cimónega** (1637 m). Weiter auf gut angelegtem, an einigen Stellen leicht ausgesetztem Steig hinab ins Tal und am Westufer des Stausees entlang zurück zur Bar Ai 4 Pass, wo's ein feines Moretti-Bier gibt, und zum Ⓔ **Wanderparkplatz**.

29

Piani Eterni

Eine Welt der Wunder

mittel | 15 km | 1300 m | 6.30 Std.

Tourencharakter
Ziemlich lange, aber unschwierige Wanderung, Anstieg auf einem teilweise extrem steilen Karrenweg, Abstieg (kürzer) durch den Graben von Porzil. Gute Konditon erforderlich, im Sommer sehr heiß (ausreichend Getränke mitnehmen)!

Ausgangs-/Endpunkt
Wanderparkplatz (ca. 630 m) unterhalb des Lago della Stua

Höchster Punkt
Scharte am Monte Covolada (ca. 1760 m)

Verkehrsanbindung
Von Feltre via Foèn und Villabruna nach Soranzén, dann auf teilweise recht schmaler Straße ins Valle di Canzoi. Bis zum Parkplatz 7 km ab Soranzén

Gehzeiten
Gesamt 6.30 Std.; Aufstieg 4 Std., Abstieg 2.30 Std.

Markierung
CAI-Markierung, Wegweiser

Karte
Tabacco-Wanderkarte 1:25 000, Blatt 023

Hütten/Einkehr
Im Sommer Einkehrmöglichkeit auf der Malga Erera

Manche Landschaftswunder muss man sich erwandern, und das ist gut so. Fast vier Stunden dauert der Aufstieg zu den »Endlosen Ebenen«, den Piani Eterni, die sich in einem vergessenen Winkel der Belluneser Dolomiten verstecken. Und die ein dunkles Geheimnis hüten …

Höhlen und Blumen Die Piani Eterni sind fast zwei mal drei Kilometer groß und werden von einem Bergkranz umgeben, der mit seiner Gesteinsvielfalt gut in ein geologisches Lehrbuch passen würde. Das Aufsehenerregendste aber versteckt sich vor den Augen des Wanderers: der löchrige Untergrund mit seinen endlosen Schächten, Gräben und stockfinsteren Gängen. Hier wurden bisher über 400 Höhlen entdeckt, ein vielfach verästeltes System tief im Berginneren, das noch lange nicht alle seine Geheimnisse preisgegeben hat. Die Grotta Isabella gilt mit einer Gesamtausdehnung von 30 Kilometern und einer vermessenen Tiefe von 971 Metern als größte Höhle des Veneto. Erst vor wenigen Jahren wurde eine Verbindung zwischen der »Isabella« und dem Höhlenkomplex PE 10 entdeckt. In über 400 Meter Tiefe gibt es sogar ein richtiges Biwak,

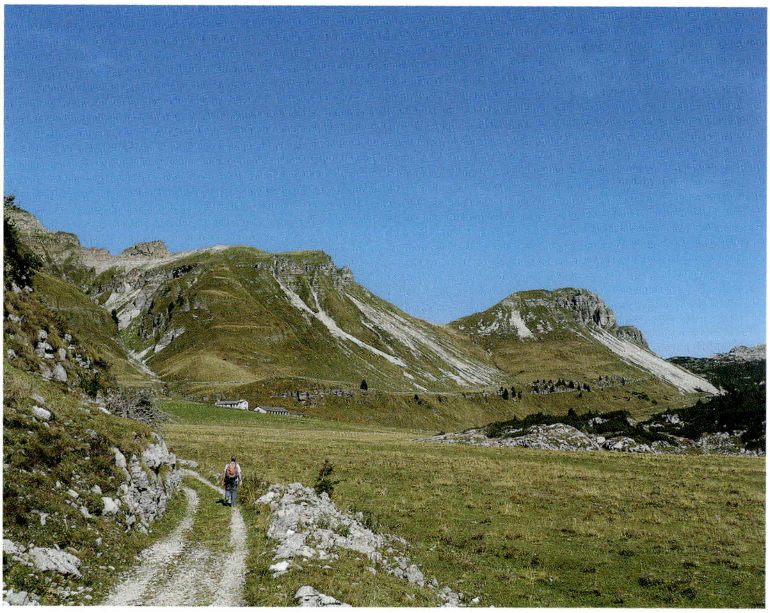

Nach dem langen Anstieg öffnet sich ganz unvermittelt der flache Boden der Piani Eterni – was für ein Kontrast zum tiefen, engen Graben des Valle di Canzoi!

das den Höhlenforschern während ihrer Arbeiten eine (bescheidene) Unterkunft bietet. Geforscht wird besonders gerne im Winter, weil dann in dem System keine gefährlichen Überschwemmungen drohen, ausgelöst durch starke Niederschläge.

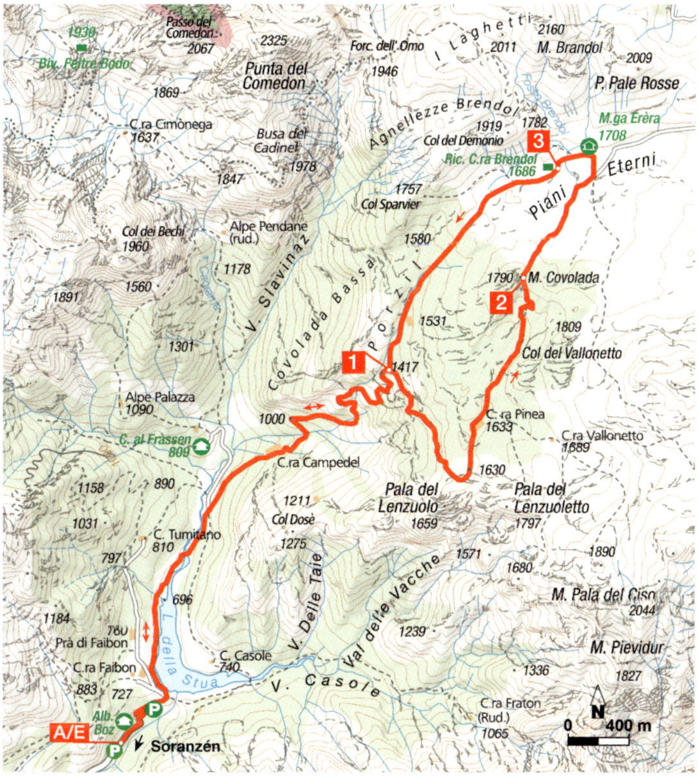

Kaum weniger bekannt ist die Almregion der Piani Eterni für ihre artenreiche Flora. Hier kann man mit etwas Glück die eine oder andere Rarität entdecken, darunter echte Endemiten. Sie sind in den Dolomiti Bellunesi besonders zahlreich, weil – ähnlich wie drüben am Gardasee – die Gipfel von der eiszeitlichen Vergletscherung ausgenommen blieben. In den Vette Feltrine hat die prächtige Krainer Lilie (Lilium carniolum) ihre westlichsten Standorte, aus senkrechten Felsen leuchtet eine besonders schöne Glockenblume, die Campanula morettiana – zwei von insgesamt 1400 Pflanzen, die im Parco Nazionale delle Alpi Bellunesi nachgewiesen sind. Die blaue Moretti-Glockenblume ziert übrigens das Emblem des Parks.

Hinauf! Die Wanderung beginnt auf Asphalt, führt vom **A** **Parkplatz** (ca. 630 m) unterhalb der Bar I 4 Pass (660 m) hinauf zur Mauerkrone des aufgestauten, meist halb leeren Lago della Stua (710 m). An seinem Westufer geht's flach taleinwärts, dann über den Bach und im Wald mit der Markierung 802 bergan, immer am Hang entlang bis zu einer ersten Kehre (1000 m). Sie leitet den steilsten Wegabschnitt ein; der Fahrweg ist in einigen Abschnitten zementiert, was der Wanderer durchaus als angenehm empfindet. Aussicht gibt's noch keine, das ändert sich aber bald nach der

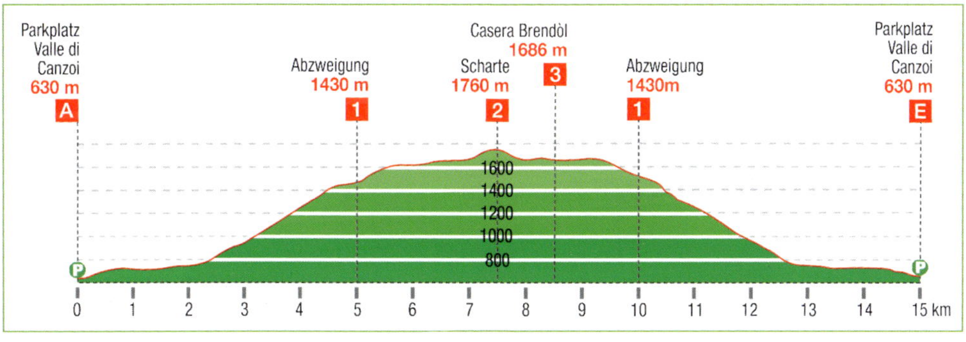

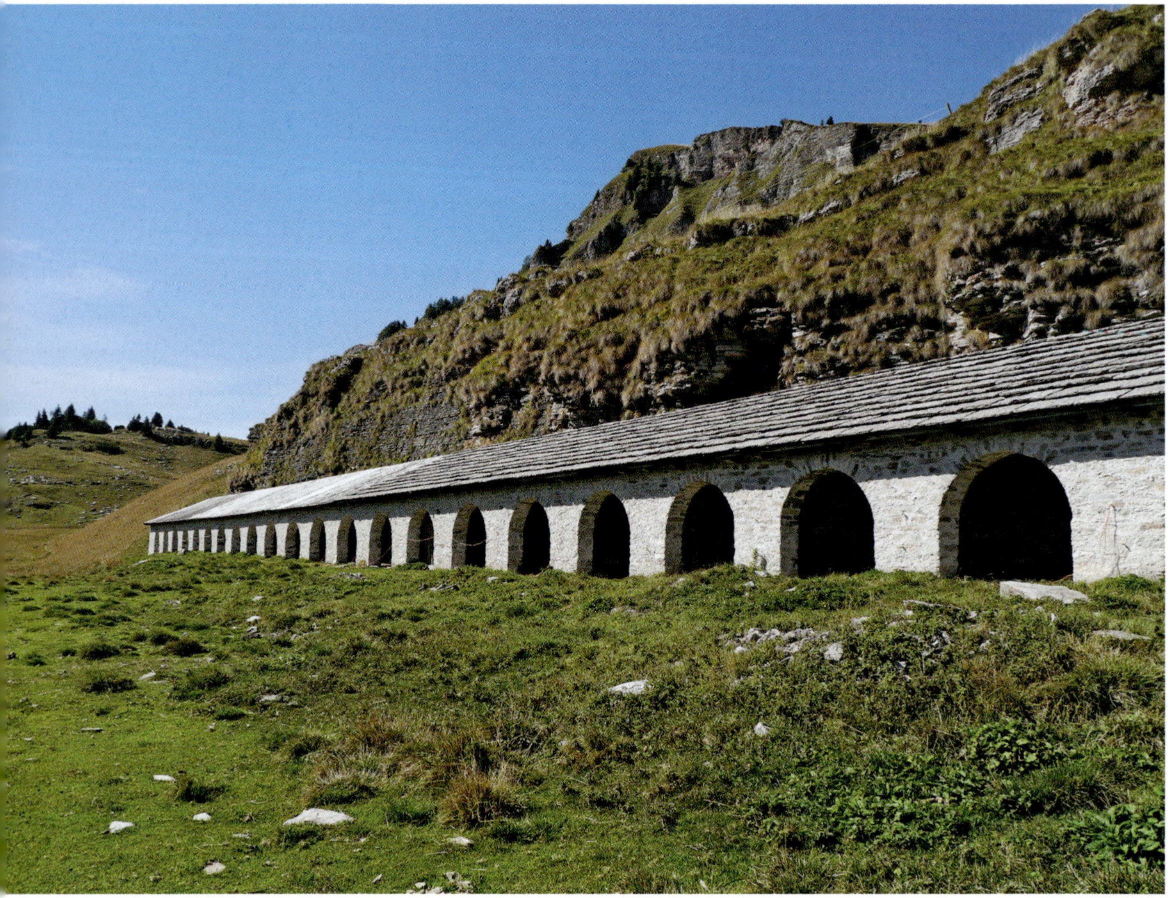

Hier findet das Vieh, das seine Sommerfrische auf den Piani Eterni verbringt, Schutz vor Unwettern.

❶ **Abzweigung** des direkten Weges (ca. 1430 m) durch den Graben Porzil (Hinweisschild). Die Steigung nimmt allmählich ab, dafür zeigen sich über dem innersten Canzoital stattliche Dolomitgipfel: der Sass de Mur (2547 m) und rechts – etwas weiter zurück – Piz de Mez (2440 m) und Piz de Sagron (2486 m). Schließlich knickt die breite Spur nach links ab; man betritt das licht bewaldete, idyllische Almrevier um die verfallene Casera Pinea (1636 m) mit ihren Gräben, Dolinen und Felsbuckeln. In eher gemütlichem Anstieg gewinnt der Fahrweg schließlich den Scheitelpunkt der Route, eine kleine ❷ **Scharte** (ca. 1760 m) unter dem Monte Covolada. Und dann: die Überraschung! Unmittelbar dahinter öffnen sich die Piani Eterni, nicht endlos (eterna), aber doch riesig, nach Norden hin von einer bis in Kammhöhe begrünten Bergkette begrenzt, nach Osten hin ein Meer von Latschen, über denen flache Felsrücken stehen. Unter der Oberfläche verbirgt sich das verzweigte, erst teilweise erforschte Höhlensystem. Der Zugang befindet sich ein paar Gehstunden östlich der Piani Eterni im innersten Valle Falcina, bei einem markanten Felszahn, der Gusela dela Val del Burt (1719 m). Als oberirdischen Stützpunkt nutzen die Höhlenforscher deshalb die ❸ **Casera Brendòl** (1686 m) am Rand der Piani. Ganz in der Nähe steht ein lang gestreckter, zur Frontseite hin offener Stadel (jüngst restauriert), der dem Vieh im Sommer als Unterstand dient.

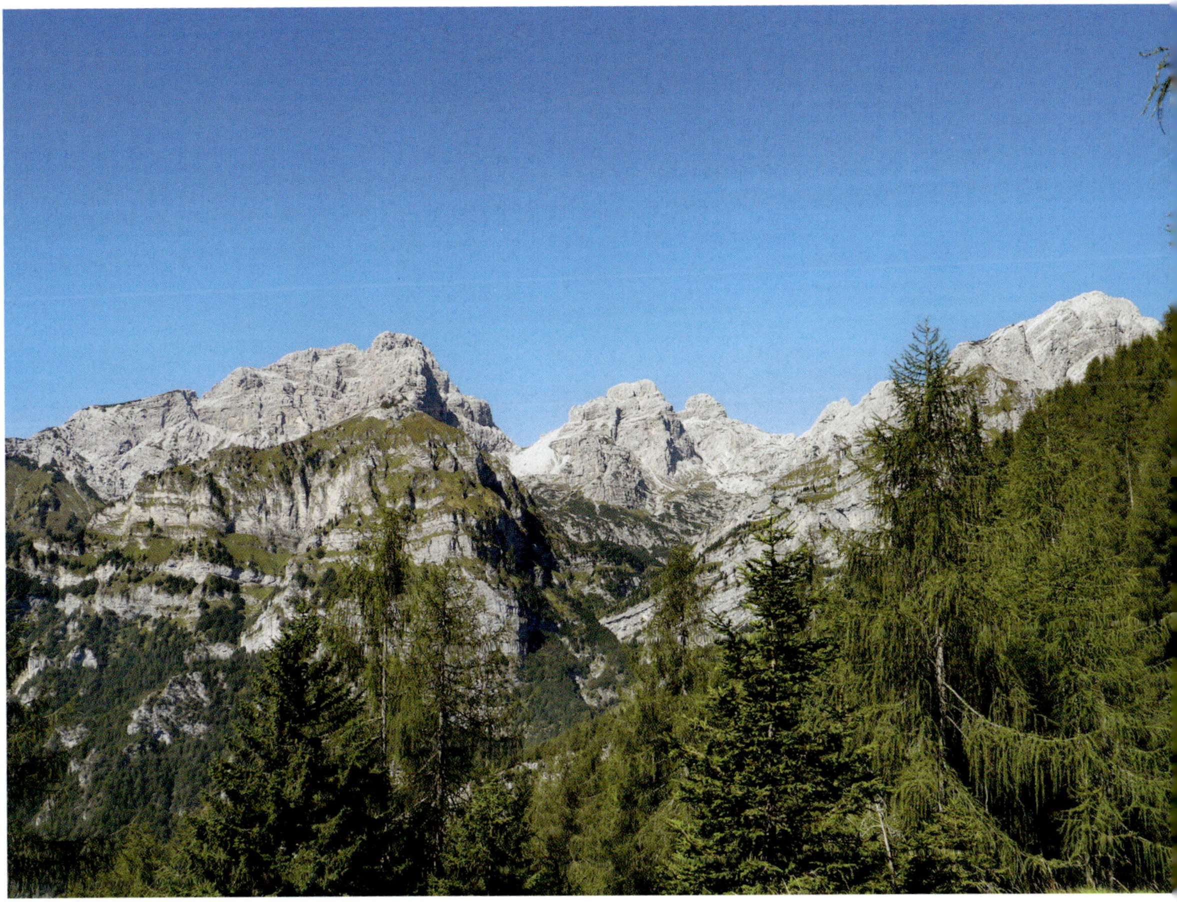

Zurück ins Tal Beim Rückweg geht's zunächst kurz bergan, dann verlässt man die weite Schüssel der Piani Eterni an einem Wiesenrücken. Der Abstieg ist durch den schmalen Graben von Porzil vorgezeichnet, die markierte Spur mündet schließlich in den I **Anstiegsweg**. Auf ihm hinunter ins Tal und zurück zum E **Parkplatz**.

Unbekanntes Bergland über dem innersten Valle di Canzoi (oben). Ein Admiral wärmt sich im Gehölz bei den »Calchère« (unten).

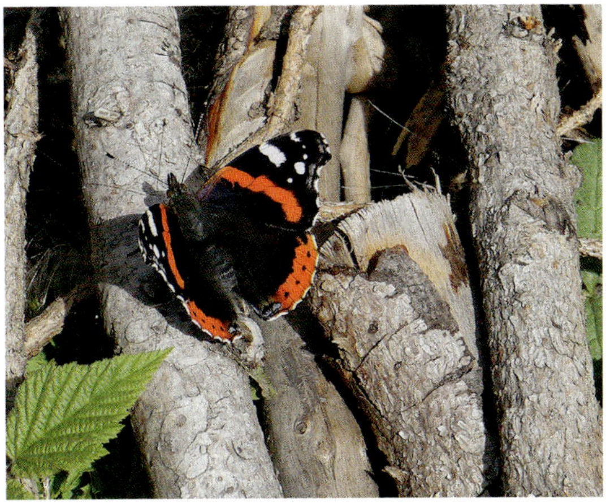

Die »Calchère« im Valle di Canzoi

Es muss früher im Valle di Canzoi mitunter heftig »gebrandelt« haben, vor allem im Frühling. Da waren nämlich bis zu 30 Kalköfen in Betrieb, jeweils für vier Tage. So lange dauerte es, bis die Kalksteine in dem bis zu 1000 Grad heißen Ofen so weit durchgebrannt waren, dass sie bei der anschließenden Wässerung zu feinem Pulver zerfielen. Der Branntkalk wurde u. a. beim Hausbau (Verputz) und zur Herstellung von Farben verwendet. Einige der Öfen sind mittlerweile restauriert worden und können besichtigt werden.

30

Piz de Mezodì

Die Monti del Sole – Wildnis unter südlicher Sonne

mittel 7 km 1250 m 6.00 Std.

Tourencharakter
Nicht zu unterschätzende Gipfeltour, trotz des markierten Anstiegs. Teilweise sehr steil, im Sommer trotz Nordwestausrichtung sehr schweißtreibend (Latschen), einige etwas heikle Passagen (Fels, Geröll)

Ausgangs-/Endpunkt
Forcella Franche (990 m), Straßenübergang vom Cordévole- zum Mistal

Höchster Punkt
Piz de Mezodì, Nordgipfel (2317 m)

Verkehrsanbindung
Zur Forcella Franche (990 m) kommt man von Ágordo via Rivamonte über eine gut ausgebaute Straße. Kleiner Parkplatz

Gehzeiten
Gesamt 6 Std.; Aufstieg 3.30 Std., Abstieg auf dem gleichen Weg 2.30 Std.

Markierung
CAI-Markierung 875

Karte
Tabacco-Wanderkarte 1:25 000, Blätter 022 und 024

Hütten/Einkehr
Unterwegs keine

In den Monti del Sole zählt man gut ein Dutzend Gipfel mit einer Zwei in der Höhenkote vorn. Dass nur einer von ihnen einen markierten Zustieg aufweist, sagt einiges aus über diese Gebirgsgruppe, die sich zwischen dem Mis- und dem Cordévoletal aufbaut: wild, felsig, unzugänglich – und einmalig!

Wildnis Manche Bergnamen, denke ich, sollte man als Warnung verstehen: Torre del Diavolo, Schneeberg. Oder Monti del Sole. Was ein Nordländer leicht als Einladung zum entspannten Bräunungsurlaub verstehen könnte, entpuppt sich als glutheiße Sonnenhölle. Der Schweiß rinnt in Strömen, was keinem stachelbewehrten, hungrigen Insekt entgeht. Die dünne Pfadspur wird von ekligem Gestrüpp gesäumt, verliert sich immer wieder. Rechts dräut ein veritabler Abgrund, links ragen kantige Felsen. Und am Himmel hängt die Sonne, bereit, das Menschenwürmchen in den Monti del Sole ordentlich zu grillen. Ich konzentriere mich auf den Weg, den Bauern oder Gamsjäger vor vielen Jahren angelegt, ausgetreten haben, verdränge die Frage: Was tue ich hier? Ernten werde ich nichts,

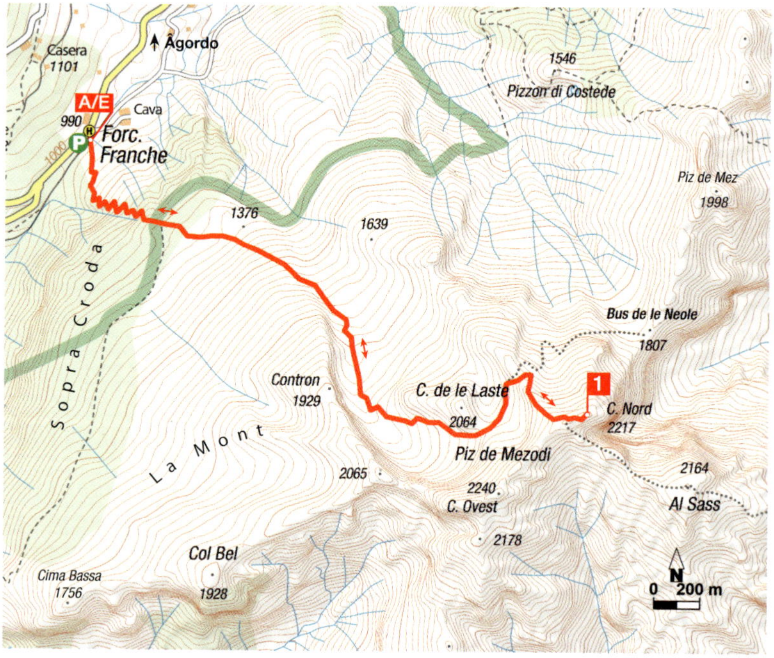

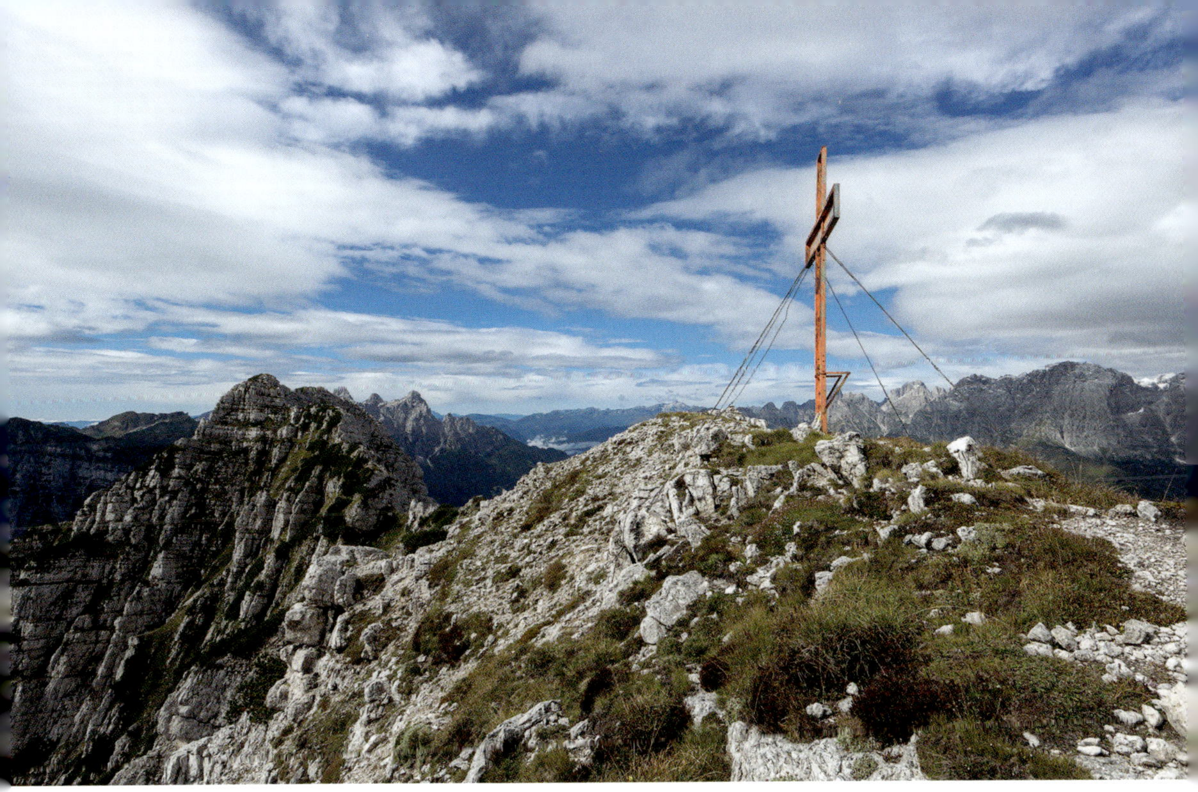

höchstens starke Eindrücke; Zecken, Vipern, Dornen lauern am Weg, der keiner ist. Einsamkeit, Stille gibt's im Überfluss, die wenigen Hütten hier sind längst verfallen, werden von der Natur wieder geschluckt, nach und nach dem Erdboden gleich. Über mir ragt eine senkrechte Mauer in den Himmel, rechts leitet ein grünes Band hinaus auf eine verwegen luftige Kanzel. Dahinter, hoffe ich, geht's weiter, hinauf zur Scharte mit dem schönen Namen Forcella de i Pom. Exakt 1937 Meter hoch liegt sie, da fangen manche Bergtouren in den Alpen erst an. Ich bin schon über vier Stunden unterwegs, ziemlich fertig, kein kühlendes Lüftchen und immer weniger Schatten.

Der Hauptgipfel des Piz de Mezodì ist etwas höher als der kreuzgeschmückte Nordgipfel; links die Feltriner Berge und die Cimónega-Gruppe, rechts die Pala

Willkommen im »Parco Nazionale delle Dolomiti Bellunesi«! Wer hier unterwegs ist, liebt das Abenteuer, verfügt über echte Survival-Eigenschaften. Weit und breit keine einladende Hütte, nirgends ein kühles Bier, kaum Wege, dafür jede Menge Natur, Urnatur. Was Outdoor-Unternehmen auf ihren Hochglanzbroschüren in fernen Weltgegenden anpreisen – hier gibt es das ganz umsonst. Und wer heil wieder drunten im Tal ankommt, freut sich richtig – und braucht erst noch kein spezielles Equipment, um den nächsten Flughafen zu erreichen.

Natur erfahren ist aber noch viel mehr. Das wird mir auf meinem einsamen Pfad immer klarer. Ich höre Vogelstimmen, keine Motorengeräusche, da raschelt es im Unterholz, ein Schmetterling setzt sich auf meinen Arm, saugt Salz. Ich bin Teil dieses Biotops, sogar Nahrungsquelle für einen Admiral.

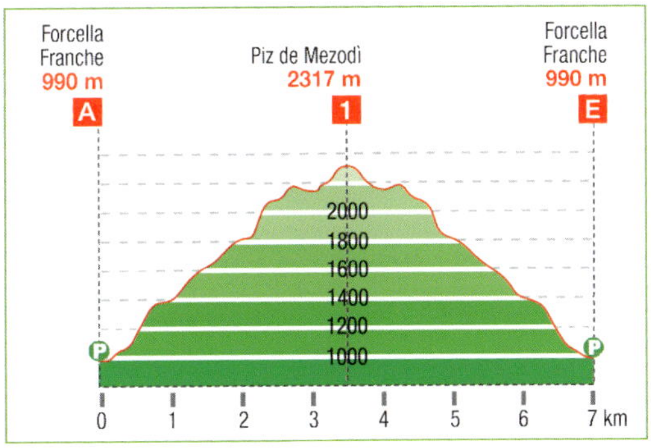

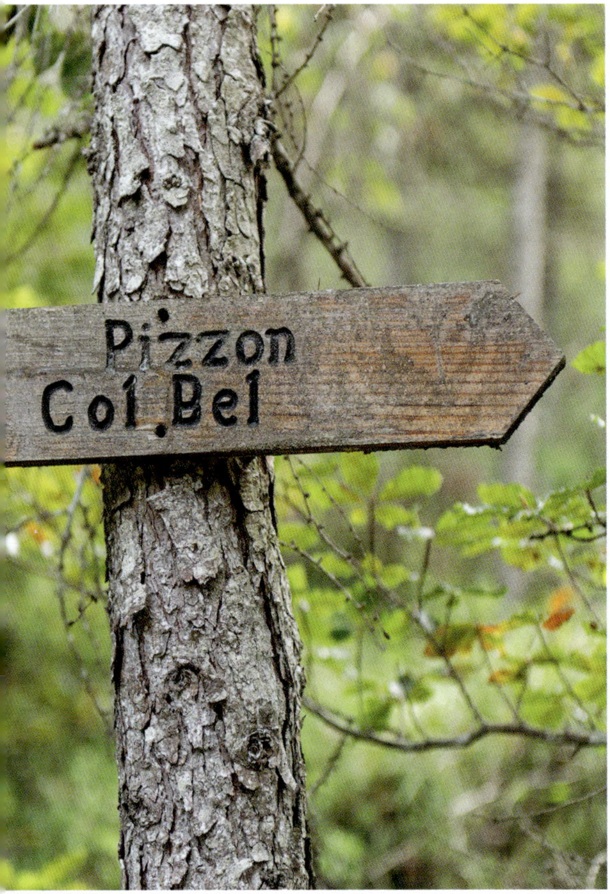

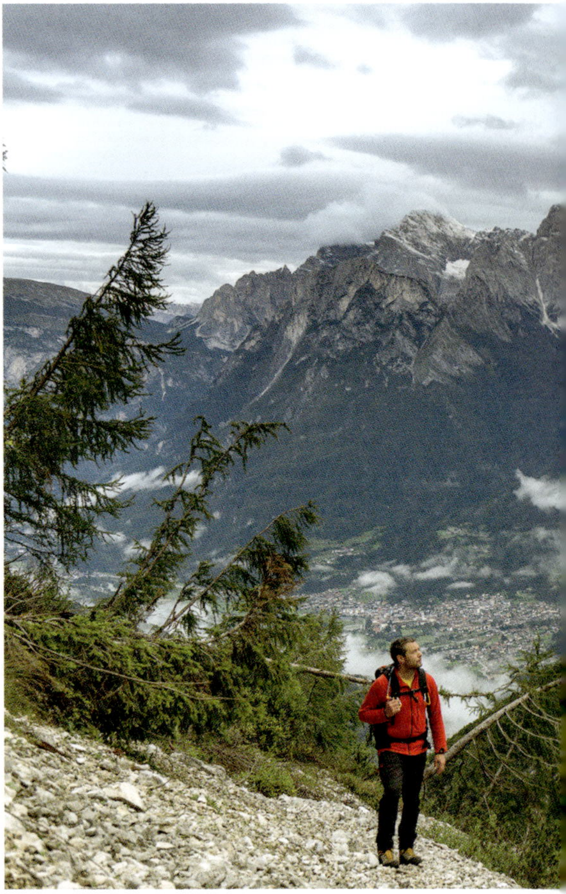

Da geht's lang! (oben). Während des Aufstiegs bieten sich Tiefblicke auf den Talkessel von Ágordo; darüber baut sich mächtig das Civetta-Massiv auf (Mitte).

Steiler Anstieg Dem farbenprächtigen Edelfalter kann man auch beim Anstieg zum nördlichsten und höchsten »Sonnengipfel« begegnen. Eine bewirtschaftete Hütte gibt es unterwegs natürlich nicht, aber immerhin einen Weg, vom CAI markiert. Er startet an der Ⓐ **Forcella Franche** (990 m) und macht gleich die Richtung deutlich: hinauf! Anfangs verläuft der schmale Pfad im Waldschatten, dann flankieren ihn Latschen, was weniger Schatten und mehr Wärme bedeutet. Oberhalb einer Felsstufe flacht das Gelände kurz ab; von der mit Buchen bestandenen Anhöhe bietet sich ein bemerkenswerter Blick auf die Pala-Südostkette. Rechts zweigt eine unmarkierte Spur ab, geradeaus geht's weiter zum Piz de Mezodì. Das bedeutet: erst einmal rund 500 steile Höhenmeter an dem Latschenhang. Im Hochsommer eine echte Prüfung für die Kondition und – vor allem! – für die Psyche. Denn das Weglein steigt ziemlich direkt durch diese »grüne Hölle« an, der Schweiß rinnt, du zählst die Schritte und hoffst auf ein Ende des Martyriums. Schließlich nimmt die Steilheit etwas ab; man betritt das Doppelkar unter dem Gipfel. Es wird durch einen namenlosen Felszacken geteilt. In seinem Rücken wechselt die Spur in den östlichen Karwinkel und quert hinüber zum Ansatzpunkt einer steilen Felsrinne. Sie entpuppt sich als Schlüsselstelle des Aufstiegs: erst gestufter Fels (I–II), anschließend lockeres Geröll hinauf in eine schmale

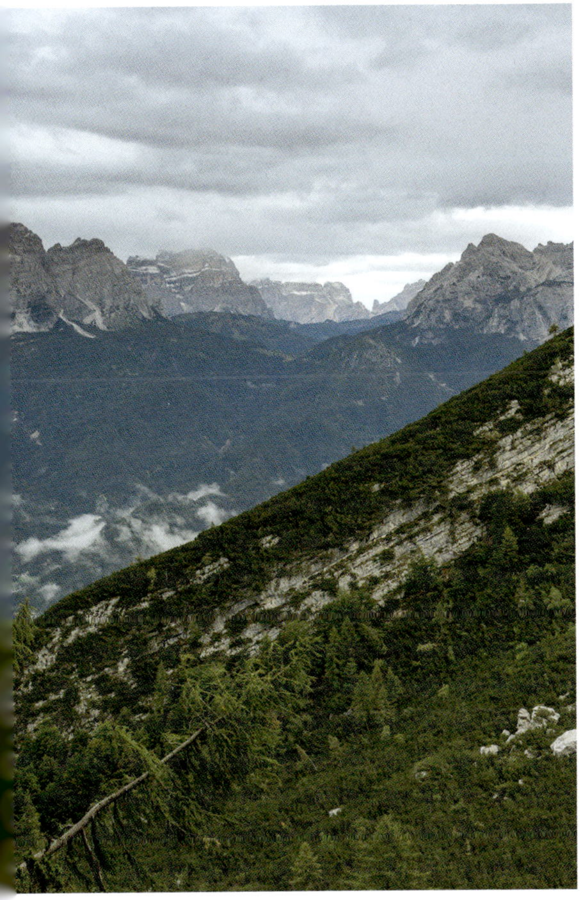

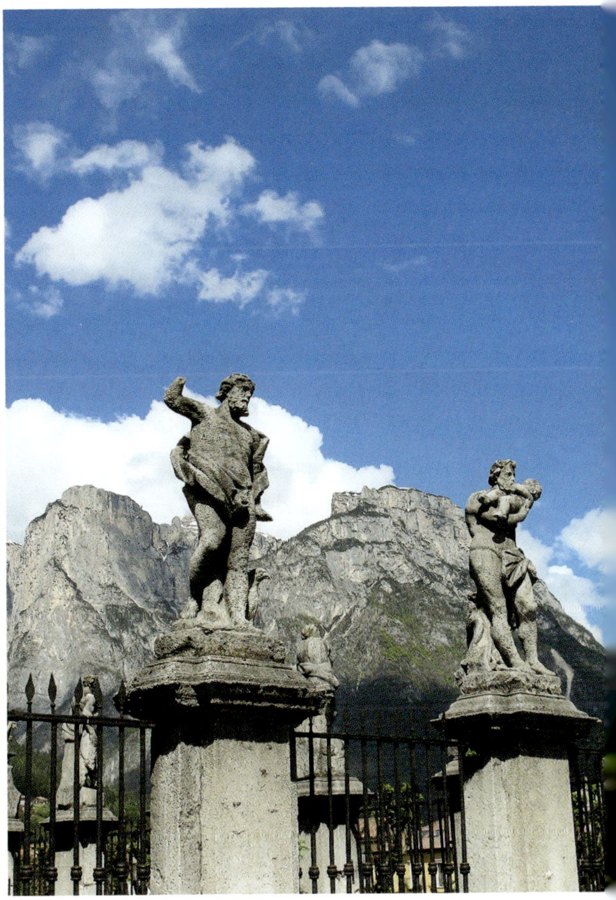

Die »Stummen von Crotta« am Palazzo Manzoni mitten in Ágordo; auch sie sind aus Stein, wie die Berge rund um das Städtchen.

Scharte. Nun recht luftig am Grat entlang zum Nordgipfel des ❶ Piz de Mezodì (2317 m) mit Kreuz. Fantastisch der Blick in die Wildnis der Monti del Sole mit den steinernen Zähnen des Feruch und seinen ungangbaren Gräben.
Die Erstbesteigung des Berges geht – erstaunlich! – auf das Konto eines Münchners. Gottfried Merzbacher erreichte den Westgipfel (2240 m) im Sommer 1878, geführt von Santo Siorpaès.
Der Piz de Mezodì (früher auch Pizzon) gilt als Wetterberg von Ágordo. In dem nordseitigen Kar, rund 400 Meter unter dem Gipfel, liegt eine große, nach unten hin offene Doline, die eine Art Schacht bildet. Steigen Nebelfahnen aus dem Bus de le Neole auf, weiß man im Tal, dass ein Wettersturz bevorsteht. Für den Abstieg, der entlang des Aufstiegsweges verläuft, können wir allerdings keinen Wettersturz brauchen …

Knappen im Val Imperina

Am Fuß des Piz de Mezodì, im Val Imperina, wurde über Jahrhunderte hinweg nach dem kupferhaltigen Pyrit geschürft, was Ágordo einigen Wohlstand bescherte. Das Vorkommen galt zur Zeit der Serenissima als eines der bedeutendsten in Europa. Erst zu Beginn der 1960er-Jahre endete der Abbau, wurden die Anlagen stillgelegt und dem Verfall preisgegeben. Mittlerweile in Teilen restauriert, beherbergt die ehemalige Minenstadt ein Besucherzentrum des Nationalparks und ein Museum.

Alle Touren auf einen Blick

			[Uhr]	[Wanderer/km]	[Berg/Höhenmeter]	[Leiter]	[Kletterer]	[Besteck]	[Bus]	[Seilbahn]
1	● [schwarz]	Piz Somplunt	8.00 Std.	13,5 km	1230 m		●	●		
2	● [schwarz]	Seiser Klamm	7.30 Std.	14,5 km	1450 m		●	●		
3	● [rot]	Sellaband	9.00 Std.	14 km	1000 m	●		●	●	
4	● [schwarz]	Sentiero De Medìl	5.00 Std.	7,5 km	850 m	●	●		●	
5	● [blau]	Gran Poz	3.45 Std.	8,5 km	620 m			●	●	
6	● [blau]	Sela de la Palacia – Lagusel	3.30 Std.	9 km	530 m					
7	● [schwarz]	Alta via Bepi Zac	9.45 Std.	18 km	1320 m	●		●	●	●
8	● [rot]	Sasso Bianco	6.00 Std.	13 km	1150 m			●		
9	● [schwarz]	Cima dei Bureloni	8.45 Std.	16 km	1500 m	●	●	●		
10	● [rot]	Banca delle Fede	8.00 Std.	13 km	1400 m	●				
11	● [rot]	Cima Pape	6.30 Std.	14 km	1310 m					
12	● [rot]	Palalada-Kamm	7.15 Std.	16 km	1180 m					
13	● [schwarz]	Sentiero Miola	9.30 Std.	14 km	1700/1560 m	●				
14	● [schwarz]	Vani Alti und Biv. Reali	8.00 Std.	12 km	1300 m	●	●	●		
15	● [blau]	Munt de Gröpes	5.30 Std.	12 km	1140 m				●	
16	● [rot]	Rautkopf	5.30 Std.	10 km	1210 m				●	
17	● [rot]	Sentiero Durissini	9.00 Std.	18 km	1450 m	●		●		
18	● [schwarz]	Forcella dei Camosci – Forc. Rocca dei Bagni	5.30 Std.	12 km	820 m			●		
19	● [rot]	Pradeto	4.00 Std.	8 km	750 m				●	
20	● [rot]	Monte Tudaio	6.15 Std.	13 km	1270 m	●				
21	● [rot]	Cristallino di Misurina	6.00 Std.	10 km	1120 m		●			

Nr.		Tour	Gehzeit	Länge	Höhenunterschied	Klettersteig	ungesicherte Kletterstellen	Einkehr/Hütte	öffentliche Verkehrsmittel	Seilbahn
22	●	Via ferrata Renè De Pol	6.15 Std.	11 km	1000 m	●			●	
23	●	Cengia Paolina	9.30 Std.	16 km	1550 m	●	●	●		
24	●	Pta. Lastói de Formin – Monte Mondevàl	6.30 Std.	16,5 km	1000 m					
25	●	Rund um den Sorapiš	15.30 Std.	26 km	1760 m	●	●	●	●	
26	●	Monte Crot	2.00 Std.	6 km	400 m				●	
27	●	Sentiero Covoli	4.00 Std.	7 km	550 m					
28	●	Troi dei Caserin	9.00 Std.	18 km	1500 m					
29	●	Piani Eterni	6.30 Std.	15 km	1300 m			●		
30	●	Piz de Mezodì	6.00 Std.	7 km	1250 m		●			

Piktogramme erleichtern den Überblick

Gehzeit
Länge
Höhenunterschied
Klettersteig
ungesicherte Kletterstellen
Einkehr/Hütte
öffentliche Verkehrsmittel
Seilbahn

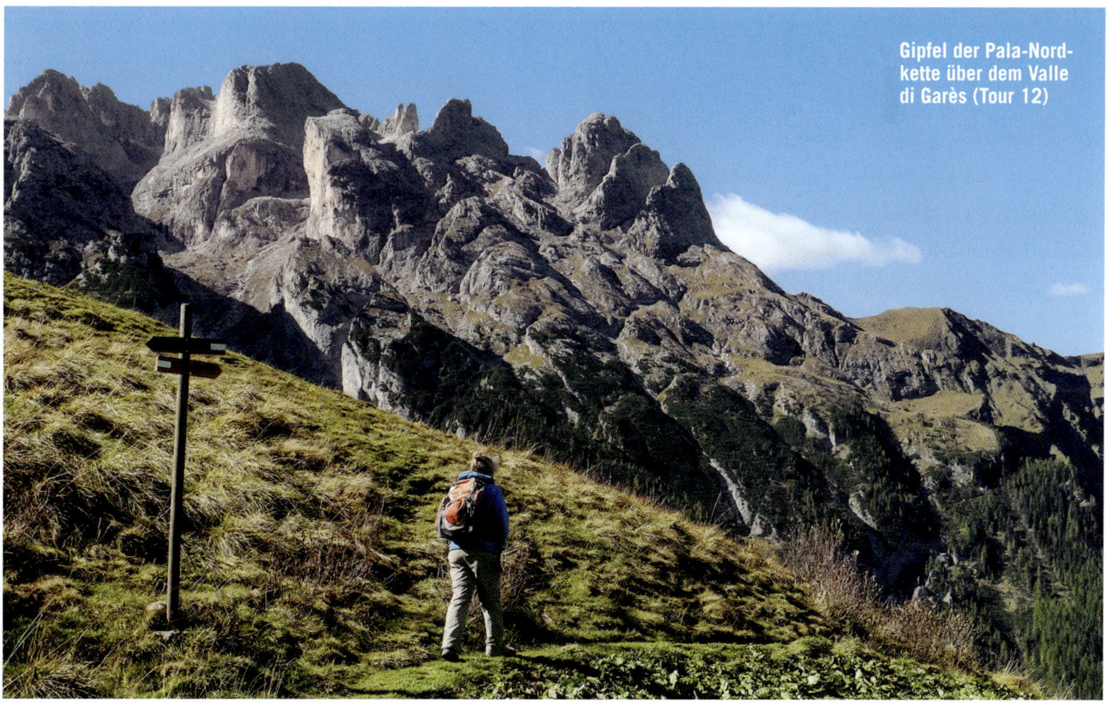

Gipfel der Pala-Nordkette über dem Valle di Garès (Tour 12)

P.S.

Jedes Mal, wenn ein Manuskript fertig ist, die Arbeit also getan, stellt sich bei mir ein ambivalentes Empfinden ein: Zufriedenheit und Zweifel. Ist es gelungen? Ist jenes eigentlich unbeschreibliche »Gefühl für die Berge« aus den Zeilen herauszulesen? Manchmal frage ich mich auch, gerade in solchen Momenten des Zweifelns, wie sich die Leserin, der Leser seinen Autor eigentlich vorstellt. Er ist ja ein Mensch, keine Schreibmaschine (auch wenn er sich gelegentlich so vorkommt), die Berge sind seine Leidenschaft, aber keineswegs die einzige; er liebt den Sport, kann sich aber immer weniger für die in allen Medien hochgejazzten Gladiatoren der Moderne erwärmen. Er trägt jede Weinbergschnecke von der Forstpiste, über die bald der nächste bunte Vogel angebraust kommt, und rettet auch schon mal eine Libelle vor dem Ertrinken. Er mag Fantasie – und Träume. Auch wenn sie nie Wirklichkeit werden – allein deshalb, weil Träume das Leben heller machen. Andererseits, das Rennrad hat er an den berühmten Nagel gehängt – er möchte nicht (zu) oft überholt werden.

Der Autor, dessen Barthaar von den vielen Sonnenstunden am Berg langsam ausbleicht, kann dem Älterwerden sogar ein paar gute Seiten abgewinnen. Mehr Gelassenheit und ein Blick, der nicht mehr nur zum Gipfel oder zum Klettersteigeisen geht, sondern den ganzen Facettenreichtum der Natur und des reichen kulturellen Erbes überschaut – Entdeckerfreude, späte …

Zu entdecken wäre ja, aus der Perspektive des Schreibenden, auch der Leser. Mag ich ihn kritisch, als »Tüpfelischiesser«? Soll er mehr an Fakten interessiert sein oder an den Geschichten links und rechts des Weges? Den Einen oder die Andere habe ich ja auch schon unterwegs kennengelernt. Manche Begegnungen hatten durchaus Unvergesslichkeits-Potenzial, wie etwa jene mit einem Klettersteigler, der hoch aus der Wand mit vollem Bariton zu mir herunterrief: »Weiter so, Hüsler!« Fest verankert in meiner Erinnerung ist auch der junge Mann im Salzkammergut, der fragte: »Sag mal, wirst du eigentlich oft mit dem Hüsler verwechselt?«

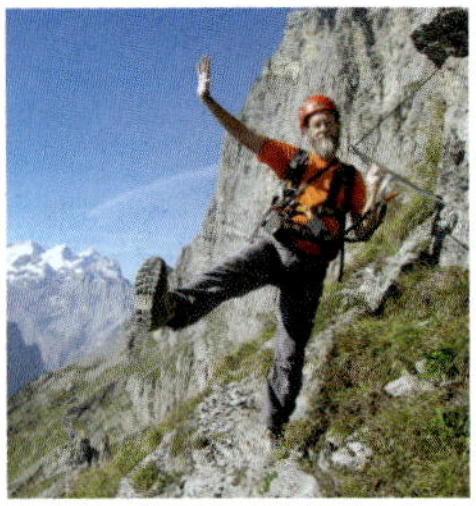

Eugen E. Hüsler

Schreiben gleicht einem Monolog, der sich in Lettern manifestiert, der sich im Fall dieses Buches an Menschen richtet, von denen ich nur weiß, dass sie in die Berge gehen und (vermutlich) auch gerne lesen. Ein schöner Gedanke dazu: Tausend identische Bücher, am selben Tag gedruckt und in eine Folie eingeschweißt, finden tausend Leser. Und beim Lesen entstehen in tausend Köpfen tausend ganz unterschiedliche Bilder, Gedankenfäden, werden Erinnerungen wach, entsteht Vorfreude. Vor dem Berg kommt das Buch, manchmal auch danach …

Ihr [Unterschrift]

P.P.S. Neugierig geworden? Dann schreiben Sie doch, ganz spontan. So lernen sich zwei doch noch kennen – der Leser und der Autor; meine Adresse lautet *eugen.huesler@t-online.de*

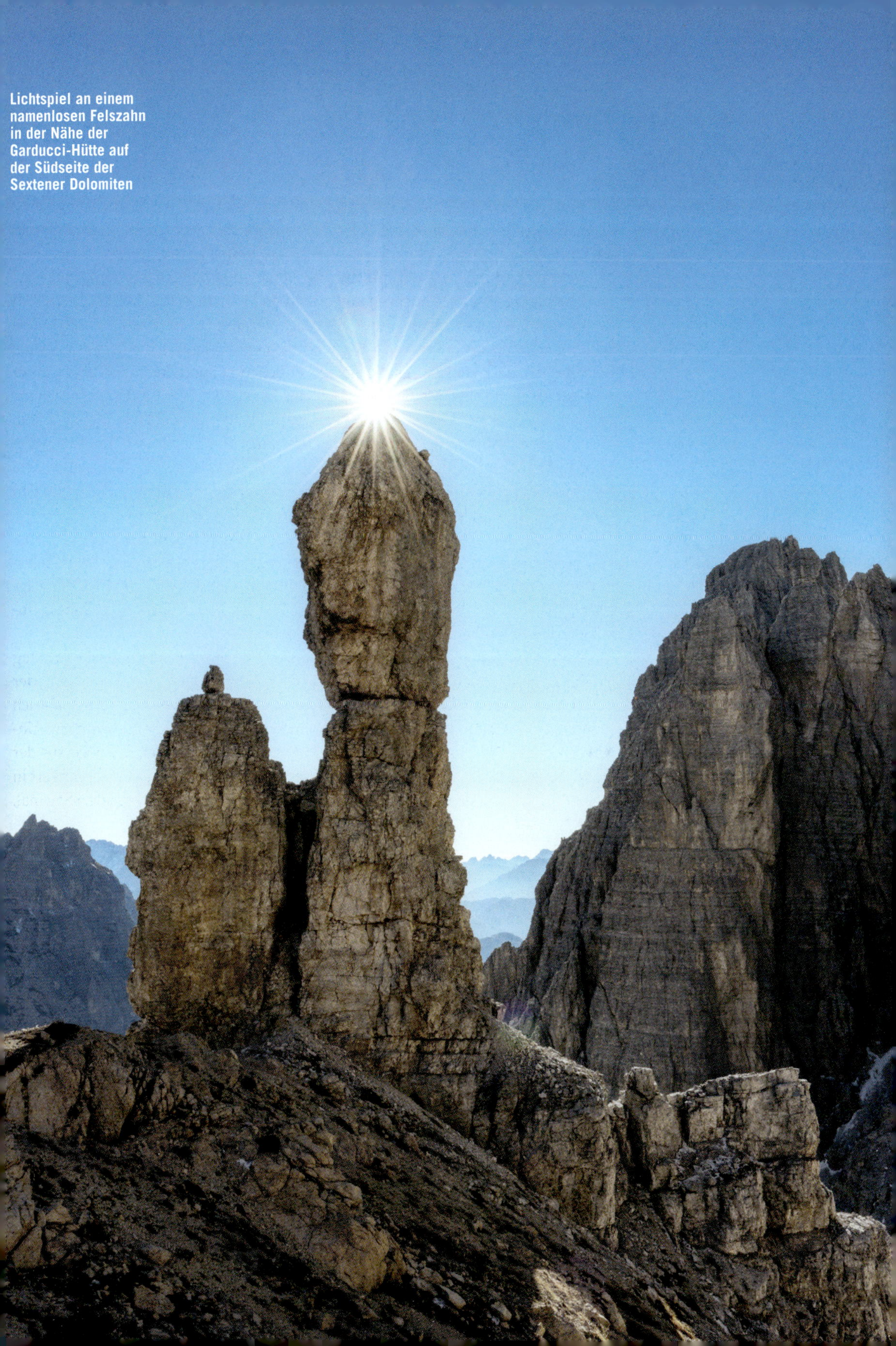

Lichtspiel an einem namenlosen Felszahn in der Nähe der Garducci-Hütte auf der Südseite der Sextener Dolomiten

Register

Die *kursiv* gesetzten Ziffern verweisen auf Bildlegenden.

Impressum

Verantwortlich: Sabine Klingan
Redaktion: Andreas Kubin
Layout: Andreas Kubin
Repro: Cromika, Verona
Kartografie: Bruckmann Verlag GmbH, Heidi Schmalfuß
Herstellung: Alexander Knoll
Printed in Slovenia by Florjancic

★★★★★

Sind Sie mit diesem Titel zufrieden? Dann würden wir uns über Ihre Weiterempfehlung freuen.
Erzählen Sie es im Freundeskreis, berichten Sie Ihrem Buchhändler oder bewerten Sie bei Onlinekauf.
Für Hinweise und Anregungen sind wir jederzeit dankbar. Bitte richten Sie diese direkt an den Autor: Eugen E. Hüsler, Ostener Straße 5, 83623 Dietramszell, eugen.huesler@t-online.de

Autorenempfehlung
Sie sind auf der Suche nach weiterführender Literatur? Dann empfehle ich Ihnen den Titel »Auf alten Kriegspfaden durch die Dolomiten« von Eugen E. Hüsler. Oder Sie werfen einen Blick in die Zeitschrift »Bergsteiger«; hier werden Sie bestimmt fündig.
Ihr Eugen E. Hüsler

Bildnachweis: Alle Bilder im Innenteil und auf der Umschlagrückseite stammen von Eugen E. Hüsler und Manfred Kostner, außer Seite 69, 70, 71 o., 73, 74 re. Moreno Geremetta.
Umschlagvorderseite: Troi di Caserin (Manfred Kostner)
Umschlagrückseite: Monte Mondeval (Tour 24)

Die Deutsche Nationalbibliothek verzeichnet diese Publikation in der Deutschen Nationalbibliografie; detaillierte bibliografische Daten sind im Internet über http://dnb.d-nb.de abrufbar.

ISBN 978-3-7654-6818-6